中国绿色村镇建设

Green Village and Town Construction in China

王晓鸣　华　虹　著

科　学　出　版　社

北　京

内 容 简 介

本书系统总结作者近20年来对中国绿色村镇建设理论、建造方法、评价技术及示范工程应用的开拓性研究成果，采用理论与实践结合、建设与评价并重的研究方法，图文并茂，案例丰富。全书分为三篇十一章。上篇为绿色村镇建设的理论与发展，包括：绿色村镇建设的理论与创新，绿色村镇建设的演变与发展，绿色村镇建设的模式与机制，绿色村镇建设共同体；中篇为绿色村镇的规划与建设方法，包括：绿色村镇建设规划编制，绿色村镇环境基础设施建设，村镇绿色建筑的建设与改造；下篇为绿色村镇的规划与建设评价，包括：绿色村镇规划评价，绿色村镇环境基础设施建设评价，村镇绿色建筑建设评价，绿色村镇规划与建设综合评价。

本书适合从事绿色村镇规划与建设的理论研究、工程技术和建设管理等专业人员参考使用，也可作为高等院校相关专业的教学和参考用书。

图书在版编目(CIP)数据

中国绿色村镇建设 / 王晓鸣，华虹著．—北京：科学出版社，2021.6

ISBN 978-7-03-068610-7

Ⅰ.①中…　Ⅱ.①王…　②华…　Ⅲ.①城乡建设-研究-中国　Ⅳ.①F299.21

中国版本图书馆CIP数据核字(2021)第066363号

责任编辑：孙伯元 / 责任校对：王　瑞

责任印制：师艳茹 / 封面设计：蓝正设计

科学出版社 出版

北京东黄城根北街16号

邮政编码：100717

http://www.sciencep.com

艺堂印刷(天津)有限公司 印刷

科学出版社发行　各地新华书店经销

*

2021年6月第　一　版　开本：720×1000　1/16

2021年6月第一次印刷　印张：22 1/2　插页：8

字数：460 000

定价：198.00元

(如有印装质量问题，我社负责调换)

作 者 简 介

王晓鸣：华中科技大学土木与水利工程学院教授，博士生导师，城镇建设与人居环境研究所所长。中国可持续发展研究会理事，国家可持续发展实验区专家委员会委员，中国村镇绿色建筑与综合防灾专业委员会委员。主持完成20多项国家级研究课题、30多项科技应用项目和4项国际合作项目，主持完成的国家“十一五”科技支撑计划重大项目“村镇小康住宅关键技术集成研究与示范”课题成果入选“十一五”国家重大科技成就展。发表论文180余篇，著作4部。

研究领域：可持续城市与建筑、绿色生态城乡建设、历史文化名城保护更新等。

华虹：华中科技大学环境科学与工程学院副教授，研究生导师。主持和参与完成10项国家级村镇建设课题、10多项村镇建设科技应用项目和2项国际合作项目，主持完成研究成果获2016年“华夏建设科学技术奖”二等奖，参与完成的国家“十一五”科技支撑计划重大项目“村镇小康住宅关键技术集成研究与示范”课题成果入选“十一五”国家重大科技成就展。发表论文30余篇。

研究领域：人居环境可持续改善，绿色生态城乡建设，环境质量评价，城市应对气候变化与低碳发展。

前　言

进入 21 世纪,中国的村镇建设正在经历数千年历史上从未有过的发展和巨变。这场以乡村振兴和绿色发展为目标的村镇建设活动,不仅将使我国广大农民实现全面小康的居住梦想,共享城镇化带来的文明进步,更将为子孙后代留下可持续发展的村镇建设财富和绿色乡村遗产。

改革开放以来,中国的城镇化建设取得了巨大成就,但也付出了沉重代价。如城市建设规模失控、生态环境和景观劣化、建筑风貌千篇一律、历史文化遗产损毁、交通严重拥堵、空气雾霾笼罩、洪涝灾害频发等现象普遍存在。由于不同区域村镇的自然地理条件和社会经济差异性很大,村镇建设不能简单复制城市建设的模式,更不能为子孙后代留下不可持续的生态环境。绿色发展是村镇建设的必然选择。

村镇建设要实现绿色可持续发展目标,必须从理论与实践结合的层面,解答村镇和农民在未来 10 年乃至 30 年的发展历程中,怎样实现村镇建设的可持续绿色转型这一重大问题。

绿色村镇建设与可持续发展是一项功在当代、利在千秋的系统创新工程,需明确四个基本问题:一是为什么要建设绿色村镇,要分析村镇建设演变和绿色发展的迫切需求;二是怎样建设绿色村镇,要掌握绿色村镇建设的规划方法和重点建设内容;三是如何实施绿色村镇的建设管理,重点是选择合适的绿色村镇建设发展模式并打造好绿色村镇建设共同体;四是怎样评价绿色村镇建设效益,因此要对绿色村镇规划实施效果、绿色村镇的建设效果进行科学评价。通俗地讲,绿色村镇建设的总体要求是要做到规划好、建设好、管理好、效益好。

中国的绿色村镇建设理论研究和实践创新起源于 20 世纪 90 年代初国家开始实施的小城镇建设研究与实践,迄今已经历了二十多年发展。作者有幸参与了这个探索全历程,先后承担了 6 项国家级和 3 项省级村镇建设研究课题,实地调研了全国不同区域的 100 多个村镇建设发展示范项目,先后赴绿色村镇建设示范点堰河村 80 余次,主持指导完成的湖北省堰河生态村建设示范项目入选了国家"十一五"重大科技成果,发表了 30 篇专题研究论文,为本书完成打下了坚实基础。

本书既是作者多年来对中国绿色村镇建设理论和实践的研究总结,也是对未来村镇建设绿色发展和创新的系统思考。本书提供的相关资料和成果对了解和研究中国村镇建设的演变发展也颇有参考价值。

我国政府已经明确将"广泛形成绿色生产生活方式""优先发展农业农村,全面推进乡村振兴""推动绿色发展,促进人与自然和谐共生"列为国民经济和社会发展

"十四五"规划和 2035 年远景目标。相信通过大力实施和推广绿色村镇建设，一定会更好地造福于全国农村的绿色发展和广大农民的绿色生活。

本书的撰写工作得到众多部门与合作者的长期大力支持。这些支持来自各级政府部门、研究机构、专家学者、建设企业、村镇建设基层组织和众多村民等，也来自作者团队长期指导培养的 100 多位博士和硕士研究生。感谢李明和王旭博士、李小康和何南均博士研究生等为本书撰写做出的辛勤努力，本书第 4 章的部分内容由作者与王旭博士合作完成。感谢余剑、张钰菁、陈冲、李雯、罗迪、杨豪亮、饶伟等硕士，和李鼎强、马冰茜、赵润峰、张恺宁、杨洋等硕士研究生对本书撰写的帮助。

在本书付梓之际，要特别感谢以下支持部门单位与人士：

感谢科学技术部农村科技司和社会发展科技司，中国农村技术开发中心，住房和城乡建设部建筑节能与科技司、村镇建设司等长期科研项目支持。感谢湖北省住房和城乡建设厅、科学技术厅，海南省科学技术厅的大力支持。感谢湖北省谷城县政府、五山镇政府，海南省澄迈县政府、福山镇政府等对绿色村镇建设示范项目建设的大力支持。

感谢中国建筑设计研究院有限公司、中国社会科学院农村发展研究所、武汉理工大学、哈尔滨工业大学、华中科技大学等单位对作者研究工作和工程示范的大力支持。特别感谢程振华教授、万艳华教授、杨志勇教授、刘毅教授、杜志雄研究员、李宏教授级高工、熊燕教授级高工、刘京教授、甘师俊先生、何革华女士。特别感谢北京绿十字生态文化传播中心孙君先生对堰河村规划和建设作出的贡献。

特别感谢王韦博士对本书撰写的全程支持和重要贡献。

感谢堰河村村委会和全体村民在过去十多年里对规划和实施国家级绿色生态村建设示范基地项目的全程支持。特别感谢村委会的闵红艳书记、任安伦主任、季达翠主任、杨世全先生、方洪军先生、刘晓云先生。感谢作为绿色村镇建设共同体成员的众多合作企业参与和支持。

人类共有一个地球，中国是农业大国，也是世界上最大的发展中国家，中国的绿色村镇建设理论探索、发展路径和实践经验必然具有全球意义，可供其他发展中国家交流和参考。向世界介绍中国绿色村镇建设发展的理论与实践，增进中国与世界各国在村镇建设绿色发展领域的交流与合作，是本书作者的期盼。

限于作者水平，书中不足之处在所难免，恳请读者不吝批评指正。

目　　录

中篇　绿色村镇的规划与建设方法

上篇

绿色村镇建设的理论与发展

第1章　绿色村镇建设的理论与创新

中国的绿色村镇建设是一个实践探索和理论创新紧密结合的发展过程。绿色村镇建设既是实施国家乡村振兴战略和农村绿色发展的迫切需要，又是提升村镇农民居住质量、保护改善村镇生态环境、促进村镇经济高质量发展的必由之路。本章分析绿色村镇的基本概念和建设内容，提出绿色村镇建设的发展体系和法规保障；讨论绿色村镇建设的研究进展；介绍绿色村镇建设的创新实践；构建绿色村镇建设的理论体系。

中国的村镇建设具有几千年悠久历史。1949年以来，我国在村镇建设领域取得了举世瞩目成就。21世纪初，我国进入了以全面实现农村小康社会和乡村振兴建设目标的发展新时期。开展绿色村镇建设，建立适应农村特色的绿色村镇建设理论体系，是促进“三农”(农村、农业、农民)绿色发展和“三生”(生产、生活、生态)融合发展的必然选择。

1.1　绿色村镇与绿色村镇建设

1.1.1　村镇与村镇建设基本内容

1. 村镇的定义

村镇(village and town)，是指村庄和乡镇的总称。其中，村庄是乡镇辖区内农村居民生活和生产的聚居点，乡镇是乡镇政府所在地及其辖区内的政治、经济、文化和生活服务中心。

村庄(village)，是指农村居民生活和生产的聚居点。村庄又分为中心村和基层村：中心村是指设有兼为周围村服务的公共设施的村；基层村是指中心村以外的村。

村域(administrative region of village)，是指村民委员会(简称“村委会”)管理的地域。

镇(town)，是指经省级人民政府批准设置的行政区划单位。镇又分为中心镇和一般镇：中心镇是指县域城镇体系规划中的各分区内，在经济、社会和空间发展中发挥中心作用的镇；一般镇是指县域城镇体系规划中，中心镇以外的镇。

镇域(administrative region of town),是指镇人民政府行政的地域。

2. 村镇建设

村镇建设是指以村镇发展规划为依据,通过建设工程对村镇区域的人居环境进行改造,对村镇系统内各类物质设施进行建设的活动总称。重点建设任务包括:村镇基础设施建设、村镇农房建造与改造、村镇生态环境保护与治理等。村镇建设的目的,是通过对村镇进行规划和建设,为村镇居民创造优良的人居环境,保障村镇居民的正常生活,服务村镇的经济和社会发展。

3. 镇的建设内容

镇的建设应按照镇建设规划进行。镇建设规划应依据《中华人民共和国城乡规划法》和《镇规划标准》(GB 50188—2007)规定的建设内容制定,包括:镇村体系和人口预测、镇用地分类和计算、规划建设用地标准、居住用地规划、公共设施用地规划、生产设施和仓储用地规划、道路交通规划、公用工程设施规划、防灾减灾规划、环境规划、历史文化保护规划等。

镇的建设内容主要分为6类。①建设用地,主要包括镇域居住用地、公共管理和公用设施用地、道路广场用地、公共绿地等。②公用工程设施建设,包括镇域给水、排水、供电、通信、燃气、供热、工程管线等。③镇区房屋建筑工程建设,包括居民居住建筑、行政办公建筑、文化教育体育建筑、医疗卫生建筑、商业服务建筑和集贸市场建设等。④防灾减灾,包括镇域消防、防洪、抗震防灾和防风减灾等。⑤环境建设,包括镇域生产污染防治、环境卫生、环境绿化和景观等。⑥历史文化保护,包括镇域历史空间格局和传统建筑风貌,与历史文化密切相关的山体、水系、地形、地物、古树名木等要素,反映历史风貌的其他不可移动的历史文物,体现民俗精华、传统庆典活动的场地和固定设施等。

4. 村庄的建设内容

村庄建设规划应依据国家颁布的《镇规划标准》(GB 50188—2007)和《美丽乡村建设指南》(GB/T 32000—2015)等规定的建设规划内容制定,体现因地制宜、村民参与、合理布局、节约用地的原则。规划内容包括:村庄分级和人口核定、村庄用地分类和计算、村域用地规划、村庄建设用地规划、道路交通规划、公用设施与工程规划、防灾减灾规划、历史文化保护和特色风貌规划等。

村庄建设内容主要分为7类。①建设用地,主要包括村庄居住用地、公共服务设施用地、生产设施和仓储用地、绿地与广场用地等。②道路交通建设,主要包括村域道路和村庄道路。③公用设施与工程建设,包括给水工程、排水工程、供电与通信、燃气与供热设施、环境保护和环卫设施等。④村庄农房建设,包括农房的新建、改建、扩建与整治，危旧农房改造，绿色农房建造等。⑤防灾减灾，包括消防、防洪排涝、防震减灾、防地质灾害、防气象灾害等。⑥环境建设，包括村域的生态环境维护与修复、景观与环境绿化、生活污水处理等。⑦历史文化保护和特色风貌，包括村庄传统格局保持延续、村庄历史建筑保护和历史文化遗产维护、村庄古树名木保护等。

1.1.2　绿色村镇建设的基本概念

1. 绿色村镇

绿色村镇(green village and town)，是指全面实施节地、节水、节能、节材和环境保护建设，实现经济、社会和生态环境协调发展的可持续发展村庄和镇的总称。绿色村镇的特点是，以实现村镇的经济、社会和生态环境协调发展为指引，以促进村镇的资源高效利用、人与自然和谐相处、技术和自然充分融合为目标，以全面实施节地、节水、节能、节材和环境保护建设为重点，最大限度地发挥村镇的生产力和创造力，保证村镇居民宜居、宜业、安全生活。

2. 绿色村镇建设

绿色村镇建设(green village and town construction)，是指以促进村镇绿色发展为目标，以村镇绿色发展规划为指导，系统应用绿色建造工程技术，对村镇区域的人居环境和村镇系统内各类物质设施进行绿色建设和改造的活动总称。

3. 绿色村镇相关术语

(1)绿色村镇环境基础设施(environmental infrastructure of green village and town)，是指为保障村镇生产和居民生活的绿色发展而提供的环境公共服务的物质工程设施的总称。包括水源地保护与节水设施、污水减量化与再利用设施、垃圾分类收集与无害化处理设施、清洁能源利用设施、绿化与景观设施、绿色交通设施、防灾减灾及预警设施等。

(2)绿色建筑(green building)。根据《绿色建筑评价标准》(GB/T 50378—2019)，绿色建筑是指在建筑全寿命期内，节约资源、保护环境、减少污染，为人们提供健康、适用、高效的使用空间，最大限度地实现人与自然和谐共生的高质量建筑。

(3)绿色农房(green rural house)，是指安全实用、节能减废、经济美观、健康舒适的新型农村住宅[1]。

(4)绿色能源(green energy)，又称清洁能源，通常指污染物排放少、污染程度低、能够直接用于生产生活的能源，包括“可再生能源”和“不可再生能源”。其中，可再生能源是指原材料可以再生的能源，如水力发电、风力发电、太阳能、生物质能

（沼气）、地热能（包括地源和水源）、海潮能等。

1.1.3 绿色村镇建设的体系构成

1. 绿色村镇建设的发展目标

绿色村镇建设的发展目标是，通过因地制宜采取各项绿色建设措施，满足村镇“产业兴旺、生态宜居、乡风文明、治理有效、生活富裕”的发展要求，促进村镇的生活绿色宜居、经济绿色增长、环境绿色生态三者之间的协调发展。

2. 绿色村镇建设的主要任务

绿色村镇建设的主要任务是：合理选择绿色村镇建设发展模式，构建绿色村镇建设共同体，编制绿色村镇建设发展规划，建设绿色村镇环境基础设施，新建村镇绿色建筑和对既有农房进行绿色改造，监测和评价绿色村镇建设效果，推广绿色村镇建设示范项目等。绿色村镇建设的主要任务又可归纳为“规划好、建设好、管理好”三大类。

3. 绿色村镇建设的发展体系

绿色村镇建设是一个涉及范围广、实施周期长、创新要求高的复杂建设体系。与一般村镇建设相比，绿色村镇建设具有建设规划的多目标协调性、建设模式的多样化选择性、建设项目的多主体参与性、建设工程的新技术应用性、建设效果的可监测评价性、建设经验的可复制推广性等特征和要求。绿色村镇建设体系的发展方向是促进乡村振兴战略实施和村镇建设可持续发展。

中国绿色村镇建设的发展体系见图 1.1。

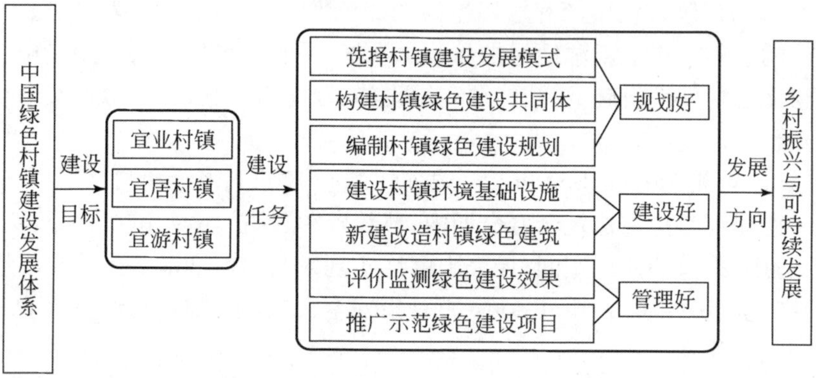

图 1.1 中国绿色村镇建设发展体系

1.1.4　绿色村镇建设的法规保障

绿色村镇建设是一项建设内容广、质量要求严、建造时间长、参与方众多、社会影响大的建设活动，必须以相关法规体系作为建设基础保障。我国现已初步形成了指导和管理绿色村镇的规划、建设与评价法规体系，包括相关国家法律、相关标准规范、相关技术文件等。

1. 绿色村镇建设相关国家法律

相关国家法律主要有：《中华人民共和国城乡规划法》、《中华人民共和国建筑法》、《中华人民共和国环境保护法》、《中华人民共和国土地管理法》、《中华人民共和国节约能源法》、《中华人民共和国水污染防治法》、《中华人民共和国固体废物污染环境防治法》、《中华人民共和国大气污染防治法》、《中华人民共和国环境影响评价法》等。

2. 绿色村镇建设相关标准规范

相关标准规范主要有：《镇规划标准》(GB 50188—2007)、《美丽乡村建设指南》(GB/T 32000—2015)、《村庄整治技术规范》(GB 50445—2008)、《村镇规划卫生规范》(GB 18055—2012)、《生活饮用水卫生标准》(GB 5749—2006)、《污水综合排放标准》(GB 8978—2002)、《城镇污水处理厂污染物排放标准》(GB 18918—2002)、《农村生活污水处理工程技术标准》(GB/T 51347—2019)、《农村防火规范》(GB 50039—2010)、《民用建筑设计统一标准》(GB 50352—2019)、《建筑抗震设计规范》(GB 50011—2010)、《绿色建筑评价标准》(GB/T 50378—2019)、《建筑工程绿色施工规范》(GB/T 50905—2014)、《农村生活污染控制技术规范》(HJ 574—2010)、《乡(镇)土地利用总体规划编制规程》(TD/T 1025—2010)，《村庄景观环境工程设计规程》(CECS 285—2011)等。

3. 绿色村镇建设相关技术文件

相关技术文件主要有：《国家级生态村创建标准(试行)》、《国家级生态乡镇建设指标(试行)》、《国家生态文明建设示范村镇指标(试行)》、《绿色农房建设导则(试行)》等。

国家现行主要法规标准对绿色村镇建设的指导作用见表 1.1。

表 1.1　国家主要法规标准对绿色村镇建设的指导作用

类别	序号	名称	对绿色村镇建设的指导作用
绿色村镇建设相关国家法律	1	《中华人民共和国城乡规划法》	是绿色村镇建设规划编制的法律依据
	2	《中华人民共和国建筑法》	是绿色村镇房屋建设管理的法律依据
	3	《中华人民共和国环境保护法》	是绿色村镇建设环境保护的法律依据

续表

类别	序号	名称	对绿色村镇建设的指导作用
绿色村镇建设相关国家法律	4	《中华人民共和国土地管理法》	是绿色村镇建设土地管理的法律依据
	5	《中华人民共和国节约能源法》	是绿色村镇节能建设的法律依据
	6	《中华人民共和国水污染防治法》	是绿色村镇水源保护和水污染防治的法律依据
	7	《中华人民共和国大气污染防治法》	是绿色村镇大气污染防治的法律依据
	8	《中华人民共和国固体废物污染环境防治法》	是绿色村镇固体废物污染防治的法律依据
	9	《中华人民共和国环境影响评价法》	是绿色村镇规划和建设项目环境影响评价的法律依据
绿色村镇规划建设相关标准规范	1	《镇规划标准》(GB 50188—2007)	是绿色村镇建设规划编制要求和内容的依据
	2	《美丽乡村建设指南》(GB/T 32000—2015)	是绿色村庄规划和建设的基本要求
	3	《村庄整治技术规范》(GB 50445—2008)	是进行既有村庄绿色改造和人居环境改善的依据
	4	《村镇规划卫生规范》(GB 18055—2012)	是村镇规划和环境卫生基础建设的基本要求
	5	《生活饮用水卫生标准》(GB 5749—2006)	是村镇生活饮用水水质卫生、水源水质要求及监测检验的依据
	6	《污水综合排放标准》(GB 8978—2002)	是村镇污水综合排放浓度及排放量限制的依据
	7	《城镇污水处理厂污染物排放标准》(GB 18918—2002)	是村镇污水处理设施设计和建造的依据
	8	《农村生活污水处理工程技术标准》(GB/T 51347—2019)	是农村生活污水处理方式和设计参数的依据
	9	《农村防火规范》(GB 50039—2010)	是农村消防规划、建筑防火设计和消防安全管理的依据
	10	《民用建筑设计统一标准》(GB 50352—2019)	是村镇民用建筑设计的依据
	11	《建筑抗震设计规范》(GB 50011—2010)	是村镇建筑抗震设计的依据
	12	《绿色建筑评价标准》(GB/T 50378—2019)	是村镇绿色农房建造和评价的依据
	13	《建筑工程绿色施工规范》(GB/T 50905—2014)	是村镇建筑工程进行绿色施工的依据

续表

类别	序号	名称	对绿色村镇建设的指导作用
绿色村镇规划建设相关标准规范	14	《农村生活污染控制技术规范》(HJ 574—2010)	是农村生活污染控制和监督管理的依据
	15	《乡(镇)土地利用总体规划编制规程》(TD/T 1025—2010)	是村镇土地利用规划编制的依据
	16	《村庄景观环境工程设计规程》(CECS 285—2011)	是改善和提升村庄景观环境质量的参考依据
绿色村镇建设相关技术文件	1	《国家级生态村创建标准(试行)》	是绿色村庄建设与评价的参考指标
	2	《国家级生态乡镇建设指标(试行)》	是绿色镇建设与评价的参考指标
	3	《国家生态文明建设示范村镇指标(试行)》	是绿色村镇建设与评价的参考指标
	4	《绿色农房建设导则(试行)》	是村镇绿色农房新建与改造的技术参考

1.2　绿色村镇建设的研究进展

我国的绿色村镇建设理论研究是从 21 世纪初逐渐发展起来的，主要集中在绿色村镇的发展规划、建设技术、建设评价 3 个领域。

1.2.1　绿色村镇的发展规划研究

金兆森等提出，生态村镇是对生态村的继承与发展，是社会-经济-自然复合生态系统，具有生产、生活、生态的内部功能和旅游、教育、示范的外部功能[2]。工程建设实施重点包括生态产业、生态人居、生态环境、生态文化四个方面。彭一刚分析了自然因素、社会因素对传统村镇聚落形态的影响，提出了传统村镇聚落形态的类型构成、景观分析要素和乡土建筑文化的延长与再生[3]。吴良镛从聚居论、地区论、文化论、科技论、政法论、业务论、教育论、艺术论、方法论等多维角度，创建了广义建筑学理论，提出了以人居环境改善提升为核心的城乡建设与治理理论研究体系框架[4]。联合国粮食及农业组织提出，在乡村振兴过程中，应从规划角度倡导“地域发展”概念，通过创造长远的自给型发展和就业来实现绿色发展，但前提是当地利益相关方得以全面参与决策和规划[5]。

张晓山等系统梳理了改革开放后我国农村镇村建设与发展，提出了未来镇、新型农村社区和村庄发展的主要内容，分析了完善基础设施建设、改革建设用地使用方式、建立建设发展投融资体系、创新建设行政管理体系等发展趋势[6]。李小红研究了我国古代、近代和现代农村治理方式的演变与创新过程，分析了村委会在农村建设治理中发挥的作用[7]。孙君指出农民是新农村建设的主体，农民参与是新农村建设成败的关键[8]。

李小康等以村镇建设绿色用地监测评价为对象，定量分析了耕地、园地、林地、牧草地、其他农用地、居民点及独立工矿用地、交通运输用地、水利设施用地等 8 类农村土地利用结构的变化对碳排放的影响关系及机理[9]。李明等基于生态学原理，指出对农村村庄建设模式应分别从规划设计、建造实施、运营管理、拆除改造等阶段进行方案优化，提出了农业循环经济模式、生态农业发展模式和产业发展模式的优化策略[10]。李明等研究了农村生态住区建设系统灰色关联度耦合模型，建立基于建造为主分量，以建造、资源、经济、环境和社会为子系统的农村生态住区的建设复合系统和建设系统耦合测度模型[11]。王晓鸣等提出了绿色农房建设伙伴关系的概念和演变过程，分析了绿色农房建设的主要参与方和参与行为方式，构建了该共同体的网络分析模型[12]。

2010 年在德国发布的《欧洲 21 世纪乡村宣言》提出，乡村地区兼具有可再生资源与粮仓生产基地、维持生态平衡、提供乡村居民贸易、文化、休闲、居住与生活的多重功能空间；在乡村建设中，要创造有效率的基础设施和可实施性，创造就业，保护自然生态系统，确保居民充分参与等。

联合国 2015 年发布的《改变我们的世界：2030 可持续发展议程》提出，要通过加强国家和区域发展规划，支持在城市、近郊和农村地区之间建立积极的经济、社会和环境联系；到 2030 年，确保人人获得适当、安全和负担得起的住房和基本服务，并改造贫民窟；向所有人普遍提供安全、包容、无障碍、绿色的公共空间。

2016 年联合国第三次住房和城市可持续发展大会《新城市议程》提出，要支持可持续的地区基础设施发展，促进可持续经济生产力，促进城乡结合地区的公平发展。

1.2.2 绿色村镇的建设技术研究

郭志伟等分析了我国城镇化与村镇建设科技发展趋势，包括村镇规划、村镇土地资源利用变化监测和生态承载力评价、人居环境监测与评价、村镇基础设施建设、村镇水资源利用与管理、村镇能源利用与节能、村镇生态建设与环境保护、农村社区与住宅技术等关键技术[13]。李兵弟提出采用集成技术体系推动农村绿色发展和人居环境治理，实施村庄规划要有低成本的绿色技术体系保障，实施低冲击式的开发建设模式，采用非工程性的措施解决农村基础设施建设问题[14]。邸青等指出建设村镇绿色基础设施系统是解决绿色宜居村镇建设问题的关键[15]。

刘先觉等系统研究了绿色建筑理论，指出对现代绿色建筑的认知应包括系统观、生态观、时空观、经济观和社会观[16]。布赖恩·爱德华兹提出可持续性建筑构成要素应包括：建筑产品和专业服务、能源节约和污染防治、水资源保护、环境影响分析、环境健康和安全、回收利用、生态、可持续发展等方面[17]。Jerry Yuelson 认为既有建筑绿色改造应包括：绿色既有建筑的策划、绿色建筑的等级和评价系统、绿色既有建筑的价值、绿色能源的改进、绿色施工管理、建筑室内的绿色性等内容[18]。

马素贞指出绿色建筑集成技术应包括：节地与室外环境、节能与能源利用、节水与水资源利用、节材与材料资源利用、室内环境质量、施工管理、运营管理等类型[19]。吕红医结合美丽乡村绿色农房建设，进行了传统农房建造技术改良与案例实践探讨[20]。赵士永等对农村的绿色生态居住区规划、绿色小康住宅建造、绿色能源开发利用、垃圾处理与污水处理等关键技术等进行了集成[21]。梅洪元等提出了绿色村镇空间布局、生态保护、土地利用等规划设计策略，屋面节能、墙体节能、门窗节能等建筑节能策略，水资源处理、垃圾处理、清洁能源利用等基础设施策略[22]。

杨志勇等提出了农村房屋的抗震设计实用技术，特别是石结构房屋、生土结构房屋、木结构房屋等原生态建筑的抗震建造和加固方法，以及农村房屋节能设计建造实用技术[23]。张奎等提出了既有农房建筑节能改造的关键技术[24]。李悦等探讨了在村镇建设中，基于土地集约利用的规划创新、基于自然资源合理利用的能源创新、基于绿色建筑材料使用的材料创新、基于住宅功能适应性增强的设计创新[25]。杨帆等分析了村镇生态节能住宅建设与科技示范的参与主体构成，建立了村镇生态节能住宅的建设示范模型[26]。

科技部2018年启动的"绿色宜居村镇技术创新"重点研究专项[27]，标志着我国绿色村镇建设技术研究进入了系统发展阶段。该专项研究分为以下三大类。

(1)绿色宜居村镇共性关键技术。

包括12项关键技术：村镇建设资源环境承载力测算系统，村镇建设发展模式与技术路径，村镇聚落空间重构数字化模拟及评价模型，地域性村镇建筑灾变机理与适宜性防灾减灾体系，乡村"厕所革命"关键技术，村镇生活垃圾高值化利用与二次污染控制技术装备，村镇低成本清洁能源供暖及蓄热技术，县域村镇空间发展智能化管控与功能提升规划技术，乡村住宅设计与建造关键技术，村镇生态建筑材料研究与部品，农村人居环境整治技术研究与集成创新，村镇土地智能调查关键技术研究。

(2)绿色宜居村镇建造应用技术。

包括16项应用技术：村镇饮用水水质提升关键技术研究与装备，村镇污水处理与循环利用装备，村镇生活垃圾移动式小型化处理关键技术与装备，乡村生态景观营造关键技术，社区环境监测及修复关键技术，村镇生物质资源制备清洁能源及高值利用关键技术，特色村镇保护与改造规划技术，村镇社区空间优化与布局，传统村落保护利用与现代传承营建关键技术，村镇装配式住宅生态化结构体系，基于"互联网＋"的村镇社区公共服务提升技术，村镇生物基建筑材料关键技术与应用，村镇土地智能调查关键技术，既有村镇建筑综合防灾能力提升关键技术，村镇社区基础设施建设关键技术，数字乡村发展适用技术。

(3)绿色宜居村镇建设技术应用示范。

包括8类典型区域建设技术示范：中部地区江西、河南、湖北、湖南四省田园综合体宜居村镇综合示范，华北、东北地区村镇资源清洁利用技术综合示范，东南地区产业村、产业镇减排增效技术综合示范，西北地区村镇综合节水降耗技术示范，村镇数字化科技信息服务综合示范，西南地区民族村寨防灾技术综合示范等。

1.2.3 绿色村镇的建设评价研究

苏醒筛选了绿色生态村镇环境影响指标因子，构建了绿色生态村镇环境指标体系和评价方法，建立了村镇能源利用和废弃物资源化两个环境影响评价模型[28]。邬建国提出了景观生态学——格局、过程、尺度与等级理论分析方法[29]，对构建绿色村镇景观格局与环境修复规划评价具有重要参考价值。

华虹等对农村土坯房的节能效率进行分析和计量，提出了村镇建筑常用建材产品的单位生产能耗数据[30]。华虹等建立了基于控制碳源、扩充碳汇、减少碳排放量的村庄低碳建设总体目标，建立了村庄建造节能、农户生活节能、生产建设节能和土地绿色利用方式下的村庄低碳建设评价基准和水平等级[31]。杨俊等建立了村镇住宅节能、节地、节水、节材和废弃物减量化的村镇住宅绿色化效益分析计算模型[32]。杨俊等研究了村镇住宅耐久性内涵，建立了村镇住宅耐久性设计方案的经济性分析和效益评价模型[33]。岑倩婷等提出了绿色生态村基础设施建设的可持续性评价方法[34]。汪洋等提出了以建筑节能和技术经济为重点的夏热冬冷地区农村建筑低碳建设技术集成与综合效益评价方法[35]。

《绿色建筑评价标准》(GB/T 50378—2019)的颁布，为绿色村镇建设评价研究提供了重要依据，该标准提出了要大力倡导简约适度、绿色低碳的生活方式，开展创建节约型机关、绿色家庭、绿色学校、绿色社区和绿色出行等行动；定义了绿色性能(green performance)是指涉及建筑安全耐久、健康舒适、生活便利、资源节约(节地、节能、节水、节材)和环境宜居等方面的综合性能；制定了由安全耐久、健康舒适、生活便利、资源节约、环境宜居 5 类指标组成的绿色建筑评价指标体系。2018 年发布的《美丽乡村建设评价》(GB/T 37072—2018)，提出了适用于美丽乡村建设综合评价的原则、内容、程序和计算方法。

1.3 绿色村镇建设的创新探索

绿色村镇建设是一个实践和理论紧密结合的创新探索过程。2002—2018 年，作者实地调研了全国不同区域一百多个县市的典型村镇，先后承担完成了 7 项国家级村镇建设研究课题，包括：绿色生态村镇规划建设评价监测技术研究与示范、山区住宅建造施工技术集成应用、不同区域生态建筑建设技术的研究与示范、华庄镇生态节能型小区建设关键技术研究与示范、贵州青岩古镇住宅保护规划与整治调查研究、小城镇建设试点示范工程创新机制研究、小城镇建设评价指标体系与关键技术研究。

作者还主持完成了十多项村镇建设规划技术研发应用项目，包括：海南省澄迈县福山镇绿色发展示范镇建设规划(2016—2020)、广东省东莞市石龙镇低碳城镇建设规划(2011—2015)研究、武汉市黄陂区木兰乡经济社会发展规划(2006—2020)、移民村建设规划研究——以丹江口计家沟为例、湖北省现代化村镇建设集信息化科技支撑示范、谷城县堰河新村抗震节能建设示范工程等，还完成了中—澳生态村建设合作研究与示范等国际合作研究。

这些研究成果是完成本书内容的重要基础，也真实反映了我国绿色村镇建设研究和创新的探索发展进程。

1.3.1　小城镇建设示范工程创新机制研究

此项目是国家科技攻关课题，课题名称为"小城镇建设试点示范工程创新机制研究"，研究时间为 2002—2005 年。

1. 研究方法

以 21 世纪初我国小城镇建设需求和可持续发展进程为对象，结合试点示范工程，组织了城镇规划、城镇建设、环境工程、工程管理、信息系统等多学科专家联合攻关，对小城镇建设可持续协调发展理论和创新机制进行探索。研究成果为建立绿色村镇建设创新机制打下了基础。

2. 研究成果

1)提出了小城镇建设可持续发展创新机制体系

提出了小城镇建设可持续发展的 4 个要素：建设资源可持续利用，产业经济可持续增长，生态环境可持续改善，城乡社会可持续公平；提出了小城镇建设可持续发展的 3 个创新途径：城镇化创新支撑，产业化创新引导，生态化创新保障。

小城镇建设可持续发展创新机制体系见图 1.2。

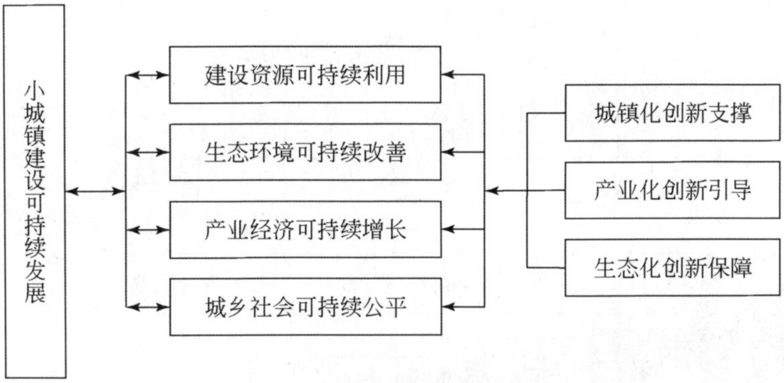

图 1.2　小城镇建设可持续发展创新机制体系

2)提出了小城镇可持续建设动态规划方法和弹性协调机制

包括:小城镇群域协调发展规划方法及促进机制、小城镇镇域协调发展规划方法与促进机制、小城镇镇区内协调发展规划方法及促进机制;建立了从“时限规划”到“规模规划”、从“全定论”固定模式到“非定论”弹性模式的小城镇建设协调发展动态弹性规划方法与促进机制。

3)建立了小城镇建设资源可持续利用整合模式和调控机制

构建了小城镇建设资源利用效用评价数学模型,提出了小城镇建设资源价值组成及评估方法。

4)建立了小城镇建设生态环境承载力分析方法和预警机制

提出了基于生态足迹分析法的小城镇生态环境承载力定量分析方法,建立了基于灰色关联识别的小城镇生态综合状况和生态环境预警水平评价模型。

5)构建了小城镇建设发展模式创新和自适应调节机制

建立了“资源化-资本化-整合化-市场化-特色化”的小城镇建设发展新模式,提出了小城镇建设的政策性证券市场运行创新机制。

6)建立了小城镇建设可持续发展动态协调系统

整合了城镇化促进、产业化支撑、生态化保障的动力因子,提出了基于城镇化、产业化、生态化3类子系统的互动发展协调机制,建立了小城镇建设动态协调系统模型图和动力学方程,进行了仿真分析和政策实验应用。

小城镇建设可持续发展系统见图1.3。

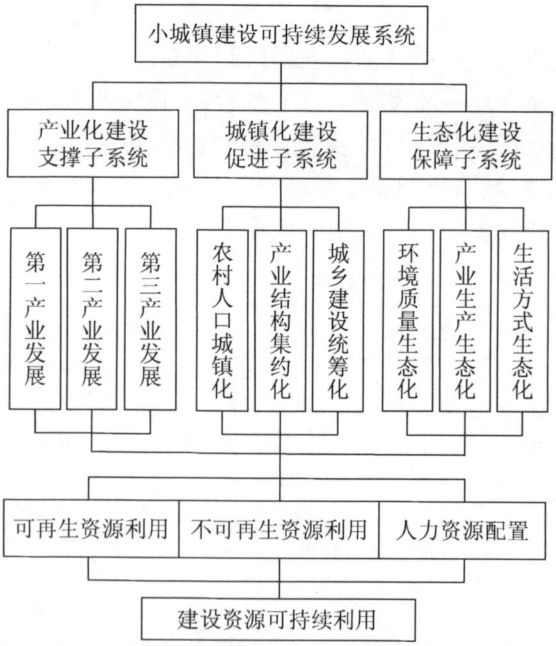

图1.3　小城镇建设可持续发展系统

以上研究工作是作者探讨绿色村镇建设理论体系和建设发展系统的前期基础。

1.3.2　农村小城镇建设示范镇与评价技术

此项目是国家星火计划课题，课题名称为“小城镇建设评价指标体系与关键技术研究”，研究时间为 2002—2005 年。

1. 研究方法

针对 21 世纪初我国农村城镇化可持续发展和解决“三农”建设问题的需要，研究农村型小城镇现代化建设科技示范行动的建设目标、建设标准、技术方法、评价体系及管理模式，建立具有农村特色的小城镇建设科技创新和建造技术引导系统，提出农村小城镇现代化建设科技示范行动的评价和推广方法。

2. 研究成果

1）探索了农村小城镇建设可持续协调发展理论

①小城镇建设与农村可持续协调发展理论，包括：小城镇建设与农村可持续发展，小城镇建设与农村经济社会协调，小城镇建设对农村协调发展的促进功能等。②小城镇经济聚集与经济发展理论，包括：小城镇聚集经济的层次性，小城镇建设资源与资源禀赋，小城镇区域经济发展模式选择等。③小城镇建设的协调发展规划理论，包括：小城镇的区域协调发展分工，小城镇的空间结构与空间组织，小城镇土地的级差地租效应，小城镇社会发展理论等。

2）建立了农村小城镇现代化建设技术集成系统

开发了农村小城镇现代化建设技术集成系统，由三类引导技术组成：①农村小城镇发展规划与基础设施建设引导技术；②农村小城镇产业化建设引导技术；③农村小城镇生态环境保护引导技术。包括 12 大类、32 分类和 186 项引导技术。

3）建立了农村小城镇现代化建设示范镇评价指标体系

评价指标由 8 类一级评价指标组成：①小城镇建设基础条件；②小城镇总体规划合理性；③基础设施与生态环境保护合理性；④小城镇对区域经济发展的促进作用；⑤小城镇对社会发展的促进作用；⑥小城镇对农业产业化和乡镇企业的促进作用；⑦小城镇建设科技创新能力；⑧小城镇建设项目实施管理能力。该评价指标体系包括 37 项二级评价指标、127 个三级评价指标。

4）开发了农村小城镇建设技术集成系统软件

建立了农村小城镇建设技术应用的人-机交互选择平台；建立了农村小城镇现代化建设技术集成系统基础数据库；形成了交互式友好型先进适用建设技术选择与匹配平台；实现了开放式持续型建设技术集成系统补充更新功能；促进了农村小

城镇现代化建设技术的应用与推广示范。

5)建立了农村小城镇建设动态协调系统

建立了基于建设可持续发展→城镇化规划与调控→产业化模式与运行→生态化保障与政策的小城镇建设动态协调系统动力学模型,建立了农村小城镇建设动态协调仿真技术方法,提出了以城镇化支撑、产业化引导、生态化保障、城乡统筹发展为重点的农村小城镇现代化建设发展促进机制。见图 1.4。

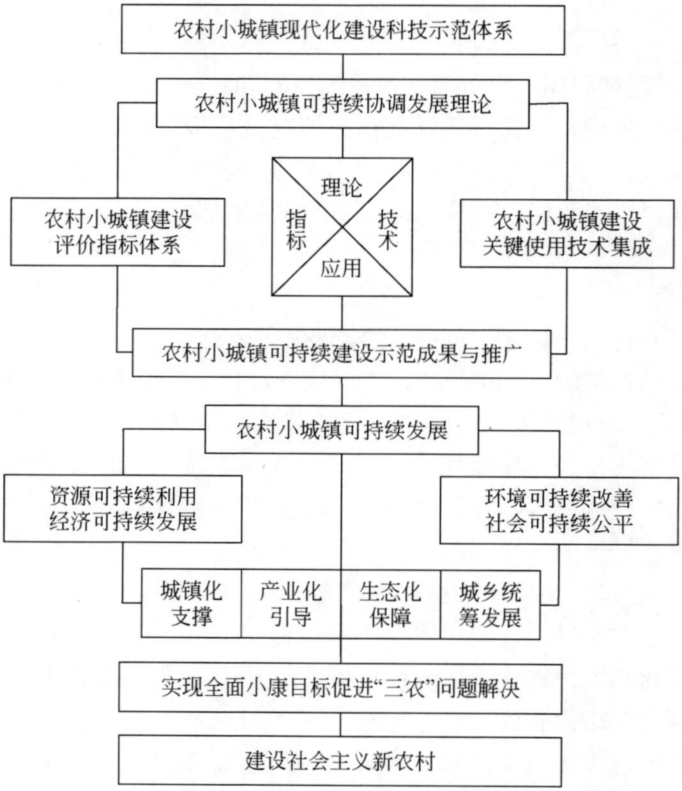

图 1.4　农村小城镇现代化建设科技示范体系

6)进行了农村小城镇现代化建设示范镇创建实例研究

对全国 34 个示范小城镇的建设和经济产业发展情况进行了调研,分别在中部、东部和西部各选择一个农村典型小城镇现代化建设示范镇进行了系统评价。①东部示范镇为浙江省杨汛桥镇,建设“实力型经济、花园型城镇、高素质镇民”现代化小城镇。②中部示范镇为湖北省陈贵镇,发挥特色资源优势,建设可持续协调发展强镇。③西部示范镇为成都市天回镇,全面实施创建规划,促进城乡一体化经济协调发展。

以上研究工作为建立绿色村镇建设发展模式提供了理论和技术支持。

1.3.3　村镇生态建筑建设技术研究与示范

此项目是国家重点科技攻关课题，课题名称为“不同区域生态建筑建设技术的研究与示范”，研究时间为 2004—2006 年。

1. 研究方法

以城乡建设可持续发展理论和可持续建筑技术为指导，以建立不同区域村镇生态建筑建设技术应用系统和管理模式为重点，在不同区域的国家可持续发展实验区建立生态建筑建设技术示范基地。本项目的研究路径见图 1.5。

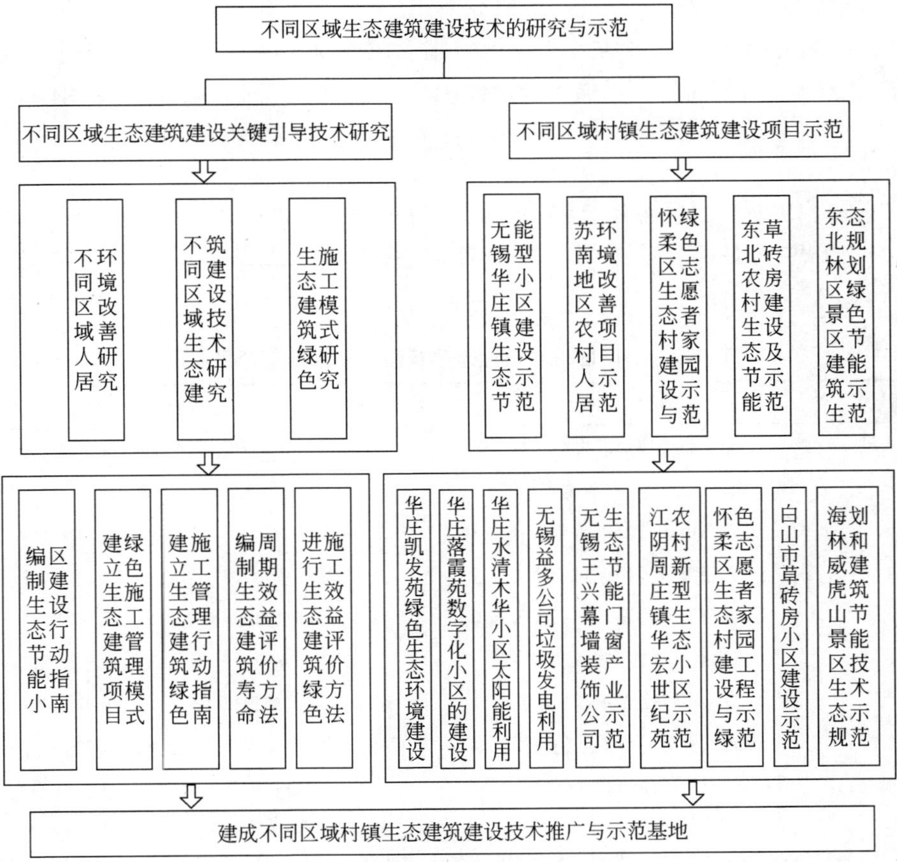

图 1.5　“不同区域生态建筑建设技术的研究与示范”研究路径

2. 研究成果

1)生态建筑建设规划指南编制应用

包括：生态节能型小区建设的新理念新途径新机制，生态节能型小区建设行动指南，林区景区建设生态规划导则，旧村改造与绿色志愿者家园规划，小区绿色开放空间生态环境规划等。

2)生态建筑建设关键技术研究应用

包括:生态节能型小区建设关键技术，农村小区生态建筑成套技术，生态村落建筑节能节材技术，景区生态建筑绿色节能技术，生态节能草砖房建造技术，生态节能型小区关键技术集成系统软件等。

3)生态建筑绿色施工技术和模式研究应用

包括:生态建筑建设绿色施工导则，生态建筑绿色施工管理模式，生态节能草砖房施工规范和标准图集，生态村建设与绿色志愿者家园工程研究与示范图集等。

4)生态小区环境改善评价指标研究应用

包括:生态节能型小区居民评价指标体系，农村小区生态人居环境评价指标体系，严寒地区生态村落生态民居评价指标，生态住宅建筑节能效益评价指标体系等。

3. 示范成效

完成了9项村镇生态建筑建设专题示范项目，建设了12项示范工程，形成了15个示范点。取得了显著的节地节能、生态环保、经济和社会综合效益。见表1.2。

表1.2 不同区域村镇生态建筑建设技术示范项目成果

序号	示范项目地点	示范项目主题
1	无锡市华庄镇凯发苑小区	小区绿色开放空间生态环境规划建设
2	无锡市华庄镇水清木华小区	住宅小区太阳能综合利用技术
3	无锡市华庄镇落霞苑小区	新型农村社区数字化建设与管理
4	无锡市益多环保热电公司	小城镇生活垃圾无害化减量化资源化
5	无锡市王兴幕墙装饰工程公司	光电幕墙绿色能源利用新技术
6	北京市怀柔区渤海镇庄户村	生态村落示范建设及绿色志愿者家园
7	白山市红土崖镇红安新村	东北严寒地区生态节能草砖房建设
8	黑龙江省海林市威虎山风景区	林区景区生态规划与建筑绿色节能技术应用
9	江阴市周庄镇华宏世纪苑	发达地区农村生态社区建设与人居环境改善

以上研究工作为建立绿色村镇建设规划建设技术体系和示范推广机制提供了实践基础。

1.3.4 生态村小康住宅建造技术集成应用

此项目是国家科技支撑计划课题，课题名称为“山区住宅建造施工技术集成应用”，研究与示范基地建设时间为2008—2012年。

1. 研究方法

通过集成和推广应用生态村小康住宅建造技术，促进农村绿色生态型村镇住宅建设总体水平提高；通过在湖北省堰河村开展小康住宅建设示范工程，建成资源节约、环境友好、适合农民居住的绿色生态新型小康建设示范社区，为改善村镇居住环境和居民生活质量提供国家级建设示范基地。

2. 研究成果

生态村小康住宅施工建造技术集成系统由规划设计技术、建造施工技术、居住环境改善与功能提升技术、新型社区管理技术 4 个子系统构成，包括 16 组专门技术。见图 1.6。

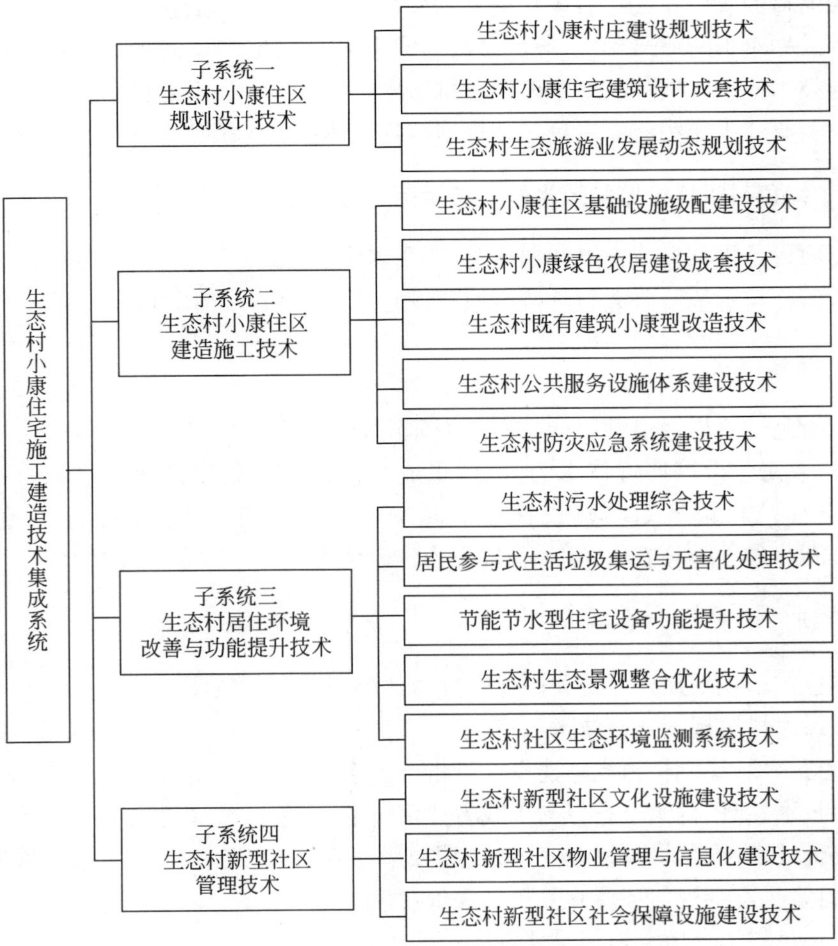

图 1.6　生态村小康住宅施工建造技术集成系统

3. 示范成效

示范基地选址为湖北省谷城县五山镇的堰河村。经过 5 年时间建设，完成了 50000m^2 的农民住宅小康型建设和改造，完成了 4 组建设技术应用示范。包括：小康住区规划设计技术示范、小康住区建造施工技术示范、居住环境改善与住宅功能提升技术示范、新型社区管理技术示范。作者团队面向当地镇政府、村委会和农民，进行了多轮村镇小康住宅建设技术培训与推广。

通过实施建设示范项目，全面提升了堰河村的人居环境质量和基础设施建设水平。形成了具有鄂西特色的绿色生态村风貌，使堰河村成为湖北省小康住宅建设的示范基地，先后荣获国家级 AAA 旅游景区和国家生态村荣誉，2011 年本示范成果“湖北堰河生态村建设”入选了“十一五”国家重大科技成就展。

堰河村的农民年人均收入从项目实施前的 3600 元/人逐年递增，2011 年达到 8300 元/人，年均增长 15%。谷城县政府在全县大力推广堰河村的小康住宅建设模式与技术成果，已建成 23 个以堰河村为样板的小康生态型农民新村。

以上研究工作为建立绿色村镇规划与建设体系提供了技术支撑。

1.3.5 绿色村镇评价监测技术研究与示范

此项目是国家科技支撑计划课题，课题名称为“绿色生态村镇规划建设评价监测技术研究与示范”，研究与示范基地建设时间为 2014—2018 年。

1. 研究方法

以绿色村镇规划建设评价监测的关键技术为对象，以绿色村镇的规划、基础设施建设、农房建设等评价技术为重点，集成绿色村镇规划建设评价监测的关键技术，建立绿色村镇规划与建设评价监测平台。选择国家级生态村和绿色小康村——湖北省谷城县五山镇堰河村，作为建设技术研究和应用示范基地。

2. 研究成果

绿色村镇规划建设评价关键技术分为 3 类，共计 19 项评价技术。

1)绿色村镇规划评价技术

包括 7 项：绿色村镇规划建设评价指标体系、绿色村镇用地选址与功能分区优化评价技术、绿色村镇生态位与承载力评价技术、绿色村镇水资源利用与污水处理规划评价技术、绿色村镇垃圾固废处理规划评价技术、绿色村镇清洁能源利用评价技术、村镇生态景观与环境修复规划评价技术。

2)绿色村镇环境设施建设评价技术

包括 6 项：绿色村镇保水节水设施建设评价技术、绿色村镇污水减量化与再利用设施建设评价技术、绿色村镇垃圾分类收集与无害化处理设施建设评价技术、绿色村镇清洁能源设施建设评价技术、绿色村镇绿化与景观设施建设评价技术、绿色村镇防灾减灾及预警设施建设评价技术。

3)绿色村镇农房建设评价技术

包括 6 项:绿色农房建造选择评价技术、农房建筑绿色施工评价技术、农房节能效率评价技术、农房节水设施效能评价技术、绿色农房室内环境质量评价技术、绿色农房低碳运营管理评价技术。

3. 示范成效

1)监测技术应用示范

堰河村绿色村镇建设监测技术的应用示范项目包括规划实施监测应用和农房建设监测应用两大类、5 个项目、14 项专门技术。见表 1.3。

表 1.3　堰河村绿色村镇建设监测技术应用示范项目

示范类别	项目编号	示范项目名称	应用监测技术	示范地点对象
规划实施监测应用	1	用地选址与功能分区监测技术示范	①村镇 GIS 监测技术	村域和建成区用地
			②村镇无人机监测技术	
			③村镇区域图像叠合监测技术	
	2	生态承载力环境质量影响因子监测技术示范	④村镇环境空气质量监测技术	村域和村生态资源、景观、环境设施
			⑤村镇水环境监测技术	堰河、堰塘、山泉、村污水处理站
			⑥村镇生活垃圾成分分析技术	村垃圾收集系统、生活垃圾分类收集中心
			⑦村镇物理性污染检测技术	村级道路、农房室内外
农房建设监测应用	3	农房建筑节能效率监测技术示范	⑧农房围护结构热流计法传热系数检测技术	新建农房、土坯房、既有农房
			⑨农房舒适性测量技术	
	4	农房室内环境质量检测技术示范	⑩农房室内空气质量检测技术	
	5	既有农房建筑安全检测技术示范	⑪农房建筑强度安全检测技术	
			⑫农房建筑耐久性检测技术	
			⑬农房建筑的抗震性检测技术	
			⑭危险房屋的检测与鉴定技术	

2)评价技术应用示范

绿色村镇建设评价技术的应用示范包括 5 大类、15 个项目、24 项专门技术。见表 1.4。

表 1.4 堰河村绿色村镇建设评价技术应用示范项目

示范类别	项目编号	示范项目名称	应用评价技术	示范地点对象
规划实施评价技术应用	1	用地选址与功能分区优化评价技术示范	①GIS 和无人机测量法	村域和建成区用地
			②遥感影像处理法	
			③土地利用变化基础数据提取法	
			④用地规划实施空间吻合性评价法	
			⑤土地利用结构优化评价方法	
	2	规划生态位与环境承载力评价技术示范	⑥村镇规划生态位适宜度评价方法	村域,村生态资源、景观、环境设施
			⑦村镇生态环境承载力评价方法	
	3	水资源利用与污水处理规划评价技术示范	⑧村镇水资源利用规划评价方法	堰河、堰塘、山泉、村污水处理站
			⑨村镇污水处理规划评价方法	
	4	垃圾固废处理规划监测评价示范	⑩村镇垃圾固废处理规划评价方法	村垃圾收集系统、生活垃圾分类收集中心
	5	生态景观与环境修复规划评价技术示范	⑪村镇景观格局分析评价方法	村生态景观建设项目
基础设施建设评价技术应用	6	污水减量化与再利用设施建设评价技术示范	⑫村镇污水减量化与再利用设施建设评价方法	村污水处理站、沼气池等
	7	垃圾分类收集与无害化处理设施建设评价技术示范	⑬村镇垃圾分类收集与无害化处理设施建设评价方法	村垃圾收集系统、生活垃圾分类收集中心
	8	防灾减灾及预警设施建设评价技术示范	⑭村镇防灾减灾预警设施建设评价方法	村公共广场、道路设施、防火及气象设施
	9	保水节水设施建设评价技术示范	⑮村镇保水节水设施建设评价方法	村水源地、生产和农房用水节水设施
清洁能源利用评价技术应用	10	清洁能源利用规划评价技术示范	⑯村镇清洁能源规划的实施程度评价	村太阳能利用设施、沼气设施等
			⑰村镇清洁能源利用的绿色程度评价	
	11	清洁能源设施建设评价技术示范	⑱村镇清洁能源设施建设评价方法	

续表

示范类别	项目编号	示范项目名称	应用评价技术	示范地点对象
农房新建与改造工程评价技术应用	12	新建农房节能效率评价技术示范	⑲基于 LCA 理论的新建农房节能效率评价方法	堰河新村农宅节能抗震示范、村接待中心节能抗震示范
			⑳基于 Ecotect 分析软件的新建农房节能效率评价方法	
	13	农房改造节能效率评价技术示范	㉑基于 LCA 理论的既有农房节能效率评价方法	军属户和贫困户土坯房改造、银杏山庄改造
			㉒基于 Ecotect 分析软件的既有农房节能效率评价方法	
	14	农房室内环境质量评价技术示范	㉓村镇农房室内环境质量达标评价法	节能示范农宅、村接待中心等
生态景观与环境修复工程评价技术应用	15	生态景观与环境修复工程评价技术示范	㉔村镇绿化与景观设施建设评价方法	堰河河道整治、保护，堰塘村道路绿化，景观小品建设等

以上研究工作为建立绿色村镇规划与建设评价体系提供了技术支撑。

1.4　绿色村镇建设的理论体系

为实现绿色村镇建设的可持续发展，应建立适应中国农村绿色发展需要的绿色村镇建设理论体系。

1.4.1　绿色村镇建设的理论研究基础

绿色村镇建设的理论研究基础主要包括可持续发展、建筑工程学、新型城镇化等理论。

1. 可持续发展理论

绿色村镇建设研究以实现村镇的可持续发展和绿色发展为目标，其理论体系应以可持续发展理论作为方向指导。绿色发展是可持续发展理论的重要组成，重点研究如何在生态环境容量和资源承载力约束条件下，将环境保护作为实现可持续发展重要支柱的新型发展方式。

2. 建筑工程学理论

绿色村镇建设的工程研究以绿色村镇的规划、建造和管理为重点，是对当代建筑工程理论的拓展和创新。从近代以来,我国的建筑工程理论研究长期处于以引进吸收西方建筑理论为主的阶段,在乡村建设理论研究方面基础更为薄弱。改革开放后,我国逐渐重视研究和建立具有中国特色的城乡建筑工程理论体系,以吴良镛建立的广义建筑学理论和王光远建立的工程软设计理论为创新突出代表。

1)广义建筑学理论

吴良镛在 1989 年提出广义建筑学(integrated architecture)理论[4],把传统意义上的建筑学从盖房子的学问拓展为聚居学(settlement),从人文、自然、地理、技术经济、文化艺术等时空观分析入手,通过多维度分析方法,创建了广义建筑学理论体系,指出了多领域综合规划理论的发展方向,对创建基于多维建设论的绿色村镇建设理论体系具有启发意义。

2)工程软设计理论

王光远在 1992 提出工程软设计(soft design in engineering)理论[36],分析了自然科学和技术科学领域从"决定论"向"选择论"发展趋势,指出了传统"硬"科学的软化倾向和过去无法运算的"软"科学向"硬化"转变。工程软设计理论认为,人对建设活动的主动参与和干预是工程选择论的核心,指出了土木建筑工程系统的全局优化决策和多元化建设工程理论发展方向,对创建基于多学科融合的绿色村镇建设理论体系具有参考意义。

3. 新型城镇化理论

绿色村镇建设研究是以新型城镇化和城乡融合发展为基础和动力,与新型城镇化发展理论紧密联系。《国家新型城镇化规划(2014—2020 年)》首次将推动城乡发展一体化列为国家城镇化发展规划,明确提出了建设社会主义新农村的 3 大目标和任务:①提升乡镇村庄规划管理水平,②加强农村基础设施和服务网络建设,③加快农村社会事业发展。我国多年来在城镇化建设取得的巨大成就,为全面开展绿色村镇建设研究与实践提供了重要基础。

1.4.2 绿色村镇建设的理论体系构建

基于对绿色村镇建设的理论属性和发展演变分析,绿色村镇建设的理论体系由 3 个层面构成。

1. 绿色村镇建设的理论基础

(1)可持续发展理论。重点研究在村镇建设全过程中如何实现村镇资源可持续利用、村镇经济可持续增长、村镇环境可持续改善、村镇社会可持续进步。

(2)建筑工程学理论。重点研究绿色村镇发展规划理论、村镇环境基础设施建设和绿色建筑建造理论、村镇建设绿色管理理论。

(3)新型城镇化理论。重点研究城乡绿色低碳统筹发展规划、城乡环境基础设施建设联动发展、城乡绿色社区建设协同管理等理论。

2. 绿色村镇建设的工程理论

(1)绿色村镇规划理论。包括村镇建设规划、城乡建设统筹发展、新农村建设发展等。

(2)绿色村镇建造理论。包括村镇建设工程学、村镇建设环境学、村镇建设社会学等。

(3)绿色村镇管理理论。包括村镇建设发展模式、建设工程管理模式、村镇建设共同体等。

(4)绿色村镇评价理论。包括绿色村镇规划实施评价、绿色村镇环境基础设施建设评价、村镇绿色建筑建设评价等。

3. 绿色村镇建设理论的应用

绿色村镇建设理论的应用重点是:建设宜居村镇,实现绿色生活;建设宜业村镇,促进绿色生产;建设宜游村镇,保护绿色生态。绿色村镇建设理论应用的总目标是,引导和促进我国农村的村镇建设绿色发展和可持续发展。

绿色村镇建设理论体系的构成见图 1.7。

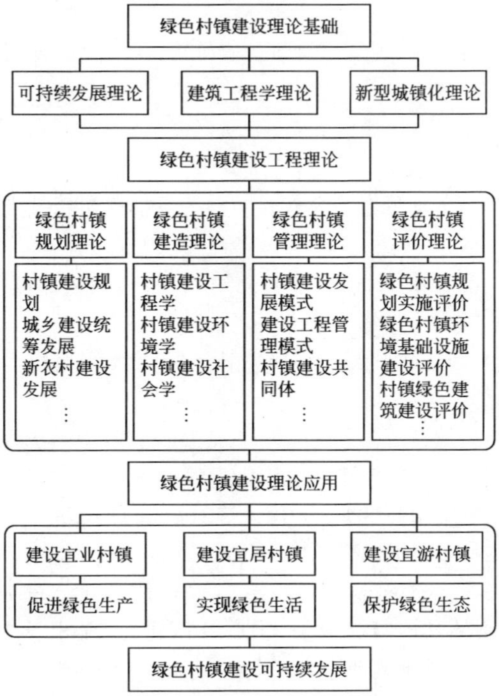

图 1.7　绿色村镇建设理论体系构成

根据图 1.7 建立的绿色村镇建设理论体系，本书后续各章分别对绿色村镇建设的演变与发展、绿色村镇建设的模式与机制、绿色村镇建设共同体、绿色村镇建设规划编制、绿色村镇环境基础设施建设、村镇绿色建筑的建设与改造、绿色村镇的规划与建设评价方法等进行了专题研究，并结合绿色村镇规划与建设示范项目进行评价案例验证。

参考文献

[1] 住房和城乡建设部，工业和信息化部．住房城乡建设部 工业和信息化部关于开展绿色农房建设的通知［OL］. http://www.mohurd.gov.cn/wjfb/201312/t20131225_216676.html [2020-09-07].

[2] 金兆森，陆伟刚．村镇规划[M]. 南京：东南大学出版社，2011.

[3] 彭一刚．传统村镇聚落景观分析(第二版)[M]. 北京：中国建筑工业出版社，2017.

[4] 吴良镛．广义建筑学[M]. 北京：清华大学出版社，2011.

[5] 联合国粮食及农业组织．实现乡村振兴促进青年就业［OL］. http://www.fao.org/documents/card/en/c/mx457zh [2020-09-07].

[6] 张晓山，李周．中国农村发展道路[M]. 北京：国际中国文化出版社，2011.

[7] 李小红．中国农村治理方式的演变与创新[M]. 北京：中央编译出版社，2012.

[8] 孙君．农道——没有捷径可走的新农村之路[M]. 北京：经济管理出版社，2013.

[9] 李小康，王晓鸣，华虹．土地利用结构变化对碳排放的影响关系及机理研究[J]. 生态经济，2018，(1)：14-19.

[10] 李明，王晓鸣，王旭，等．基于生态学原理的农村建设模式优化研究[J]. 中国人口·资源与环境，2010，(20)：377-382.

[11] 李明，王晓鸣．农村生态住区建设系统灰色关联度耦合模型[J]. 华中科技大学学报(城市科学版)，2010，6(27)：54-58.

[12] 王晓鸣，王旭，吴晶霞，等．绿色农房建设伙伴关系模式初探[J]. 中国房地产(学术版)，2016，(7)：36-42.

[13] 郭志伟，王喆，张亚雷．中国城镇化与村镇建设科技发展战略[M]. 北京：科学出版社，2010.

[14] 李兵弟．以生态宜居村庄建设为主体 推进国土空间规划的乡村实施[J]. 城乡建设，2019，(17)：26-27.

[15] 邸青，王云才．村镇宜居社区绿色基础设施系统的构建：中国风景园林学会 2014 年会论文集(上册)[M]. 北京：中国建筑工业出版社，2014.

[16] 刘先觉等．生态建筑学[M]. 北京：中国建筑工业出版社，2009.

[17] 布赖恩·爱德华兹．可持续性建筑[M]. 北京：中国建筑工业出版社，2003.

[18] Jerry Yuelson. Greening Existing Buildings[M]. 哈尔滨：哈尔滨工业大学出版社，2014.

[19] 马素贞．绿色建筑技术实施指南[M]. 北京：中国建筑工业出版社，2016.

[20] 吕红医．传统农房建造技术改良与案例[M]. 北京：中国建筑工业出版社，2018.

[21] 赵士永，强万明，付素娟．村镇绿色小康住宅技术集成[M]. 北京：中国建材工业出版

社，2017.
[22] 梅洪元，周立军，殷青．东北严寒地区绿色村镇建设适用技术导则[M]. 北京：中国建筑工业出版社，2015.
[23] 杨志勇，陈军东，王晓鸣，等．农村房屋建筑抗震节能实用技术[M]. 武汉：武汉理工大学出版社，2013.
[24] 张奎，王晓鸣，王珍珍．既有农房建筑节能改造关键技术[J]. 建设科技，2012，(6)：82-83.
[25] 李悦，王晓鸣，程硕．传承与创新——我国村镇住宅建设发展之路[J]. 小城镇建设，2009，(9)：10-14.
[26] 杨帆，王晓鸣，李明．村镇生态节能住宅建设与科技示范的参与模式[J]. 湖北土建，2009，(1)：62-64.
[27] 中华人民共和国科学技术部．"绿色宜居村镇技术创新"重点专项项目申报指南[OL]. http://www.most.gov.cn/mostinfo/xinxifenlei/fgzc/gfxwj/gfxwj2018/201807/t20180706_140465.htm [2020-09-07].
[28] 苏醒．绿色生态村镇环境指标体系及评估标准[M]. 上海：同济大学出版社，2017.
[29] 邬建国．景观生态学——格局、过程、尺度与等级[M]. 北京：高等教育出版社，2007.
[30] 华虹，李雯，王晓鸣，等．土坯房建筑能耗计量与节能效率比较研究[J]. 土木工程与管理学报，2017，(6)：17-22.
[31] 华虹，王晓鸣，彭文俊．村庄低碳建设与碳排放评价[J]. 土木工程与管理学报，2012，(1)：20-24.
[32] 杨俊，王晓鸣，华虹．村镇住宅绿色化的效益分析[J]. 水电能源科学，2011，(8)：203-206.
[33] 杨俊，王晓鸣，汪洋．村镇住宅耐久性的经济性分析[J]. 土木工程与管理学报，2011，(2)：82-86.
[34] 岑倩婷，王晓鸣，杨小菊．生态村基础设施建设的可持续性评价[J]. 建设科技，2012，(6)：88-89.
[35] 汪洋，王晓鸣，朱宏平．夏热冬冷地区农村低碳建设技术集成与效益评价研究[J]. 土木工程学报，2010，43(S2)：410-415.
[36] 王光远．工程软设计理论[M]. 北京：科学出版社，1992.

第2章 绿色村镇建设的演变与发展

中国的绿色村镇建设是在长期演变过程中产生的新型农村建设方式，需要系统了解村镇建设的演变历程和发展特征。本章讨论中国村镇的起源与村镇建设的演变；分析当代中国村镇建制的形成和村镇建设的发展阶段；研究中国农村发展变化对绿色村镇建设的影响。

进行绿色村镇规划与建设，既要继承和发扬我国传统的村镇建设优良基因，又要结合现代农村发展目标和村镇建设实际需要，还要适应不同区域农村的社会经济变化对绿色村镇建设的深刻影响和发展需求。

2.1 中国村镇起源与村镇建设演变

我国村镇建设的演变历史大体可划分为三个时期：古代起源时期，近代演变时期，当代发展时期。

2.1.1 古代时期村镇建设的起源

1. 村镇的产生

远在农耕社会时期，农业生产是人类赖以生存和发展的基础，土地是进行农业生产的基本资源，世世代代的农民在他们生活的土地上从事农业生产活动，就近定居，方便耕种，繁衍后代，进而建造形成了众多原始村落。

进入封建社会时期，随着社会生产力的发展，为适应剩余农产品交易和对生产工具及生活用品需求的增加，逐渐产生了集市贸易，进而建设了“集”、“街”和“镇”，演变形成了“村”和“镇”的聚落形式。

2.“村”的起源

据史书记载，在秦汉时期，我国就有村的原形——“邨”字出现。东汉中期以前，村就有庐、丘、聚等多种早期建设形态。

村落，又称乡村聚落，是人类最早建造的聚落单位形式。不同历史时期的村落建设方式演变，真实反映出人类社会从农耕时代的采集狩猎、原始农业、传统农业、到工业化各个阶段的居住生活和劳动生产的发展演化进程。

3. "镇"的起源

镇最初的含义是指"一方之首山"，即一定区域内最高最大的山，山上通常驻有兵马，作为一方的镇守要地。镇作为行政单位始于北魏，太武帝至孝文帝前期的60 年间(约公元 422—484 年)在西北边境要塞设置军镇，作为抵御外敌入侵的地方行政机构。

至北宋初年，镇逐渐形成了有一定的辖区和管辖人口的地域，拥有定期的交易集市和固定的街道及商铺；镇下分设街和巷的布局。明代以后，随着地方手工业和商业贸易的不断发展，镇作为农村地区商业贸易和商品集散地的中心功能逐渐完善。

具备商贸市场功能的镇又称为市镇，即乡村地区农民交换生活必需品和生产工具的场所。"市"大多集中建设于都邑，所以又称"都市"，宋代以后一般指县以下的小商业集市。明清两朝时期，我国的市镇建设发展进入了全盛时期[1]。市镇建设的核心功能是集市[2]，而集市是指在固定的地点、固定的时间、让买者和卖者聚集在一起进行商品交易的公共场所，具有临时性；市镇则是有一定规模的常住人口存在，设有固定的商铺，具有长期性。一般有市镇就会建有集市，但建有集市的地方不一定非要位于市镇中。

到了清代，镇的行政职能开始弱化，通常作为县政府根据征收赋税和徭役的需要设置的管理单位，如甲、里、图、坊、厢等。至清朝末年，作为基层行政建制单元的镇开始形成，1909 年清政府颁布的《城镇乡地方自治章程》[3]以城乡分制为原则，规定府、厅、州、县治所驻地为城，城外的市镇、村庄、屯集，人口满 5 万者设镇，其余为乡。

2.1.2　近代时期村镇建设的演变

中国的近代史始于 1840 年鸦片战争，终于 1949 年中华人民共和国成立，历经百余年。与此相对应，近代时期的村镇建设经历了三个演变阶段。

1. 村镇建设动荡衰败阶段(1840—1919 年)

在长达几千年的封建社会时期，中国的村镇建设总体上处于农村自给自足并与社会经济发展相适应的平稳发展过程。但是 1840—1842 年英国对中国发动的鸦片战争(Opium War)以后，我国的村镇建设进入了动荡衰败时期，乡村的严重贫困与落后已成为影响国家生存和民族发展的主要问题。

1911 年爆发的辛亥革命，推翻了封建统治。面对与同时期西方发达国家乡村建设发展的巨大差距，一批有识之士开始思索和探寻适合中国国情的村镇建设复兴道路，我国的村镇建设开启了从传统封闭型向变革复兴型转变的艰难进程。

2. 乡村建设运动兴起阶段(1920—1930年)

20世纪20年代开展的民国乡村建设运动，是我国近代村镇建设改革创新探索的重要启蒙活动。至20世纪30年代初期，全国参与乡村教育实验活动的机构已有600多个，建立各种实验区1000多个[4]。这一阶段乡村建设运动在各地蓬勃兴起，以晏阳初发起的乡村改造实验、梁漱溟提出的乡村建设理论、卢作孚实施的乡村建设示范等为典型代表。

晏阳初是民国时期著名的教育家和社会学家，一生致力于落后地区的平民教育与乡村改造事业。他认为，在当时欲求"民族再造"使命的实现与"乡村建设"条件的造成，必须通过乡村教育这个阶段[5]。他在河北省定县进行了乡村改造实验，以唤醒民众参与乡村建设为主要特点。

梁漱溟长期从事乡村建设理论和实验。他于1928年在河南省进行了村治实验，随后又到山东省邹平县进行乡村建设运动，以村治实验为主要特点，在海内外产生了深远影响。他著有《乡村建设理论》《乡村建设大意》等论著，还于1930年创建了北京乡村建设研究院，设立乡村建设研究部和乡村服务人员训练部，培养了各类乡村建设人才。

卢作孚是我国著名的实业家和早期现代化事业开拓者。他在四川省倾注大量心血开创了北碚试验区，进行乡村建设示范[6]：一是改善和建设生态环境，包括整治环境卫生、拓宽道路、广植花草树木；二是大力兴办各种乡村经济事业；三是创办乡村文化和社会公共事业。

在这一时期，中国共产党首次提出了农村土地制度改革的纲领。早在1924年发表的《中国共产党对于时局之主张》中就提出了限制都市房租加租及建设劳动平民之住屋的纲领；1927年，中国共产党在《土地问题决议案》中明确提出了无代价地立即没收豪绅地主阶级的土地财产，没收的土地归农民代表会议(苏维埃)处理，分配给无地及少地的农民使用的主张。

1929年，南京国民政府发布了重新修订的《县组织法》，随后又制定了《乡镇自治实施法》等法规。《县组织法》明确将县以下分为4级：区、乡(镇)、闾、邻；每个县分成4～10个区，每个区管辖10～50个乡镇，100户以上的村庄称为乡，100户以上的街市地方称为镇，但乡镇均不得超过千户；还规定乡镇居民以25户为一闾，以5户为一邻[7]。

1929年的行政区划和乡镇管理体系见图2.1。

3. 乡村建设缓慢发展阶段(1931—1949年)

从1931年9月18日抗日战争爆发，至1945年8月15日日本宣布投降，随后，又经历了三年多的解放战争，直至1949年中华人民共和国成立，这段时期我国

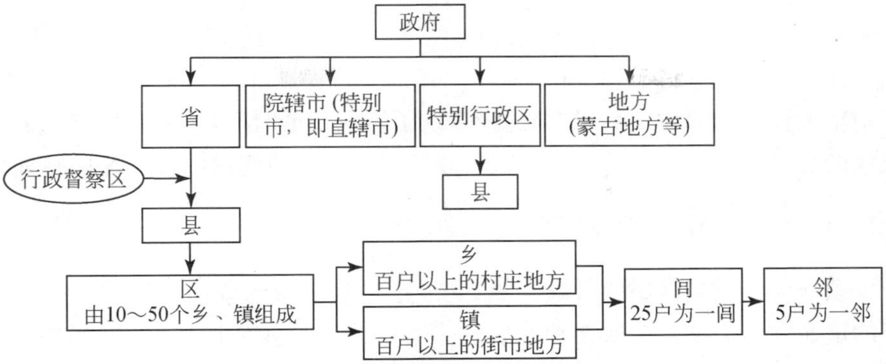

图 2.1　1929 年的行政区划和乡镇管理体系

村镇建设总体处于由战乱导致的缓慢发展乃至停滞阶段。

这段时期乡村建设研究领域的杰出代表是费孝通。作为我国最早研究乡村经济和小城镇发展理论的著名学者，他 1933 年到山东省邹平县参加了乡村建设工作，1936 年深入江苏省苏州市开弦弓村进行调研，1939 年完成了著作 *Peasants Life in China*[8]、中文版为《江村经济——中国农民的生活》[9]，指出发展乡村工业是解决中国土地问题和促进乡村建设发展的根本途径。他在开弦弓村调查中，对村庄的规划、居住区、交通、环境、公共设施、产业布局、土地占有方式等进行了研究，还对户、邻里生产合作社，社会团体及其与村政府的社会组织关系进行了深入分析，对当今村镇绿色建设研究仍有借鉴价值。

1934 年，南京国民政府在全国各省普遍推行保甲制。保甲制以 10 户为甲，10 甲为保，10 保以上为乡镇，分设保长和甲长。1939 年颁布的《县各级组织纲要》[10]具体规定了保甲制度的构成，未按“村”的建制管理，所以在统计民国时期的村镇设置数量时出现了“保”数和“甲”数，而不是“村”数。

据 1946 年统计，全国约有乡镇 54156 个，由 100 户以上组成的“保”约有 631587 个，由 10 户以上组成的“甲”约为 6499670 个，若按 10 户为 1 甲计算，折合近 6500 万户[11]。

1946 年，中国共产党发出《关于土地政策的指示》[12]，要求直接从地主手中取得土地，实现耕者有其田，随后在各解放区普遍开展了土地改革运动。1947 年，又通过了《中国土地法大纲》[12]，规定废除一切祠堂、庙宇、寺院、学校、机关团体的土地所有权，由乡村农会接收地主的牲畜、农具、房屋、粮食及其他财产，分给缺乏这些财产的农民及其他贫民。中国共产党领导的解放区政府，在 1949 年以前就已经在拥有一亿多农民的解放区实行了土地改革[13]，促进了村镇建设的逐步恢复和发展。

2.2　村镇建制形成与建设发展阶段

中华人民共和国成立后，村镇建设进入了恢复发展时期，村镇建制伴随着农村和农业的发展经历了70年演变，形成了现阶段绿色村镇建设的社会发展基础。

2.2.1　村镇建制的形成演变历程

乡镇作为农村最基层的行政层级，是最小行政区域的政治、经济和文化中心，其中的镇通常作为县机关所在地或农村中有较多工商业的居民区；村庄是农民居住和从事各种生产的聚居点，是农村基层群众性自治单位。

1954年颁布的第一部《中华人民共和国宪法》规定：县、自治县分为乡、民族乡、镇，明确了镇的行政地位。1955年，国务院颁布《关于设置市、镇建制的决定》，进一步规定镇是工商业和手工业的集中地，镇与乡同为县、自治县下面的平级基层行政单位。

1954—1958年，国家开始在农村试办农业生产初级合作社，启动了以村为单位的互助组集体化进程。1956年开展的农业合作化运动，将农村的初级合作社升级组成为高级合作社，逐步形成了以公共建筑由村镇统一建造归集体所有、农民住宅建房在分配的宅基地上自行建造的村镇建设基本制度，并沿用至今。1958年，全国农村的原有高级合作社转变为人民公社，村镇建制也被替代。

1959—1961年，我国村镇建设总体处于停滞时期。1963年，中共中央、国务院发布《关于调整市镇建制、缩小城市郊区的指示》，要求压缩和调整市镇建制，随后村镇建设进入了恢复调整时期。

1966—1977年，我国经历了村镇体制变革时期。在原有人民公社和生产大队普遍建立了革命委员会，直接治理农村和管理村镇建设。此时国家实行计划经济、先生产后生活、先城市后乡村的发展政策，扩大了村镇建设与城市建设的发展差距。

1978年，我国进入改革开放发展新时期。1979年，第五届全国人大通过《关于修正"中华人民共和国宪法"若干决定的决议》，将地方各级革命委员会改为地方各级人民政府，逐步恢复了村镇建设管理体制活力。

1984年，国务院批发《关于调整建制镇标准的报告》，按照积极发展小城镇原则放宽了设镇标准，实行镇管村体制。规定凡县级国家机关所在地均应设立建制镇：总人口在2万人以下的乡，乡政府驻地非农业人口超过2000人的，可以建镇；总人口在2万人以上的乡，乡政府驻地非农业人口占全乡人口10%以上的.也可以建镇；少数民族地区、人口稀少的边远地区、山区和小型矿区、小港口、风景旅游区、边境口岸等地，非农业人口不足2000人，如确有必要，也可以设置建制镇。

1987 年，第六届全国人大常委会通过《村民委员会组织法》，规定行政村是村委会进行村民自治的管理范围，是农村基层群众性自治单位。1993 年国务院发布的《村庄和集镇规划建设管理条例》指出，村庄是指农村村民居住和从事各种生产的聚居点，集镇是指乡、民族乡人民政府所在地和经县级人民政府确认由集市发展而成的作为农村一定区域经济、文化和生活服务中心的非建制镇。

20 世纪 90 年代，我国开始实施小城镇建设战略，通过小城镇建设带动农村村镇发展。作为实现城乡统筹协调发展、解决"三农"问题、加快农村经济发展、增加农民收入、改善农村消费环境、提升村镇建设质量、缩小城乡差别、实现城乡社会经济协调发展的重要战略举措。

2005 年至今，我国进入新农村建设和乡村振兴发展新时期，在村镇建设机制和管理模式创新等方面取得了丰富的理论和实践成果，绿色村镇建设也开始逐渐得到发展。

2.2.2　村镇建设的主要发展阶段

中华人民共和国成立以来的村镇建设发展可划分为四大阶段。

1. 土地改革至村镇体制变革阶段(1949—1977 年)

这一阶段，又可分为农村土地改革时期、农村集体化时期、村镇体制变革时期。

1)农村土地改革时期(1949—1953 年)

这一时期，我国初步建立了村镇建设财产和土地所有制。从 1950 年颁布《中华人民共和国土地改革法》，到 1952 年全国基本完成土地改革，通过将祠堂、庙宇、寺院、学校、机关团体的土地所有权收归乡村集体，将地主的房屋分配给贫困农民，改善了农民居住条件，为建立公共建筑归村镇集体所有制度和农民建房宅基地分配制度奠定了基础。

2)农村集体化时期(1954—1965 年)

这一时期，村镇建设在宏观上以计划经济为指导，在建设中以农民自建住房和集体兴建公共建筑为方式，以提供农民生产和生活的基本需求为目标。土地所有制已由农民私有制转变为集体所有制。1958 年，农村成立人民公社，取代了原有村镇建制职能。

3)村镇体制变革时期(1966—1977 年)

这一时期，全国农村地区的人民公社和大队都普遍建立了革命委员会，直接治理农村并管理村镇建设，导致村镇建设管理职能弱化。直到 1979 年第五届全国人大决定将地方各级革命委员会改为地方各级人民政府，村镇建设管理体制才逐步健全和完善。

2. 改革开放与小城镇建设阶段(1978—2004 年)

这一阶段,以农村经济体制改革和小城镇建设促进村镇建设发展为主要特征。

1)农村经济体制改革促进村镇建设快速发展

1978 年,我国进入了改革开放新时期,村镇建设也获得了前所未有的发展新机遇。1979 年,国家建委、国家农委、农业部、建材部、国家建工总局在山东省青岛市联合召开了首次全国农村房屋建设工作会议,标志着我国的村镇建设从传统自发建设型向现代合作建设型转变的开始[14]。随着农村经济集体不断发展和农民收入日益提高,全国村镇建设的积极性空前高涨,弥补了长期以来村镇建设发展严重滞后的历史欠账。

改革实践证明,农村经济产业发展既是绿色村镇建设的发展基础,也是绿色村镇建设要实现的发展目标。

2)小城镇建设促进了村镇建设水平不断提高

20 世纪 90 年代,我国开始实施小城镇建设发展战略,村镇建设进入了创新发展阶段。1993 年,建设部在江苏省苏州市召开了首次全国村镇建设工作会议,确定了以小城镇建设为中心,带动村镇建设,促进农村经济全面发展的目标。2000 年,中共中央、国务院发布《关于促进小城镇健康发展的若干意见》,为小城镇发展指明了方向。2004 年,住房和城乡建设部开始在全国推进"全国重点镇""特色景观名镇""历史文化名镇""绿色低碳重点小城镇"等建设示范,提出了绿色小城镇的建设要求。

这段时期,在全国普遍开展了小城镇建设理论研究和建设实践,为形成具有中国特色的绿色村镇建设理论和技术体系打下很好基础,也是绿色村镇建设发展的萌芽时期。

3. 新农村与美丽乡村建设阶段(2005—2016 年)

这一阶段,以 2005 年中国共产党第十六届五中全会正式提出新农村建设战略决策和 2015 年国家颁布《美丽乡村建设指南》(GB/T 32000—2015)为主要标志。

1)城镇化理论和村镇建设示范引领新农村建设

我国现代村镇建设理论和技术的形成是源于城镇化发展。2005 年,国家首次将"城镇化与城市发展"作为完整领域列入《国家中长期科学和技术发展规划纲要(2006—2020 年)》。随后,科技部联合住房和城乡建设部、国土资源部、教育部、国有资产监督管理委员会、中国科学院等部门,组织实施了一批开创性的村镇建设科技研究项目与示范工程[15],全国共有 524 所大学和科研单位及相关企业的 5078 位研究人员参加了村镇发展科技大会战,这种大规模的综合研究在世界村镇建设发展史上也不多见。

2013 年 9 月，习近平总书记在哈萨克斯坦纳扎尔巴耶夫大学发表演讲时指出：“我们既要绿水青山，也要金山银山。宁要绿水青山，不要金山银山，而且绿水青山就是金山银山。我们绝不能以牺牲生态环境为代价换取经济的一时发展[16]。”此后逐步发展成为“两山”理论，对绿色村镇建设的发展产生了重要影响。

2014 年，中共中央、国务院颁布《国家新型城镇化规划(2014—2020 年)》，将推动城乡发展一体化作为农村发展国家战略，提出了建设社会主义新农村的明确目标和 3 项重点任务：一是提升乡镇村庄规划管理水平；二是加强农村基础设施和服务网络建设；三是加快农村社会事业发展。

2)美丽乡村建设促进村镇建设向绿色发展转型

2015 年颁布的国家标准《美丽乡村建设指南》(GB/T 32000—2015)指出，美丽乡村的实质是建成宜居、宜业的可持续发展乡村，规定了全国美丽乡村的村庄规划和建设、生态环境、经济发展、公共服务、乡风文明、基层组织、长效管理等建设要求，勾画了绿色村庄建设的发展方向。2016 年，国务院发布《关于深入推进农业供给侧结构性改革和加快培育农业农村发展新动能的若干意见》，明确指出农业农村发展应该向追求绿色生态可持续方向转变。

4. 乡村振兴战略规划实施阶段(2017 年至今)

这一阶段，从 2017 年开启至今。以 2017 年中国共产党第十九次代表大会提出的“实施乡村振兴战略”和 2018 年中共中央、国务院颁布的《乡村振兴战略规划(2018—2022 年)》为重要标志。

乡村振兴战略规划明确提出了“推进绿色发展”的重点任务，倡导简约适度、绿色低碳的生活方式，开展创建绿色家庭、绿色学校、绿色社区和绿色出行等行动。战略规划要求坚持尊重自然、顺应自然、保护自然，统筹山水林田湖草系统治理，加快推行乡村绿色发展方式，推动乡村生态振兴，建设生活环境整洁优美、生态系统稳定健康、人与自然和谐共生的生态宜居美丽乡村。

2018 年，中共中央办公厅和国务院办公厅印发《农村人居环境整治三年行动方案》，提出了 6 项重点建设任务：①推进农村生活垃圾治理；②开展厕所粪污治理；③梯次推进农村生活污水治理；④提升村容村貌，建设绿色生态村庄；⑤加强村庄规划管理；⑥完善建设和管护机制。

2020 年 10 月，中国共产党第十九届中央委员会第五次全体会议审议通过了《中共中央关于制定国民经济和社会发展第十四个五年规划和二〇三五年远景目标的建议》，明确提出了到 2035 年基本实现社会主义现代化的远景目标，并将生产生活方式绿色转型、全面推进乡村振兴、实施乡村建设行动列为未来五年发展规划的重要内容，为我国绿色村镇建设的创新与发展指明了方向。

综上研究，我国的现代村镇建设从 1920—2020 年的一百年间，经历了六大发展演变阶段，包括：乡村建设运动兴起、乡村建设缓慢发展、土地改革至村镇体制变革建设、改革开放与小城镇建设、新农村与美丽乡村建设、乡村振兴战略规划实施。

中国村镇建设的百年演变与发展进程见图 2.2。

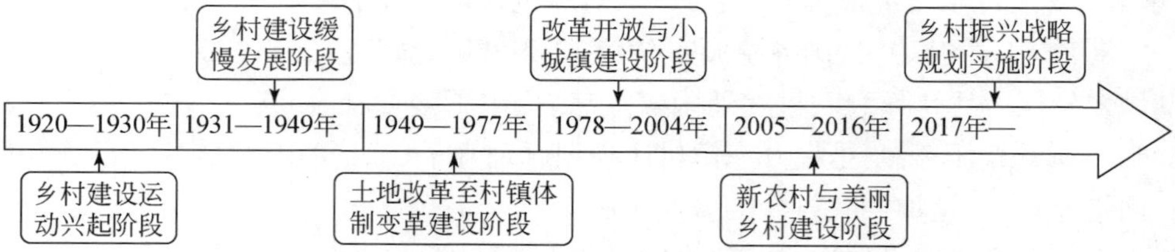

图 2.2　中国村镇建设的百年演变与发展进程

2.3　农村发展变化对绿色村镇建设影响

农村社会经济的变化发展对绿色村镇建设发展模式选择和规划建设内容具有多方面影响，主要影响因素有：村镇规模数量变化、农村人口数量变化、村镇建设用地变化、农房建设方式变化、建设能力意愿变化等 5 个方面。

2.3.1　村镇规模数量变化的影响

绿色村镇的建设与发展是在现行村镇建制设置和管理方式下进行，需要适应村镇建制规模变化和发展的影响。

1. 乡镇设置数量的变化影响

据不完全统计，1949 年全国设镇数约为 2500 个，1953 年增加到 5402 个；到 1956 年缩减为 3672 个，1966 年又减少为 2800 个。1978 年全国设镇数减少为 2176 个，然后逐年恢复增加。

1983 年全国设镇数为 2968 个，设乡数为 35514 个，设镇数与设乡数之比（简称“镇乡比”）为 1∶11.97，可见当时的城镇化发展处于较低水平。经过 1978—2004 年的改革开放与小城镇建设发展阶段，到 2004 年全国设镇数增加到 19883 个，同时由于撤乡并镇，乡的数量逐渐递减为 17451 个，镇乡比改变为 1∶0.88，设镇数已超过了设乡数。经过 2005—2017 年的新农村建设发展，截至 2017 年全国设镇数为 21116 个，设乡数调减为 10529 个，镇乡比调整为 1∶0.50，表明村镇设置规模不断优化，同时也为绿色村镇进行高质量建设提供了机遇。

1978—2017 年全国设镇设乡数规模见表 2.1，设镇设乡数变化趋势分析见图 2.3。

表 2.1　1978—2017 年全国设镇设乡数情况　（单位：个）

年份	设镇数	设乡数	年份	设镇数	设乡数
1978	2176	—	1998	19216	25712
1979	2361	—	1999	19756	24745
1980	—	—	2000	20312	23199
1981	2678	—	2001	20374	19341
1982	—	—	2002	20601	18639
1983	2968	35514	2003	20226	18064
1984	7186	85290	2004	19883	17451
1985	9140	82450	2005	19522	15951
1986	10718	61417	2006	19369	15306
1987	11103	58739	2007	19249	15120
1988	11481	45195	2008	19234	15067
1989	11873	44624	2009	19322	14848
1990	12084	44397	2010	19410	14571
1991	12455	42654	2011	19683	13587
1992	14539	33827	2012	19881	13281
1993	15805	32445	2013	20117	12812
1994	16702	31463	2014	20401	12282
1995	17532	29502	2015	20515	11315
1996	18171	27056	2016	20883	10872
1997	18925	25966	2017	21116	10529

资料来源：中华人民共和国国家统计局。

注：表中“—”表示此项数据在统计资料中缺项。

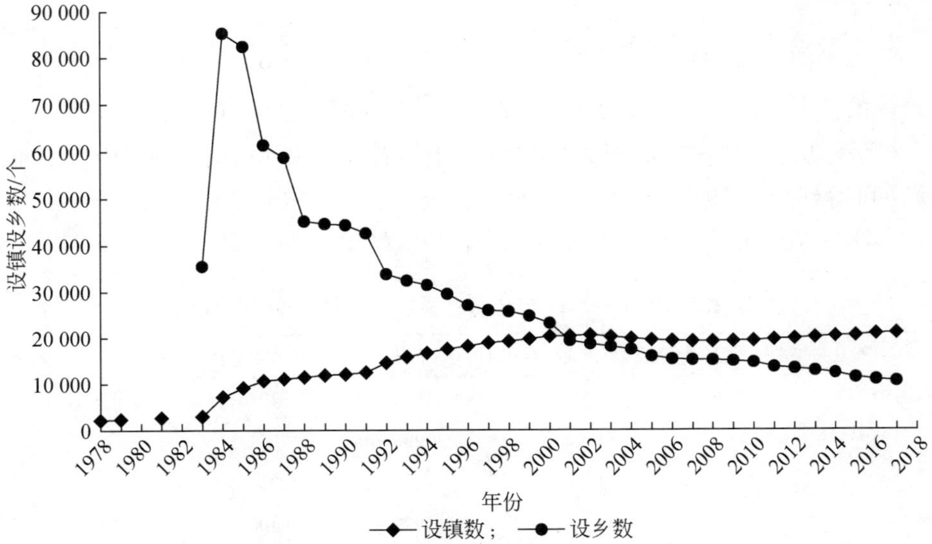

图 2.3　1978—2017 年全国设镇设乡数变化趋势

2. 村庄设置数量的变化

绿色村镇建设的重点是村庄。1990—2017 年的全国村庄设置数量见表 2.2。

表 2.2 1990—2017 年全国村庄设置数量 （单位：万个）

年份	全国村庄数量	年份	全国村庄数量	年份	全国村庄数量
1990	377.3	2000	353.7	2010	273.0
1991	376.2	2001	345.9	2011	266.9
1992	375.5	2002	339.6	2012	267.0
1993	372.1	2003	—	2013	265.0
1994	371.3	2004	320.7	2014	270.2
1995	369.5	2005	313.7	2015	264.5
1996	367.6	2006	270.9	2016	261.7
1997	365.9	2007	264.7	2017	244.9
1998	355.8	2008	266.6		
1999	359.0	2009	271.4		

资料来源：中华人民共和国住房和城乡建设部．中国城乡建设统计年鉴 2017。

注：表中“—”表示此项数据在统计资料中缺项。

分析表 2.2 可知，全国村庄设置数量呈逐年减少趋势，从 1990 年的 377.3 万个，减少到 2017 年的 244.9 万个。28 年间，村庄数量减少了 132.4 万个，年均减少 4.9 万个，年均减少率为 1.30%，与同时期的农村实际人口减少的趋势相符。绿色村镇建设发展长期规划要适应村庄数量变化的趋势。

3. 村委会和乡村户数的变化

绿色村镇建设是以村委会为主要组织单位和参与单位。村委会是乡镇管辖下的农村最基层自治组织，由国家数据网、《中国社会统计年鉴》[17]和《中国农业年鉴》[18]可得到全国 1978—2017 年的全国村委会设置个数和乡村户数情况。

1978—2017 年全国村委会设置和乡村户数情况见表 2.3。

表 2.3 1978—2017 年全国村委会设置和乡村户数情况

年份	村委会/个	乡村户数/万户	年份	村委会/个	乡村户数/万户
1978	690388	17347.0	1982	719438	18278.6
1979	698613	17491.1	1983	750141	18523.2
1980	709820	17672.7	1984	933485	18792.6
1981	718022	18016.2	1985	940617	19076.5

续表

年份	村委会/个	乡村户数/万户	年份	村委会/个	乡村户数/万户
1986	847894	19574.5	2002	694515	24569.4
1987	830302	20168.3	2003	678589	24793.1
1988	740375	20859.4	2004	652718	24971.4
1989	746432	21504.0	2005	640139	25222.6
1990	743278	22237.2	2006	631184	25268.4
1991	804153	22566.2	2007	621046	25434.9
1992	806032	22849.0	2008	603589	25663.5
1993	802352	22983.8	2009	599078	25975.7
1994	802052	23165.3	2010	594658	26384.6
1995	740150	23281.7	2011	589874	26607.0
1996	740128	23437.7	2012	588407	26802.3
1997	739447	23406.2	2013	588547	26948.5
1998	739980	23678.0	2014	585451	27053.3
1999	737429	23810.5	2015	580856	—
2000	734715	24148.7	2016	559186	—
2001	709257	24432.2	2017	554218	—

资料来源：中华人民共和国国家统计局。

注：表中“—”表示此项数据在统计资料中缺项。

分析表 2.3 可知，随着城镇化推进和大批农民进城转变为城镇居民，村委会的数量从 1978 年的 690388 个降低至 2017 年的 554218 个，减少了 19.72%，但乡村户数却从 1978 年的 17347.0 万户增加至 2014 年的 27053.3 万户，增加了 55.95%。这种变化一方面反映出农村户均人数的减少，另一方面体现出农民对保留农村户籍和维护土地权益的日益重视，同时也为绿色村镇利用空闲土地和农房发展绿色乡村产业提供了可利用资源。

2.3.2　农村人口数量变化的影响

绿色村镇的规划和建设要与农村人口变化和住用需求变化相适应。1978 年以来，随着城镇化迅速发展，我国农村人口和占全国人口的比例都呈现不断减少趋势。与同时期人口迅速持续增加的城镇建设发展相比，村镇的建设发展水平在规划方法、建造模式、投资渠道、质量标准、运营管理等诸多方面，都产生了日益扩大的差距。

1978—2017 年间，农村人口与全国人口的变化情况见表 2.4，农村人口占全国人口的比例变化趋势分析见图 2.4。

表 2.4 1978—2017 年农村人口与全国人口变化情况

年份	全国人口/万人	农村人口/万人	农村人口占总人口比例/%	年份	全国人口/万人	农村人口/万人	农村人口占总人口比例/%
1978	96259	79014	82.08	1998	124761	83153	66.65
1979	97542	79047	81.04	1999	125786	82038	65.22
1980	98705	79565	80.61	2000	126743	80837	63.78
1981	100072	79901	79.84	2001	127627	79563	62.34
1982	101654	80174	78.87	2002	128453	78241	60.91
1983	103008	80734	78.38	2003	129227	76851	59.47
1984	104357	80340	76.99	2004	129988	75705	58.24
1985	105851	80757	76.29	2005	130756	74544	57.01
1986	107507	81141	75.48	2006	131448	73160	55.66
1987	109300	81626	74.68	2007	132129	71496	54.11
1988	111026	82365	74.19	2008	132802	70399	53.01
1989	112704	83164	73.79	2009	133450	68938	51.66
1990	114333	84138	73.59	2010	134091	67113	50.05
1991	115823	84620	73.06	2011	134735	65656	48.73
1992	117171	84996	72.54	2012	135404	64222	47.43
1993	118517	85344	72.01	2013	136072	62961	46.27
1994	119850	85681	71.49	2014	136782	61866	45.23
1995	121121	85947	70.96	2015	137462	60346	43.90
1996	122389	85085	69.52	2016	138271	58973	42.65
1997	123626	84177	68.09	2017	139008	57661	41.48

资料来源：中华人民共和国国家统计局。

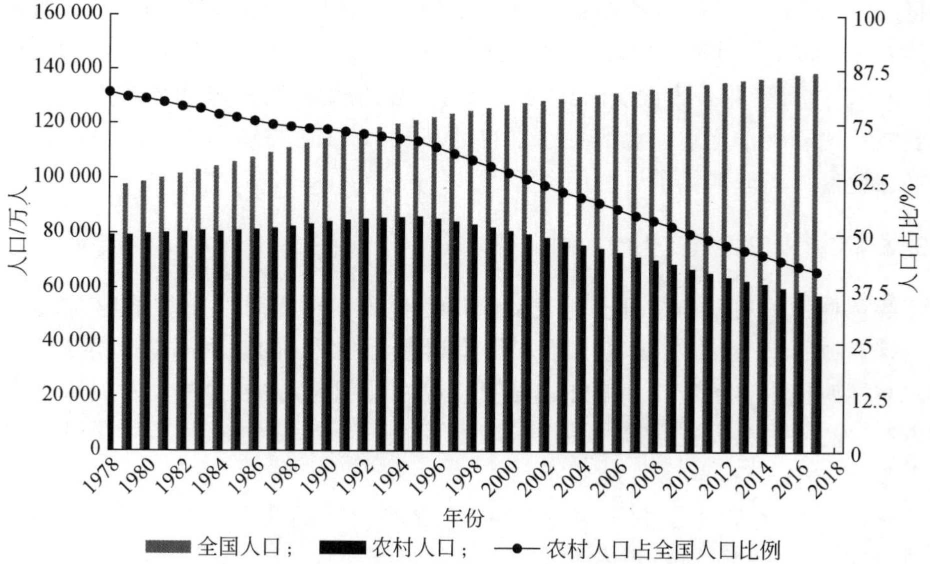

图 2.4 1978—2017 年农村人口占全国人口的比例变化趋势

分析表 2.4 可知，1978 年全国人口为 96259 万人，农村人口为 79014 万人，占全国人口比例 82.08%；2017 年全国人口为 139008 万人，农村人口为 57661 万人，占全国人口比例下降至 41.48%。1978—2017 年间，农村人口占全国人口比例年均降低 1.02%。

怎样既适应农村人口数量减少和小户型化的变化趋势，又充分满足广大农民对新农村“生产、生活、生态”日益提高的质量需求，持续改善广大农民的人居环境条件，是绿色村镇规划与建设的重要影响因素。

2.3.3　村镇建设用地变化的影响

绿色村镇建设的首要任务是节约建设用地资源和严格保护耕地。影响绿色村镇用地规划的主要因素有：人均耕地占有面积、村镇建成区占地面积、村民建房宅基地面积、村镇公共绿地面积、村镇道路建设用地等。

1. 人均耕地占有面积的变化

分析村镇耕地数量和人均占有耕地状况，是编制和实施绿色村镇建设用地规划的重要依据。中国是世界上农民人数最多的国家之一，人均耕地占有面积远低于世界平均水平，因此也是实行最严格的耕地保护制度和建设用地审批制度的国家。

1978—2016 年中国人均耕地面积与世界人均耕地面积比较见表 2.5，1978—2016 年中国与世界人均耕地面积比较趋势分析见图 2.5。

表 2.5　1978—2016 年中国与世界人均耕地面积比较

年份	中国耕地面积/亿公顷	中国人均耕地面积/(公顷/人)	世界人均耕地面积/(公顷/人)
1978	0.964	0.101	0.276
1979	0.965	0.100	0.272
1980	0.962	0.098	0.267
1981	0.968	0.097	0.262
1982	1.017	0.101	0.260
1983	1.073	0.105	0.256
1984	1.140	0.110	0.255
1985	1.201	0.114	0.254
1986	1.205	0.113	0.251
1987	1.202	0.111	0.247
1988	1.209	0.110	0.243

续表

年份	中国耕地面积/亿公顷	中国人均耕地面积/(公顷/人)	世界人均耕地面积/(公顷/人)
1989	1.222	0.109	0.239
1990	1.238	0.109	0.236
1991	1.249	0.109	0.232
1992	1.229	0.105	0.258
1993	1.213	0.103	0.253
1994	1.207	0.101	0.249
1995	1.196	0.099	0.245
1996	1.193	0.098	0.240
1997	1.195	0.097	0.237
1998	1.199	0.097	0.234
1999	1.193	0.095	0.231
2000	1.182	0.094	0.227
2001	1.161	0.091	0.224
2002	1.145	0.089	0.220
2003	1.117	0.087	0.218
2004	1.116	0.086	0.216
2005	1.123	0.086	0.214
2006	1.087	0.083	0.210
2007	1.085	0.082	0.207
2008	1.081	0.082	0.205
2009	1.077	0.081	0.202
2010	1.072	0.080	0.199
2011	1.065	0.079	0.200
2012	1.059	0.078	0.199
2013	1.057	0.078	0.197
2014	1.057	0.077	0.195
2015	1.190	0.087	0.194
2016	1.189	0.086	0.192

资料来源:世界银行。

注:1公顷=10000m^2。

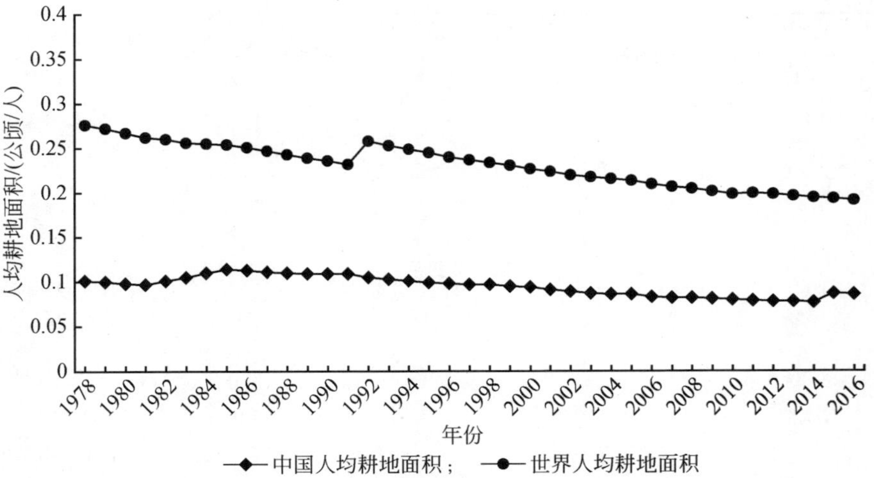

图 2.5　1978—2016 年中国与世界人均耕地面积比较趋势分析

分析表 2.5 和图 2.5 可知，39 年间中国的人均耕地面积在 0.1 公顷左右波动，从 2014 年开始，全国耕地面积总量呈逐渐增加趋势，严格守住了耕地保护的红线。2016 年中国人均耕地面积为 0.086 公顷，仅为同期世界人均耕地面积 0.192 公顷的 44.8%。所以，严格保护耕地和节约建设用地是绿色村镇规划与建设的基本原则。

2. 村镇建成区占地面积的变化

村镇建成区作为集农村生活、非农生产和公共服务等多功能于一体的核心区域，是农村建设用地的主要构成部分。建成区的用地规模和土地集约利用水平对绿色村镇建设发展具有重要影响作用。

1990—2017 年我国村镇建成区占地面积变化见表 2.6，1990—2017 年我国村镇建成区占地面积变化趋势见图 2.6。

表 2.6　1990—2017 年我国村镇建成区占地面积变化（单位：万公顷）

年份	建制镇建成区面积	乡建成区面积	村庄用地面积
1990	82.51	110.06	1140.10
1991	87.05	109.35	1127.20
1992	97.49	98.12	1187.74
1993	111.87	99.86	1202.66
1994	118.81	101.19	1243.82
1995	138.63	103.71	1277.13

续表

年份	建制镇建成区面积	乡建成区面积	村庄用地面积
1996	143.73	95.20	1336.11
1997	155.32	95.71	1366.43
1998	162.97	93.70	1372.58
1999	167.53	92.56	1346.28
2000	181.98	90.66	1355.34
2001	197.15	79.73	1396.11
2002	203.24	79.14	1388.85
2003	—	—	—
2004	223.60	78.06	1362.71
2005	236.85	77.80	1404.20
2006	311.99	92.83	—
2007	284.33	75.89	1389.90
2008	301.60	81.15	1311.70
2009	313.10	75.76	1362.80
2010	317.90	75.12	1399.20
2011	338.60	74.19	1373.80
2012	371.40	79.55	1409.00
2013	369.00	73.69	1394.30
2014	379.50	72.23	1394.10
2015	390.80	70.00	1401.30
2016	397.00	67.30	1392.20
2017	392.60	63.38	—

资料来源：中华人民共和国住房和城乡建设部．中国城乡建设统计年鉴 2017。

注：表中“—”表示此项数据在统计资料中缺项。

分析表 2.6 和图 2.6 可知，我国的建制镇建设用地和村庄用地总体呈递增趋势，表明农民生产生活建设活动日趋活跃，规模不断扩大。造成乡建成区面积呈递减趋势的主要原因是撤乡并镇，使乡的数量逐渐递减，这也从侧面反映出农民生活方式更加集中，农村资源分配更加集约化，有利于提高绿色村镇环境基础设施和农房建设的集聚效应和综合效益。

3. 村民建房宅基地面积的变化

严格控制建房宅基地标准，是绿色村镇建设的重要任务。作为构成村镇建成用地的主要部分，村民建房宅基地面积变化也反映出农村建房规模和农民生活水

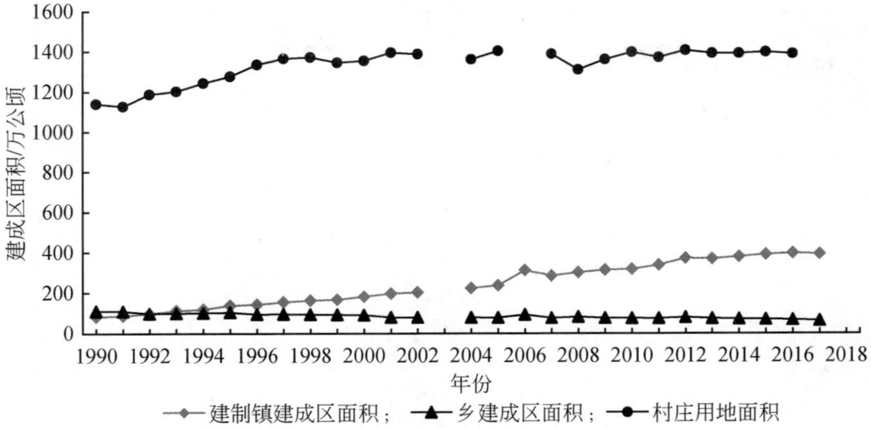

图 2.6　1990—2017 年我国村镇建成区占地面积变化趋势

平的变化。宋伟等推算了 1996—2005 年农村宅基地的变化情况，指出我国农村宅基地的总量由 1996 年的 905.15 万公顷增长到了 2005 年的 911.61 万公顷，增加了约 0.71%[19]。全国的户均宅基地面积由 386.19m^2/户减少到了 361.43m^2/户，减少了约 6.41%。造成这一现象的主要原因是农户规模的小型化和农村住宅形式的楼房化。

在处理好农民用地产权和补偿关系的基础上，依法收回农民自愿退出的闲置宅基地统筹用于乡村建设，也是绿色村镇节约建设用地的发展趋势。

4. 村镇公共绿地面积的变化

绿地建设对保护农村生态环境和提高农民居住生活质量具有重要作用，是绿色村镇建设的重要内容。

1990—2017 年我国乡镇公园(公共)绿地和人均公园(公共)绿地面积变化见表 2.7。

表 2.7　1990—2017 年我国乡镇公园绿地和人均公园绿地面积变化

年份	建制镇公园(公共)绿地面积/万公顷	建制镇人均公园(公共)绿地面积(m^2/人)	乡公园(公共)绿地面积/万公顷	乡人均公园(公共)绿地面积/(m^2/人)
1990	0.8537	1.40	0.6353	0.88
1991	1.0634	1.62	0.8334	1.19
1992	1.2157	1.68	0.8704	1.32
1993	1.3700	1.74	0.9142	1.40
1994	1.7403	2.21	1.1087	1.76
1995	1.9957	2.15	1.0935	1.73

续表

年份	建制镇公园(公共)绿地面积/万公顷	建制镇人均公园(公共)绿地面积(m^2/人)	乡公园(公共)绿地面积/万公顷	乡人均公园(公共)绿地面积/(m^2/人)
1996	2.2691	2.30	1.0783	1.79
1997	2.6078	2.50	1.1451	1.91
1998	2.9911	2.74	1.3099	2.22
1999	3.3236	2.86	1.3230	2.23
2000	3.7053	3.02	1.3531	2.33
2001	4.3895	3.38	1.3552	2.56
2002	4.8409	3.54	1.3135	2.54
2003	—	—	—	—
2004	6.0080	4.17	1.4137	2.57
2005	6.8100	4.60	1.3707	2.65
2006	3.30	2.40	0.29	0.85
2007	2.72	1.80	0.24	0.66
2008	3.09	1.90	0.26	0.72
2009	3.14	1.92	0.30	0.84
2010	3.36	2.00	0.31	0.88
2011	3.45	2.00	0.30	0.90
2012	3.73	2.10	0.32	0.95
2013	4.33	2.40	0.35	1.08
2014	4.48	2.40	0.34	1.07
2015	4.69	2.50	0.34	1.10
2016	4.79	2.50	0.33	1.11
2017	5.24	3.10	0.40	1.65

资料来源：中华人民共和国住房和城乡建设部．中国城乡建设统计年鉴 2017。

注：表中“—”表示此项数据在统计资料中缺项。

分析表 2.7 可知，乡镇公共绿地和人均公共绿地面积在 2006 年出现减少，这是由统计口径变化引起的。2006 年前后两个阶段的乡镇公共绿地和人均公共绿地面积均呈增长趋势，表明农村绿化效果明显，生态环境日益改善。

5. 村镇道路建设用地的变化

道路建设是村镇建设用地的重要构成，对绿色村镇经济和社会发展起到先行和支撑作用。村镇道路建设用地的变化情况可通过乡镇道路里程变化进行分析。2017 年全国村镇道路总长度已经达到 325.40 万 km，道路建设质量不断提高。

1990—2017 年全国村镇道路里程变化见表 2.8。

表 2.8　1990—2017 年全国村镇道路里程变化　　(单位:万 km)

年份	建制镇道路长度	乡道路长度	村庄道路长度	村镇道路总长度
1990	7.72	15.20	262.08	285.00
1991	8.39	14.90	240.04	263.33
1992	9.65	14.22	262.86	286.73
1993	10.89	14.21	268.69	293.79
1994	12.55	14.03	263.18	289.76
1995	13.40	14.43	274.98	302.81
1996	15.48	14.36	279.32	309.16
1997	17.79	14.48	283.20	315.47
1998	18.68	14.27	290.33	323.28
1999	19.42	14.37	287.33	321.12
2000	21.00	13.73	287.02	321.75
2001	22.82	12.09	283.64	318.55
2002	24.32	12.10	287.34	323.76
2003	—	—	—	—
2004	27.55	12.63	285.14	325.32
2005	30.06	12.41	304.00	346.47
2006	26.00	7.00	221.90	254.90
2007	21.60	6.20	—	—
2008	23.40	6.40	—	—
2009	24.50	6.30	—	—
2010	25.80	6.60	—	—
2011	27.40	6.50	—	—
2012	29.10	6.70	—	—
2013	31.00	6.80	228.00	265.80
2014	32.70	7.00	234.10	273.80
2015	34.50	7.10	239.30	280.90
2016	35.90	7.30	246.30	289.50
2017	33.50	6.60	285.30	325.40

资料来源:中华人民共和国住房和城乡建设部. 中国城乡建设统计年鉴 2017。

注:表中“—”表示此项数据在统计资料中缺项。

2.3.4 农房建设方式变化的影响

随着我国农房建设规模不断扩大、建造质量逐步提升和农村基础设施逐渐完善，村镇农房建设的重点已经逐步从解决农民住房困难为主的温饱型建设模式，向建设绿色村镇和美丽乡村宜居型建设模式转变。

1. 农房建设规模不断扩大

1957 年，我国农村共有房屋建筑面积为 61.3 亿 m^2，农民人均住房使用面积约为 11.3m^2[20]。1958—1977 年的建设时期，农村人口不断增多但建房速度却发展缓慢，1978 年统计的农村居民人均住房使用面积仅为 8.1m^2。

1978 年以来，随着农村经济的恢复发展，我国的村镇建设进入大规模快速发展时期。到 2017 年，我国农村共有房屋建筑面积 292.82 亿 m^2，其中住宅 255.85 亿 m^2，公共建筑 15.62 亿 m^2，生产性建筑 21.35 亿 m^2，分别占 87.38%、5.33%、7.29%；农村居民人均住房建筑面积增长到 46.7m^2，是 1978 年的 5.77 倍，农民居住条件得到了极大改善。而同期城镇居民人均住房建筑面积仅为 36.9m^2，低于农村居民人均住房建筑面积。随着农村既有农房建筑存量的不断增加，对农村危旧农房进行绿色改造和推行百年农房建设体系，已成为绿色村镇建设的重要内容。

1978—2017 年全国农村居民人均住房面积变化情况见表 2.9，1978—2017 年全国农村居民人均住房面积变化趋势分析见图 2.7。

表 2.9 1978—2017 年全国农村居民人均住房面积变化情况（单位：m^2/人）

年份	农村居民人均住房面积	年份	农村居民人均住房面积	年份	农村居民人均住房面积
1978	8.1	1992	18.9	2006	30.7
1979	8.4	1993	20.7	2007	31.6
1980	9.4	1994	20.2	2008	32.4
1981	10.2	1995	21.0	2009	33.6
1982	10.7	1996	21.7	2010	34.1
1983	11.6	1997	22.5	2011	36.2
1984	13.6	1998	23.3	2012	37.1
1985	14.7	1999	24.2	2013	—
1986	15.3	2000	24.8	2014	—
1987	16.0	2001	25.7	2015	43.9
1988	16.6	2002	26.5	2016	45.8
1989	17.2	2003	27.2	2017	46.7
1990	17.8	2004	27.9		
1991	18.5	2005	29.7		

资料来源：中华人民共和国国家统计局。

注：表中“—”表示此项数据在统计资料中缺项。

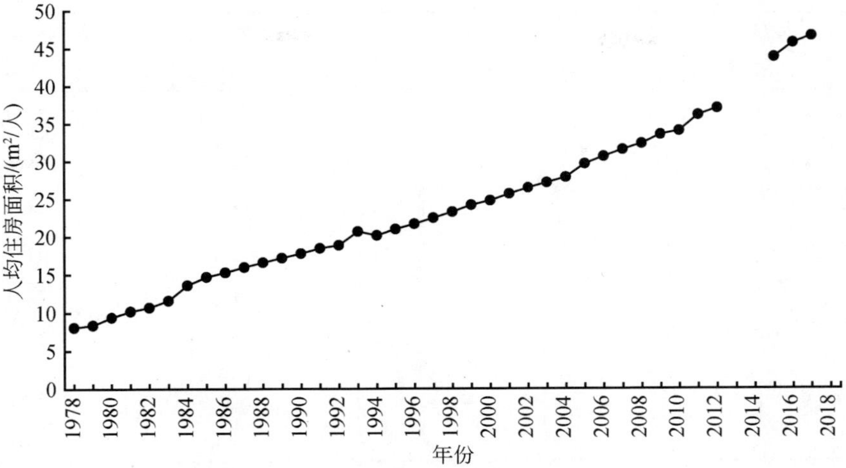

图 2.7　1978—2017 年全国农村居民人均住房面积变化趋势分析

2. 农房建造质量逐步提升

随着农村经济、社会发展和农民生活水平提高，我国农村农民建房的质量标准经历了维持型—小康型—富裕型转变历程，农村建房类型也从土木结构单层平房—砖木结构二层楼房—钢筋混凝土结构多层楼房发展演变。2011 年，农村人均拥有钢筋混凝土结构农房的面积已经超过砖木结构[19]。建设符合农村特点的绿色节能建筑已成为绿色村镇建设的主要内容。

1981—2012 年全国农村不同结构房屋人均拥有面积见表 2.10。

表 2.10　1981—2012 年全国农村不同结构房屋人均拥有面积

（单位：m^2/人）

年份	农村居民家庭住房钢筋混凝土结构	农村居民家庭住房砖木结构	年份	农村居民家庭住房钢筋混凝土结构	农村居民家庭住房砖木结构
1981	0.1	4.9	1989	0.9	—
1982	0.1	5.2	1990	1.2	9.8
1983	0.3	6.2	1991	1.6	10.4
1984	0.2	6.8	1992	1.8	10.7
1985	0.3	7.5	1993	2.3	11.8
1986	0.4	8.2	1994	2.7	11.5
1987	0.6	8.6	1995	3.1	11.9
1988	0.7	9.0	1996	4.4	11.7

续表

年份	农村居民家庭住房钢筋混凝土结构	农村居民家庭住房砖木结构	年份	农村居民家庭住房钢筋混凝土结构	农村居民家庭住房砖木结构
1997	5.1	11.9	2005	11.2	14.1
1998	5.7	12.2	2006	11.8	14.6
1999	6.4	12.3	2007	12.5	14.8
2000	6.2	13.6	2008	13.4	14.9
2001	6.9	13.8	2009	14.5	15.1
2002	7.7	13.9	2010	15.1	15.2
2003	8.5	14.1	2011	16.5	15.9
2004	9.2	14.1	2012	17.1	16.3

资料来源：中华人民共和国国家统计局。

注：表中“—”表示此项数据在统计资料中缺项。

3. 农村基础设施逐渐完善

环境基础设施建设是绿色村镇建设的重点内容。国家统计局对全国31925个乡镇和596450个村的基础设施建设和基本社会服务进行了调查和统计，涉及交通、能源和通信，环境卫生、文化教育、医疗和社会福利机构、市场建设等6个方面。2016年全国农村基础设施建设和基本社会服务普查统计结果见表2.11。

表2.11　2016年全国农村基础设施建设和基本社会服务普查统计结果

序号	类别	区域	统计内容和结果
1	交通	乡镇	在乡镇地域范围内有火车站的乡镇占全部乡镇的8.6%，有码头的占7.7%，有高速公路出入口的占21.5%
		村	61.9%的村内主要道路有路灯。村委会到最远自然村、居民定居点距离以5km以内为主
2	能源和通信	村	99.7%的村通电，11.9%的村通天然气，99.5%的村通电话，82.8%的村安装了有线电视，89.9%的村通宽带互联网，25.1%的村有电子商务配送站点
3	环境卫生	乡镇	91.3%的乡镇集中或部分集中供水，90.8%的乡镇生活垃圾集中处理或部分集中处理
		村	73.9%的村生活垃圾集中处理或部分集中处理，17.4%的村生活污水集中处理或部分集中处理，53.5%的村完成或部分完成改厕

续表

序号	类别	区域	统计内容和结果
4	文化教育	乡镇	96.5%的乡镇有幼儿园、托儿所，98.0%的乡镇有小学，96.8%的乡镇有图书馆、文化站，11.9%的乡镇有剧场、影剧院，16.6%的乡镇有体育场馆，70.6%的乡镇有公园及休闲健身广场
		村	32.3%的村有幼儿园、托儿所，59.2%的村有体育健身场所，41.3%的村有农民业余文化组织
5	医疗和社会福利机构	乡镇	99.9%的乡镇有医疗卫生机构，98.4%的乡镇有执业(助理)医师，66.8%的乡镇有社会福利收养性单位，56.4%的乡镇有本级政府创办的敬老院
		村	81.9%的村有卫生室，54.9%的村有执业(助理)医师
6	市场建设	乡镇	68.1%的乡镇有商品交易市场，39.4%的乡镇有以粮油、蔬菜、水果为主的专业市场，10.8%的乡镇有以畜禽为主的专业市场，4.3%的乡镇有以水产为主的专业市场
		村	47.5%的村有 $50m^2$ 以上的综合商店或超市，4.9%的村开展旅游接待服务，30.0%的村有营业执照的餐馆

资料来源：中华人民共和国国家统计局。

由表 2.11 可见，我国村镇的基础设施建设与过去相比已经取得显著进步，但在环境基础设施建设的功能质量和配套能力方面与城市还有很大差距，这是绿色村镇规划与建设需要重点发展的内容。

2.3.5　建设能力意愿变化的影响

农村经济发展是带动绿色村镇建设发展的经济能力支撑，集体经济增长和农民收入增加是绿色村镇建设发展的主要投资来源，也是制定绿色村镇建设发展规划、实施建设项目和进行绿色村镇建设评价的基础指标依据。

1. 农村经济发展水平的变化

农业是指种植业、林业、畜牧业和渔业等产业，包括与其直接相关的产前、产中、产后服务。农村经济发展的主要衡量指标是农业总产值，我国在 1978—2017 年期间的农业总产值实现了持续增长，为村镇建设的可持续发展提供了可靠经济保障。

1978—2017 年全国农林牧渔业总产值增长情况见表 2.12，1978—2017 年全国农林牧渔业总产值增长趋势见图 2.8。

表 2.12　1978—2017 年全国农林牧渔业总产值增长情况

年份	农林牧渔业总产值/亿元	比上年增长/%	年份	农林牧渔业总产值/亿元	比上年增长/%	年份	农林牧渔业总产值/亿元	比上年增长/%
1978	1397.00	11.49	1979	1697.60	21.52	1980	1922.60	13.25

续表

年份	农林牧渔业总产值/亿元	比上年增长/%	年份	农林牧渔业总产值/亿元	比上年增长/%	年份	农林牧渔业总产值/亿元	比上年增长/%
1981	2180.62	13.42	1994	15750.47	43.24	2007	48651.77	19.21
1982	2483.26	13.88	1995	20340.90	29.14	2008	57420.77	18.02
1983	2750.00	10.74	1996	22353.70	9.90	2009	59311.32	3.29
1984	3214.13	16.88	1997	23788.40	6.42	2010	67763.13	14.25
1985	3619.50	12.61	1998	24541.90	3.17	2011	78836.98	16.34
1986	4013.01	10.87	1999	24519.10	−0.09	2012	86342.15	9.52
1987	4675.70	16.51	2000	24915.77	1.62	2013	93173.70	7.91
1988	5865.27	25.44	2001	26179.65	5.07	2014	97822.51	4.99
1989	6534.73	11.41	2002	27390.80	4.63	2015	101893.52	4.16
1990	7662.10	17.25	2003	29691.80	8.40	2016	106478.73	4.50
1991	8157.03	6.46	2004	36238.99	22.05	2017	109331.72	2.68
1992	9084.71	11.37	2005	39450.89	8.86			
1993	10995.53	21.03	2006	40810.83	3.45			

资料来源：中华人民共和国国家统计局。

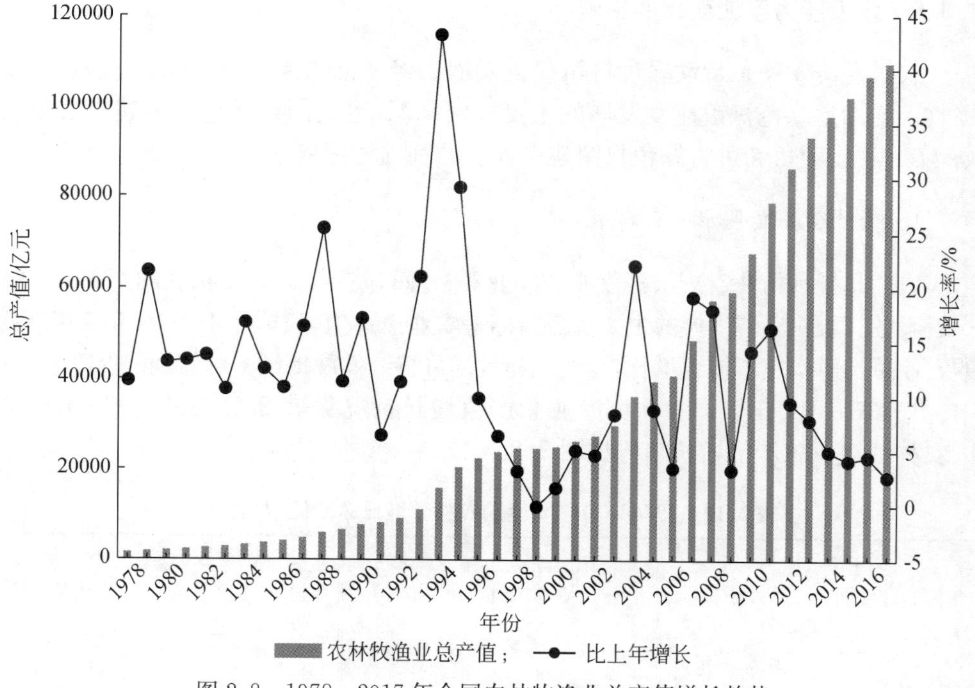

图 2.8　1978—2017 年全国农林牧渔业总产值增长趋势

2. 村镇建设投资和结构的变化

随着农村经济不断发展，全国村镇建设投资规模也持续增加。据统计，1949—2016 年底，全国村庄建设累计总投资规模超过 10 万亿元[21]。2016 年，全国村镇建设总投资规模达到 15908 亿元，房屋建设投资和市政公用设施建设投资分别占总投资的 74.7%、25.3%。其中，乡村建设投资 9083 亿元，占总投资的 57.1%[22]。

2016 年全国村镇建设投资结构分析见图 2.9。

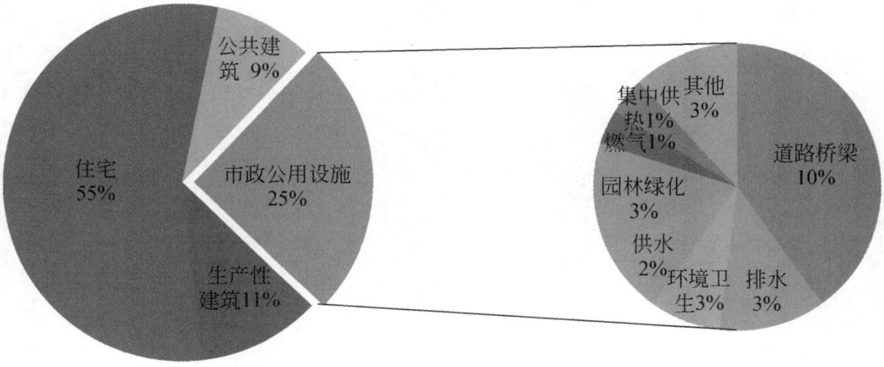

图 2.9　2016 年全国村镇建设投资结构分析

3. 乡镇企业和专业合作社的变化

乡镇企业是绿色村镇建设的重要投资方和参与方，也是绿色村镇建设共同体的重要组成。据不完全统计[21]，我国 1978 年的乡镇企业个数为 152.4 万个，营业收入为 431.5 亿元；2013 年，乡镇企业个数增加为 3204.4 万个，营业收入为 642021.4 亿元，35 年间年均增长 18331.1 亿元。乡镇企业的迅速发展，使得乡镇企业成为农村绿色发展和绿色村镇建设的重要主导方和参与方。

农民专业合作社也是绿色村镇建设的重要参与方和直接投资方。据统计[23]，我国 2017 年的农民专业合作社数量已达到 201.7 万家，而且呈现不断增加的趋势，已成为村镇建设中最具活力的参与方之一。

4. 农民收入和建房意愿的变化

农民是村镇建设的投资主体方和主要建设方。1978 年农村实施改革开放，农民人均纯收入逐渐增长，建房支出能力也同步增长。全国农村居民人均可支配收入从 1978 年的 133.6 元增长到 2017 年的 13432.4 元。随着农民经济收入的提高、农村产业结构的转型和乡村旅游服务业的发展，农民投资建房的意愿也持续高涨。仅在 2016 年，全国农村竣工房屋建筑面积就达到 10.6 亿 m^2。

1978年农民收入消费用于住房的比例仅为12元，占总消费水平的10.3%；到2017年提高到2353.5元，占总消费水平的21.5%，住房消费比例增加了2.09倍。表明农民的住房消费具有可持续性，住房消费意愿和能力都在不断增强。而同时期农民收入消费用于食品的和衣着的比例都明显降低。农民收入增加和住房消费能力的增强，为发展绿色村镇建设提供了坚实的经济基础。

1978—2017年全国农村居民住房消费和其他消费变化情况见表2.13。

表2.13　1978—2017年全国农村居民住房消费和其他消费变化情况

年份	住房消费/(元/人)	占比/%	食品消费/(元/人)	占比/%	衣着消费/(元/人)	占比/%	其他消费/(元/人)	占比/%
1978	12.0	10.3	78.6	67.7	14.7	12.7	10.8	9.3
1979	16.0	11.9	86.0	64.0	17.6	13.1	14.8	11.0
1980	22.5	13.8	100.2	61.8	20.0	12.3	19.6	12.1
1981	31.6	16.6	114.1	59.8	23.8	12.5	21.3	11.2
1982	35.6	16.1	133.5	60.6	25.0	11.4	26.2	11.9
1983	42.0	16.9	147.6	59.4	28.0	11.3	30.7	12.4
1984	48.4	17.7	162.3	59.3	28.9	10.6	34.2	12.5
1985	57.9	18.2	183.4	57.8	30.8	9.7	45.4	14.3
1986	70.3	19.7	201.5	56.5	33.0	9.2	52.2	14.6
1987	79.8	20.0	222.1	55.8	34.2	8.6	62.3	15.6
1988	96.3	20.2	257.4	54.0	41.1	8.6	81.8	17.2
1989	105.2	19.7	293.4	54.8	44.5	8.3	92.2	17.2
1990	101.4	17.3	343.8	58.8	45.4	7.8	94.0	16.1
1991	102.3	16.5	357.1	57.6	51.1	8.2	109.4	17.6
1992	104.9	15.9	379.3	57.6	52.5	8.0	122.3	18.6
1993	106.8	13.9	446.8	58.1	55.3	7.2	160.7	20.9
1994	142.3	14.0	598.5	58.9	70.3	6.9	205.7	20.2
1995	182.2	13.9	768.2	58.6	89.8	6.9	270.2	20.6
1996	219.1	13.9	885.5	56.3	113.8	7.2	353.8	22.5
1997	233.2	14.4	890.3	55.1	109.4	6.8	384.2	23.8
1998	239.6	15.1	849.6	53.4	98.1	6.2	403.0	25.3
1999	232.7	14.8	829.0	52.6	92.0	5.8	423.7	26.9
2000	258.3	15.5	820.5	49.1	96.0	5.7	495.3	29.7
2001	279.1	16.0	830.7	47.7	98.7	5.7	532.6	30.6
2002	300.2	16.4	848.4	46.2	105.0	5.7	580.8	31.7

续表

年份	住房消费/(元/人)	占比/%	食品消费/(元/人)	占比/%	衣着消费/(元/人)	占比/%	其他消费/(元/人)	占比/%
2003	308.4	15.9	886.0	45.6	110.3	5.7	638.6	32.9
2004	324.3	14.8	1031.9	47.2	120.2	5.5	708.3	32.4
2005	370.2	14.5	1162.2	45.1	148.6	5.8	884.4	34.6
2006	469.0	16.6	1217.0	43.0	168.0	5.9	975.0	34.5
2007	573.8	17.8	1389.0	43.1	193.4	6.0	1067.7	33.1
2008	678.8	18.5	1598.7	43.7	211.8	5.8	1171.4	32.0
2009	805.0	20.2	1636.0	41.0	232.5	5.8	1320.0	33.1
2010	835.2	19.1	1800.7	41.1	264.0	6.0	1481.9	33.8
2011	961.5	18.4	2107.3	40.4	341.3	6.5	1811.0	34.7
2012	1086.4	18.4	2323.9	39.3	396.4	6.7	2101.3	35.6
2013	1233.6	18.6	2495.5	37.7	438.3	6.6	2458.1	37.1
2014	1762.7	21.0	2814.0	33.6	510.4	6.1	3295.5	39.3
2015	1926.2	20.9	3048.0	33.0	550.5	6.0	3697.9	40.1
2016	2147.1	21.2	3266.1	32.2	575.4	5.7	4141.2	40.9
2017	2353.5	21.5	3415.4	31.2	611.6	5.6	4574.0	41.8

资料来源：中华人民共和国国家统计局农村社会经济调查司．中国农村统计年鉴 2018。

本章对我国绿色村镇的演变与发展进行的研究，是选择绿色村镇建设模式、构建绿色村镇建设共同体、编制和实施绿色村镇建设发展规划、制定绿色村镇建设评价标准的重要依据。

参考文献

[1] 李立．乡村聚落：形态、类型与演变[M]．南京：东南大学出版社，2007.
[2] 赵兴胜，高纯淑，徐畅，等．中华民国专题史 地方政治与乡村变迁[M]．南京：南京大学出版社，2015.
[3] 沈云龙．清末筹备立宪档案史料(上册)[M]．台北：文海出版社，1981.
[4] 郑大华．民国乡村建设运动[M]．北京：社会科学文献出版社，2000.
[5] 晏阳初．十年来的中国乡村建设[M]．上海：商务印书馆，1937.
[6] 张守广．卢作孚与北碚试验[N]．光明日报，2013-06-01.
[7] 周联合．南京国民政府县自治法的官治化[J]．社会科学研究，2010，(4)：172-175.
[8] Fei H T. Peasants Life in China[M]. London：Routledge，1939.
[9] 费孝通．江村经济——中国农民的生活[M]．北京：商务印书馆，2019.
[10] 中华民国行政院．县各级组织纲要[M]．南京：正中书局，1946.
[11] 郑成林．民国时期国情统计资料汇编[M]．北京：国家图书馆出版社，2016.

［12］中国的土地改革编辑部．中国土地改革史料选编［M］．北京：国防大学出版社，1988.

［13］张永泉，赵泉钧．中国土地改革史［M］．武汉：武汉大学出版社，1985.

［14］中国村镇建设70年成就课题组．新中国成立70周年村镇建设发展历程回顾［J］．小城镇建设，2019，37(9)：1-12.

［15］《中国城镇化与村镇建设科技发展战略》编委会．中国城镇化与村镇建设科技发展战略［M］．北京：科学出版社，2010.

［16］中国共产党新闻网．绿水青山与金山银山——生态与经济的相互支撑与转化．http://theory.people.com.cn/n/2014/1125/c390916-26091784.html［2020-09-07］.

［17］国家统计局社会科技和文化产业统计司．中国社会统计年鉴［M］．北京：中国统计出版社，2018.

［18］中国农业年鉴编辑委员会．中国农业年鉴［M］．北京：中国农业出版社，2010-2016.

［19］宋伟，陈百明，杨红，等．我国农村宅基地资源现状分析［J］．中国农业资源与区划，2008，(3)：1-5.

［20］中华人民共和国住房和城乡建设部．回望六十年村镇建设成就斐然［OL］．http://www.mohurd.gov.cn/zxydt/200910/t20091021_196067.html［2020-09-07］.

［21］中华人民共和国住房和城乡建设部．中国城乡建设统计年鉴2017［M］．北京：中国统计出版社，2017.

［22］王旭．乡村聚落建设工程共同体社会网络研究［D］．武汉：华中科技大学，2017.

［23］国家市场监督管理总局综合规划司．2018年全国市场主体发展基本情况［OL］．http://www.samr.gov.cn/zhghs/tjsj/201902/t20190228_291539.html［2020-09-07］.

第3章 绿色村镇建设的模式与机制

中国的绿色村镇建设要因地制宜选择适合当地农村特色和发展需要的建设模式。本章分析绿色村镇建设模式的概念与特征,研究绿色村镇建设模式的构成要素;提出绿色村镇建设模式的主要类型和应用案例;建立绿色村镇建设模式的促进机制。

我国地域广阔,各地村镇的地理气候分布、自然资源禀赋、经济发展方式和社会发展水平都不尽相同,应在分析绿色村镇建设各参与方和建设模式构成要素的基础上,因地制宜优选绿色村镇建设模式的类型,制定实施绿色村镇建设模式的促进机制。

3.1 绿色村镇建设模式的概念特征

3.1.1 绿色村镇建设模式的概念

模式(pattern),是指事物的标准样式,例如科学实验模式、经济发展模式、工程建设模式等,是理论和实践之间的中介环节[1]。模式也指事物的形成、设计、创造样式和典型的成功范例。模式具有一般性、简单性、重复性、结构性、稳定性、可操作性等特征。

模式与方式有所不同[2]。模式是指解决某一类问题的方法论,把解决某类问题的方法总结归纳到理论高度就是模式;方式是指言行所采用的方法和形式,是在一定的生产力发展水平条件下,表现人类的自然科学技术和社会发展水平,更多体现了社会经济发展的内涵。

绿色村镇建设模式(pattern of green village and town construction)是指绿色村镇建设活动中采用的一般样式。

绿色村镇建设活动涉及地方各级政府行政主管部门、镇政府或村委会、建设工程企业、各类社会组织、村镇居民等较多建设参与方。绿色村镇建设涉及工程招投标、项目投融资、工程设计、工程施工、项目管理、竣工验收等系统建设内容,还与建设用地管理、生态农业发展、环境与生态保护等密切相关。

根据村镇所处的不同地理区域、不同经济水平和不同发展类型,建立科学的绿色村镇建设模式并进行合理选择,是绿色村镇建设发展的重要前提。

3.1.2　绿色村镇建设模式的特征

绿色村镇建设模式的特征主要体现在以下3个方面。

1. 建设主体构成的多样性

1)按参与方分类

按参与方分类的建设主体是指承接绿色村镇建设项目的参与单位和人,包括镇政府和村委会、村镇居民、农民组织、乡镇企业、建设单位、规划建筑师、社会组织、金融机构等,在主体构成上具有突出的多元化特征。

2)按建设项目分类

按建设项目分类的建设主体是指绿色村镇的建设项目,包括绿色村镇建设发展规划项目、绿色村镇环境基础设施建设项目、村镇绿色建筑建设与改造项目等。

2. 建设环境条件的多样性

1)不同区域环境的建设类型多样性

我国农村幅员辽阔,地貌、资源、气候条件和生产习惯差异很大,按照资源条件区域化特征,可将绿色村镇建设分为东部生态发展型、中部冬冷夏热型、西部多民族生态型、南方热带海岛型、北方严寒气候型等5类基本类型。

2)不同经济水平的建设标准多样性

村镇集体经济和农民家庭收入水平直接影响到村镇建设的内容和质量标准。根据村镇集体年均可分配收入和农民人均纯收入两个指标[3],可将村镇建设质量划分为富裕型、小康型、温饱型、贫困型等4类标准。不同类型的发展目标对绿色村镇建设的内容和质量标准定位不同,构成了绿色村镇建设标准的多样性。

3)不同技术条件的建设方法多样性

绿色村镇在建造技术方面具有突出的地方多样性。例如,山区村镇农房常用的木结构和石结构建筑,黄土地区村镇的生土建筑和窑洞建筑,少数民族地区的竹结构和吊脚楼建筑等。因此,在绿色村镇建设的规划选址、建筑设计、建筑材料、施工工艺、建筑功能、景观营造等方面,都应体现出当地特色、设计风格和建造方法的多样性。

3. 建设投资方式的多样性

1)政府投资主导建设方式

政府投资是绿色村镇建设初期常用的环境基础设施和公共服务设施项目投资重要来源。例如,由国家主管部门或省、市、县政府直接投资或补助资金,开展乡村道路、给排水设施、污水处理厂站、垃圾处理、清洁能源等基础设施建设项目,政府投资或补助村镇建设医疗卫生健康、文化教育体育等公共服务设施项目等。

2)企业投资主导建设方式

企业投资通常适合于产业带动型绿色村镇建设项目。例如，随着农村经济发展，越来越多的乡镇企业和外来企业在村镇建立了原料基地、生产加工基地和旅游休闲基地，并直接投资村镇道路、供水供电、污染物处理设备等基础设施。又如，专业公司直接投资村镇绿色生态旅游项目，同步建设和改造绿色村镇等。

3)金融部门支持建设方式

在国家乡村振兴战略和优惠政策激励下，商业银行和金融企业等不断加大了对乡村振兴建设和涉农金融支持力度，积极支持农业农村基础设施建设、数字乡村建设、农村环境整治、农业产业建设、休闲农业和乡村旅游等项目，为村镇建设提供了稳定可靠的资金来源。村镇企业和农民也可通过申请各种贷款投入绿色村镇和绿色农房建设。

4)社会资本投入建设方式

随着我国整体经济实力不断增强，社会资本投入已在绿色村镇建设中发挥日益重要作用。例如，在村镇建设过程中，社会资本以“村企合作”模式投资村庄整治和土地整体流转经营，利用通过村庄整治、土地整理等节约出来的建设用地，优先支持发展村镇新产业新业态等。鼓励和吸引社会资本投入是加快绿色村镇建设的重要途径。

3.1.3　绿色村镇建设模式的构成要素

绿色村镇建设模式的构成要素可分为主体、客体、内容三大类。

1. 绿色村镇建设的主体要素

主体(subject)，在一般意义上是指事物的主要部分；在民法中是指享受权利和负担义务的公民或法人；在合同法中是指签订合同的自然人、法人、其他组织；在哲学中是指对客体有认识和实践能力的人。

绿色村镇建设的主体主要包括建设方、投资方、规划设计方、承包方、其他相关方等。

1)建设方

建设方是指直接实施绿色村镇建设的各方或联合体，也是项目建设合同的发包方，又称甲方。主要有：镇政府、县政府主管部门、村委会、农村经济合作组织、村民、获得建设项目发包权的企业等。建设方是绿色村镇建设的核心责任主体。

2)投资方

投资方是指为绿色村镇建设提供建设资金和融资渠道的企业和单位。主要有：项目建设方(自筹资金)、各级各类银行、金融投资机构、企业事业单位、社会团体组织等。投资方是绿色村镇建设的资金提供主体。

3)规划设计方

规划设计方是指为绿色村镇建设提供项目策划、规划编制、勘察设计、技术咨询等业务的部门和单位。主要有:规划设计院所、建筑设计和勘察单位、专业咨询单位、专业技术人员等。规划设计方是绿色村镇建设的技术支持主体。

4)承包方

承包方是指承接绿色村镇建设的施工方。主要有:具有建设资质的建设施工企业、各类专业分包企业、材料设备供应单位、村镇当地建筑企业或农民建筑队、有建房经验的村民等。承包方是绿色村镇建设的施工建造主体。

5)其他相关方

其他相关方是指除了以上 4 方以外直接参与绿色村镇建设活动的其他相关方。主要有:社会公益团体和志愿者组织、专家学者、农民法律咨询顾问等。其他相关方是绿色村镇建设的社会支持主体。

2. 绿色村镇建设的客体要素

客体(object),是指可感知或可想象到的任何事物。客体是相对于主体而言的,是主体的认识对象和活动对象,既包括客观存在并可以由主观感知的事物,也包括思维开拓的事物。

绿色村镇建设的客体是指建设项目合同指向的对象,包括"物""行为""智力成果"3 类。

1)物

"物"一般是指可为人们利用的具有经济价值的生产资料和消费资料。在绿色村镇建设工程中,物是指在村镇系统内进行的各类物质设施建设工程项目。主要有:环境基础设施建设、绿色农房建造与改造、生态景观营造和环境修复等。广义的"物"还包括"财产",又可分为资金财产和实物财产等类型,例如:村镇建设方需要寻找建设项目的投资方签订投融资协议或贷款合同,村镇集体的共有实物财产和农民的私人实物财产也可通过抵押、作价入股等多种方式进行建设项目融资。

2)行为

"行为"一般是指人们的举止行动,即人们受思想支配而表现出来的活动。在绿色村镇建设中,行为主要是指承包方为了完成各类建设工程项目任务所进行的活动。绿色村镇建设的活动类型主要有:承包环境基础设施建设工程、承接绿色农房新建与改造工程、承担生态环境保护与修复治理工程等。

3)智力成果

"智力成果"是指人们通过智力劳动创造的精神财富或精神产品,依靠智力成果产生的权利称为知识产权。智力成果具有创造性、非物质性、公开性等特征。绿色村镇建设的智力成果是指相关建设主体为了完成绿色村镇建设工程所提供的各类创新性技术产品，主要有：建设咨询策划成果、建设规划与建筑设计成果、建造新工艺和新技术、建设成果的品牌名称注册、绿色产品商标、地理产品标志认证、历史名村名镇和优秀历史建筑、非物质文化遗产传承等内容。

3. 绿色村镇建设的内容要素

内容（content），是指事物所包含的实质性事物，或指事物内在因素的总和。内容是与形式相对存在，内容决定形式，形式依赖内容，并随着内容的发展而改变，形式又可以反作用于内容，促进内容的发展。

绿色村镇建设的内容是指建设项目合同约定和法律规定的权利和义务。主要包括：绿色村镇建设发展规划编制和建设方案设计、村镇建设项目融资与合作、村镇环境基础设施和农房建设项目的承包与发包、村镇旅游景区开发和环境保护修复建设等。

3.2　绿色村镇建设模式的主要类型

绿色村镇的建设模式可分为 3 种基本类型：建设主体主导型、建设融资带动型、发展方式引导型。根据不同的建设主体、融资渠道和发展方式，每类建设模式又可分细为若干种具体的建设模式，这些具体的建设模式还可通过相互合并与调整，组合形成新的建设模式。绿色村镇建设的决策者（镇政府、村委会等）和参与方（投资方、企业、村镇居民等），应根据村镇建设需要和特色条件选择最符合当地实际需要和效益最佳的建设模式。

3.2.1　绿色村镇建设主体主导型模式

在绿色村镇建设中，选择能够在建设全过程发挥主导作用的主体组织方至关重要。绿色村镇建设的主体主导型模式分为以下 6 种[4]。

1. 村委会主导型建设模式

村委会主导型建设模式是指由村委会领导村民共同开展绿色乡村建设，并积极组织引进其他参与方参与的建设模式。

2. 县镇政府主导型建设模式

县镇政府主导型建设模式是指由县政府或镇政府通过政策支持、资金投入基础设施建设、生态环境治理等方式，引导鼓励绿色村镇统一规划和实施的建设模式。

3. 农民组织主导型建设模式

农民组织主导型建设模式是指以农民组织为龙头，以带领村民共同发展致富为目标，以绿色经济产业发展为带动的绿色村镇建设模式。

4. 当地企业主导型建设模式

当地企业主导型建设模式是指通过当地乡镇企业带动村镇绿色经济产业发展，促进绿色村镇经济和建设同步发展的建设模式。

5. 外来企业主导型建设模式

外来企业主导型建设模式是指引入外来企业承租经营，采用企业、联户、个体等不同形式，联合投资绿色发展项目，鼓励外商投资开发绿色村镇的建设模式。

6. 社会组织主导型建设模式

社会组织主导型建设模式是指社会组织选择村镇进行合作，通过绿色发展理念宣传和绿色建造技术支持，联合镇政府、村委会和农村居民共同进行绿色村镇创新发展与示范推广的建设模式。

3.2.2 绿色村镇建设融资带动型模式

获取建设投资是实施绿色村镇建设的成败关键，以项目融资方法为带动的建设模式是未来绿色村镇的发展趋势。绿色村镇建设的融资带动型模式可分为PPP建设融资基本模式和建设项目常用融资模式两类。

1. PPP建设融资模式

PPP(public-private-partnership)模式，又称公私合营模式，是指政府与私人组织之间，为了提供某种公共物品和服务，以特许权协议为基础，彼此之间形成一种伙伴式的合作关系。

绿色村镇建设具有突出的公共物品和社会服务性质，建设项目的公益性较强，适合优先采用PPP建设融资基本模式，筹集急需的长期性、高投入大型建设项目资金。例如，委托合作方投资建设和经营村镇污水处理厂站、垃圾收运处理、清洁能源利用设施，合作建设绿色风情村镇，联合开发生态旅游景区，合作实施村镇生态环境修复项目等。

在绿色村镇建设中，PPP模式将部分县政府和乡镇政府的责任以特许经营权方式转移给社会主体（如旅游开发公司、环保公司、生产企业等），政府与社会主体之间建立起“利益共享、风险共担、全程合作”的项目建设共同体关系，具有既能减轻政府的财政负担、又能减少社会主体的投资风险等优点。

2. 建设项目 BOT 融资模式

绿色村镇的具体建设项目常用融资模式以 BOT(build-operate-transfer)模式即建设-经营-转让模式为代表。BOT 模式又可演变出 BT、BLT、TOT、BOOT、BOOST、BOO 等多种模式，以满足不同类型建设项目的投资融资方式选择。

1)BOT 模式

BOT 模式是基础设施投资、建设和经营的一种常用方式，主要适用于村镇基础设施建设项目。其运作特点是，政府或政府授权的公司将拟建设的某个项目，通过合同约定并授权另一投资企业进行融资、投资、建设、经营、维护该项目，该投资企业在协议规定的时期内通过经营获取收益，并承担相应风险。政府或政府授权的公司在此期间保留对该项目的监督调控权。协议期满根据协议由授权的投资企业将该项目转交给政府或政府授权项的公司。

2)BT 模式

BT(build-transfer)模式即建设-移交模式，是政府利用非政府资金来进行非经营性基础设施建设项目的一种融资模式，主要适用于项目建成后无法向公众提供产品或收取费用的情形，所以只能由政府直接向主办人支付该项目的款项，并使该项目服务公众，例如在村镇修建不收取费用的公益性学校或公路桥梁等建设项目。其运作特点是，一个项目的运作通过项目公司总承包、融资、建设验收合格后移交给业主，业主向投资方支付项目总投资加上合理回报。协议授权的投资者只负责该项目的投融资和建设，项目竣工经验收合格后，即由政府或授权项目业主按合同规定购回。

3)BLT 模式

BLT(build-lease-transfer)模式即建设-租赁-移交模式，是由县、镇政府或乡镇企业委托投资人建设项目，在项目运营期内，政府或乡镇企业有义务成为项目的租赁人，在租赁期结束后，所有资产再转移给政府或乡镇企业。例如绿色村镇旅游景区开发与环境基础设施建设项目等。

4)TOT 模式

TOT(transfer-operate-transfer)模式即转让-经营-移交模式，是政府部门或乡镇企业将建设好的项目的一定期限的产权或经营权，有偿转让给投资人，由其进行运营管理；投资人在约定的期限内通过经营收回全部投资并得到合理的回报，双方合约期满之后，投资人再将该项目交还政府部门或原企业。例如，在村镇交通设施或旅游景点设施建设项目中，政府部门或乡镇企业通过特许经营协议，把已经投产运行的项目移交给投资者去经营，凭借该设施在未来若干年内的收益，一次性地从投资者手中融得一笔资金，用于建设其他新的交通基础设施或旅游景点设施项目。在特许经营期满后，投资者再把该设施无偿移交回政府部门或乡镇企业。

5)BOOT 模式

BOOT(build-own-operate-transfer)模式即建设-拥有-经营-移交模式，其主要适用于私人合伙或国际财团融资建设的村镇基础产业项目，项目建成后，在规定的期限内拥有所有权并进行经营，期满后将项目移交给政府。

6)BOOST 模式

BOOST(build-own-operate-subsidy-transfer)模式即建设-拥有-经营-补贴-移交模式，是在 BOOT 模式基础上增加“补贴”内容的一种建设模式，如县、镇政府对承接村镇污水处理厂站或垃圾处理运营的公司企业，按处理每吨污水或垃圾给予一定费用补贴。

7)BOO 模式

BOO(build-own-operate)模式即建设-拥有-经营模式，是社会投资者根据政府赋予的特许权，建设并经营基础设施项目，但是并不将此项基础设施项目移交给政府或其授权的业主。即承包商根据政府赋予的特许权，建设并经营某类村镇建设项目，但以后并不将此项目移交给政府公共部门的一种建设模式。

3.2.3 绿色村镇发展方式引导型模式

参考借鉴其他村镇的建设发展成功经验，充分发挥本地村镇特色优势，是选择确定本地绿色村镇建设模式和发展方式的重要依据。绿色村镇发展方式主导型模式分为以下两类，其中每类又可细分为若干种具体模式。

1. 美丽乡村建设引导发展模式

2010 年前后从浙江省开始探索随后向全国推广的美丽乡村建设模式，是绿色村镇建设的重要创新和成功实践。2014 年，国家农业部根据不同区域农村的资源禀赋和产业发展特点，提出了美丽乡村建设的 10 种引导发展模式[5]，见表 3.1。

表 3.1 美丽乡村建设引导发展模式

类型	引导发展模式	适宜地区	建设特点	典型村镇
1	产业发展型	东部沿海等经济相对发达地区	产业优势和特色明显，农民专业合作社、龙头企业发展基础好，产业化水平高，初步形成“一村一品”“一乡一业”，实现了农业生产聚集、农业规模经营，农业产业链条不断延伸，产业带动效果明显	江苏省张家港市南丰镇永联村

续表

类型	引导发展模式	适宜地区	建设特点	典型村镇
2	生态保护型	生态优美、环境污染少的地区	自然条件优越，水资源和森林资源丰富，具有传统的田园风光和乡村特色，生态环境优势明显，把生态环境优势变为经济优势的潜力大，适宜发展生态旅游	浙江省安吉县山川乡高家堂村
3	城郊集约型	大中城市郊区	经济条件较好，公共设施和基础设施较为完善，交通便捷，农业集约化、规模化经营水平高，土地产出率高，农民收入水平相对较高，是大中城市重要的“菜篮子”基地	上海市松江区泖港镇
4	综合治理型	人数较多，规模较大，居住较集中的村镇	区位条件好，经济基础强，带动作用大，基础设施相对完善	吉林省松原市扶余市弓棚子镇广发村
5	文化传承型	具有特殊人文景观，包括古村落、古建筑、古民居以及传统文化的地区	乡村文化资源丰富，具有优秀民俗文化以及非物质文化，文化展示和传承的潜力大	河南省洛阳市孟津县平乐镇平乐村
6	渔业开发型	沿海和水网地区的传统渔区	产业以渔业为主，通过发展渔业促进就业，增加渔民收入，繁荣农村经济，渔业在农业产业中占主导地位	广东省广州市南沙区横沥镇冯马三村
7	草原牧场型	我国牧区半牧区县(旗、市)，占全国国土面积的40%以上	草原畜牧业是牧区经济发展的基础产业，是牧民收入的主要来源	内蒙古锡林郭勒盟浩勒图高勒镇脑干哈达嘎查
8	环境整治型	农村脏乱差问题突出的地区	农村环境基础设施建设滞后，环境污染问题，当地农民群众对环境整治的呼声高、反映强烈	广西恭城瑶族自治县莲花镇红岩村
9	休闲旅游型	适宜发展乡村旅游的地区	旅游资源丰富，住宿、餐饮、休闲娱乐设施完善齐备，交通便捷，距离城市较近，适合休闲度假，发展乡村旅游潜力大	江西省婺源县江湾镇
10	高效农业型	我国的农业主产区	以发展农业作物生产为主，农田水利等农业基础设施相对完善，农产品商品化率和农业机械化水平高，人均耕地资源丰富，农作物秸秆产量大	福建省漳州市平和县三坪村

2."三生"融合建设引导发展模式

绿色村镇建设项目要求同时兼备农生产、生活、生态(简称"三生")三种功能的协调。例如:在建造村庄绿色农房住宅时,既要考虑村民自身居住的舒适安全性,又要考虑发展农户庭院经济和农家乐的便利性,还要兼顾单体建筑与村庄整体生态环境的和谐性。

2016年,国务院印发的《全国农业现代化规划(2016—2020年)》明确提出了坚持生产生活生态协同推进的基本原则,指出实施生产、生活、生态协同推进的目的,是要妥善处理好农业生产、农民增收与环境治理、生态修复的关系。

"三生"融合建设引导发展模式是指以实现农村地区生产、生活、生态协同推进为目标的新型绿色村镇建设模式,同时兼有"生产与生活融合""生活与生态融合""生产与生态融合"等多重建设特征,又可具体分为以下三种模式。

1)绿色宜居与生态农业融合建设模式

绿色宜居与生态农业融合建设模式是指结合当地特色生态农业发展规划和项目进行绿色村镇建设的模式。一方面,通过发展特色生态农业获得较高的经济效益和生态效益,为绿色村镇建设提供资金支持;另一方面,通过绿色村镇建设促进休闲观光农业、体验式农业等新型业态发展,为发展特色生态农业提供可持续的基础设施保障,吸引和留下年轻化高素质的现代农业生产和经营者。

2)绿色宜居与生态旅游融合建设模式

绿色宜居与生态旅游融合建设模式是指结合当地乡村生态旅游业发展规划和项目进行绿色村镇建设的模式。一方面,通过发展乡村生态旅游业吸引绿色村镇建设所需要的项目投资,提高农民收入和建房能力,增强村镇集体经济收入和投资建设公共服务项目的能力;另一方面,通过绿色村镇建设保护和改善生态环境质量,鼓励农民经营农家乐等乡村旅游项目,为发展乡村生态旅游业提供可持续的基础设施和社会参与平台。

3)宜居、宜业、宜游田园综合体建设模式

宜居、宜业、宜游田园综合体建设模式是指以促进现代农业、休闲旅游、田园社区一体化发展为重点,以农民合作社为主要建设载体,以农民充分参与和受益为前提,以循环农业、创意农业、农事体验综合发展为特色,以促进村镇宜居、宜业、宜游协同发展为目标的绿色村镇建设发展新模式。

综上分析,可构建绿色村镇建设模式体系。见图3.1。

3.2.4 绿色村镇建设模式的应用案例

本案例以湖北省谷城县堰河村绿色生态村建设为例。堰河村的建设模式主要为建设主体主导型模式。堰河村的建设项目由村委会主导,全体村民参加。在县

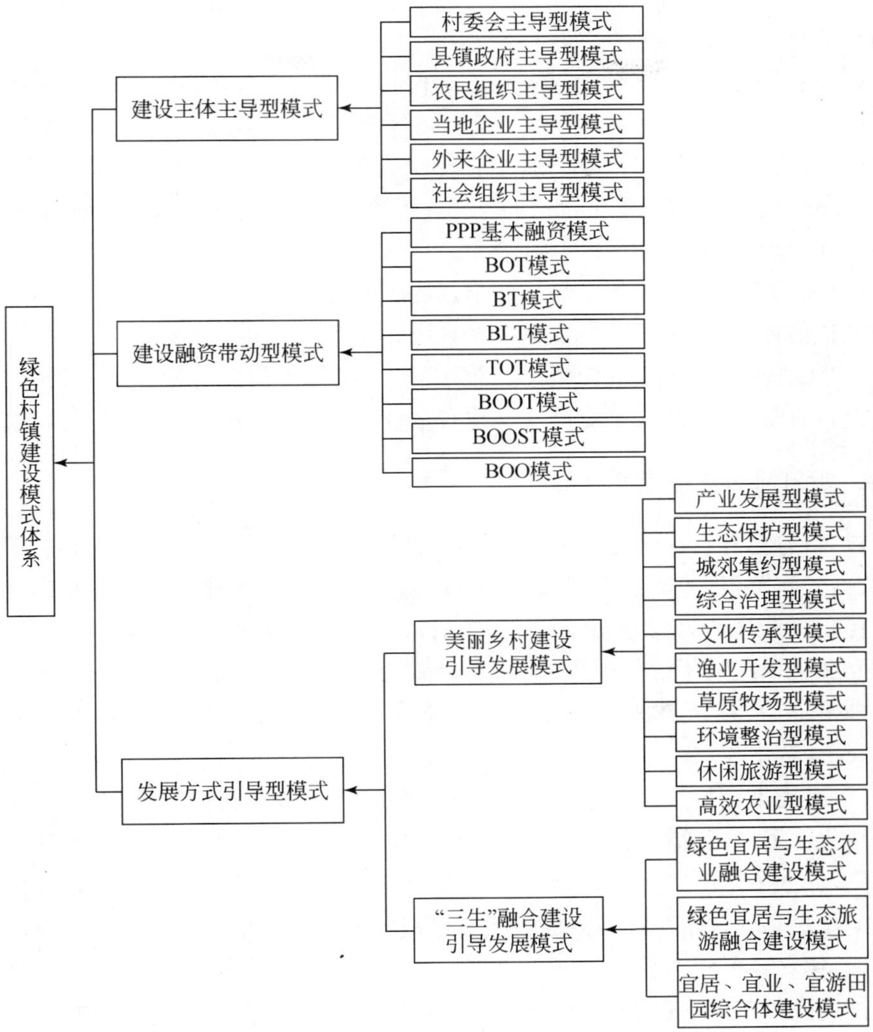

图 3.1 绿色村镇建设模式体系

政府和镇政府的扶持激励政策支持下，在专家学者进行的绿色村庄规划设计和建造技术培训及示范项目指导下，在村旅游合作社和众多外部企业的共同参与下，经过近二十年努力，通过完成一系列建设项目，将堰河村从一个贫穷小山村建设成为了国家级生态村、全国绿色小康村、国家森林乡村、AAA 级国家旅游景区、国家乡村治理示范村和全国最美宜居村庄。

1. 堰河村的建设主体构成

堰河村的建设主体由堰河村村委会、全村村民、参与堰河村建设活动的专家学者、企业单位等共同组成。村委会始终是堰河绿色生态村建设主体的核心组织者。堰河村的建设主体具体组成如下。

(1)建设方。以村委会为主导,与全村村民、堰河村生态旅游合作社等共同组成。

(2)投资方。以堰河村生态旅游合作社为核心,联合村民自筹建设资金、景区旅游开发投资企业、茶叶生产加工企业、各级政府专项补助项目、建设项目贷款方、社会团体组织捐赠投入等共同组成。

(3)规划设计方。由华中科技大学、武汉理工大学、华中农业大学、北京绿十字生态文化传播中心、谷城县城乡建设规划设计院等单位共同组成。

(4)工程承包方。由五山镇建筑施工队、武汉传木门窗有限公司、武汉鑫金成环保设备有限公司、武汉莱克利安科技有限公司、村民建房合作小组等共同组成。

2. 堰河村的典型建设模式

(1)自筹修建村级公路。2000 年,堰河村结合绿色小康村建设,村委会统一了"要致富先修路、不等不靠抓建设"的发展共识,做的第一个建设项目就是发动全体村民自筹资金和劳力修建村级公路,然后通过贷款和申请国家补助资金,于 2001 年率先在全镇建成了通往镇里的村级公路,为堰河村引进企业和资金发展有机茶园的种植生产、经济林种植加工、创建"农家乐"发展乡村生态旅游提供了基础条件。

(2)率先推行垃圾分类。2005 年,堰河村结合生态文明村创建,在北京绿十字生态文化传播中心等社会团体帮助支持下,在湖北省率先进行了乡村生活垃圾分类收集,建立了全省第一家村级分类垃圾转运站——资源回收中心。乡村生活垃圾分类收集和处理示范项目的建设成就已成为堰河绿色生态村建设的亮丽名片。

(3)建立绿色生态村建设示范基地。2006—2012 年,堰河村抓住国家级绿色生态村建设示范基地选点堰河村的发展机遇,村委会与华中科技大学专家团队签订了合作共建协议。专家团队为堰河村编制了《湖北省堰河生态村经济与社会发展规划 2008—2020》《谷城县五山镇堰河村建设规划(2008—2020)》等建设发展规划,确定了堰河绿色生态村的重点建设项目和建造技术要求。包括:绿色农房建设、基础设施建设、公共设施建设、环境改善建设、产业发展建设等五大类共 106 个建设项目。这些项目已全部按期建成,在堰河村形成了国家级绿色生态村建设示范基地。

3. 堰河村的建设融资模式

以堰河新村建设示范项目为例,该项目采用的融资方式为 BOO 模式。2008 年,为改善堰河村农民的生活居住条件,发展乡村旅游产业,村委会决定结合"农家乐”建设项目，利用堰河河岸的滩涂地建设堰河新村。

为此，堰河村村委会主导成立了堰河村生态旅游合作社，吸引村民入股，同时按照自愿原则，由农户自己出资，村委会落实建房用地，组织专家提供设计建房图纸和技术，联系施工队统一建设，建成后的新村农房所有权归出资建设的农户所有，“农家乐”项目由村民自己经营，新村的运营维护由生态旅游合作社统一管理。

堰河新村占地面积4700m^2，总建筑面积3732m^2，总投资263万元，包括13栋农民住宅和1栋接待中心。村接待中心的建筑面积为936m^2，其建设费用由村集体出资56万元；农民住宅建设经费由农户自筹，平均每户农民出资约15.9万元，平均每平方米造价为749元。堰河新村由北京绿十字生态文化传播中心提供建筑设计，华中科技大学负责建筑结构、建筑节能和污水处理设施等基础设施设计和施工技术指导。项目自2008年2月开工建设，2008年12月竣工。

建成后的堰河新村建筑形态各异、建筑风格优美、基础设施完备，小桥流水、绿树成荫，成为堰河村乃至襄阳市及周边地区著名的生态乡村旅游景点。2011年堰河生态新村组团建设成果入选国家“十一五”重大科技成果展。2017年堰河新村的旅游经营户年收入都在10万元以上。

堰河村采用的建设主体主导型绿色村庄建设模式，大大促进了全村生态旅游业的发展。2017年，仅生态旅游合作社就接待游客30多万人次，经营收入8000余万元，全村农户人均增收5000元以上；全村基本实现了农户“四个一”的共同富裕规划发展目标，即：每户一项脱贫致富项目、每户一栋小洋楼、每户一部小轿车、每户一笔10万元以上存款。

3.3　绿色村镇建设模式的促进机制

节约土地资源是绿色村镇建设的主要目标，无论采取何种建设模式，都应首先建立严格的绿色村镇建设用地保障促进机制。

3.3.1　建设用地管理促进机制

1. 严格执行对村镇建设用地的权属规定

绿色村镇建设用地要严格执行《中华人民共和国土地管理法》的规定，切实保障村集体和农民的土地所有权和使用权。农村和城市郊区的土地，除由法律规定属于国家所有的以外，属于农民集体所有；宅基地和自留地、自留山，属于农民集体所有。

绿色村镇建设用地要统筹安排村镇生产、生活、生态用地，满足村镇产业和基础设施用地合理需求，保护和改善生态环境，促进土地节约利用水平提高。

2. 严格遵守对村镇建设用地的管理要求

对绿色村镇建设中的建设占用土地，涉及农用地转为建设用地的，应当办理农用地转用审批手续；乡镇企业、乡（镇）村公共设施、公益事业、农村村民住宅等乡（镇）村建设，应当按照村庄和集镇规划，合理布局，综合开发，配套建设，并办理审批手续；农村集体经济组织使用乡（镇）土地利用总体规划确定的建设用地兴办企业或者与其他单位、个人以土地使用权入股、联营等形式共同举办企业的，应依法办理审批手续。促进建设用地管理水平提高。

3. 完善农民宅基地使用的保障管理方法

农民宅基地（rural house base），是指村集体经济组织内部符合规定的成员，按照法律法规规定的标准，用于建筑自己居住房屋的农村土地。

2018年中共中央一号文件明确提出，要完善农民闲置宅基地和闲置农房政策，探索宅基地所有权、资格权、使用权‘三权分置’，落实宅基地集体所有权，保障宅基地农户资格权和农民房屋财产权，适度放活宅基地和农民房屋使用权[6]。农民宅基地的“三权分置”改革政策，为利用农村闲置的宅基地和农房作为绿色村镇建设用地提供了重要资源。

在绿色村镇建设中，要依据土地管理法对农民宅基地的使用进行严格监督管理。村民一户只能拥有一处宅基地，其宅基地的面积不得超过省、自治区、直辖市规定的标准；村民建造住宅，应当符合乡（镇）土地利用总体规划、村庄规划，不得占用永久基本农田，并尽量使用原有的宅基地和村内空闲地；村民出卖、出租、赠予住宅后，再申请宅基地的，不予批准；国家允许进城落户的村民依法自愿有偿退出宅基地，鼓励农村集体经济组织及其成员盘活利用闲置宅基地和闲置住宅。促进农民宅基地监控管理能力提升。

4. 健全村集体和农民用地权益维护制度

绿色村镇建设项目是一个长期动态建造和运营管理过程，建设用地方式和权属可能受到不同建设模式和建设合作方的影响而发生变更，应依法建立能切实保障村集体和农民用地权益的长效维护制度。

（1）切实维护村民意愿。对集体经营性建设用地出让、出租等，应当经本集体经济组织成员的村民会议三分之二以上成员或者三分之二以上村民代表的同意。

（2）维护用地变更权益。通过出让等方式取得的集体经营性建设用地使用权可以转让、互换、出资、赠予或者抵押，对不按照批准的用途使用土地的，农村集体经济组织报经原批准用地的人民政府批准，可以收回土地使用权；保护土地流转使用后的村集体和农民应当享有的土地入股、产业承包、利益分配、就业和社会保障等权益。

3.3.2　建设投资方式促进机制

绿色村镇建设的难点是如何获取充足和可持续的建设项目投资。绿色村镇建设投资方式的重点促进对象是环境基础设施、生态旅游设施和绿色农房建设等建设项目。

1. 争取政府资金政策支持

在绿色村镇环境基础设施建设项目中，充分利用国家和各级地方政府提供的农村基础设施建设专项资金和扶持补助奖励政策，获得安全饮水和污水处理设施、垃圾回收处理设施、生态景观修复和环境综合治理、村容村貌整治、道路设施建设等项目资金；积极争取与生态农业发展配套的基础设施建设资金和项目；在政府和企业支持下，选择采用 BOT 融资模式等。促进建设资金短缺难题解决。

2. 申请金融机构建设贷款

在发展乡村旅游业和景区建设项目中，与品牌旅游公司或开发公司联合打造乡村旅游景区和绿色休闲村镇，共同争取农业银行、建设银行、农业合作社及社会金融投资机构，提供建设项目贷款和资金支持；申请专项贷款，用于美丽乡村建设、清洁能源开发利用、环境设施改造等。促进村镇建设投资渠道扩大。

3. 吸引企业投资合作共赢

在实施绿色村镇建设发展规划项目过程中，充分利用村镇的经济发展资源、生态景观资源和历史人文资源价值，主动招商引资，吸引外来企业和当地企业投资乡村旅游业和特色生态农业建设项目，引入龙头企业进行绿色生态农业和绿色村镇建设一体化投资合作，形成合作共赢的长效机制。促进村镇建设投资共同体形成。

4. 引导村镇居民投资建房

在绿色农房新建与改造项目中，利用农民专业合作社或成立农民建房合作组织，调动农民建房积极性和利用农民自有资金投入，采取优惠政策和资金补助等方式，合作开发绿色农庄建设和生态旅游项目，集中对村镇危旧农房进行绿色改造等。促进农民建设获得感的提升。

3.3.3　建设共同体的促进机制

1. 促进村镇建设共同体发展

绿色村镇工程是一项由多个参与方共同参与和密切配合才能完成的社会性建

设活动。应结合所选择的绿色村镇建设模式,促进建立以绿色居住、绿色经济、绿色环境为共同发展目标,以建设项目所有参与方组成的绿色村镇建设共同体,保证村镇规划与建设项目的顺利实施。

2. 制定引导政策和激励机制

例如,在建设主体主导型模式中,要制定和实施多种引导政策和激励机制,不断优化县镇政府、村委会、村民、农民组织、当地和外来企业、社会组织的合作关系,形成建设合力。又如,在以生产、生活、生态互相促进为导向的"三生"融合建设引导发展模式中,要大力促进绿色宜居建设、生态农业建设、生态旅游建设等参与方之间的密切合作和同步实施,实现绿色村镇建设资源和成果共享。

绿色村镇建设共同体的具体内容和构建方法将在本书第 4 章专题研究。

3.3.4 建设项目管理促进机制

绿色村镇建设项目管理包括建设发展规划管理、环境基础设施建设管理、绿色建筑建设与改造管理等内容。

1. 村镇建设发展规划的动态管理

村镇建设发展规划的实施是一个动态调整和优化过程。绿色村镇建设发展规划实施的动态促进方法有:①要求规划具有可操作性、可调整性、可复制性和可评价性,能激发村镇和农民的内在动力和培养造血功能[7];②通过规划实施激活村镇建设的内部和外部两个发展因素[8],内部动力因素是指村镇自我发展能力,外部促进因素包括区域发展和城镇化对村镇的外援驱动力;③针对村镇的发展阶段和特征规律,对绿色村镇建设规划的编制和实施全过程进行动态管理。

2. 环境基础设施建设的全程管理

村镇环境基础设施建设的全过程管理促进重点有:①在建设前期阶段,吸引市场投资和社会资本,落实环境基础设施建设条件;②在建设实施阶段,以安全供水、燃气供气、污水及黑臭水体治理、垃圾治理为重点,保证环境基础设施建设质量;③在建成使用阶段,推行环境基础设施的绿色运营,创新村镇环境基础设施运营管理体制。

3. 绿色农房建造项目的示范推广

绿色农房建造是绿色村镇建设的重点内容,具有模式创新性和示范引导性。应重视对绿色农房建设模式、建造技术、使用管理等方面的经验总结和示范项目推广。示范推广促进方法有:①通过重点建设绿色农房示范项目,为村镇居民建房提供样板，促进绿色农房建设规模扩大；②制定激励政策和开展技术培训，调动村镇居民参与绿色农房建设的积极性，促进绿色农房建设水平提高；③充分发挥村镇企业作用，促进村镇绿色建材产业和绿色施工企业发展。

参考文献

[1] 陈世清．对称经济学[M]．北京：中国时代经济出版社，2010.
[2] 陆岷峰，张兰．构建多元化中小企业融资模式的战略思考[J]．企业研究，2010，(7)：50-53.
[3] 王景新．村域经济转型研究反思[J]．广西民族大学学报(哲学社会科学版)，2008，(3)：2-6.
[4] 王晓鸣，王旭，吴晶霞，等．现代乡村聚落建设工程共同体与网络分析模型[J]．土木工程与管理学报，2017，(1)：1-9.
[5] 鲍光翔．中国"美丽乡村"十大创建模式[N]．建筑时报，2018-05-07.
[6] 兰红燕．乡村振兴视域下的农村集体土地法律制度完善[J]．河北法学，2019，(4)：119-129.
[7] 邹德慈，王凯，谭静，等．新型城镇化背景下的我国村镇发展规划策略[J]．中国工程科学，2019，(2)：1-5.
[8] 张富刚，刘彦随．中国区域农村发展动力机制及其发展模式[J]．地理学报，2008，(2)：115-122.

第 4 章　绿色村镇建设共同体

中国的绿色村镇建设是一种需要多方参与合作完成的可持续建设工程活动，构建绿色村镇建设共同体十分必要。本章研究绿色村镇建设共同体的形成与发展；提出绿色村镇建设共同体的构建方法和运作方式；提出绿色村镇建设共同体的社会网络构成方法，构建绿色村镇建设共同体的社会网络分析模型，进行绿色村镇建设共同体的社会网络分析应用案例研究。

绿色村镇建设是一种发展模式多样、建设参与方多、社会影响面大的合作建设活动，建立适合农村特点的绿色村镇建设共同体，是实现绿色村镇规划与建设目标的发展动力和组织保障，在绿色村镇建设中具有不可替代的重要作用。

4.1　绿色村镇建设共同体的形成与发展

4.1.1　建设共同体的形成和特征

1. 建设共同体的形成

建设共同体(construction community)是指参与到建设工程活动中的所有主体的集合。全体共同体成员在同一目标下，根据分配承担的不同层次和角色，通过相互沟通、协调与合作，形成了一种职能联系紧密、相互作用影响和利益多元组合的建设主体体系[1]。

建设工程活动是一项由多个参与方共同参与和密切配合才能完成的社会性活动。建设工程共同体是 21 世纪初在工程建设领域迅速发展的研究与应用，伴随工程建设活动而形成的工程共同体具有其鲜明的社会属性[2]。绿色村镇建设也不例外。

共同体的概念首先由亚里士多德提出[3]:“我们见到的每一个城邦(城市)各是某一种类的共同体”。1887 年，腾尼斯提出了“共同体”的内涵，认为共同体是在血缘、地缘或精神的基础上形成的彼此之间密切联系的整体，如家庭、邻里、村落等，其核心是“默认一致”[4]。

自人类开始从事建设工程活动，就产生了建设共同体的雏形。我国古代，随着宫殿等大型公共建筑项目的建设，形成了以君王为主导、工匠组织管理、材料供应方提供建筑材料和众多民工施工建造的古代建设共同体。

近代，随着建筑师的出现、城市规划的形成以及营造厂的行业运作制度产生，业主、建筑师、营造厂、材料设备供应商、银行和金融机构、各级政府等共同构成了近代建设共同体。

进入现代时期，伴随着建设咨询服务业的发展，工程保险、监理、咨询等行业得到迅速发展，建设共同体不断扩大和复杂化。业主、投资方、规划设计方、工程承包商、材料设备供应商、监理单位、咨询单位、保险公司、银行、政府、社会组织、社区组织等共同构成了现代建设共同体[5]。

中国现代建设共同体的概念是在 21 世纪初借鉴西方工程社会学发展基础上逐渐形成的[6,7]，2010 年出版的《工程社会学导论》[8]等论著，标志着我国现代建设共同体研究体系初步形成。

中国的建设共同体形成和演变历程见图 4.1。

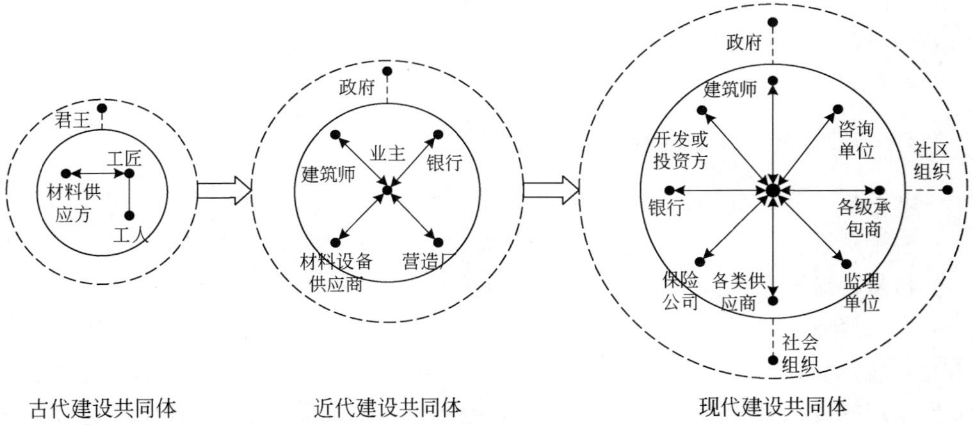

图 4.1　中国的建设共同体形成和演变历程

2. 建设共同体的特征

现代建设共同体在演变发展过程中逐渐形成了以下特征。

1)构成主体的多元性

建设共同体由建设工程所涉及的两大类利益相关主体构成：第一类是直接参与方，由业主、建筑师、开发投资方、各级承包商、各类供应商、监理单位、咨询单位、银行、保险公司等组成；第二类是间接参与方，由政府部门、社区组织、社会组织等组成。各参与方通过实施建设工程项目，既实现共同利益，又追求各自诉求。

2)社会网络的复杂性

建设共同体具有复杂多变的社会网络关系：第一类是直接参与方之间的内部关系，第二类是直接参与方与间接参与方之间的外部关系，第三类是共同体整体与外部社会的互动关系。

3)主体流动与重组性

一般而言,建设共同体都是集结在某项特定的工程活动中,当某项工程活动完成时,该项目伴生的工程共同体也随之解散,共同体成员将在新的建设项目中重组发展,形成新的建设共同体。但绿色村镇建设是一项长期和可持续的建设工程活动,其建设共同体又可分为长期发展共同体和短期项目共同体两类。

4.1.2 绿色村镇建设共同体的发展

1. 绿色村镇建设共同体的概念

绿色村镇建设共同体(community of green village and town construction),是指以全面实施节能、节地、节水、节材和环境保护建设为重点,以建设宜居、宜业、安全生活的绿色村镇为目标,全面参与到村镇规划设计、基础设施建设、绿色农房建造、生态环境改善、绿色运营管理以及产业绿色发展等绿色村镇建设活动的所有主体的总称。

2. 绿色村镇建设共同体的演变

绿色村镇建设共同体是以现代建设共同体理论和绿色发展理论为引导,在传承乡村聚落建设共同体的基础上逐步发展形成的,大体经历了两个演变阶段。

1)从传统村落共同体到现代村镇共同体

乡村聚落(rural settlement)是与城市聚落相对应,指乡村人口居住和生产生活的场所,具有明显自然依托性和乡土特性;乡村聚落建设是一个多层次、多主体综合作用的复杂社会系统,参与其中的人是乡村聚落建设的核心,是乡村地域空间的人口聚居点[9,10]。随着现代农村经济社会形态发展和建设管理方式转变,传统的乡村聚落建设方式已逐渐为现代村镇建设方式所取代。

传统的农房建造和农业生产设施建设是依托松散型的“村落共同体”实施[11],这种组织松散的村镇建设共同体虽然分工明确,具有自主建造能力,但已不能适应现代村镇建设和乡村振兴发展的新要求。

传统型村镇建设是一个对外相对封闭、对内自给自足的农民社区建设系统,是一个“熟人社会”,由血缘地缘和村落文化构成了联系紧密的生活和生产社会关系。例如:传统型村镇建设项目是依托“村落共同体”[12,13],采取自主建造模式合作完成。其中,村镇的基础和公共服务设施建设项目一般由族群、部落、家族负责组织实施,体现“集体建造”;住宅建设则通过村民之间义务帮工、友情请工、互换帮工、契约帮工等形式,体现“共同建造”。

随着我国现代村镇的社会形态和组织结构由农民自给封闭型社会向合作开放型社会转变，村镇建设的对象和方式呈现出多元化发展趋势，出现了旧村改造、集中安置、迁村并点、园区开发等多种建设发展新模式。参与到村镇建设的部门、组织、个人、团体等越来越多，其社会网络构成也日益复杂[14]。

2)从现代村镇共同体到绿色村镇共同体

现代村镇建设共同体的任务与城市建设共同体有显著不同。村镇不仅是村民居住和生活的地域，同时还是村镇生产发展和农户工作就业的必要场所；而城市居民的居住场所与工作场所一般是按不同规划分区在不同地点建设。因此，村镇建设共同体不仅要承担农房建造、基础设施建设、村镇环境改善等传统建设任务，还要承担村镇产业发展、社会服务设施、历史风貌保护和乡风文明建设等更广泛的建设内容。

随着绿色村镇建设不断发展，各级政府部门、企业单位、金融机构、社会组织、规划建筑师等外部组织和专业人员更多参与到村镇建设多个领域，成为建设发展的重要推动力量。与此同时，绿色村镇的建设模式在不断创新，建设主体呈现出多元化发展趋势，绿色村镇建设共同体的构成和发展也需要不断创新。

绿色村镇建设是一个以节地、节能、节水、节材和环境保护为重点的农村建设“开放社会”。绿色村镇建设共同体是由血缘地缘、村落文化、绿色建设发展需求组成的村镇内部共同体、和参与村镇绿色建设活动的村镇外部共同体两部分有机构成。

4.2　绿色村镇建设共同体的构建与运行

4.2.1　绿色村镇建设共同体的构建方法

绿色村镇建设共同体的构建目的是，通过组织和优化所有建设活动参与方之间的分工合作关系，实现绿色村镇的各项建设任务和预期目标。

绿色村镇建设共同体中的内部共同体包括镇政府和村委会、村镇居民、农民组织、村镇企业等；外部共同体包括县(区)政府、规划建筑师、建设单位、金融机构、社会组织等。

绿色村镇建设共同体的构成要素分析见图 4.2。

绿色村镇建设共同体的基本类型和各参与方职能见表 4.1。

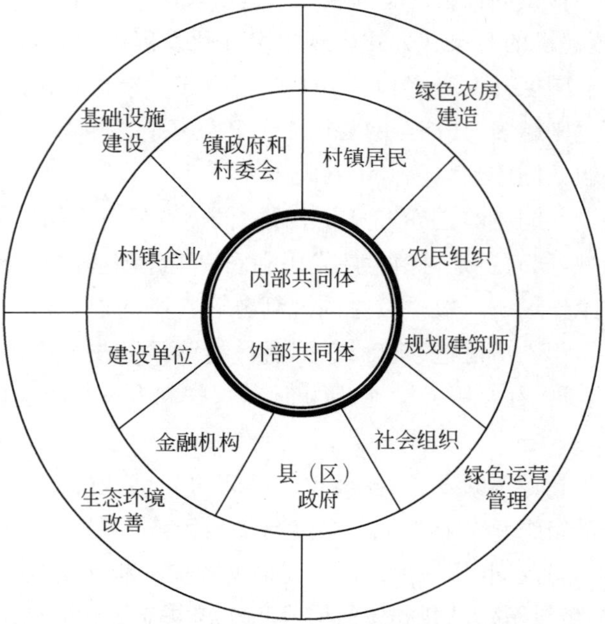

图 4.2　绿色村镇建设共同体的构成要素

表 4.1　绿色村镇建设共同体的基本类型和参与方职能

类型	主要参与方	参与方性质	参与方职能
内部共同体	镇政府和村委会	是绿色村镇建设的主要规划者和管理者，发挥建设监督、项目管理、教育服务等职能	负责对绿色村镇的经济社会发展和建设项目进行规划；监督管理建设项目实施；组织协调村镇居民、农民组织和外部合作者共同参与绿色村镇建设
	村镇居民	是绿色村镇建设的主要投资者、建造者和使用者，也是直接受益者	通过自建房屋营造良好居住环境；参与村庄基础设施和公共服务设施建设；依托土地和人力资源进行农业生产和产业开发，改善自身生活和生产条件
	农民组织	是由村镇农民自主成立或参加的农村经济合作组织、社区服务和文化组织等	通过聚集农民力量和积极性，整合村镇各项资源投入绿色村镇建设，直接参与绿色产业发展、生态环境改善、绿色农房建造、绿色社区管理等活动
	村镇企业	是由村镇成立的独立从事专业化和规模生产经营活动的企业	利用企业的资金技术和项目经营优势，直接承担或参与绿色村镇建设和运营管理

续表

类型	主要参与方	参与方性质	参与方职能
外部共同体	县(区)政府	是指主管村镇建设的县(区)级政府部门,是绿色村镇建设指导者、监督者和激励者	指导和监督村委会进行绿色村镇规划与建设;筹措资金建设绿色村镇基础设施和绿色农房;组织协调各参与方;通过政策引导和激励促进绿色村镇建设发展
	建设单位	是指投资商、开发商、建筑施工企业等,是绿色村镇建设的外部推动者和项目合作者	投资和参与绿色村镇基础设施和农房建设项目;参与绿色产业发展;合作开发乡村特色旅游资源;参与绿色村镇建设推广示范等
	规划建筑师	是绿色村镇建设项目的策划者、建造方案的设计者和建设管理过程的参与者	承担绿色村镇建设发展规划编制和建设项目策划;绿色房屋规划设计;绿色建造技术和绿色运营管理方法推广使用;作为受委托项目组织者参与绿色村镇的各项建设活动
	社会组织	是指参与绿色村镇建设的社会组织、科研院校专家团队等,是绿色村镇建设的引导传播者和专业合伙人	引入绿色村镇建设发展理念和先进技术,指导和推广绿色村镇的发展规划、产业发展、环境改善、农房建造等建设项目;协调绿色村镇建设共同体各方合作关系
	金融机构	是指农村信用合作社、农业银行、建设银行等相关金融组织	为绿色村镇建设项目提供贷款和经济支持;为绿色产业发展和生态环境改善提供多渠道资金帮助等

4.2.2 绿色村镇建设共同体的运作方式

绿色村镇建设共同体的运作方式要求是,在科学选择绿色村镇建设模式的基础上,根据不同建设项目的性质,通过对所有参与方进行优化组合,构建适合当地特点的建设共同体,采用建设效益最佳的合作运行机制,促进绿色村镇规划与建设目标的实现。

根据3.2.1节对绿色村镇建设主体主导型模式的分析,可将绿色村镇建设共同体的运作方式分为6类:①村委会主导型、②县镇政府主导型、③农民组织主导型、④当地企业主导型、⑤外来企业主导型、⑥社会组织主导型。

绿色村镇建设共同体的运作方式和主要作用见表4.2。

表 4.2　绿色村镇建设共同体的运作方式和主要作用

序号	建设共同体运作方式	建设共同体主要作用
1	村委会主导型	领导村民共同开展绿色村镇建设，并组织引进其他参与方加入
2	县镇政府主导型	通过政策支持和资金投入，组织引导绿色村镇建设规划编制、环境基础设施建设、绿色农房建造、生态环境治理等项目实施
3	农民组织主导型	以农民组织为龙头，带领农民积极参与，发展绿色经济产业带动绿色村镇建设
4	当地企业主导型	通过当地企业带动村镇绿色经济产业和绿色村镇建设协调发展
5	外来企业主导型	通过外来企业承租经营，采用企业、联户、个体等多种方式联合投资开发绿色村镇建设
6	社会组织主导型	通过宣传推广村镇绿色发展理念和绿色建设技术，引导其他参与方合作开展绿色村镇建设与示范

各类绿色村镇建设共同体的运作方式虽然由不同的核心参与方主导，但都需要其他参与方的密切配合与相互支持。

绿色村镇建设共同体的运作方式见图 4.3。

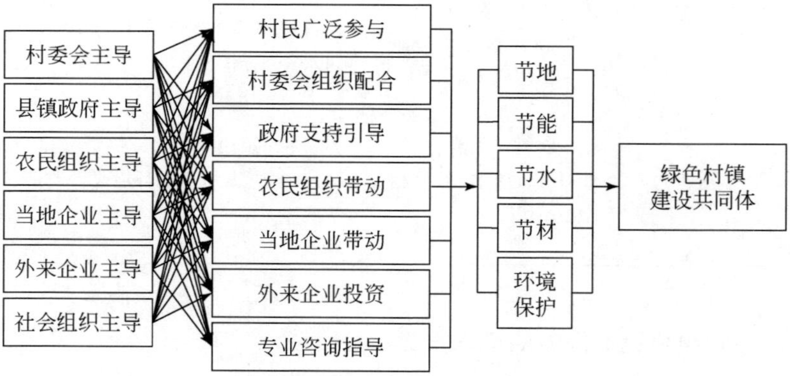

图 4.3　绿色村镇建设共同体的运作方式

以下分别介绍 6 类绿色村镇建设共同体的构建和运作应用实例。

1. 村委会主导型建设共同体

堰河村位于湖北省襄阳市谷城县五山镇，面积 12km²，辖 4 个村民小组，2017 年有 303 户，1050 人。

堰河村的绿色村庄建设共同体是以村委会为建设主导，以村民为项目主体，以谷城县和五山镇政府为政策支持，以村农民合作组织堰河生态旅游经济专业合作社为经济支撑，以华中科技大学和北京绿十字等社会组织为技术依托。

根据建设项目需要，由华中科技大学发起组织，先后与建筑墙体保温材料公司、节能门窗公司、污水处理公司、生态环境工程设备公司、太阳能设备公司、景观绿化工程公司、节能电气设备公司等十多家绿色建造相关企业建立了绿色建造团队，形成了村委会主导型建设共同体和运作方式。见图 4.4。

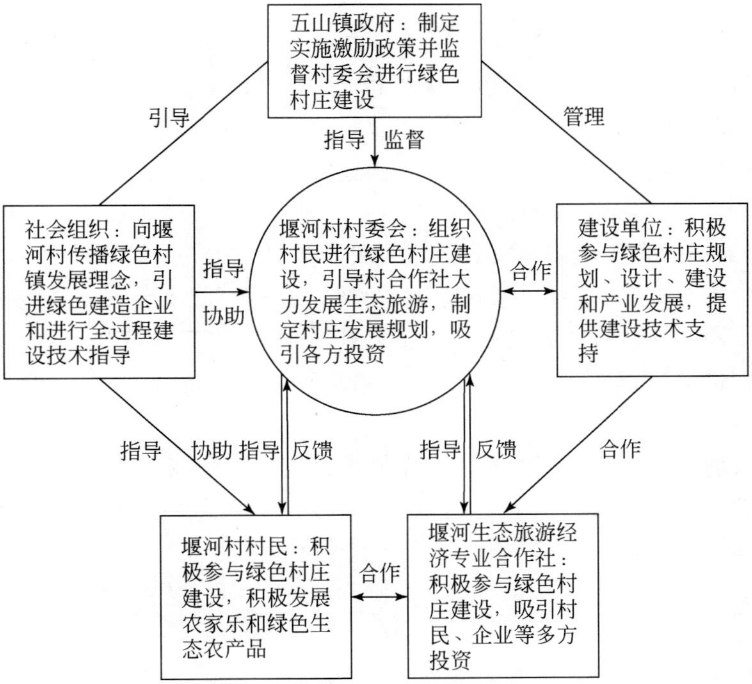

图 4.4 堰河村村委会主导型建设共同体和运作方式

堰河村建设共同体在绿色村庄规划与建设实施过程中发挥了主导作用，通过合作建设，将堰河村建设成为了“国家级生态村”“全国绿色小康村”“AAA 级国家旅游景区”“全国农业旅游示范点”“中国最美休闲乡村”“全国文明村”等。村民人均纯收入从 2000 年的 1900 元增长到 2017 年的 22000 元，生活水平持续提高。

2. 县镇政府主导型建设共同体

安吉县地处浙江省西北部，面积 1882.45km^2，辖 8 镇 3 乡 4 街道、187 个村，2017 年人口为 31.33 万人。

安吉县的美丽乡村建设共同体是以安吉县政府和下属乡镇政府为主导。县政府负责美丽乡村的总体规划、管理组织、建设指导和绩效考核等工作；乡镇政府承担上下级部门间的统筹协调，指导建制村实施美丽乡村建设，为其提供资金支持和技术指导，负责协调和规划村与村之间的衔接区域；建制村是美丽乡村建设的核心主体，在县、镇两级政府统一领导下，投入各项建设项目的具体策划、实施建造和使用维护。形成了县镇政府主导型建设共同体和运作方式。

安吉县率先提出把全县建制村建成“村村优美、家家创业、处处和谐、人人幸福”的美丽乡村目标[15]，2016 年已建成“美丽乡村精品村”164 个。2017 年，安吉县农村常住居民人均可支配收入达到 27904 元。

3. 农民组织主导型建设共同体

戴庄村位于江苏省镇江句容市天王镇，面积 10.4km^2，辖 4 个村民小组，2017 年有农户 866 户，3052 人。

戴庄村的绿色村庄建设共同体是以当地农民组织为主导。戴庄村通过成立有机农业专业合作社，充分尊重农民意愿，统一规划、生产、销售和管理，建立了利益共享、风险共担的合作机制，全村 90%的农户参与其中。合作社大力支持乡村基础设施和农田水利设施建设，修建道路、桥梁、架设大棚、改造农田灌溉设施等，使村庄建设不断发展。戴庄有机农业专业合作社被评为“全国农民专业合作社示范社”。以村合作社为核心、村民积极参与为基础，形成了农民组织主导型建设共同体和运作方式。

戴庄村通过组建有机农业专业合作社，发挥农业专家指导作用，带动了现代有机农业发展，提高了农民经济收入，人均纯收入由 2003 年的不足 3000 元增长到 2018 年的 2.7 万元，为建设绿色生态村庄打下了经济基础。

4. 当地企业主导型建设共同体

建华村位于吉林省吉林市丰满区江南乡，面积 6.4km^2，辖 2 个社区，5 个自然屯，有 1098 户，4831 人。

建华村的绿色村庄建设共同体是以当地企业为主导。从 2001 年开始，建华村相继成立了龙华物流公司、生态农业园公司、房地产开发公司等村办企业。村集体组织建设了建华新村集中居住区，并规划了农业产业园、示范工业园和生态休闲区，集约利用土地，乡村聚落建设有序开展。建华村坚持以村级为主体，以市场为导向，实行“村企合一”经营管理模式，以村级企业为核心，形成了当地企业主导型建设共同体和运作方式。

在村办企业带动下，建华村的服务业和生态农业快速发展，村庄建设也同步得到发展。2015 年，建华村社会总产值 2.6 亿元，村集体收入 2800 万元，村民人均收入 15500 元。成为远近闻名的“样板村”，获得“全国文明村镇”“全国民主法治示范村”“国家文明示范村”“中国最美村镇”等荣誉。

5. 外来企业主导型建设共同体

罗帅村位于海南省白沙黎族自治县元门乡，是一个黎族小村庄，有 56 户，203 人。

罗帅村的绿色村庄建设共同体是以外来企业为主导。2010 年以来,天涯驿站公司通过实施旧村改造,集中新建了 54 栋农民住宅供全体村民居住。公司利用改造后剩余的乡村集体建设用地开发建设住宿、餐饮、休闲运动等旅游服务设施,通过技能培训帮助村民自主开展个性化的农家乐经营服务,择优录用村民在公司从事旅游服务工作。以天涯驿站公司为主导,以全体村民参与为基础,形成了外来企业主导型建设共同体和运作方式。

海南天涯驿站旅游项目开发公司在罗帅村与当地村民合作开发了海南首个绿色乡村观光旅游示范基地,带动了乡村经济发展,显著改善了农民居住条件。村民通过发展乡村旅游,年人均增加收入 2500 元。罗帅村也先后荣获"中国少数民族特色村寨""全国文明村镇""国家森林乡村""全国乡村旅游重点村"等荣誉。

6. 社会组织主导型建设共同体

郝堂村位于河南省信阳市平桥区东南部城郊,面积 20.7km^2,辖 18 个村民组,2385 人。

郝堂村的绿色村庄建设共同体是以社会组织为主导。2009 年,在中国乡村规划设计建设院和北京绿十字等社会组织引导下,郝堂村开始进行可持续发展实验村建设。社会组织团队引导郝堂村大力发展农村经济合作组织,改革农村金融机制,把现代乡村文明中的艺术、审美、建筑、环保等理念输送给农民,协助村集体创办了村合作社、村养老互助社和村办公司,打造以生态旅游为主导产业的绿色生态村。形成了社会组织主导型建设共同体和运作方式。

2013 年,郝堂村成为全国首批"美丽宜居示范村庄",村集体资产发展到 2000 多万元[16]。还获得了"全国特色景观旅游名村""中国最美休闲乡村""中国乡村旅游模范村""中国人居环境范例奖"等荣誉。

4.3　绿色村镇建设共同体社会网络分析

4.3.1　绿色村镇建设共同体的社会网络构成方法

1. 社会网络的概念与分析方法

社会网络是指社会行动者(social actor)及他们之间关系的集合,由多个节点和各个节点之间的连线所组成。社会网络中的节点(nodes)代表社会行动者,连线代表行动者之间的关系(ties)。行动者可以是个体、企业单位、社会组织、社区、村镇、政府部门等[17]。绿色村镇建设共同体是一种典型的社会网络,由建设共同体组成的社会网络中节点可界定为建设活动中的各个参与方,如业主方、建筑师、开发投资方、各级承包商、各类供应商、监理单位、银行机构、咨询单位、保险公司、政府部门、社会组织、社区组织等；也可定义为各参与方之间的关系，如合同关系、管理关系、协调关系、沟通关系、监理关系等。

社会网络分析(social network analysis)的目的是通过分析行动者彼此之间的关系，构建关系模型并分析其结构特征，研究该模式结构对网络整体或内部个体的作用和影响[18]。近年来，国内外学者也逐渐将社会网络分析方法运用于乡村建设问题研究，重点是构建乡村建设中各个参与方之间的社会网络模型[19,20]。

社会网络分析的方法是研究网络中行动者彼此之间的关系，其特性如下：①分析来源于社会行动者的关系结构；②分析以系统的经验数据为基础；③重视关系图形的绘制；④分析依赖于数学或计算模型的使用。

2. 绿色村镇建设共同体的社会网络构成

由表 4.1 可知，绿色村镇建设共同体可划分为内部共同体和外部共同体两大类，各参与方之间通过相互合作和沟通协调，共同构成了绿色村镇建设共同体的社会网络。

在绿色村镇建设共同体社会网络中，内部共同体由村镇居民、镇政府和村委会、农民组织和村镇企业等在发展生产和改善生活的基础上组成，形成了绿色村镇建设共同体的长期稳定核心伙伴；外部共同体由县(区)政府、建设单位、规划建筑师、社会组织、金融机构等组成，是绿色村镇建设共同体的促进合作发展伙伴。

绿色村镇建设共同体的社会网络特征分析见表 4.3。

表 4.3 绿色村镇建设共同体的社会网络特征

序号	建设共同体运作方式	建设共同体社会网络特征
1	村委会主导型	以村委会为核心，村委会的凝聚力较强，村民的积极性被充分调动，适合绿色村庄的建设
2	县镇政府主导型	以镇政府为核心，对村镇基础设施和公共服务设施投入较多，建设速度快，适合绿色镇的建设
3	农民组织主导型	以农民组织、如经济合作社为核心，村民参与主动性和受益性较高，适合农民组织能力较强的村镇建设
4	当地企业主导型	以当地乡镇企业为核心，可较好解决建设资金问题，乡村经济发展速度较快，稳定性强，适合村镇企业发达的村镇建设
5	外来企业主导型	以村镇外来企业为核心，乡村建设速度较快，但村民参与度相对较低，适合外向型经济发达的村镇建设
6	社会组织主导型	以社会组织、如高校和研究设计院等专家团队为核心，需要村民、村委会及镇政府积极配合和投入，建设项目质量高、示范性强，适合试点示范型绿色村镇建设

绿色村镇建设共同体的社会网络关系构成见图 4.5。图中：村镇政府包括镇政府和村委会，村镇企业包括当地企业和外来企业。

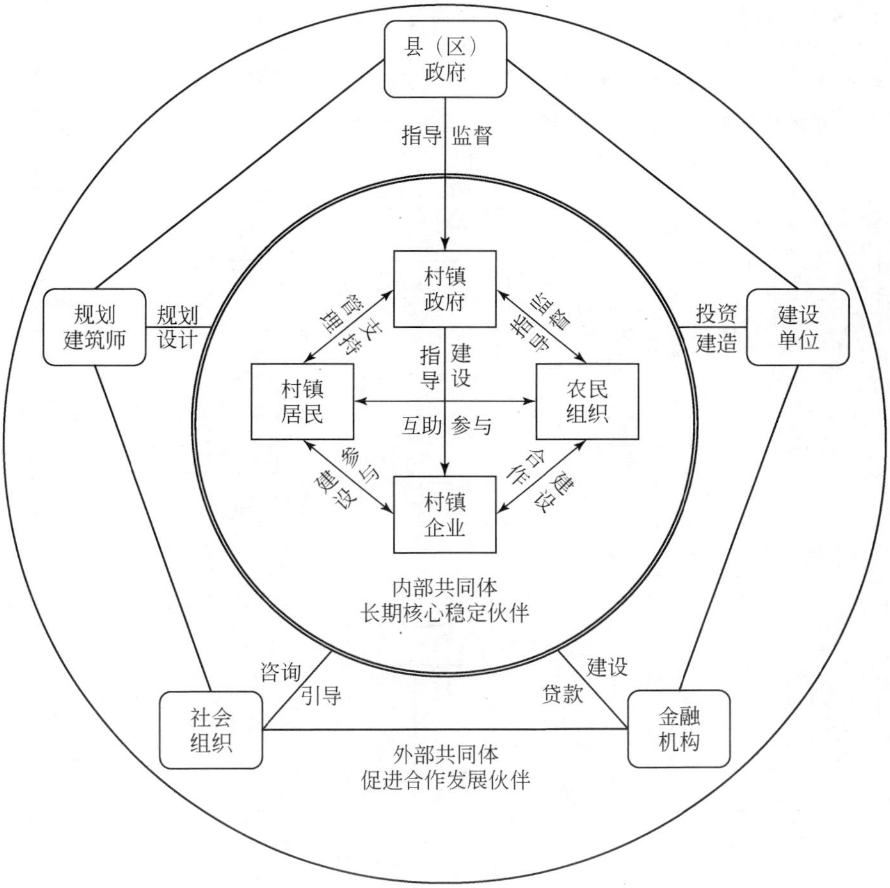

图 4.5　绿色村镇建设共同体的社会网络关系构成

3. 绿色村镇建设共同体的社会网络特性

(1)网络构成的普遍性。绿色村镇建设共同体的社会网络由内部共同体和外部共同体两大部分构成，在网络构成形式和内容方面具有普遍性。

(2)网络演变的阶段性。绿色村镇建设共同体的社会网络演变发展一般都会经历萌芽期、起步期、成长期、发展期等 4 个阶段。随着绿色村镇建设发展和管理水平提高，建设共同体的网络构成也会不断演化和发展。

(3)网络结构的优化性。绿色村镇建设共同体的社会网络结构要在建设过程中不断创新和优化，以适应绿色村镇建设模式发展的新需求。

4.3.2 绿色村镇建设共同体的社会网络分析模型

1. 建设共同体社会网络分析模型的构建方法

绿色村镇建设共同体的社会网络分析模型，由共同体的社会网络实地调查、构建关系矩阵与绘制网络图、共同体的网络特征指标评价 3 个模块构成。见图 4.6。

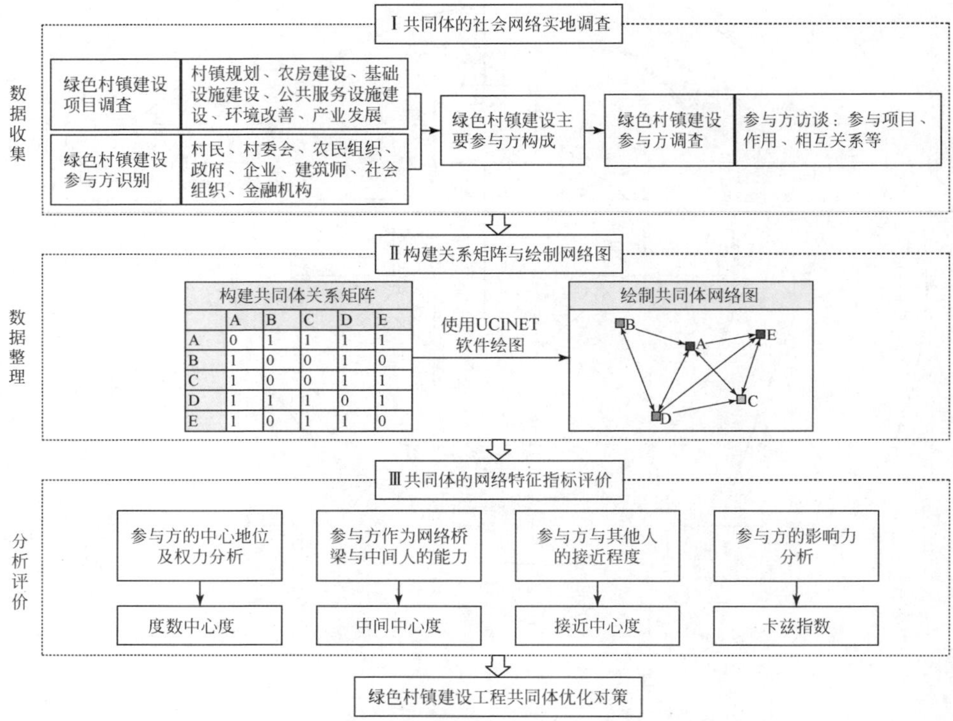

	A	B	C	D	E
A	0	1	1	1	1
B	1	0	0	1	0
C	1	0	0	1	1
D	1	1	1	0	1
E	1	0	1	1	0

图 4.6　绿色村镇建设共同体的社会网络分析模型

模块Ⅰ：共同体的社会网络实地调查。

首先，调查绿色村镇的建设项目，包括绿色村镇规划、绿色农房建设、环境基础设施和公共服务设施建设、生态环境改善和绿色产业发展等内容；其次，识别绿色村镇建设的主要参与方构成，包括村民、镇政府和村委会、农民组织、县（区）政府、参与建设企业、建筑规划师、社会组织、金融机构等；然后，通过对绿色村镇建设参与方进行调查，明确各参与方对绿色村镇建设项目的合作方式及职能分工。

模块Ⅱ：构建关系矩阵与绘制网络图。

在确定绿色村镇建设项目的共同体参与方构成及合作运作方式后，需要将这些结果转化为社会网络分析方法特有的关系矩阵表达方式[21]。关系矩阵的行和列分别代表工程共同体中的参与方，矩阵中的要素代表各个参与方之间的“关系”。

将关系矩阵输入到 UCINET 软件中，即可绘制出相应建设共同体的社会网络图。

模块Ⅲ：共同体的网络特征指标评价。

在分析绿色村镇建设共同体特征基础上，选取社会网络分析方法中的几个主要指标对建设共同体进行特性刻画和优化评价，包括度数中心度、中间中心度、接近中心度和卡兹指数等。然后通过分析特征指标评价结果，提出对建设共同体社会网络的优化对策。

2. 绿色村镇建设共同体的社会网络评价指标

绿色村镇建设共同体的社会网络评价由 4 项核心指标组成，各项指标的特征分析如下。

指标 1：度数中心度（degree centrality）。网络中点的度数中心度是指与该点直接相连的其他点的个数。其表达式为

$$C_{Di} = \sum_{j=1}^{n} x_{ij}, \quad j \neq i \tag{4.1}$$

式中，x_{ij} 取值 0 或 1，代表点 j 是否与点 i 有关系。

在绿色村镇建设共同体社会网络中，如果一个参与方具有最高的度数中心度，则称该参与方居于网络的中心且拥有最大的权力，可视为绿色村镇建设项目的领导者。

指标 2：中间中心度（betweenness centrality）。如果一个点处于许多其他点对的测地线（两点之间长度最短的途径）上，则该点具有较高的中间中心度。中间中心度衡量的是一个点作为中介者控制其他点的潜在能力。假设点 j 和 k 之间存在的测地线数目为 gjk，第三个点 i 处于点 j 和 k 之间的测地线上的概率为 $bjk(i)$，点 j 和 k 之间存在的经过点 i 的测地线数目为 $gjk(i)$，则 $bjk(i)=gjk(i)/gjk$。点 i 的中间中心度可表达为

$$C_{Bi} = \sum_{j}^{n} \sum_{k}^{n} bjk(i), \quad j \neq k \neq i \text{ 且 } j < k \tag{4.2}$$

在绿色村镇建设共同体社会网络中，如果一个参与方引入了较多的个人或组织加入到村镇建设项目中，则称该参与方具有较高的中间中心度，可视为联系其他参与方的桥梁。

指标 3：接近中心度（closeness centrality），是一种针对不受他人控制程度的测度。如果一个点与网络中所有其他点的距离都很近，则称该点具有较高的接近中心度。一个点的接近中心度是该点与网络中所有其他点的测地线距离之和的倒数。其表达式为

$$C_{Ci}^{-1} = \sum_{j=1}^{n} d_{ij}, \quad j \neq i \tag{4.3}$$

式中，d_{ij} 是点 i 和 j 之间的测地线距离。

在绿色村镇建设共同体社会网络中，如果一个参与方与许多其他参与方较为接近，则称该参与方具有较高的接近中心度，能够更好地与其他参与方交流，在村镇建设中能发挥重要协调作用。

指标 4：卡兹指数(Katz index)。影响力是指行动者得到他人关注或关注其他人的程度，影响力指数的计算既要考虑行动者之间的直接关系，也要考虑行动者的间接关系。较为常用的影响力指数包括卡兹指数、胡贝尔指数和泰勒指数[22]。本评价方法使用卡兹指数，其表达式为

$$t=\left(\frac{1}{a}I-C'\right)^{-1} \tag{4.4}$$

式中，C 为行动者之间的关系矩阵，a 为衰减系数。

在绿色村镇建设共同体社会网络中，如果某一个参与方具有较高的卡兹指数，那么该参与方能对其他参与方产生较大或较深影响，能更好发挥村镇建设项目的发展引导作用。

3. 绿色村镇建设共同体的社会网络功能优化

应用以上网络分析模型和分析网络指标评价结果，可对绿色村镇建设共同体的社会网络进行功能优化。主要方法如下。

(1)增强建设共同体中各项指标偏低的参与方职能。

共同体中各项指标偏低的参与方，一般都处于网络的边缘位置，应通过优化参与方式，增强这些参与方与网络核心的联系，增强整体网络的密度和凝聚力，提高村镇建设项目的总体协调水平。

(2)增强建设共同体参与方的网络桥梁和纽带作用。

网络中的某个参与方的中间中心度远高于其他参与方，则说明该参与方承担了较多中间人的角色，应通过加强与其他参与方之间的联系来减轻其沟通协调的负担，使网络资源分布更加均匀、信息传递更为通畅，提高村镇建设参与方的总体合作效率。

4.3.3 绿色村镇建设共同体的社会网络分析案例

以湖北省堰河村绿色村庄建设共同体的社会网络为分析案例，分析方法如下。

1. 堰河村的绿色村庄建设项目分析

通过在堰河村长期实地调查和走访，整理分析了堰河村近 10 年来完成的 6 类共计 106 个绿色村庄规划和建设项目。

堰河村绿色村庄建设项目分类及内容见表 4.4。

表 4.4　堰河村绿色村庄建设项目分类及内容

序号	建设项目分类	建设项目内容
1	村庄建设规划	堰河村社会和经济发展规划、堰河村建设总体规划、堰河村生态休闲旅游度假区旅游发展总体规划、堰河景区开发经营管理规划、堰河村乡村旅游发展总体规划、百日山景区建设规划、陆羽庄园建设规划等 7 项
2	重点农房建设	普通农房、天艺农居、奇石馆、堰河新村组团、盛贤农庄、银杏山庄、读山居、接待中心、茶艺馆、天艺茶庄等 10 项
3	基础设施建设	村电力系统增容、消防系统、循环公路、村级公路、公交车站、河岸整治、陆羽庄园漫水桥、岩湾大桥、天艺漫水桥、景区吊桥、通信网络、宽带网络、土地整理等 13 项
4	公共设施建设	堰河村小学、村服务中心、堰河村口门楼、村公所、村及景区卫生室、村气象站、堰河广场、金洋生态广场、农家书屋、村公共厕所、景区星级厕所、村景标识系统、景观路灯系统、生态长廊、茶圣亭、真武殿、甲板洞栈道、朝圣宫、古山寨、百日山景区接待中心、百日山城门、百日山停车场、陆羽雕塑、陆羽庄园、广场 LED 显示屏等 25 项
5	环境改善建设	垃圾分类、一建四改、污水处理站、生态屋面、生态厕所、退耕还林、村庄绿化、环境整治、低碳太阳能垃圾桶等 9 项
6	产业发展建设	堰河生态茶园、苗木花卉种植基地、杜仲种植基地、香菇木耳种植基地、猪、羊养殖基地、土鸡养殖基地、养殖鱼塘；堰河接待中心、银杏山庄等 22 个农家乐建设项目、真武饭店、堰河香广场小吃店、广场茶叶店、堰河村 7 家超市、山泉饮用水开发、村旅游互联网开发项目等 42 项

2. 堰河村建设共同体社会网络构建

以 3.2.4 节介绍的堰河新村建设项目为例。主要参与方包括：堰河村村委会，13 户村民，堰河村生态旅游合作社，五山镇施工队，华中科技大学、武汉理工大学、北京绿十字等 3 家社会组织，武汉传木门窗公司等 10 家绿色建造企业。通过调查分析，构建了该建设项目的各参与方之间关系矩阵，并运用社会网络分析软件 UCINET 绘制了该项目的建设工程共同体网络图[1]。

堰河村建设共同体的发展经历了建设萌芽期、建设起步期、建设成长期、建设发展期 4 个阶段[18]。

堰河村建设工程共同体在不同发展时期的网络结构变化见图 4.7。

3. 堰河村建设共同体发展阶段分析

1)建设萌芽期

从 1992 年开始，村委会带领村民集资修建村庄公路，大力开展植树造林，发展

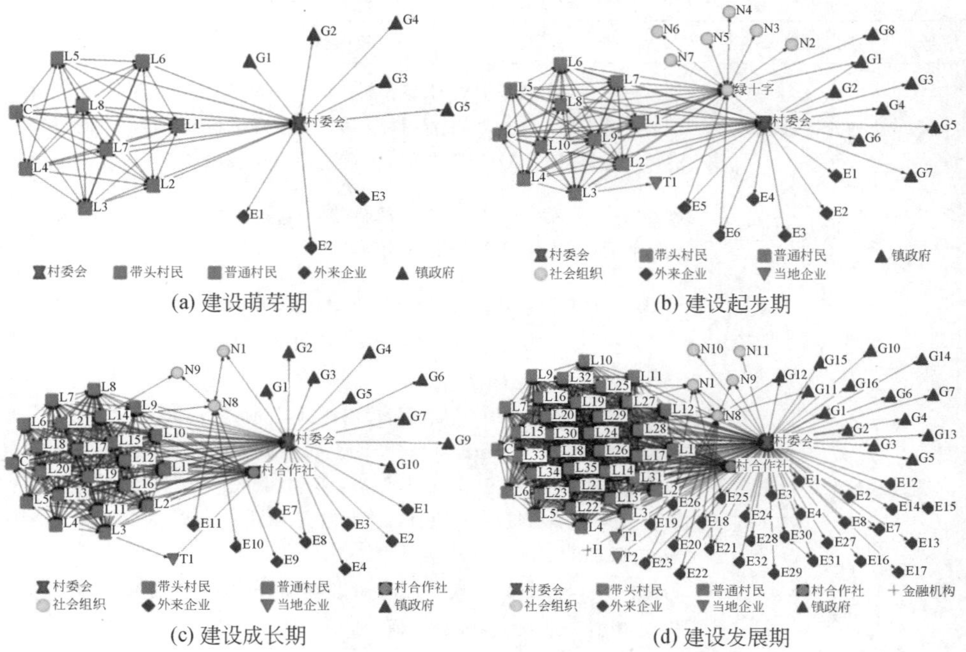

图 4.7　堰河村建设工程共同体在不同发展时期网络结构变化

经济林和茶园茶叶组织，部分带头村民承包了三个村民组的茶场，使茶产业迅速发展成为堰河村的第一个绿色支柱产业。

堰河村在萌芽期的建设共同体由村委会、村民、外来企业和镇政府等构成，其网络结构分析见图 4.7(a)。

2)建设起步期

2003 年起，民间环保组织北京绿十字选择堰河村作为“生态文明村”合作试点。村委会组织编制了村庄经济发展规划和堰河景区开发规划，引导村民投入修路修桥等基础设施建设和全村旧房改造。组织村民开办了农家乐设施，使生态旅游业迅速发展成为堰河村的第二个绿色支柱产业。

堰河村在起步期的建设共同体由村委会、村民、当地企业、社会组织、外来企业和镇政府等构成，其网络结构分析见图 4.7(b)。

3)建设成长期

2007 年，堰河村成立了生态旅游合作社，吸引村民入股。合作社通过多渠道融资发展生态旅游，带动了村庄经济较快发展。这一时期，堰河村与华中科技大学等高起点编制了社会经济发展规划和绿色村庄建设规划，合作开展了绿色生态小康村庄建设示范，村庄建设共同体快速成长。

堰河村在成长期的建设共同体由村委会、村民、村合作社、当地企业、外来企业、社会组织和镇政府等构成，其网络结构分析见图 4.7(c)。

4)建设发展期

2012 年起，堰河村的绿色村庄建设进入快速发展阶段。村委会组织对全村农房统一规划设计和新建改造，逐步形成了堰河村绿色农房建筑风格；建成完善了村庄环境基础设施和生态旅游景区配套设施；积极引导村民加入到绿色村庄建设，促进了以茶文化、农家乐和乡村观光旅游为特色的堰河村绿色农业和生态旅游产业快速发展。

堰河村的绿色村镇建设共同体演变和建设目标具有典型可持续发展阶段特征。2017 年堰河村实现了“每户四个一”的村民共同小康目标(每户一项脱贫致富项目、每户一栋小洋楼、每户一部小轿车、每户一笔 10 万元以上存款)，2019 年村集体年收入达到 200 万元以上，2020 年堰河村被评为国家 4A 级乡村旅游景区，堰河村修订新发展规划将于 2022 年实现“全村五个有”的村民共同富裕目标(村集体要有金融，每户要有资本，每户要有能人，农户要有研究生，农户要有房车)，堰河村的发展实践充分体现了绿色村镇建设共同体的重要作用和可推广性。

堰河村在发展期的建设共同体由村委会、村民、村合作社、当地企业、外来企业、社会组织、金融机构和镇政府等构成，其网络结构分析见图 4.7(d)。

4. 堰河村建设共同体社会网络评价

1)建设共同体的社会网络指标计算

运用 UCINET 可计算堰河新村建设共同体的社会网络分析指标，包括度数中心度、中间中心度、接近中心度和卡兹指数。计算结果反映了堰河新村建设项目各参与方的网络特征。

堰河新村建设共同体的网络指标计算结果见表 4.5。

表 4.5　堰河新村建设共同体网络指标计算结果

排序	度数中心度		中间中心度		接近中心度		卡兹指数	
1	村委会	25.000	村委会	164.571	村委会	0.879	村委会	0.077
2	村民	17.000	华中科技大学	88.000	村民	0.659	村民	0.053
3	北京绿十字	16.000	读山居居民	43.071	北京绿十字	0.644	北京绿十字	0.050
末位	建设企业	1.000	其他参与方	0.000	建设企业	0.377	企业	0.003

2)建设共同体的社会网络分析评价

堰河新村建设共同体的社会网络分析评价见表 4.6。

表 4.6　堰河新村建设共同体社会网络分析评价

参与方	网络评价指标分析	网络参与方作用评价
村委会	村委会的度数中心度、中间中心度、接近中心度和卡兹指数均处于第一位，说明村委会处于网络的中心，是网络构成的重要桥梁和纽带，有很强影响力	村委会是项目建设的引领者。主导了该项目规划设计、施工建造和运营管理全过程，是建设共同体网络的核心参与方
村民	村民的度数中心度、接近中心度和卡兹指数仅次于村委会，说明村民是网络的次中心，在网络中与其他方距离均较接近，有一定影响力和关注度	村民是项目建设的基本主体。村民采取自愿原则加入该项目，自筹资金独自完成各户住宅建造，服从村委会的统一规划和参与经营管理
华中科技大学	华中科技大学的中间中心度仅次于村委会，作为中介者和技术支持者，为堰河村引入了一批新的参与方，搭建了内部和外部参与方之间的合作发展桥梁	华中科技大学是项目建设的引导者和技术支持者。通过与企业合作，引入和共同完成了新村农房抗震节能、生活污水处理、生态种植屋面和生态厕所等绿色建设技术示范
北京绿十字	北京绿十字的度数中心度、接近中心度和卡兹指数处于第三位，其在网络中的地位仅次于村委会和村民，是活跃的外部参与方	北京绿十字是建设项目的倡导建议者。为堰河村的规划选址、绿色建筑设计、生活垃圾分类和农家乐经营提供了新理念和实施方案

3）建设共同体的社会网络问题诊断

（1）提升共同体中各项指标偏低的参与方能力。

由表 4.5 可见，参与方建设企业的各项指标均为最低，处于网络边缘位置。原因是建设企业多由外部参与方引入，与内部参与方尤其是村民联系较少，应重点加强企业对乡村建设需求的理解和与村民沟通交流，促进绿色建造技术在村庄建设中的普及推广。

（2）增强共同体中各参与方之间网络桥梁沟通。

由表 4.5 可见，村委会的度数中心度和中间中心度远高于其他参与方，表明村委会承担着网络桥梁和纽带的重大主导作用，容易导致因村委会决策失误而影响整体网络结构的功能失效。村委会应重点协调村庄内部共同体和外部共同体成员之间的密切联系，提高科学决策能力，引导绿色村庄建设可持续发展。

4）建设共同体的发展优化路径

堰河村 20 多年来的建设发展过程，也是建设共同体不断创新优化的过程。堰河村建设共同体发展优化路径如下。

（1）在建设萌芽期，通过村委会和村民共同探索，获得县政府和镇政府大力支持，促进了以发展茶产业和乡村旅游为主导的建设共同体结构优化。

（2）在建设起步期，通过村委会引入高校等社会组织参与建设，引入外地企业和单位合作投资开展绿色村庄建设项目，促进了以村委会为主导的建设共同体结构优化。

(3)在建设成长期,以村委会和村农民合作社为核心,在华中科技大学等社会组织帮助下,通过创建国家级小康生态示范村庄,促进了由内部共同体和外部共同体密切合作的绿色村庄建设共同体结构优化。

(4)在建设发展期,堰河村陆续吸引了多家外来企业参与绿色村庄建设,把堰河村建成为国家绿色村镇建设示范基地,促进建设共同体长效合作机制和绿色村庄建设效益优化。

堰河村绿色村庄建设共同体的社会网络结构优化路径见图 4.8。

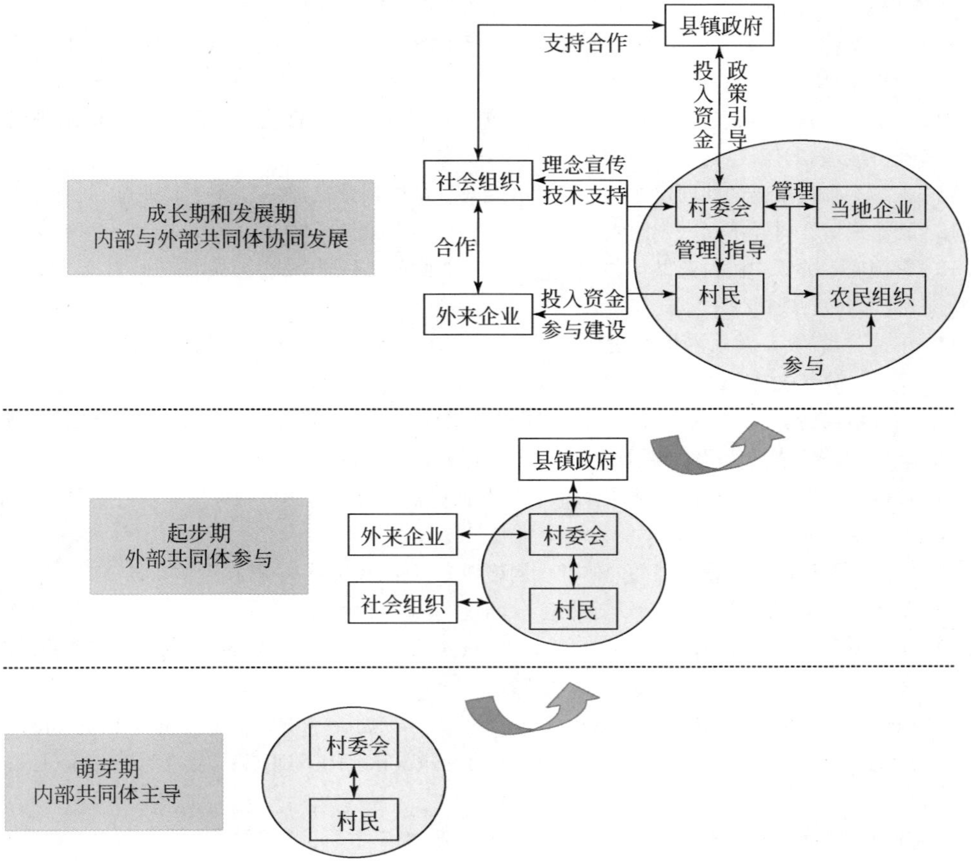

图 4.8　堰河村绿色村庄建设共同体的社会网络结构优化路径

参 考 文 献

[1] 王晓鸣,王旭,吴晶霞,等. 现代乡村聚落建设工程共同体与网络分析模型[J]. 土木工程与管理学报,2017,(1):1-9.

[2] 张秀华. 工程共同体的本性[J]. 自然辩证法通讯,2008,(6):43-47.

[3] 亚里士多德. 政治学[M]. 北京:商务印书馆,1983:3.

[4] 斐迪南·滕尼斯．共同体与社会:纯粹社会学的基本概念[M]. 北京：商务印书馆，1999：65-71.
[5] 王晓鸣，王旭，吴晶霞，等．绿色农房建设伙伴关系模式初探[J]. 中国房地产(学术版)，2016，(7)：36-42.
[6] 田鹏，陈绍军．"内部工程社会学"与"外部工程社会学"——建构工程社会学体系的一种尝试[J]. 工程研究——跨学科视野中的工程，2015，(1)：87-95.
[7] 田鹏，陈绍军．从"科学共同体"看"工程共同体"——与李伯聪教授商榷[J]. 工程研究——跨学科视野中的工程，2016，(1)：55-62.
[8] 李伯聪．工程社会学导论[M]. 杭州：浙江大学出版社，2010.
[9] 韩非，蔡建明．我国半城市化地区乡村聚落的形态演变与重建．地理研究，2011，(7)：1271-1284.
[10] 郭晓东，马利邦，张启媛．基于 GIS 的秦安县乡村聚落空间演变特征及其驱动机制研究．经济地理，2012，(7)：56-62.
[11] 王冬．乡村聚落的共同建造与建筑师的融入[J]. 时代建筑，2007，(4)：16-21.
[12] 费孝通．江村经济——中国农民的生活[M]. 北京：商务印书馆，2019：25.
[13] 李国庆．关于中国村落共同体的论战——以"戒能—平野论战"为核心[J]. 社会学研究，2005，(6)：194-213.
[14] 单德启，袁牧．融水木楼寨改建 18 年——一次西部贫困地区传统聚落改造探索的再反思[J]. 世界建筑，2008，(7)：21-29.
[15] 吴理财，吴孔凡．美丽乡村建设四种模式及比较——基于安吉、永嘉、高淳、江宁四地的调查[J]. 华中农业大学学报(社会科学版)，2014，(1)：15-22.
[16] 郝栋．郝堂村:把农村建设得更像农村——河南信阳郝堂村的可持续发展乡村实验[J]. 学术评论，2015，(1)：34-39.
[17] 王旭．乡村聚落建设工程共同体社会网络研究[D]. 武汉:华中科技大学，2017.
[18] 刘军．社会网络分析导论[M]. 北京：社会科学文献出版社，2004.
[19] Doris M, Judith M, Gertrud B. Social networks and rural development: LEADER in Romania[J]. Sociologia Ruralis, 2012, 52(4):398-431.
[20] Juan F Nuñez- Espinoza, Oscar L. Figueroa R, Leobardo J. Elements available to analyze social networks for rural development in Mexico the RENDRUS case[J]. Agricultura, Sociedad Y Desarrollo, 2014, 11(1): 1-24.
[21] 刘军．整体网分析讲义．上海：格致出版社，2009.
[22] 刘军．整体网分析:UCINET 软件实用指南(第二版)[M]. 上海：格致出版社，2014.

中篇

绿色村镇的规划与建设方法

第5章　绿色村镇建设规划编制

绿色村镇的建设和发展应以绿色村镇建设规划为先导。本章分析绿色村镇建设规划的性质和特征;提出绿色村镇建设规划的编制方法,介绍绿色村镇建设规划的主要内容和调研方式;提供绿色村镇建设规划的编制案例。

绿色村镇建设规划是绿色村镇建设的纲领性文件,是指导村镇建设绿色发展的补充性专项规划,建设规划的实施贯穿绿色村镇建设和管理全过程。应根据不同类型村镇的实际发展需要灵活选择相适应的规划类型和编制方法。

5.1　绿色村镇建设规划的性质特征

5.1.1　绿色村镇建设规划的性质

村镇规划,是指对一定时期内村镇的经济和社会发展、土地利用、空间布局以及各项建设的综合部署、具体安排和实施管理;是镇政府或村委会为实现镇或村庄的经济和社会发展目标,确定镇或村庄的性质、规模和发展方向,协调镇或村庄布局和各项建设而制定的综合部署和具体安排,是村镇建设与管理的依据[1]。

绿色村镇建设规划(planning of green village and town construction),是指在现行镇村规划体系中,在一定时期内为指导村镇确定绿色发展目标和实施绿色建设活动所做的计划。绿色村镇建设规划是为村镇绿色建设与发展制定的专项规划,应符合镇规划和村庄规划的要求。

绿色村镇建设规划编制和实施的目的是:指导村镇建设的绿色发展,保障以节地、节能、节水、节材、生态环境保护为重点的绿色村镇建设措施的全面实施,实现村镇宜居、村民宜业、资源节约、环境优美、安全生活的建设要求,促进村镇经济、社会和生态环境的协调,实现人与自然的和谐相处。

绿色村镇建设规划是对“镇规划”和“村规划”中绿色建设发展内容进行补充的专项规划,在规划内容和尺度方面应因地制宜和具有灵活性。根据规划目的和内容要求,绿色村镇建设规划的范围可以选择镇域或镇区、村域或村庄建成区等不同范围。

5.1.2　绿色村镇建设规划的特征

1. 坚持村镇绿色发展和可持续发展导向

绿色村镇发展的实质是实现村镇的可持续发展。因此,绿色村镇建设规划的基本要求是:村镇建设资源可持续利用,村镇经济产业可持续增长,村镇生态环境可持续改善,村镇社会民生可持续进步。

绿色村镇的建设过程是对传统村镇建设模式的绿色转型发展过程,在规划的编制和实施过程中应坚持"以人为本"和"绿色发展"原则,以满足广大农村居民对绿色居住、绿色生产和绿色生态不断提高的需求为基本导向。

2. 强调村镇建设与自然地理的和谐共生

绿色村镇建设规划要注重与村镇所在地区的自然地理条件相协调,保存并挖掘当地村镇建设的绿色要素。主要体现在三个方面。

1)与当地地理和气候条件相适应

我国农村从南到北跨越的纬度达 50°,不同区域的镇所处的地理和气候条件变化很大,导致传统村落规划和农房建筑形式虽然千差万别,但都具有与地理和气候条件相适应的地方特征。例如:北方严寒地区注重防寒、御风和保暖;南方湿热地区注重通风、散热和避雨防潮;沿海地区注重抵御台风和暴雨,通过设置巷道和小院天井,改善通风、散热和采光条件;西北高原地区采用窑洞等生土建筑,实现冬暖夏凉和夜暖昼凉,调节温差等。

2)与当地地形和地貌特征相协调

我国的国土面积约有 2/3 是山区,山区居民一般将较为平坦的土地作为农田,尽量把村庄房屋建造在坡地或山腰上,形成了景观秀丽的山地聚落村镇;水系发达的江南地区村镇更多沿河临水而建,形成了小桥流水人家的水乡风貌村镇;平原地区的村镇为防范洪水泛滥,多选择地势较高的台地建造,并构筑堤坝和排水沟渠,形成了自然生态型的安全防灾村镇。

3)满足地质条件和利用当地材料

满足当地地质条件和就地就近取材既是绿色村镇建造必须遵循的原则。例如:山区盛产的木料、竹子及石材被广泛作为建筑材料使用,形成了风格各异的木屋、竹屋和石屋;西北黄土高原的土质具有良好稳定性,气候干燥,地下水位低,形成了拱形结构的生土窑洞民居,不仅冬暖夏凉,而且节约了宝贵的木材和取暖资源。中原地区农村的土坯房、西藏的石材碉楼和土筑板墙等,都是满足地质条件和利用地方材料的典型样板。我国各地的村镇建设优秀传统建造方式和建筑特征,应在当今绿色村镇规划和建设中合理保留和传承使用。

3. 体现不同地域村镇特色风貌和多样化

绿色村镇规划应该充分体现地方特色风貌。村镇的建造和发展一般都经历了漫长演变过程，形成了各自独特的地方传统建设风貌，在绿色村镇规划与建设中，不能简单或盲目套用形式单一的“标准图”，建成千篇一律的同质化村镇，而应很好传承和发展不同区域丰富多样的传统村镇聚落规划建造方法，把村镇建设得更加美丽、更加绿色、更加生态。

我国不同区域的村镇典型特色应当在绿色村镇规划与建设中得到有效保护传承和创新[2]，主要包括以下 5 种基本类型。

1) 平地型村镇

一般多见于平原地区。规模较小的村庄往往以一条主要街道为轴线发展，形成村头、村中、村周等组团布局，主街多为东西朝向，便于有更多的房屋为南北朝向，规模大一点的村镇多采用交叉型十字街为发展轴，十字街为村镇的公共活动中心和居民聚集场所；随着村镇规模的不断扩大，特别是商业和服务业的发展，采用网络式街道和功能组团布局。

2) 山地型村镇

大多建造在山坡之上。一种类型是沿等高线相平行方向布局，走势顺应山势变化，街道为弯曲带状空间形式；另一种类型是与等高线相垂直方向布局，依山而建，设置台阶，层层升高，形成高低错落有致的层次变化。从朝向分析，山区的村镇都位于山的阳坡，具有很好的向阳避风环境；从高程分析，大多建于山麓，地势能避免洪水侵蚀，又方便对外交通，为便于排水，多选择在山的脊背处，与排水沟结合，便于防止暴雨洪灾。窑洞型村镇也是我国西北黄土高原一种常见的山地型传统聚落形式。

3) 背山型村镇

第一种是背山临水型村镇。既可以利用山体地形屏障抵御寒风侵袭，又可以利用水体方便生活和作为交通便利。一般选址于山的阳坡，接近水体岸边，采取砌筑石料台基或木柱提升等建造方式，使房屋建筑高出正常水位，防治洪汛灾害，山景、建筑、水影交融，形成“绿水青山”秀丽景观。第二种是背山临田畴型村镇。一般选址于山的阳坡，但另一侧为田畴，能很好体现出与自然环境交融的田园风光景色。

4) 水乡型村镇

又称湖泊水乡型村镇，以江南水乡和中部大型湖泊水乡为代表。村镇在河网交织的水系中沿河道一侧或两侧建造。村庄以农业、渔业和手工业生产为主，通过架设小桥形成水路两套交通网络，方便生产和生活；集镇一般设置在河道交叉的地段，建筑一般采取前街后河的布局，可充分利用水路运输。水乡型村镇既有普通村镇常见的街和巷，又有临水的街道和水巷以及桥梁和码头等设施，形成“小桥流水人家”的水乡风情。

渔村是另一种典型水乡型村镇。我国江河湖海资源丰富，岛屿众多，渔村一般选择在江河的河汊或海湾处修建，渔民的住房多建于水边，有的直接支撑在水上，渔家可直接从住宅登船出港，方便水上生产。规模较大的渔村设有专用码头和水产品交易集市，逐步演化发展成为集镇。

5）散落分布型村镇

多见于亚热带多民族地区，以村寨建设方式为代表。例如：云南傣族民居采用干阑式建筑形式，竹楼四面临空，较好解决了当地气温高、潮湿多雨、地形低洼等对通风要求高的问题，村寨以佛寺为公共活动中心。广东省和福建省的碉楼建筑，也是典型的散落分布型村寨。这些村寨形成了绚丽多彩的民族风情和独特的旅游文化资源。

4. 充分体现与当地传统文化习俗相融合

绿色村镇规划要充分传承村镇的优秀历史文脉。中国乡村的一些优秀传统规划建设理念充分体现了“绿色生态”特征，对在现代绿色村镇规划与建设中保护传统民居优良基因和维系历史村镇特色风貌都有重要参考价值。

中国传统规划建设文化理念以“天人合一”及“和谐宜居”为引导，崇尚以人为本和与自然生态环境协调，尊重不同地区的宗教道德文化、家族血缘关系、地方生活习俗，建造自然生态的生产交易场所与和谐向上的村民“群居”社区，体现了人与自然、人与人、人与文化的多重属性。反映出先人对“宜居性”规划建设的睿智。

中国传统规划非常重视对建筑的“气、势、理、形”优化配置。在城镇、道路、村落、住宅、寺庙、墓地等选址和建造过程中，人们都十分注重与四方地形地貌和自然生态环境的和谐共生，充分考虑当地自然气候条件，追求“天助、人助”，形成当地独特的建筑文化符号和乡村特色景观，促使人与自然互利共荣发展[3]。

5.2 绿色村镇建设规划的编制方法

绿色村镇建设规划是为村镇绿色建设制定的专项规划，编制绿色村镇建设规划应遵守《中华人民共和国城乡规划法》、《镇规划标准》(GB 50188—2007)、《村庄整治技术规范》(GB 50445—2008)、《美丽乡村建设指南》(GB/T 32000—2015)等法规和标准进行。

5.2.1 绿色村镇建设规划的主要内容

绿色村镇建设规划一般可分为：绿色村镇经济和社会发展规划、绿色村镇建设

发展规划、绿色村镇建设综合发展规划等 3 种基本类型。

1. 绿色村镇经济和社会发展规划

1）规划内容

绿色村镇经济和社会发展规划是对村镇未来一段时期经济和社会绿色发展目标和重点实施经济社会发展项目的综合部署、具体安排和管理措施。规划内容主要包括：建设现状与发展资源分析、经济和社会发展目标规划、经济产业发展规划、生态旅游发展规划、社会事业发展规划、生态环境保护规划等。

2）规划期限

绿色村镇经济和社会发展规划的期限一般可分为 3 期：近期为 3～5 年，中期为 8～10 年，远期为 15～20 年。在规划实施中期，可根据村镇经济和社会发展变化需要和建设项目完成情况及环境条件改变等因素进行修编，规划期满时应重新组织编制新一轮规划。

3）编制程序

绿色村镇经济和社会发展规划的编制程序见图 5.1。

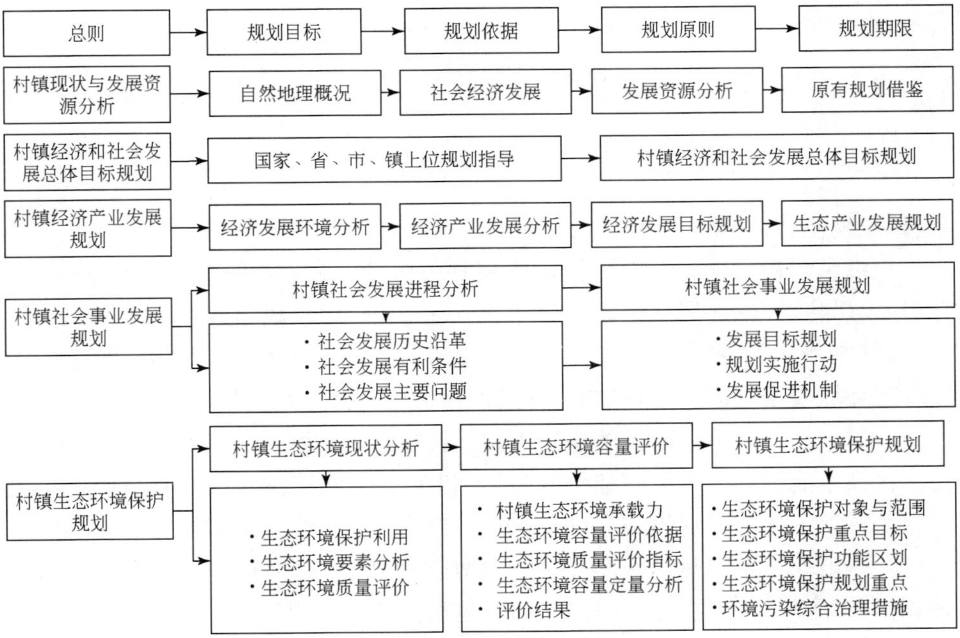

图 5.1　绿色村镇经济和社会发展规划的编制程序

绿色村镇经济和社会发展规划的编制大纲见图 5.2。

绿色村镇经济和社会发展规划编制大纲

1 总则
1.1 任务由来
1.2 规划编制的范围(镇域、镇区、村域、村庄等)
1.3 规划目的和意义
1.4 规划编制的依据
2 村镇基本情况与发展趋势分析
2.1 自然地理状况
2.2 社会经济状况
2.3 发展资源状况
2.4 生态环境现状
2.5 社会经济发展趋势分析
2.6 发展的优势与制约因素
3 绿色村镇经济和社会发展指导思想与目标
3.1 规划指导思想(绿色发展、协调发展、创新发展、可持续发展等)
3.2 规划基本原则(以人为本、因地制宜、整体规划、综合效益最优)
3.3 规划时限(分近期、中期、和远期目标，以规划前一年为基准年)
3.4 经济和社会发展规划目标(经济发展、社会发展、生态环境指标)
4 绿色村镇经济和产业发展规划
4.1 经济发展环境分析(有利条件和制约因素)
4.2 产业现状分析与结构优化
4.3 经济和产业发展目标规划
4.4 主导产业发展规划(生态农业、生态旅游业等)
4.5 重点发展领域和建设项目
5 绿色村镇社会事业发展规划
5.1 发展优势与瓶颈问题
5.2 社会事业发展目标规划
5.3 重点发展领域和建设项目
5.4 社会事业发展促进机制
6 绿色村镇生态环境保护规划
6.1 生态环境质量现状评价
6.2 生态功能区划方案规划
6.3 自然资源与生态环境保护体系建设
6.4 生态环境保护主要领域和重点任务
7 规划实施的保障措施
7.1 组织保障
7.2 资金保障
7.3 社会保障
7.4 促进机制
8 图册与附件

图 5.2　绿色村镇经济和社会发展规划编制大纲

2. 绿色村镇建设发展规划

1)规划主要内容

(1)绿色村镇用地与功能分区优化规划。包括:绿色村镇建设用地选址优化，重点是镇居住区、村庄居住组团及建筑的用地选址;绿色村镇建设功能分区优化，重点是基本农田保护区、一般农用地、村镇建设用地、独立工矿区、风景旅游用地区、生态环境安全控制区、自然与文化遗产保护区、林业保护区、牧业保护区等。

(2)绿色村镇环境基础设施建设规划。包括:村镇饮用水水源保护与节水设施建设、村镇生活污水处理设施建设、村镇垃圾处理设施建设、村镇清洁能源利用设施建设、村镇绿化与景观设施建设、村镇防灾减灾与预警设施建设等规划。

(3)村镇绿色建筑建设与旧房改造规划。包括:村镇绿色建筑规划设计要求、村镇既有农房建筑绿色改造、村镇社区绿色运营管理等规划。

(4)绿色村镇生态环境修复规划。包括:村镇生态景观建设格局、村镇生态环境治理与修复等规划。

2)规划实施期限

绿色村镇建设发展规划的期限一般可分为 3 期:近期为 3 年，中期为 5 年，远期为 10～15 年。

3)规划编制程序

绿色村镇建设发展规划的编制程序是:村镇规划资料收集与实地调研→村镇用地与功能分区优化规划→村镇环境基础设施建设规划→村镇绿色建筑建设与旧房改造规划→村镇生态改善与环境修复规划→绿色村镇建设规划实施保障措施→编制绿色村镇建设规划图册。

3. 绿色村镇建设综合发展规划

绿色村镇建设综合发展规划又可简称为绿色村镇建设规划,是将绿色村镇经济和社会发展规划与绿色村镇建设发展规划的主要内容综合编制为一个规划。其规划内容和规划期限参考以上两类规划确定。

绿色村镇建设综合发展规划的编制程序见图 5.3。

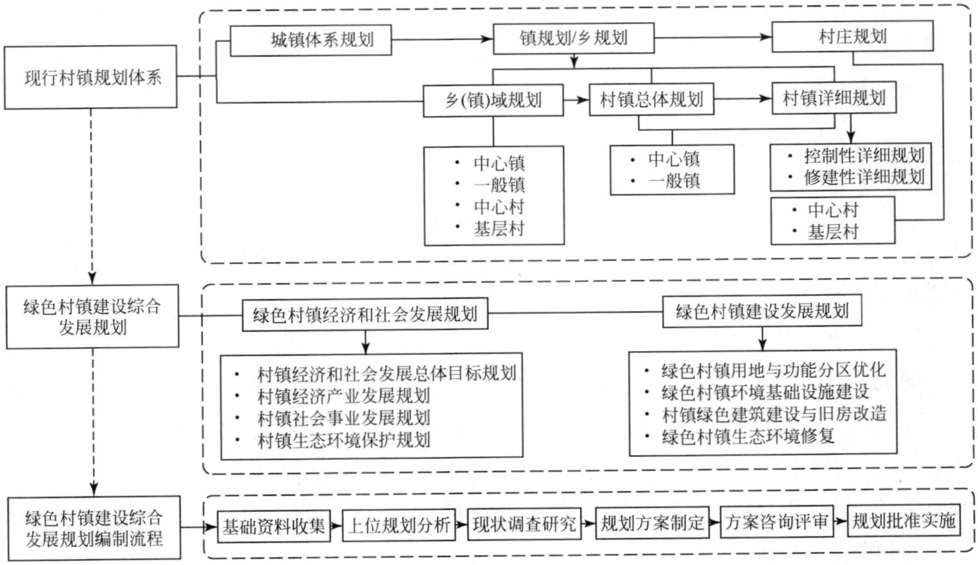

图 5.3　绿色村镇建设综合发展规划的编制程序

5.2.2　绿色村镇建设规划的调研方法

1. 绿色村镇建设规划调研方法

绿色村镇建设规划的调研方法主要分为资料收集调研和实地考察调研两种。

1)资料收集调研

编制绿色村镇经济和社会发展规划所需资料。主要有:①国家、省市县现行的村镇绿色发展指导规划和政策法规;②现行国家、省市级、县级、镇级国民经济和社会发展规划；③各级政府统计部门发布的经济和社会发展相关统计资料；④村镇自然资源与生态环境状况；⑤村镇经济和产业发展状况；⑥村镇社会事业发展状况；⑦村镇前期编制各类发展规划；⑧规划编制组对村镇的专题调研和统计资料等。

编制绿色村镇建设发展规划所需资料。主要有：①国家、省市县现行的绿色村镇规划与建设相关标准和技术规定；②村镇上位建设发展规划和专项规划；③村镇自然地理与发展资源状况；④村镇经济和社会发展状况；⑤村镇建设用地与功能分区状况；⑥村镇环境基础设施建设状况；⑦村镇农房建设与旧房改造状况；⑧村镇生态环境与改善状况；⑨规划编制组对村镇的专题调研和统计资料等。

2）实地考察调研

编制绿色村镇建设规划的实地考察调研方法有：①村镇规划建设相关部门资料收集；②村镇建设现场踏勘；③村镇环境质量监测；④村镇生态景观调查；⑤无人机现场航拍调查；⑥人员访谈和座谈会；⑦村镇居民问卷调查；⑧村镇周边区域及县城考察等。实地考察调研的具体内容和方法可根据规划编制需要结合村镇实际情况灵活确定。

2. 绿色村镇建设规划调研案例

以作者团队编制的《湖北省堰河生态村经济与社会发展规划 2008—2020》和《谷城县五山镇堰河村建设规划（2008—2020）》为实例，简要介绍绿色村镇建设规划编制调研工作要点。

1）自然地理概况

堰河村地处湖北省谷城县五山镇西北部 3km，依山傍水，环境优美，是典型的丘陵山区村庄。村域版图面积为 12km^2，有基本农田面积 960 亩，茶园约 1000 亩。村域居民点多背山面水而居，与田园、山林融合，乡村民风淳朴，生态环境优美，气候条件优良，地形地貌多样，自然资源丰富。堰河村具有建设绿色村庄的优良条件。

2）村域人口构成

堰河村劳动力资源丰富。村组基本情况见表 5.1，村域人口构成调查情况见表 5.2，人口年龄分布情况见图 5.4，劳动力分配情况见图 5.5。

表 5.1　堰河村的村组基本情况（2007 年）

组别	农户数	人口	劳力数	耕地面积/亩
第一组	69	250	135	230.77
第二组	67	227	115	248.84
第三组	83	296	165	334.4
第四组	23	64	31	148.54
合计	242	837	446	962.55

注：1 亩≈666.67m^2。

表 5.2　堰河村人口构成调查情况(2008 年)

年末总户数	总计人数	不同性别人数		不同年龄段人数			
		男	女	18 岁以下	18～35 岁	35～60 岁	60 岁以上
247	918	501	417	209	250	280	179

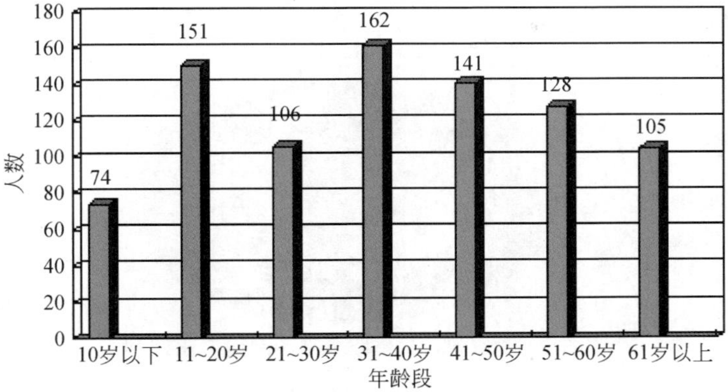

图 5.4　堰河村的人口年龄分布情况(2007 年)

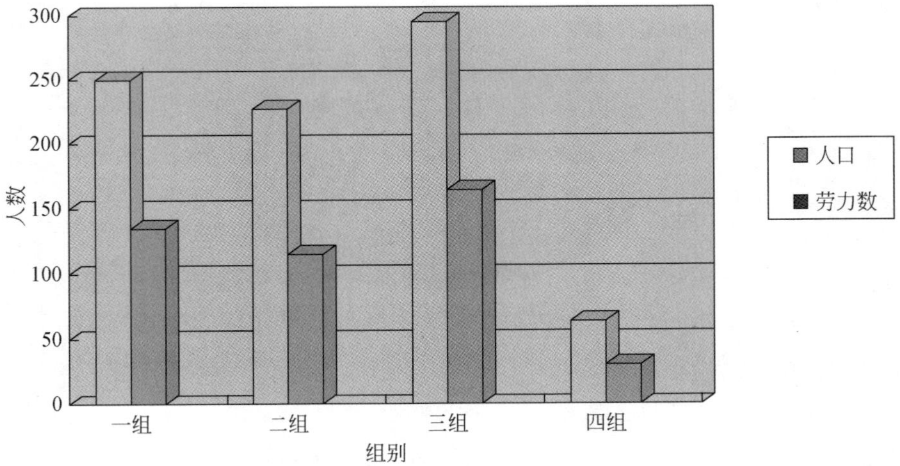

图 5.5　堰河村的各组人口与劳动力分配情况(2007 年)

3)社会事业发展

(1)村庄组织结构调研。堰河村级组织包括村党支部、村委会、村民会议、村民代表会议和村民小组等,对村务进行管理的是村党支部和村委会。

(2)村庄建设现状调研。包括:村庄区域位置;村庄地形气候;村庄建设项目,重点是农房建筑质量、公共服务设施、道路交通设施、给水排水设施、电力设施、电信设施、邮政设施、清洁能源利用设施、环境保护设施、环境卫生设施、防灾减灾设施等。

(3)村庄获得先进荣誉。截至 2007 年底堰河村已荣获了 10 多项国家、省和市级先进称号。

4)经济发展基础

堰河村经济发展基础调查内容包括:村庄集体收入、农户家庭收入、村民个人收入、村庄产业结构等。堰河村的集体收入来源及所占比例见图 5.6。堰河村的家庭户均月收入情况见图 5.7。

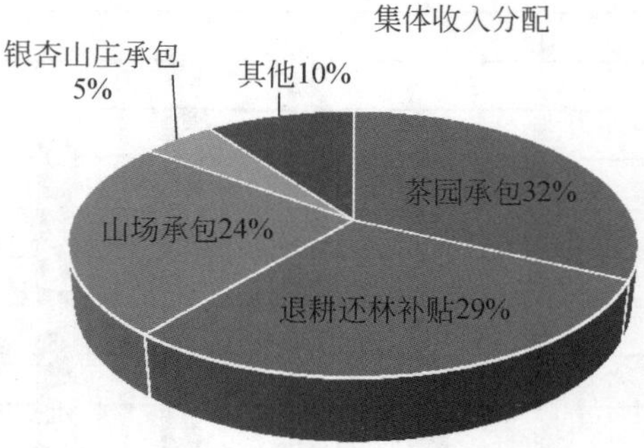

图 5.6　堰河村集体收入来源及所占比例

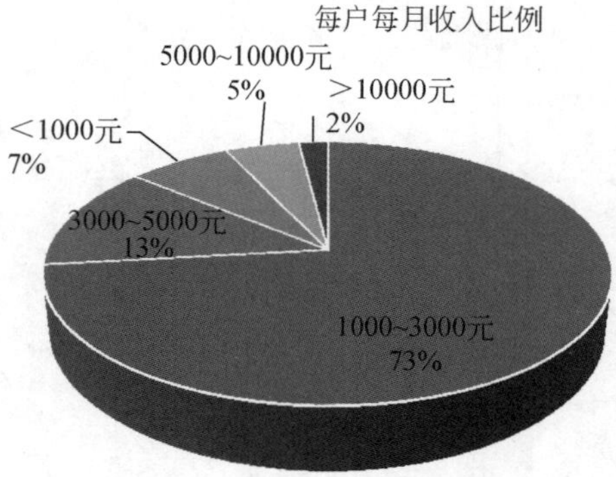

图 5.7　堰河村家庭户均月收入(2007 年)

5)生态环境质量

堰河村的生态环境质量现状调研分为两个方面:①生态环境要素调研。包括地理环境,水环境,森林植被,生态农业比重等;②生态环境质量现状。包括水体环境质量,空气环境质量,声环境质量,固体废物排放,产业污染源分析等。

堰河村水环境质量部分实测数据见表 5.3。堰河村生活污水处理方式入户调查分析见图 5.8,堰河村生活垃圾收集和处理方式入户调查分析见图 5.9。

表 5.3　堰河村水环境质量部分实测数据(2007 年)

检测项目	检测地点			
	堰河	马槽沟	村内排水沟	山泉水
COD_{cr}/(mg/L)	38	135	417	22
BOD_5/(mg/L)	11.4	40.5	202.9	6.6

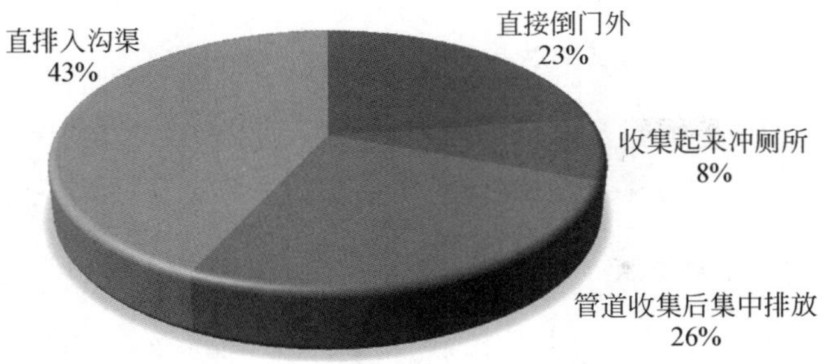

图 5.8　堰河村生活污水处理方式入户调查分析(2007 年)

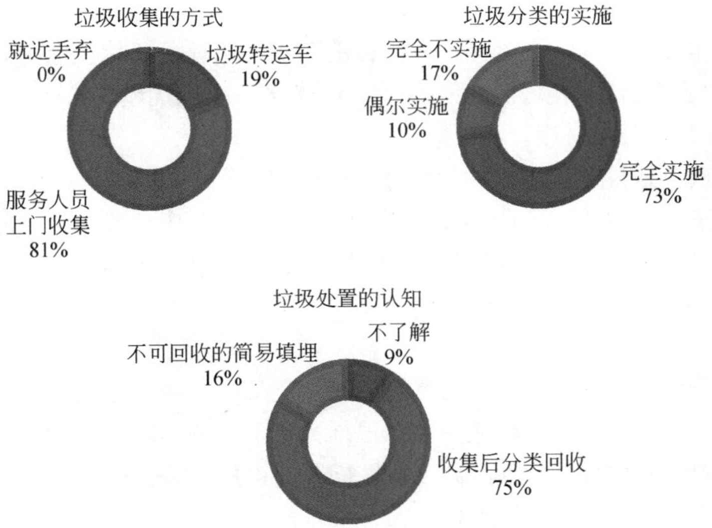

图 5.9　堰河村生活垃圾收集和处理方式入户调查分析(2007 年)

6)发展资源分析

堰河村的发展资源主要包括:①土地利用资源;②湖泊水体资源;③生态农业资源;④生态旅游资源;⑤人才劳力资源;⑥社会网络资源等。

5.3　绿色村镇建设规划的编制案例

绿色村镇建设发展规划的编制应以指导村镇建设绿色发展为导向,以全面实施节地、节能、节水、节材、生态环境保护为规划重点。本节分别以作者团队编制的《谷城县五山镇堰河村建设规划(2008—2020)》和《海南省澄迈县福山镇绿色发展示范镇建设规划(2016—2020)》为案例,摘要介绍编制绿色村庄和绿色镇的建设发展规划重点内容。

5.3.1　堰河村绿色村庄建设发展规划

本规划案例为《谷城县五山镇堰河村建设规划(2008—2020)》,由华中科技大学规划编制组完成。堰河村的调研资料详见5.2.2节。

1. 堰河村建设发展概况

包括:自然地理概况、村域人口构成、社会事业发展、经济发展基础、生态环境质量、村庄建设现状等。

2. 绿色村庄建设目标规划

(1)总体规划目标。充分利用堰河村的山水生态环境及特色资源,通过对村庄利用空间和建筑肌理的整合与环境整治,形成居住环境优越、生态效益良好、产业布局合理的绿色美丽村庄。

(2)重点规划目标。以村民为主体,落实村庄绿色住房建设要求;以整治为目的,改善村庄生产生活绿色环境;以服务为宗旨,完善村庄环境基础设施;以人文为脉络,形成村庄建设特色风貌;以导控为手段,建立绿色村庄建设管理机制。

3. 绿色村庄功能分区规划

(1)村庄功能分区。堰河村的建设发展主要集中在居民生活区,又分为四个居住组团和一个综合配套片;产业发展则根据种植产品的不同,分为农业观光区和茶叶观光区,同时利用部分生活区和产业区同步建设旅游观光区;将全村域的山林绿地划为自然生态区;形成村庄整体绿色发展空间布局。

堰河村的建设总体规划见图5.10。堰河村的功能分区规划见图5.11。

图5.10　堰河村建设总体规划图(见文后彩图)

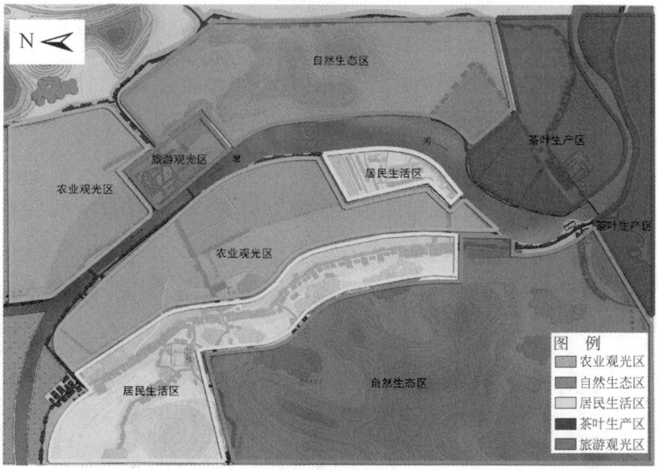

图 5.11　堰河村功能分区规划图(见文后彩图)

(2)村庄建设用地。堰河村的景观中心点为堰河新村区,也是整个堰河村的公共服务中心及旅游接待中心;村民居民点按照原址有序地依山而建,形成四个居民组团;引导村庄建设实现节约用地。

(3)生产用地及山林绿地。堰河村主要以水稻及茶叶种植为主,根据其产业规划及用地特点划分为基本农田区及茶叶生产区;为突出特色种植,在村域南部、靠近天艺茶庄处开辟一个木耳种植基地;对村庄农业用地实行严格保护。

堰河村的土地利用规划见图 5.12。

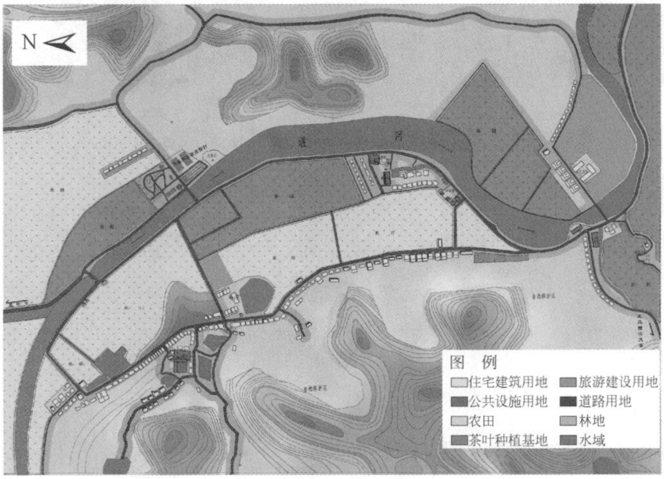

图 5.12　堰河村土地利用规划图(见文后彩图)

4. 绿色农房建设项目规划

(1)堰河新村绿色农房建设示范。建设由 13 户生态农民住宅和 1 栋堰河接待中心组成的堰河新村,其中:选择 1 栋农民住宅和村接待中心建设成为绿色生态节能示范建筑,带动全村绿色农房建设发展。

堰河新村绿色农房示范建设规划和建成实景见图 5.13。

图 5.13　堰河新村绿色农房示范建设规划和建成实景(见文后彩图)

(2)村庄旧有农房绿色改造。重点规划建设项目有:将建于 20 世纪 70 年代的原村集体库房改造成为农家乐生态旅游示范庄园;将村原有茶叶加工厂改造成为生态茶庄和休闲中心广场;将老村公所改造为游客接待中心;改造全村旧有农房,美化村容村貌等。传承堰河村的历史文脉和建筑风貌。

5. 绿色村庄建设专项规划

(1)道路交通规划。严格限制村庄外环公路宽度,避免形成大型和过路车辆通道,破坏村庄自然绿色生态环境和噪声污染,建设环村自行车道,倡导村庄绿色出行方式。

(2)景观系统规划。包括绿化规划,河道整治,景观风貌规划等内容,保护和修复村庄绿色景观资源。

堰河村的生态景观体系规划见图 5.14。

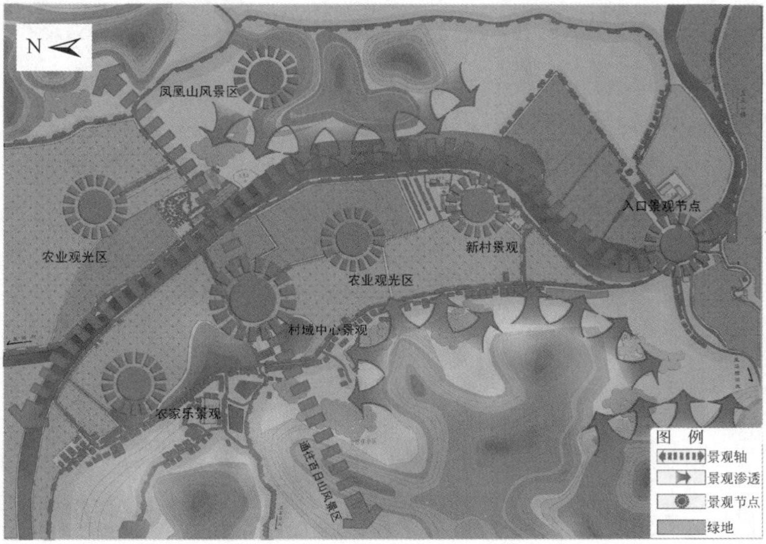

图 5.14　堰河村生态景观体系规划图(见文后彩图)

(3)公共服务设施规划。包括村务管理设施、教育设施、文化体育卫生设施、商业金融设施等规划项目。与绿色小康村庄建设目标和生态旅游发展项目配合建设。

(4)给水与排水规划。包括给水工程规划、排水工程规划和污水处理规划 3 类。形成以水源保护、节约用水和污水处理为重点的绿色村庄水资源保护利用系统。

堰河村的污水处理规划见图 5.15。

(5)供电与通信规划。包括供电工程规划、通信工程规划、信息化工程规划等。

(6)清洁能源规划。堰河村主要使用的清洁能源为太阳能及沼气。太阳能主要用于农户热水器和村庄路灯照明,沼气用于农户生活用能。建设节能发展的堰河村。

(7)环卫设施规划。堰河村垃圾处理按照"分类收集、定点存放、定时转运、集中处理"的原则,设置 1 处资源回收站;按 2～3 户 1 个分类收集的垃圾箱;结合乡村旅游设置 8 处公共厕所,对全村村民户内厕所进行达标改造。建设清洁卫生的堰河村。

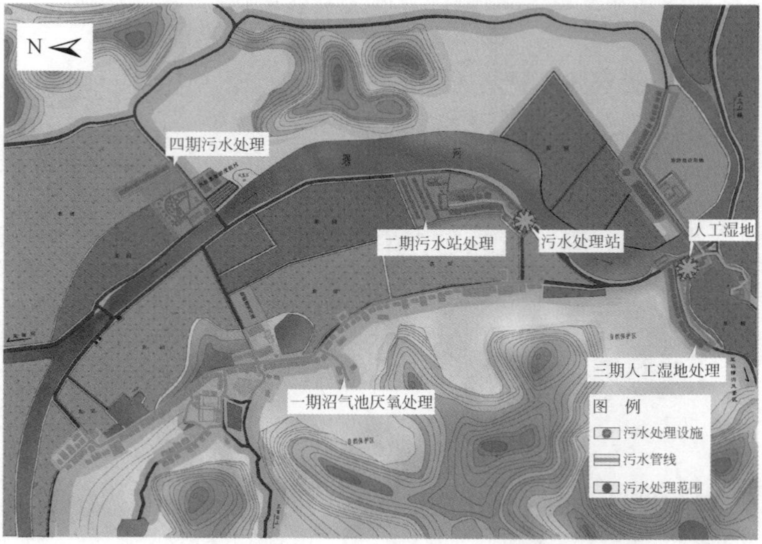

图 5.15　堰河村污水处理规划图(见文后彩图)

堰河村的垃圾集运与路径规划见图 5.16。

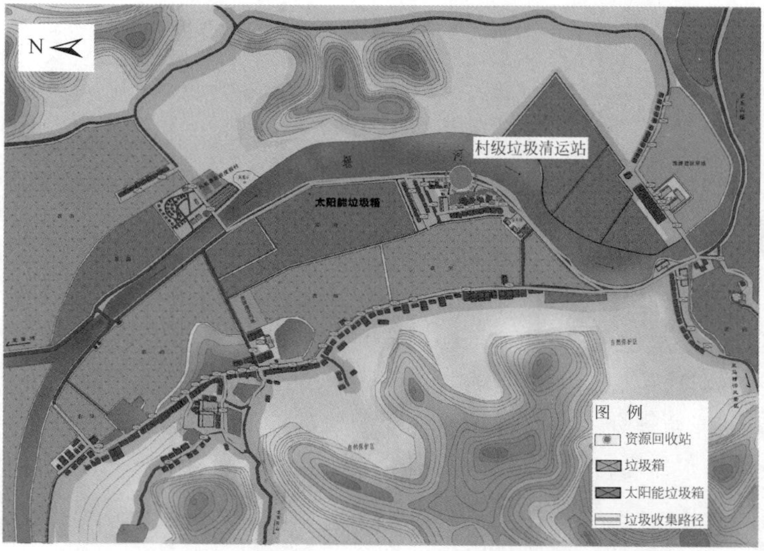

图 5.16　堰河村垃圾集运与路径规划图(见文后彩图)

(8)防灾减灾规划。包括地质灾害防治、消防规划、抗震防灾规划、防洪规划、防疫规划等。目标是建设平安发展的堰河村。

堰河村的防灾与应急系统规划见图 5.17。

图 5.17　堰河村防灾与应急系统规划图(见文后彩图)

6.绿色村庄产业布局规划

重点建设五大绿色生态产业园区:①以休闲观光农业和高科技种植为主题的农业观光园区;②以茶叶生产加工和茶乡文化体验为特色的茶叶观光园区;③覆盖全村域的绿色生态旅游观光园区;④以农家生活体验为特色的农家休闲园区;⑤以山区药材花卉、果林经济和自然景观旅游为重点的自然生态保护园区。

堰河村的生态旅游规划见图 5.18。

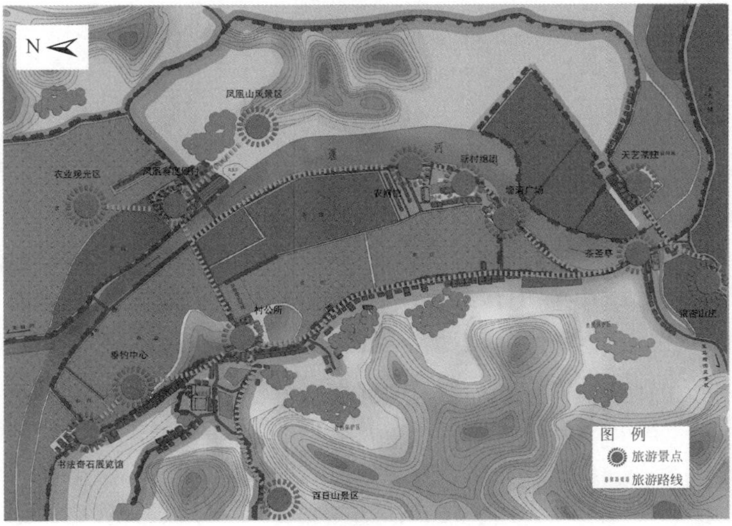

图 5.18　堰河村生态旅游规划图(见文后彩图)

本章介绍的堰河村建设规划调研和编制案例，也是本书下篇进行绿色村镇规划与建设评价案例分析的基础依据。

5.3.2 福山镇绿色镇建设发展规划

本规划案例为《海南省澄迈县福山镇绿色发展示范镇建设规划(2016—2020)》，由华中科技大学规划编制组完成。

1. 福山镇概况

福山镇位于海南省澄迈县北部，镇域面积为 11.895 万亩。福山镇离县城金江镇 18km，距省会海口市 49km，距美兰机场 80km，225 国道、环岛西线高速、粤海铁路和西环高铁均穿越境内，其中西环高铁设有福山站，交通十分便利。福山镇属于热带岛屿性季风气候，四季常青，气候温暖，雨量充沛，空气湿润，光照充足，土壤有机质丰富。

福山镇现有 7 个村委会，1 个社区居委会，44 个自然村，69 个村(居)民小组，境内有 1 个国有农场。全镇现有常住人口 1.9 万人。福山镇经济持续发展，2015 年全镇的地区生产总值达到 9.27 亿元，2015 年城镇居民人均可支配收入 25857 元，农村常住居民人均可支配收入达 11706 元。

澄迈县是“中国绿色名县”，是海南省创建的第一个国家级可持续发展实验区，福山镇是澄迈县实施绿色可持续发展战略的示范基地。福山镇先后荣获“全国文明村镇”“全国美丽宜居小镇”“中国最佳文化休闲旅游名镇”“中国生态文化名镇(乡)”“海南特色魅力镇”“海南省生态文明乡镇”等多项荣誉，具有很好的绿色发展示范镇创建基础。

2. 规划建设目标

(1)规划总体目标。至 2020 年，把福山镇初步建成以绿色产业、生态旅游和绿色村镇为特色的澄迈县国家可持续发展实验区的绿色发展示范基地，海南省绿色发展示范镇，中国和世界有特色影响力的可持续发展特色风情镇。

(2)规划指导思想。以“开放发展，协调发展，绿色发展，创新发展，共享发展”总体战略为指导，以加快福山镇绿色发展为主线，以促进福山镇绿色产业、生态旅游、绿色村镇发展为重点。

(3)建设示范目标。建设以“宜业福山”为目标的绿色产业发展示范镇；建设以“宜游福山”为目标的生态旅游发展示范镇；建设以“宜居福山”为目标的绿色村镇发展示范镇。

(4)建设发展指标。福山镇绿色发展示范镇的规划建设指标包括总体发展、绿色产业、生态旅游、绿色村镇 4 类，共 26 项建设指标，见表 5.4。

表 5.4　福山镇绿色发展示范镇规划建设指标

指标类别	序号	指标项	指标值（2020 年）
总体发展	1	全镇年生产总值/亿元	16.5
	2	生产总值年均增长率/%	10
	3	农民人均年收入/元	≥18000
	4	第三产业在 GDP 中占比/%	≥30
绿色产业	5	低碳经济占 GDP 比重/%	50
	6	万元 GDP 能耗/吨标准煤	<0.492
	7	万元 GDP 水耗/立方米	<110
	8	咖啡种植面积(不含红光农场)/万亩	2
	9	特色水果种植面积(指福橙、香蕉、凤梨、石榴等品牌特色果品)/万亩	5
	10	主要农产品中有机、绿色及无公害产品种植面积的比重/%	≥60
	11	规模化畜禽养殖场粪便综合利用率/%	95
	12	农地膜回收率/%	85
生态旅游	13	旅游业在 GDP 中占比/%	25
	14	生态旅游产值/亿元	≥10
	14	旅游特色产品/种	7
	15	旅游公共服务设施/处	5
	16	年接待旅游人数/万人次	200
	17	每年境外游客数比例/%	10
绿色村镇	18	万元 GDP 建设用地占用面积/公顷	<60
	19	美丽乡村示范村个数/个	12
	20	生活饮用水集中供水率/%	100
	21	生活饮用水集中合格率/%	100
	22	非传统水源利用率/%	16
	23	集中污水处理率/%	80
	24	垃圾无害化处理率/%	75
	25	清洁能源普及率/%	55
	26	可再生能源利用率/%	10

3. 建设示范领域

(1)大力发展绿色产业。形成以热带海岛型生态农业、高附加值农产品加工业为主体,生态旅游服务业为基地,低碳环保型工业为补充的福山镇绿色产业体系。

(2)优先发展生态旅游。将福山镇全域打造成为海南岛最重要的生态休闲旅游节点小镇。2020 年,福山咖啡风情文化小镇力争创建国家 4A 级景区;两个风情小镇力争创建国家 3A 级景区;全面打造绿色景区,大力推行绿色交通出行和绿色消费生活模式。

(3)绿色村镇建设示范。高质量完成 44 个美丽乡村的建设示范;打造澄迈县和海南国际旅游岛的第一个全镇域绿色村镇建设示范镇。建设成为面向海南省和澄迈县的绿色村镇建设发展示范基地。

4. 绿色建设发展示范布局

福山镇绿色发展示范镇的建设规划布局为:“一轴、三核、四片”。其中,一轴是指福山镇绿色产业发展轴;三核是指福山镇的三个绿色小镇核心区;四片是指福山镇主导产业的四个发展片。

福山镇的绿色发展建设示范镇规划布局见图 5.19。

5. 绿色产业建设发展示范

福山镇的绿色产业由热带海岛型生态农业、高附加值农产品加工业、生态旅游服务业和低碳环保型工业有机构成。绿色产业建设发展示范重点项目包括:①现代农业示范园建设,②无公害果菜基地建设,③生态农业观光园建设,④绿色农产品加工园区建设,⑤绿色农产品物流中心建设,⑥福山绿色文化产业建设等。

6. 生态旅游建设发展示范

福山镇绿色发展示范镇的生态旅游建设示范行动有:①加快已有旅游景区景点提档升级,②加快生态旅游文化风情村镇建设,③加快主题休闲度假区建设,④加快生态旅游服务设施建设。

福山镇的生态旅游建设示范规划见图 5.20。

7. 美丽乡村建设发展示范

规划目标是将福山镇打造成为澄迈县和海南省绿色村镇建设发展示范基地。重点建设示范工程有:①美丽乡村带建设,②村镇环境基础设施建设,③村镇民生改善,④“互联网+”村镇建设等。

福山镇美丽乡村建设示范规划见图 5.21。

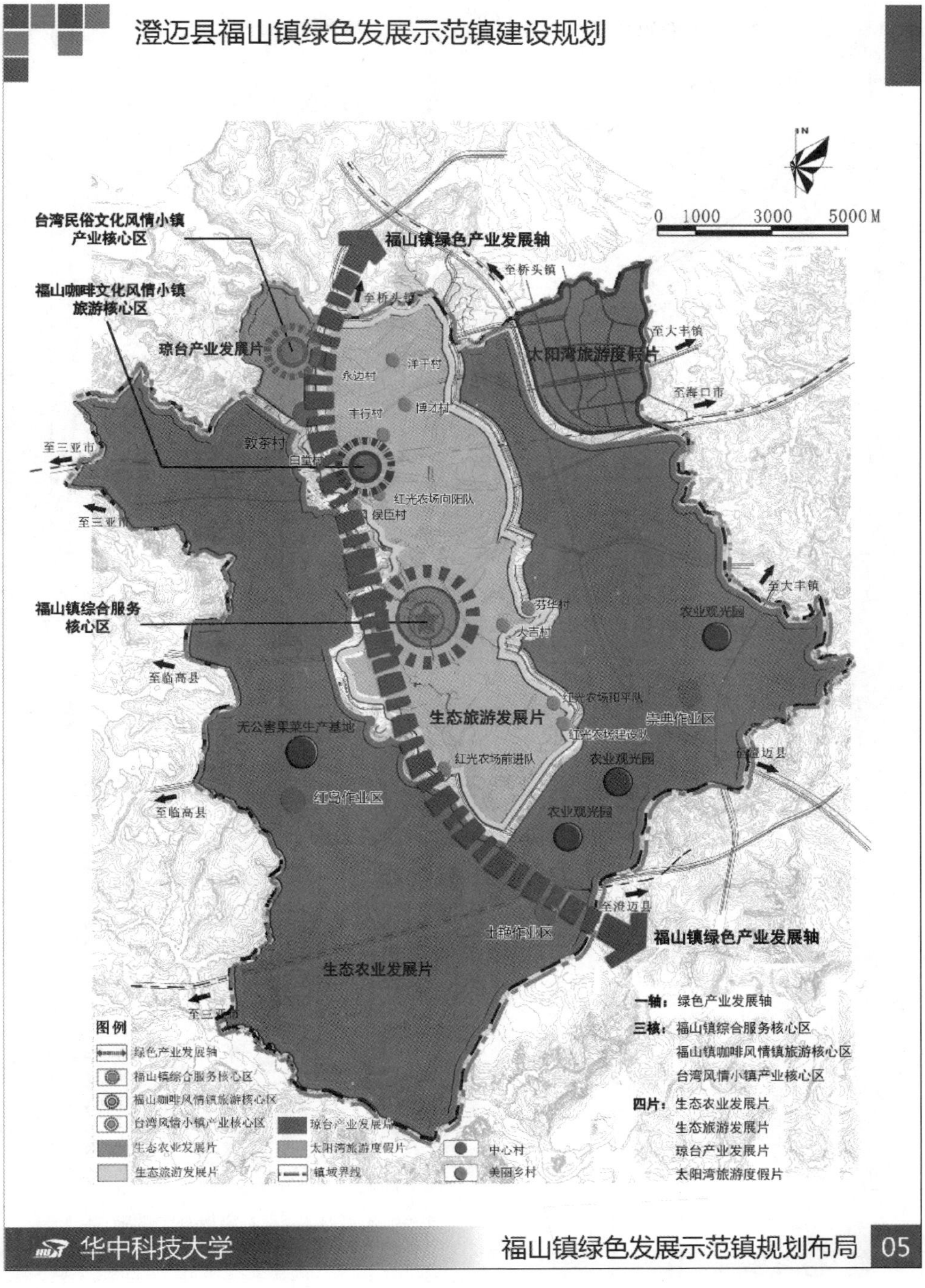

图 5.19　福山镇绿色发展建设示范镇规划布局(见文后彩图)

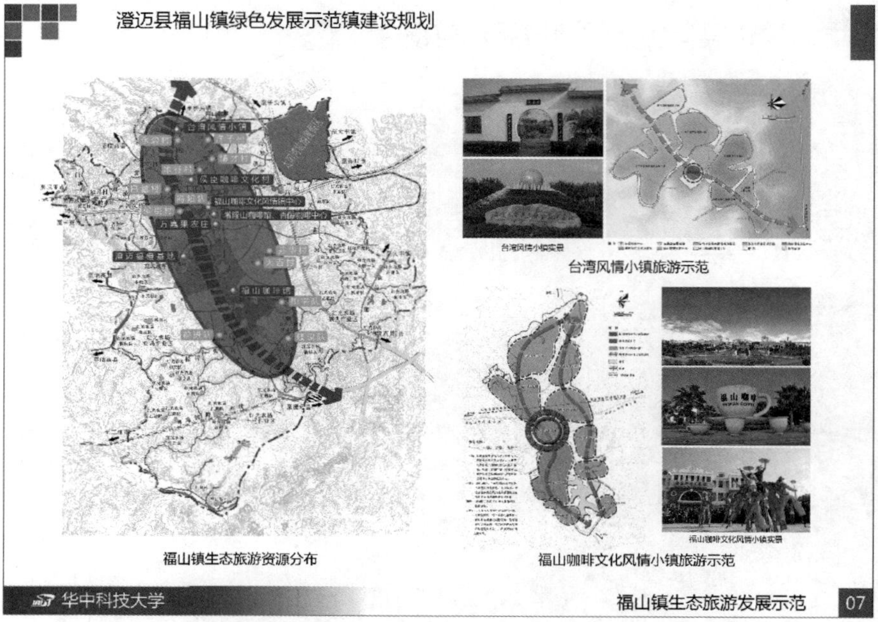

图 5.20　福山镇生态旅游建设示范规划(见文后彩图)

图 5.21　福山镇美丽乡村建设示范规划(见文后彩图)

8. 建设规划实施促进机制

福山镇绿色发展示范镇建设规划的实施促进机制包括：①绿色发展创新驱动机制，是促进规划实施的动力保障；②绿色发展规划实施机制，是促进规划实施的组织保障；③绿色发展融资协调机制，是促进规划实施的项目保障；④绿色发展示范推广机制，是促进规划实施的技术保障；⑤绿色发展社会参与机制，是促进规划实施的社会保障。

福山镇绿色发展示范镇建设规划的实施路径见图 5.22。

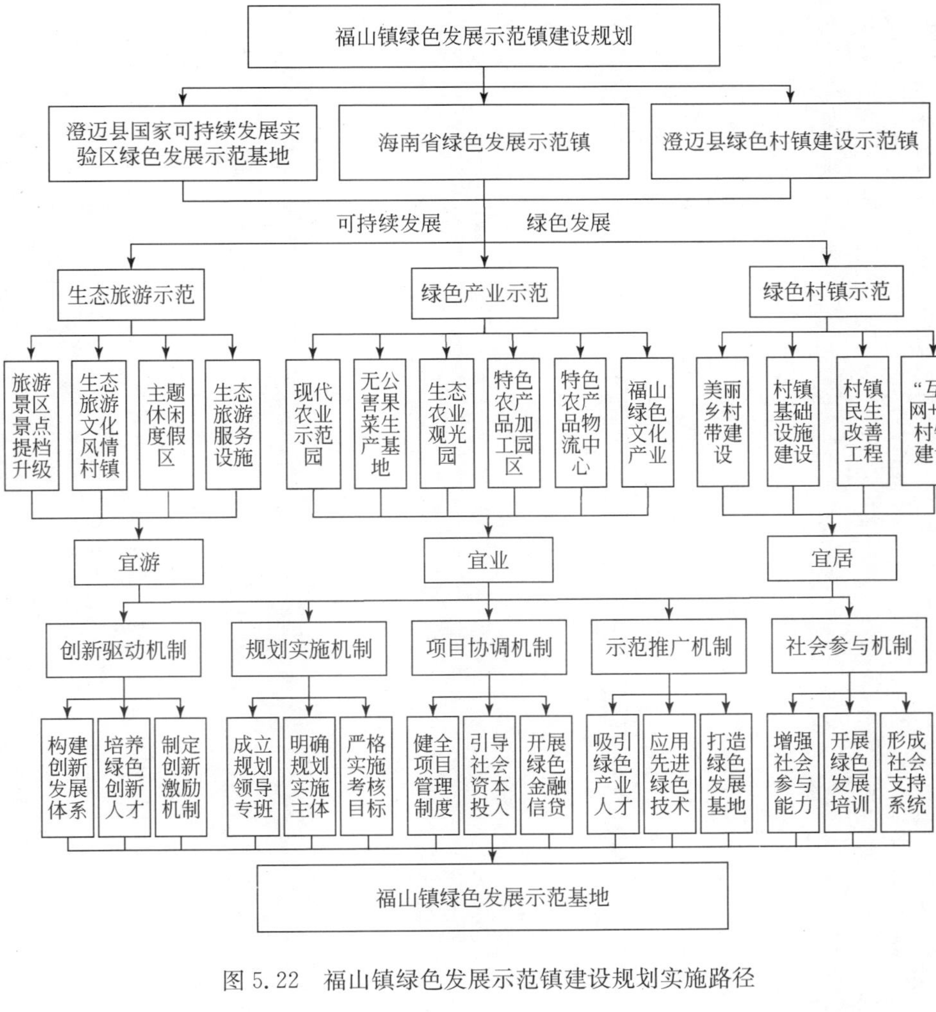

图 5.22　福山镇绿色发展示范镇建设规划实施路径

参 考 文 献

[1] 金兆森,陆伟刚.村镇规划(第三版)[M].南京:东南大学出版社,2010.
[2] 彭一刚.传统村镇聚落景观分析[M].北京:中国建筑工业出版社,1992.
[3] 王晓鸣,彭文俊,华虹,等.建筑生态位理论的发展与应用[J].土木工程与管理学报,2016,33(3):1-8.

第 6 章　绿色村镇环境基础设施建设

环境基础设施建设是绿色村镇建设的主要内容。本章提出绿色村镇环境基础设施建设的重点领域和建设技术方法,包括:村镇饮用水水源保护与节水设施建设,村镇生活污水处理与设施建设,村镇生活垃圾处理与设施建设,村镇清洁能源利用与设施建设,村镇绿化与景观设施建设,村镇防灾减灾及预警设施建设等。

绿色村镇环境基础设施是指为保障村镇绿色生产和居民绿色生活而提供的环境公共服务的物质工程设施的总称。绿色村镇环境基础设施建设的重点对象是:饮用水水源保护与节水设施、生活污水处理设施、生活垃圾处理设施、清洁能源利用设施、绿化与景观设施、防灾减灾与预警设施等。

6.1　绿色村镇饮用水水源保护与节水设施建设

“保护水源”和“节约用水”是绿色村镇建设的长期发展目标,对村镇饮用水水源保护设施的建设和节水设施的建设应同步推进。

6.1.1　村镇饮用水水源保护及设施建设

饮用水水源保护设施建设是村镇居民绿色生活的生命保障线工程,建设重点是分散式饮用水水源地和集中式饮用水水源的保护及设施。目前在我国大部分农村地区,村庄以分散式饮用水水源为主,而建制镇和大多数集镇以集中式饮用水水源为主。

1. 分散式饮用水水源保护及设施

1)分散式饮用水的水源地

指供水小于一定规模(供水人口一般在 1000 人以下)的现用、备用和规划饮用水水源地。分散式饮用水的水源地保护,可参照《分散式饮用水水源地环境保护指南(试行)》实施。

2)饮用水水源的保护范围

地表水水源的保护范围:包括河流型水源地取水口上游不小于 1000m,下游不小于 100m,两岸纵深不小于 50m,但不超过集雨范围;湖库型水源地取水口半径 200m 范围的区域,但不超过集雨范围。

水窖水源保护的范围:包括集水场地区域。

地下水水源的保护范围,为取水口周边30～50m范围。

3)分散式水源的供水设施建设

(1)地表水水源地的供水设施建设。

①河流、湖库型水源。取水点应尽量靠近河流中泓线、湖库中心或距离河岸、湖边较远的地方。河流、湖库型地表水水源地建设和保护的常用设施主要包括:取水码头(或跳板)、导流渠、蓄水池、潜水泵、砂滤井(或砂滤缸)等。水源的初步处理包括混凝沉淀和基本消毒等。

②水窖。水窖应修建专门的雨水收集池,并在收集池附近修建简单的沉淀、净化处理设施。收集池周围修置排水沟,防止地面径流污染水源。严重缺水地区水窖集水场应尽可能选择开阔地带,土壤有害因子背景值较高的地区应采用场地硬化的方式。

③地表水水源地的环境保护要求。地表水水源水质应符合国家有关生活饮用水水源水质的规定。采用地表水为生活饮用水水源时,水质应参照执行《地表水环境质量标准》(GB 3838—2002)的规定。

(2)地下水水源地的供水设施建设。

①水井。地下水井应有井台、井栏和井盖,宜采用相对封闭的水井;井底与井壁要确保水井的卫生防护。

②泉水。在泉水水源附近建设引泉池,泉水周围100m及上游500m处应修建栅栏等隔离防护设施,在泉水旁设简易导流沟,避免雨水或污水携带大量污染物直接进入泉水。

③地下水水源地环境保护要求。采用地下水为生活饮用水水源时,水质应参照执行《地下水质量标准》(GB/T 14848—2017)规定。

4)无水质净化处理情况下的水源保护要求

在没有水质净化处理的情况下,水源应参照执行《生活饮用水卫生标准》(GB 5749—2006)规定。当水质不符合国家生活饮用水水源水质规定时,不应作为饮用水水源。

2.集中式饮用水水源保护及设施

1)集中式饮用水的水源

是指进入输水管网送到用户的和具有一定供水规模(供水人口一般大于1000人)的饮用水水源。集中式饮用水的水源地保护,可参照《集中式饮用水水源环境保护指南(试行)》实施。

2)饮用水水源区的保护范围

集中式饮用水水源保护区应根据水源所处的地理位置、地形地貌、水文地质条件、供水量、开采方式和污染源分布，结合当地标志性或永久性建筑，按照《饮用水水源保护区划分技术规范》(HJ/T 338—2018)或地方条例、标准规定进行划定。

集中式饮用水水源保护区应划分一级保护区和二级保护区，必要时划分准保护区。集中式饮用水水源保护区范围划分应满足《饮用水水源保护区划分技术规范》(HJ/T 338—2018)等相关标准和建设规范。

3)集中式饮用水水源的水质要求

(1)河流型饮用水源的水质要求。

一级保护区：满足《地表水环境质量标准》(GB 3838—2002)中Ⅱ类水质标准要求。

二级保护区：满足《地表水环境质量标准》(GB 3838—2002)中Ⅲ类水质标准要求。

准保护区：参照二级保护区水质要求。

(2)湖库型饮用水源的水质要求。

一级保护区：小型水库(总库容 $V<0.1$ 亿 m^3)、单一供水功能的小型湖泊(水面面积 $S<100km^2$)正常水位以下的全部水域面积，部分水域面积被划分为一级保护区的大、中型水库和湖泊，水质满足《地表水环境质量标准》(GB 3838—2002)中Ⅱ类水质标准要求。

二级保护区：小型湖泊、中小型水库一级保护区边界外的水域设为二级保护区，大型水库和大中型湖泊一级保护区外径向距离不小于 2000m 区域为二级保护区水域，主要污染物浓度满足从《地表水环境质量标准》(GB 3838—2002)中Ⅲ类水质标准要求衰减到满足Ⅱ类水质标准要求。

(3)地下水饮用水源的水质要求。

地下水饮用水水源(包括一级、二级、准保护区)的水质各项指标不低于《地下水质量标准》(GB/T 14848—2017)中Ⅲ类标准。

4)集中式水源的供水设施建设

(1)集中式水源的供水设施建设内容。

村镇集中式水源的供水设施建设内容包括：①供水系统水量和水源的选择与确定；②取水构筑物的设计与建设；③供水输配管网的设计与建设；④供水处理工艺的选择与建设；⑤供水系统运行管理等。

(2)集中式水源的供水设施建设要求。

村镇集中式水源供水工程的设计、施工与运行管理要求需符合《建筑给排水设计规范》(GB 50015—2019)、《给水排水工程构筑物结构设计规范》(GB 50069—2002)、《生活饮用水卫生标准》(GB 5749—2006)、《地下水质量标准》(GB/T 14848—2017)、《地表水环境质量标准》(GB 3838—2002)、《村镇供水工程设计规范》(SL 687—2019)等规定。

6.1.2 村镇生活用水节水设施建设

绿色村镇节水设施建设是指村镇建成区居民生活用水相关的节水设施建设。

村镇居民生活用水节水设施常称为节水型生活用水器具，目前我国村镇常用的生活用水器具包括水嘴、便器及便器系统、淋浴器、洗衣机等。绿色村镇的节水型生活用水器具选用应符合《节水型生活用具标准》(CJ/T 164—2014)。

对集中供水的村镇进行节水设施建设时，还应注重供水管网的维护和维修，避免管网漏损。绿色村镇供水管网的漏损率应不大于《城市供水管网漏损控制及评定标准》(CJJ 92—2016)规定的修正值一个百分点。

6.2 绿色村镇生活污水处理与设施建设

6.2.1 村镇黑水治理与再利用设施建设

生活污水处理是绿色村镇环境基础设施建设和环境保护的主要内容，黑水治理和厕所改造是绿色村镇生活污水处理的重点对象。

1. 黑水治理与设施建设

1)村镇黑水的治理策略

在村镇生活污水中，黑水(black water)是指粪便污水。其中，一种是指含有粪便物质的生活污水，另一种是专指厕所污水，包括冲洗厕所的污水和粪便。此外，粪便(night soil)是指不含或含少量冲厕水的黑水。

目前，我国广大农村地区的村镇污水治理率仍相当低，截至 2016 年底，我国农村的污水治理率仅为 22%。为此，住房和城乡建设部明确提出了治理目标：在经济发达、人口密集、环境敏感地区的农村污水必须全面治理；而其他农村地区则要求在 2020 年前首先治理黑水，至 2020 年通过全面实施农村改厕建设工程后，黑水治理率要达到 70%。

2)村镇黑水治理设施建设

村镇黑水治理的主要设施有三格式化粪池、沼气池等。通过农村厕所改造和加强后期使用管理，使厕所的粪便和污水不外排，化粪池抽出的黑水还可作为资源通过回田得到利用，沼气池产生的沼液和沼渣也是优质的农家肥料。

三格式化粪池具有造价低和易建造的特点，投入少量的资金即可解决黑水无序排放问题，是目前农村地区尤其是经济发展较慢地区的村镇污水治理重要设施。

三格式化粪池的建造需符合《农村户厕卫生标准》(GB 19379—2012)，户用沼气池建造的参照标准为《户用沼气池标准图集》(GB/T 4750—2002)。

2. 厕所革命与设施建设

厕所改造和达标治理是绿色村镇黑水治理设施建设的重点内容，黑水治理应该从源头厕所污水治理抓起。目前我国农村地区的厕所设施还普遍比较落后，即使采用了水冲厕所，用清水冲走了污物，但由于污水管网不健全，粪尿处理难，绝大部分污水未经净化处理直接排放，严重污染当地水体，加剧了农村黑臭水体问题。

厕所的使用环境直接关系到广大农民的绿色生活和环境质量，要在较短时间内尽快改变长期形成的村镇厕所设施建设落后难题，就必须大力推进“厕所革命”。联合国儿童基金会提出，厕所革命意味着开发创新的、可持续的设计，创造新市场，并动员社区使其建立有关厕所新的社会规范和行为。

为了推动实现全国农村的“厕所革命”，中央农办、农业农村部、国家卫生健康委员会、住房和城乡建设部等部门于 2019 年 1 月联合发布了《关于推进农村“厕所革命”专项行动的指导意见》，要求按照“有序推进、整体提升、建管并重、长效运行”的基本思路，推动农村厕所建设的标准化、管理规范化、运维市场化、监督社会化。要求用五年左右时间，实现厕所粪污基本得到处理和资源化利用，切实改善农村人居环境。

6.2.2　村镇污水处理设施建设

绿色村镇的污水处理设施建设根据地区经济条件、地理气候、生活习俗等建设条件不同，可采取分户式处理或集中式处理等方式。

1. 村镇污水分户式处理设施建设

(1)预沉淀装置。可采用化粪池作为预沉淀处理单元。

(2)污水处理设施。分户式污水处理设施宜采用一体化装置，装置标准可参考《户用生活污水处理装置》(CJ/T 441—2013)。

(3)污水综合处理设施。当采用一体化装置的出水质量不能满足要求时，宜增加自然生物处理工艺，例如，与好氧处理装置组合或与厌氧生物膜＋人工湿地组合等处理设施。

(4)分户式污水处理工艺。村镇分户式污水处理工艺可参考《户用生活污水处理装置》(CJ/T 441—2013)选用，见表 6.1。组合型分户式污水处理装置见图 6.1。

表 6.1　村镇分户式污水处理工艺的选用

序号	推荐生物工艺及组合	出水水质	
		直接排放	灌溉用水
1	厌氧生物膜＋生物接触氧化	√	—
2	缺氧接触氧化＋好氧生物接触氧化	√	—
3	厌氧消化法	—	√
4	缺氧/厌氧生物膜法	—	√

图 6.1　村镇组合型分户式污水处理装置(见文后彩图)

2. 村镇污水集中式处理设施建设

在镇区及经济较为发达地区的村庄,应建设集中式污水处理设施,或者将污水就近纳入城市市政污水处理厂,对污水进行全面治理。

目前常用的村镇污水集中式处理的技术方法有:①序批式活性污泥法(sequencing batch reactor,SBR);②厌氧好氧工艺法(anaerobic-oxic,A/O);③厌氧-缺氧-好氧工艺法(anaerobic-anoxic-oxic,AA/O);④氧化沟;⑤人工湿地;⑥稳定塘;⑦土地渗滤;⑧生物一体化池等。可根据不同村镇的污水处理要求和具体条件灵活选用设施建造类型和方法。

6.2.3　村镇污水集中处理设施建设方案优选

绿色村镇环境基础设施建设的一个重要原则是,应结合不同区域村镇的实际需要和特点进行多方案比较和评价,合理选择优化的建设方案,不宜简单套用统一标准图纸或方案进行施工。可选择采用以下方法进行村镇污水处理方案的优选。

1. 村镇污水处理方案的优选决策

村镇污水处理方案优选是一个多属性和多目标决策的过程,其重点是如何将一个多目标问题科学客观地综合成一个单目标问题,以实现在一维空间进行综合评价。采用 BP 网络方法能较好适用于村镇污水处理方案的优选。

BP 网络又称反向传播神经网络(back propagation neural network,BPNN),由输入层(input layer)、输出层(output layer)、隐含层(hide layer)组成。

遗传算法(genetic algorithm,GA)具有较强的全局寻优能力,GA 寻取各评价指标最优权值的过程为:首先随机生成一定数量的"染色体"组,即各评价指标权值,同时将各评价指标权值放置于村镇污水处理方案优选问题中,计算每一个指标权值的适应度值,从中选择适应度值大的"染色体"进行复制、交叉和突变操作产生出新一代的适应度值大的"染色体"种群。随着遗传算法的进行,优良的种群个体逐渐保留并加以组合,从而产生出最优个体—指标权值。

将 GA 与 BP 网络结合,可以实现快速寻取 BP 网络权值(简称 GA-BP)。村镇污水处理方案优选 BP 网络前向传播示意图见图 6.2。

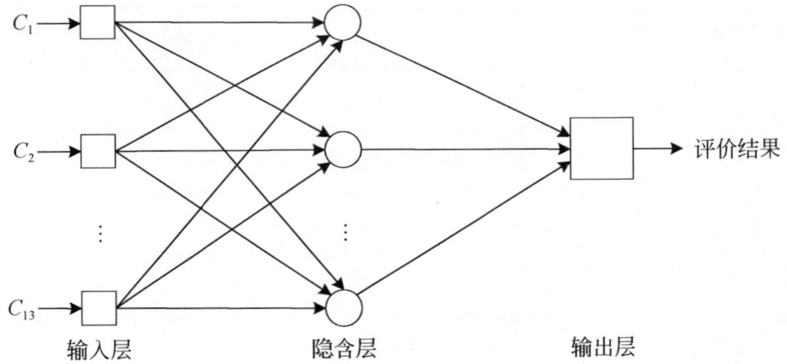

图 6.2　村镇污水处理方案优选 BP 网络前向传播

2. 基于 GA-BP 的村镇污水处理方案优选方法

1)选择评价指标

将村镇生活污水处理处理方案评价指标分为 3 层:目标层、准则层和指标层。目标层为综合效益,目的是评价污水处理方案优劣;准则层包括工程经济性评价、工程技术性评价和工程操作管理评价;指标层包括"基本建设投资","COD、BOD 去除率"和"操作难易程度"等 13 项评价指标。

村镇污水处理方案的优选评价指标及计量方法见图 6.3。

2)进行评价指标计算

根据图 6.3 提出村镇污水处理方案优选评价指标和计量方法,进行评价指标 C_1～C_{13}的计算。

3)确定评价基准值

将村镇污水处理方案从优到劣分为 5 个等级,分别以Ⅰ、Ⅱ、Ⅲ、Ⅳ、Ⅴ表示。

本评价方法的 C_1～C_3 计量基准值通过选择全国不同地区 23 座污水处理工程

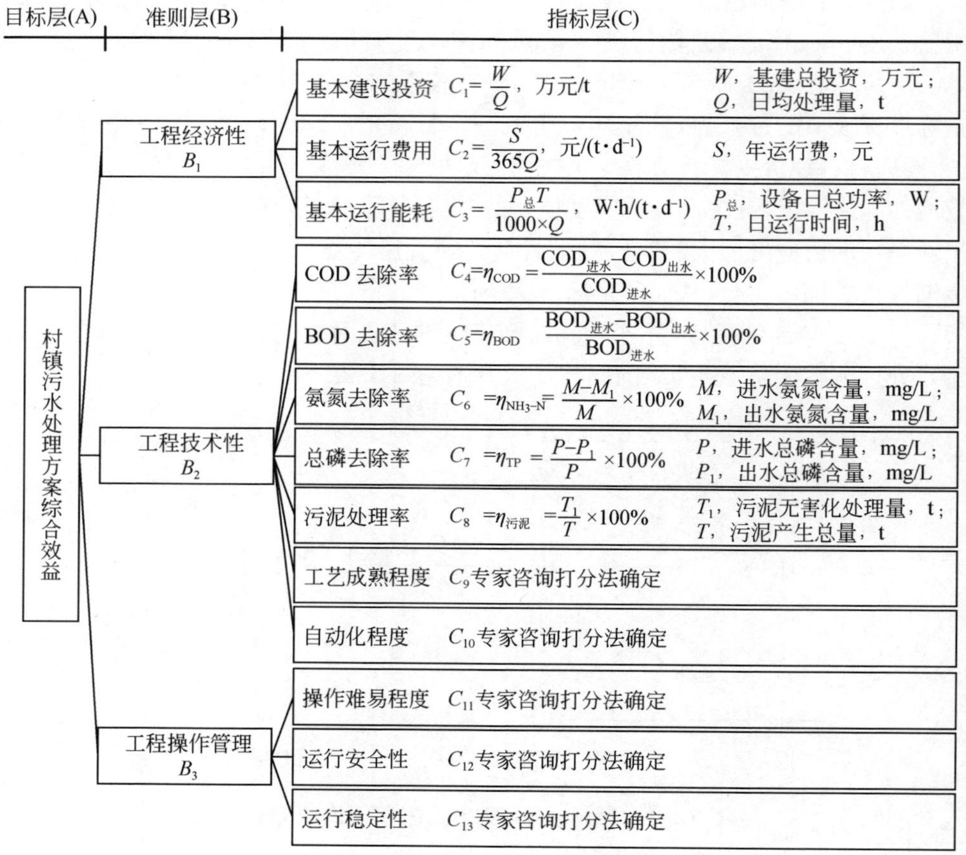

图 6.3　村镇污水处理方案的优选评价指标及计量方法

相关数据确定取值范围，通过专家评分法获得等级评定基准值；C_4～C_7的计量基准值根据国家相关标准确定；C_9～C_{13}的计量基准值通过专家评分法确定。

村镇污水处理方案优选评价分级指标基准见表 6.2。

表 6.2　村镇污水处理方案优选评价分级指标基准值

评价等级	C_1	C_2	C_3	C_4	C_5	C_6	C_7	C_8	C_9	C_{10}	C_{11}	C_{12}	C_{13}
Ⅰ	≤0.2	≤0.2	≤0.3	≥85	≥95	≥95	≥90	≥80	≥0.85	≥0.90	≥0.80	≥0.90	≥0.85
Ⅱ	≤0.5	≤0.5	≤0.6	≥80	≥85	≥90	≥85	≥70	≥0.70	≥0.70	≥0.60	≥0.80	≥0.75
Ⅲ	≤0.7	≤1.0	≤1.0	≥70	≥80	≥70	≥60	≥30	≥0.60	≥0.60	≥0.50	≥0.60	≥0.60
Ⅳ	≤1.0	≤1.2	≤1.5	≥60	≥60	≥60	≥30	≥15	≥0.50	≥0.30	≥0.30	≥0.50	≥0.45
Ⅴ	>1.0	>1.2	>1.5	<60	<60	<60	<30	<15	<0.50	<0.30	<0.30	<0.50	<0.45

4)基于 GA-BP 的污水处理方案优选评价模型

(1)确定建模技术路线。

基于 GA-BP 网络的村镇污水处理方案优选建模技术路径见图 6.4。

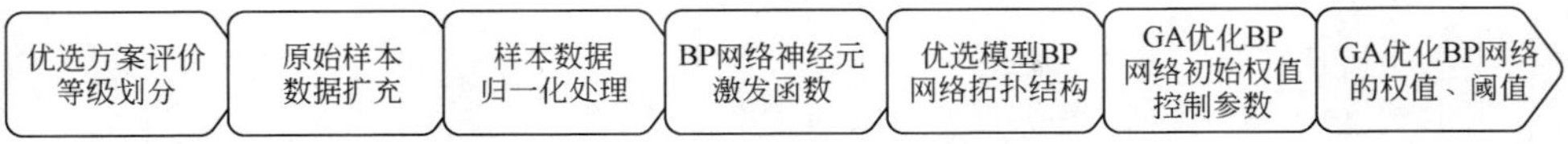

图 6.4　基于 GA-BP 网络的村镇污水处理方案优选建模路径

(2)划分优选评价等级。

根据表 6.2,村镇污水处理方案优选的分值为 5 级,分值范围在 0～5 之间,可划分村镇污水处理方案优选评价等级,见表 6.3。

表 6.3　村镇污水处理方案优选评价等级

等级	分值
Ⅰ	(0,1]
Ⅱ	(1,2]
Ⅲ	(2,3]
Ⅳ	(3,4]
Ⅴ	(4,5]

(3)原始样本数据扩充。

表 6.3 为村镇污水处理方案优选指标分级基准值,还需对农村污水处理方案样本数据进行扩充[1]。本方法采用(rand)函数随机插值法对村镇污水处理方案优选样本数据进行扩充。

(4)样本数据归一化处理。

本方法的神经元激活函数为 Sigmoid 函数,需要将农村污水处理方案优选样本数据归一处理至 0.1～0.9 之间。

村镇污水处理方案优选归一化处理的方法为:设每组样本数据的最大值与最小值分别为 y_{max}、y_{min},经归一化处理后方案优选样本数据表达式如下:

$$y'=0.1+0.8\frac{y-y_{min}}{y_{max}-y_{min}} \tag{6.1}$$

式中,y 为污水处理方案优选原始数据,y'为经处理后的方案优选数据。

(5)BP 网络神经元激发函数。

为了保证村镇污水处理方案优选模型的 BP 网络能训练学习输入和输出间的非线性关系,本方法隐含层选用正切 S 函数。由于污水处理方案优选模型的原始数据经网路训练处理后输出值落在[0,5]内,因此输出层用直线 purelin 函数。

双极性S形曲线(双曲正切Sigmoid函数)表达式如下:

$$f(x)=\frac{1-e^{-x}}{1+e^{-x}} \tag{6.2}$$

线性函数表达式如下:

$$f(x)=kx \tag{6.3}$$

(6)村镇污水处理方案优选模型的BP网络拓扑结构。

村镇污水处理方案优选模型网络拓扑结构的确定包括网络层数、输入层节点数、输出层节点数、隐含层层数、隐含层节点数。

①网络层数。村镇污水处理方案优选BP网络拓扑结构设为三层,即隐层为一层。

②输入层节点数。村镇污水处理方案优选评价有13个评价指标,因此方案优选BP网络输入层神经元节点数为13。

③输出层节点数。方案优选的BP网络输出层输出值为方案的优劣程度且属于目标输出,因此输出层神经元节点数为1。

④隐含层层数和隐含层节点数。本方法采用黄金分割试算法确定隐含层节点数。

根据黄金分割法原理,若村镇污水处理方案优选BP网络输入层节点数为k,输出层节点数为l,隐层节点数为m,其中m在$[a,b]$范围内选取,且满足式(6.4),则有

$$a=\frac{k+l}{2}\leqslant m\leqslant (k+l)+10=b \tag{6.4}$$

(7)GA优化BP网络初始权值控制参数。

遗传算法中对村镇污水处理方案优选BP网络权值优化的控制参数包括:编码长度、种群规模、交叉概率P_c、突变概率P_m,终止进化代数T。

选取不同的控制参数,对遗传算法优化方案优选BP网络性能产生较大影响,因此遗传算法控制参数的选取具有重要意义。

(8)GA优化BP网络的权值、阈值。

遗传算法对村镇生活污水处理方案优选BP网络权值、阈值的优化主要包括4个步骤:编码、初始种群产生,适应度函数选取,新种群产生,BP网络权值产生。上述4个步骤不断循环,直至产生满足村镇污水处理方案优选BP网络设定要求的权值和阈值。

5)基于GA-BP的村镇污水处理方案优选模型的图形用户界面

图形用户界面(graphical user interface,GUI)是指由窗口、光标、按键、菜单、对话框、文字说明等各种图形元素组成的用户界面。本方法运用Matlab R2010b GUIDE工具箱建立了具备通用性、灵活性的GA-BP神经网络图形用户界面。其主界面见图6.5。

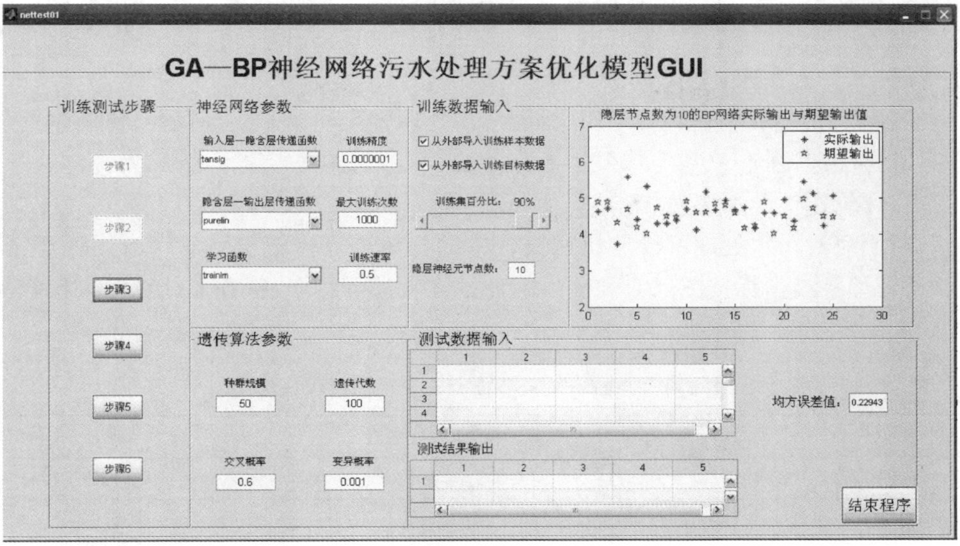

图 6.5　GA-BP 神经网络用户界面

6.2.4　村镇污水处理设施建设案例

本案例以在湖北省谷城县堰河村完成的村庄污水处理设施建设为例。

1. 堰河村污水特性分析

堰河村污水为生活污水，污染物浓度较低，可生化性较好，污水中含有一定氨氮、磷，设计的处理工艺应具有除磷脱氮的功能。

2. 污水处理工艺选择原则

在污水处理站设计时应充分考虑村镇污水的特点、原污水处理设施及构筑物的可利用性，遵循以下原则：①选择工艺可靠，设备配备先进，运行费用合理的方案；②采用适当水平的自动化控制系统，保证处理效果和减轻劳动强度，减少工程投资和运行费用；③尽量利用现有构筑物及设备，减少占地面积和工程投资；④增加必要的处理设施，确保出水水质达标。

3. 基于 GA-BP 的堰河村污水处理方案优选

目前处理农村生活污水多以生物处理为核心的二级生物处理系统。即采用生化法处理法，可以达到理想的有机物去除率(COD 去除率可达 80%～90%，BOD 去除率可大于 90%～95%)，而且不需要任何化学药剂，日常运行费用也较低。根据现场调研结果，对于堰河村的新村组团污水处理工程可有 4 种供选择的建设方案：方案一：A^2/O 工艺；方案二：生物一体化池＋生态池工艺；方案三：沉淀池＋人工湿地工艺；方案四：厌氧滤池＋人工湿地工艺。

应用 6.2.3 节建立的 GA-BP 村镇污水处理方案优选方法，对堰河村污水处理方案进行优选比较，并判定结果是否符合实际。

1）评价指标计量比较

对堰河村污水处理可行性研究报告中的方案进行比较。将 4 个方案的经济、技术、管理各类指标按图 6.5 和提出的计量方法进行计算，各方案计算结果比较见表 6.4。

表 6.4　堰河村污水处理方案优选评价指标比较

准则层	工程经济性						
指标层	基本建设投资/（万元/t）			基本运行费用/（元/t）		基本运行能耗/（kW·h/t）	
方案一	1.067			0.850		0.761	
方案二	0.600			1.180		0.820	
方案三	0.521			0.932		0.813	
方案四	1.152			1.230		0.912	
准则层	工程技术性						
指标层	COD 去除率/%	BOD 去除率/%	氨氮去除率/%	总磷去除率/%	污泥处置率/%	工艺成熟程度	自动化程度
方案一	81	86	70	75	95	0.82	0.90
方案二	79	82	80	85	90	0.75	0.80
方案三	68	72	65	70	85	0.73	0.70
方案四	83	89	75	80	85	0.70	0.78
准则层	工程管理性						
指标层	操作难易程度			运行安全性		运行稳定性	
方案一	0.55			0.83		0.60	
方案二	0.70			0.92		0.78	
方案三	0.80			0.95		0.75	
方案四	0.65			0.75		0.68	

2）建立评价模型和基于模型的 CUI

运用所建评价模型，通过式（6.1）对表 6.4 中的数据进行归一化处理。归一化结果见表 6.5。

表 6.5　堰河村污水处理方案优选评价指标归一化处理结果

准则层	工程经济性		
指标层	基本建设投资/(万元/t)	基本运行费用/(元/t)	基本运行能耗/(kW·h/t)
方案一	0.672	0.553	0.407
方案二	0.421	0.730	0.430
方案三	0.379	0.597	0.428
方案四	0.718	0.757	0.467

准则层	工程技术性						
指标层	COD 去除率/%	BOD 去除率/%	氨氮去除率/%	总磷去除率/%	污泥处置率/%	工艺成熟程度	自动化程度
方案一	0.690	0.739	0.557	0.678	0.864	0.742	0.812
方案二	0.669	0.693	0.671	0.767	0.845	0.680	0.724
方案三	0.538	0.578	0.500	0.633	0.774	0.662	0.636
方案四	0.713	0.773	0.614	0.723	0.774	0.636	0.706

准则层	工程管理性		
指标层	操作难易程度	运行安全性	运行稳定性
方案一	0.502	0.748	0.549
方案二	0.636	0.829	0.708
方案三	0.726	0.856	0.681
方案四	0.592	0.676	0.620

将 A^2/O 工艺中的指标数据作为 GA-BP 神经网络测试数据 a_1：

$$a_1=[0.672\ 0.553\ 0.407\ 0.690\ 0.739\ 0.557\ 0.678\ 0.864\ 0.786\ 0.812\ 0.502\ 0.748\ 0.549]$$

生物一体化池+生态池中的指标数据作为测试数据 a_2：

$$a_2=[0.421\ 0.730\ 0.430\ 0.669\ 0.693\ 0.671\ 0.767\ 0.846\ 0.680\ 0.724\ 0.636\ 0.829\ 0.708]$$

沉淀池+人工湿地中的指标数据作为测试数据 a_3：

$$a_3=[0.379\ 0.419\ 0.289\ 0.538\ 0.578\ 0.500\ 0.633\ 0.864\ 0.813\ 0.636\ 0.726\ 0.856\ 0.726]$$

厌氧滤池+人工湿地中的指标数据作为测试数据 a_4：

$$a_4=[0.718\ 0.757\ 0.467\ 0.713\ 0.773\ 0.614\ 0.723\ 0.774\ 0.751\ 0.706\ 0.592\ 0.676\ 0.620]$$

将 a_1、a_2、a_3、a_4 输入 GA-BP 神经网络图形用户界面测试数据输入面板表格中，单击 GUI 界面的“步骤六”开始进行网络测试，将 GA-BP 模型计算结果输送至 GUI 界面的测试数据输出表格中，计算结果见图 6.6。

因此，堰河村污水处理的最优方案为方案二，即生物一体化池+生态池工艺。

选择确定污水处理的最优方案后，作者团队与武汉金城环境工程公司密切合作，设计和施工了“一体化污水处理器-生态池”污水处理设施。

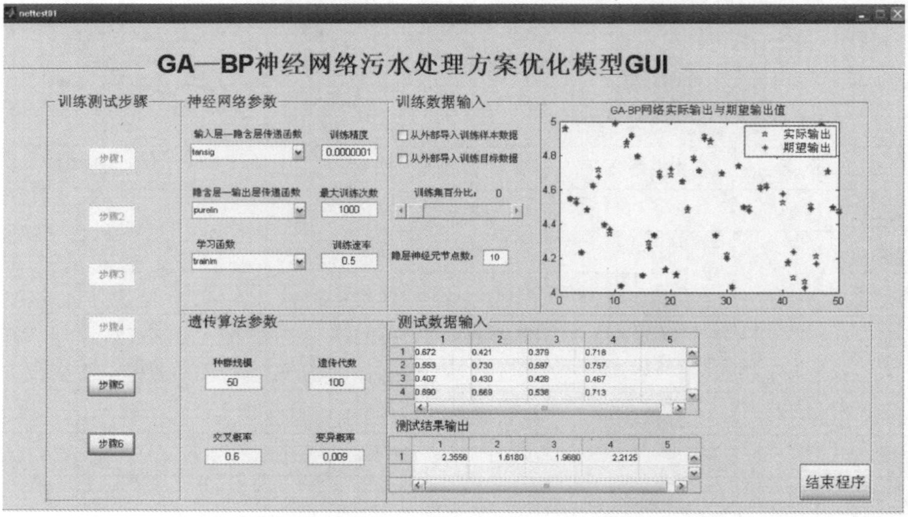

图 6.6　GA-BP 堰河村污水处理方案优选结果输出

堰河村污水处理设施建造实况见图 6.7。

图 6.7　堰河村污水处理设施建造实况(见文后彩图)

6.3　绿色村镇生活垃圾处理与设施建设

6.3.1　村镇生活垃圾的处理设施分类

1. 村镇生活垃圾的处理要求

生活垃圾无害化和减量化处理是绿色村镇环境基础设施建设的重要内容。绿色村镇生活垃圾收集与转运模式应执行“户分类、村收集、镇转运、县市处理”模式。村镇生活垃圾无害化处理的重点是垃圾的分类收集、密闭转运和有害垃圾单独收集、单独运输、单独处理。

国家发展和改革委员会发布的《“十三五”全国城镇生活垃圾无害化处理设施规划》提出，到 2020 年底我国建制镇生活垃圾无害化处理率要达到 70％以上。

为保护农地，农村地区一般不适宜建设卫生填埋场，如确有需要，选址、建设、填埋作业、管理、监测等应依照《生活垃圾填埋场污染控制标准》(GB 16889—2008)和相关标准的规定执行。

镇一级的生活垃圾填埋处理应首先进行有机垃圾分离，有机垃圾含量高、水分大的垃圾不应进行卫生填埋处置，而应采用堆肥处理方式。卫生填埋应确保分类后无机垃圾成分控制在 80％以上。

2. 村镇生活垃圾的设施分类

可参照《城市生活垃圾分类及其评价标准》(CJJ/T 102—2004)，结合当地垃圾特性和处理方式选择垃圾分类方式，建设和提供相应的垃圾处理设施。主要分类方法如下。

(1)采用卫生填埋处理垃圾的区域，应按可回收物、有害垃圾、大件垃圾和其他垃圾进行分类。

(2)采用堆肥处理垃圾的区域，可按可回收物、可堆肥垃圾、有害垃圾、大件垃圾和其他垃圾进行分类。

(3)根据《农村生活污染控制技术规范》(HJ 574—2010)，村镇垃圾宜采用农业果蔬、厨余和粪便等有机垃圾(可进入户用沼气池)和剩余以无机垃圾为主的简单分类方式进行分类。

3. 垃圾桶与垃圾箱的设置

村镇生活垃圾分类是在生活垃圾的产生源头农户内，将垃圾分为有机垃圾、可回收废品、不可回收垃圾和危险废物 4 类，实现生活垃圾的源头减量化的分类方式。

常用的村镇生活垃圾分类收集设施主要是户用垃圾桶，每户村民配备 2 个垃圾桶用于盛放有机垃圾和不可回收垃圾，垃圾桶容量以 6～8L 为宜。镇区每一垃圾箱的服务半径宜为 50～80m。分类收集的垃圾桶(箱)应加盖并防渗漏，有明显的标识。

4. 垃圾收集点的设置

镇(乡)建成区垃圾收集点的服务半径不宜超过 100m，村庄垃圾收集点的服务半径不宜超过 200m。

5. 垃圾收集车的配备

村镇生活垃圾可采用厢式人力(或机械)收集车收集，人力垃圾收集车有效容积为 0.5～1m^3，有效装载量约 0.2～0.5t；机械式收集车的有效容积为 2～5m^3，有效装载量 1～2t。

6. 垃圾转运站的建设

村镇生活垃圾转运是将收集到垃圾收集站/池的垃圾，通过预处理装箱、运输至城市垃圾处理场/厂或集中垃圾处理场/厂的过程。主要建设内容包括垃圾转运集装箱、垃圾转运车，对于转运过程中运输距离大于 5km 的转运站，原则上需要设立于垃圾收集量适应的垃圾压缩装置。

镇(乡)设置垃圾转运站。垃圾转运站的覆盖范围一般为 5km 以内，面积不小于 100m^2，且能够满足储存每日产生的全部垃圾。

采用小型转运站转运的城镇区域按每 2～3km^2 设置一座小型转运站。小型垃圾转运站的设计转运量为≤50t/d 或 50～150t/d。

6.3.2 村镇生活垃圾的主要处理方法

1. 填埋处理

(1)农村地区村镇一般不适宜建设卫生填埋场。如确有需要，选址、建设、填埋作业、管理、监测等应依照现行的国家标准《生活垃圾填埋场污染控制标准》(GB 16889—2008)和相关标准的规定执行。

(2)镇一级的生活垃圾填埋处理应首先进行有机垃圾分离。有机垃圾含量高、水分大的垃圾，不应进行卫生填埋处置，而应采用堆肥处理方式。卫生填埋应确保分类后无机垃圾成分控制在 80%以上。

(3)采用就地填埋处理的村庄应实行更为严格的垃圾分类制度。严格控制分类后剩余无机垃圾的有机物的含量在 10%以下。以砖瓦、渣土、清扫灰等无机垃圾为主的垃圾，可用作农村废弃坑塘填埋、道路垫土等材料使用。

(4)填埋场应进行防渗处理。防止对地下水和地表水的污染，同时还应防止地下水进入填埋区。填埋区防渗系统应铺设渗沥液收集和处理系统，并宜设置疏通设施。

2. 堆肥处理

村镇宜选用规模小、机械化程度低、投资及运行费用低的简易高温堆肥技术和设施。垃圾堆肥应基本做到以下几点：①有机物质含量≥40%；②保证堆体内物料温度在 55℃以上保持 5～7d；③堆肥过程中的残留物应实行农田回用。

生活垃圾堆肥处理技术执行现行规范《生活垃圾堆肥处理技术规范》(CJJ 52—2014)。

3. 沼气池处理

对农户的有机垃圾可进入户用沼气池进行厌氧处理。

4. 资源化和无害化处理

村镇生活垃圾的资源化利用是指在开展垃圾“户分类”基础上，先对不能利用的垃圾定期清运并进行无害化处理，再对其他垃圾通过制造沼气、堆肥或资源回收等方式，按照“减量化、无害化”的原则实现生活垃圾资源化利用。

村镇生活垃圾的无害化处理是指卫生填埋、焚烧和资源化利用(如制造沼气和堆肥)。绿色村的生活垃圾无害化处理率需达到 100%；绿色镇的生活垃圾无害化处理率需≥95%。

村镇生活垃圾无害化处理率计算方法为

$$\text{生活垃圾无害化处理率}(\%)=\frac{\text{生活垃圾无害化处理量}(\mathrm{t})}{\text{生活垃圾产生总量}(\mathrm{t})}\times 100\% \tag{6.5}$$

6.3.3　村镇垃圾处理与设施建设案例

以湖北省谷城县堰河村垃圾处理为例。从 2004 年起堰河村就开始进行生活垃圾分类收集和转运，从农户的垃圾源头开始，每户设置 2 个垃圾桶，每天由村里的专职保洁员使用人力车进行收集。有机垃圾由农户自行通过沼气池处理；无机垃圾由保洁员在垃圾收集点进行二次分类，可回收垃圾集中卖给回收站，所得收入作为保洁员的劳动收入；有害垃圾单独收集并送镇里集中处理。

堰河村的生活垃圾分类收集和演变见图 6.8。

2007年　　2008年　　2009年　　2010年

图 6.8　堰河村的生活垃圾分类收集和演变(见文后彩图)

6.4　绿色村镇清洁能源利用与设施建设

6.4.1　村镇清洁能源利用的设施类型

清洁能源利用程度是衡量绿色村镇环境基础设施建设和管理水平的重要标志。目前我国农村村镇常用的清洁能源利用设施主要分为 6 种类型：①太阳能利用设施；②生物质能利用设施；③风能利用设施；④水能利用设施；⑤海洋能利用设施；⑥地热能利用设施等。见表 6.6。

表 6.6　我国村镇主要清洁能源设施和技术利用

清洁能源设施	设施系统分类	清洁能源技术利用
太阳能利用设施	太阳能热水系统	真空管式太阳能热水器
		平板式太阳能热水器
	太阳能灶	箱式太阳灶、平板式太阳灶、聚光太阳灶、内太阳灶
	太阳能供热采暖和制冷系统	日光节能温室
		太阳房建造技术
		太阳能供热采暖技术
	太阳能光伏发电系统	建筑附加光伏(building attached photovoltaic，BAPV)
		建筑集成光伏(building intergrated photovoltaic，BIPV)

续表

清洁能源设施	设施系统分类	清洁能源技术利用
生物质能利用设施	沼气系统	户用沼气应用技术
		大中型沼气工程
		生活污水净化沼气池
	秸秆能源化利用系统	秸秆沼气集中供气技术
		秸秆固化成型燃料制作
		秸秆热解气化集中供气技术
		直燃发电和秸秆干馏技术
		软秸秆炭化生产加工技术
		硬秸秆炭化生产加工技术
	生物质能发电系统	适合农林废弃物直接燃烧发电、农林废弃物气化发电、垃圾焚烧发电、垃圾填埋气发电、沼气发电
风能利用设施	小型风力发电系统	应用小型风力发电机组，供农牧民和渔民分户使用
	风能提水排水系统	适合在风能丰富区农村的提水灌溉和土地改良暗管排水等用途
水能利用设施	微型水力发电系统	具有经济性能好，使用方便，对自然生态改变小等技术特点
海洋能利用设施	海洋能发电系统	包括潮汐能、波浪能、潮流能、温差能等利用技术，适合于沿海和岛屿型村镇
地热能利用设施	地源热泵系统	地下土壤源热泵、地下水源热泵、地表水源热泵技术

6.4.2　村镇沼气利用的创新模式案例

1. 恭城县村镇沼气能源利用发展概况

恭城瑶族自治县位于广西桂林市东南部，是国家级可持续发展实验区和国家级生态示范区。恭城县的清洁能源利用包括风能利用和大规模农户的沼气利用，恭城县的农村清洁能源利用被联合国确认为“发展中国家农村生态经济发展典范”，并被称为“恭城模式”在发展中国家中推广。

恭城县沼气池修建源于 1979 年的黄岭村，到 2000 年沼气池已遍布于 9 个乡镇，入户率达到 73%，形成了以沼气利用为纽带的“养殖—沼气—种植”三位一体的生态农业产业链，实现了“生态农业—生态保护”“养殖—沼气—种植”“经济—社会”的三个良性循环。全县的沼气入户率达 89.5%以上，在全国农村沼气利用方面居领先水平，并率先探索建立了沼气“全托管”公司化运作模式，取得很好成果。

2. 恭城县村镇沼气“全托管”运营模式

1)沼气全托管运营模式的建立

以恭城县栗木镇建安村兰家屯为例。兰家屯有农户 53 户，建有沼气池 53 座，进行“全托管”运营模式试点前，有 9 户由于进料口开裂、发酵系统损坏等问题而停用沼气，同时由于缺少发酵原料、管道老化、灶具需更换等问题，全部 53 户都不能正常使用沼气。2015 年恭城县开始进行沼气使用的“全托管”运营模式试点，兰家屯被确定为试点村屯之一，有 50 户农户加入了沼气全托管试点。

恭城县的沼气全托管运营模式包括沼气池建成后运营的三大部分“全托管”。该模式已在恭城县推广。

(1)进出料全托管。

兰家屯建立了沼气服务网点，把进出料工作全部委托网点管理。网点分别与兰家屯周边的三个大型养殖场及沼气用户达成协议，由服务网点负责从养殖场向兰家屯 50 户签约农户输送沼气原料，每月定时进料 2 次，确保沼气用料，保证沼气用户正常使用。同时，网点负责每月为农户出料 1 次，每年为农户抽渣 1 次，确保沼气高效运行。

(2)维护全托管。

网点负责沼气设施的正常运行，负责为签约农户对沼气池、沼气灶、沼气灯、沼气输配气管道及部件出现的问题进行检修和维护，为农户提供长效、周到和诚信服务，网点接到通知 48h 内到达农户用气现场，帮助及时排除故障。

(3)实行计量消费。

网点负责人向每户农户收取 200 元保证金，通过安装流量表，实行计量消费，农户按每立方米 2.0 元向网点交费，保证“一日三餐”生活用能。

2)沼气全托管运营的效益评价

(1)社会效益。全托管模式试点从根本上解决了农户家用沼气池普遍存在的用料不足、维护技术不足等问题，为农户沼气长效运转和模式推广提供了成功范例，对绿色村庄清洁能源利用设施的建设管理做了有益探索。

(2)环境效益。以网点为中介，在保证沼气正常运转的同时，解决了养殖大户禽畜粪便难处理造成的环境污染问题；农户在正常使用沼气的过程中，可有效消化生活垃圾、坏果、村屯禽畜粪便等有机垃圾；沼渣沼液用于农业生产，提高了土壤肥力，减少化肥的施用，减轻了对土壤的污染，对保护农村生活生产环境、建设绿色清洁乡村起到促进作用。

(3)经济效益。在运营方网点方面，以一家四口人计，每户月平均用气量约 $30m^3$，与兰家屯签约用户 50 户，每户月交费 60 元，网点每月可收费 3000 元。在用气农户方面，若使用液化气约每月 1 罐，价格 125 元，使用沼气每月约可节省开支

65元，每年可节约780元，全屯每年共可节约能源开支约3.9万元。实现了经济效益的双赢。

3.公司化运营“三位一体”沼气利用模式

1)“沼气代柴”试点村

黄岭村是恭城县第一个进行“沼气代柴”的试点村。经过30多年的努力，黄岭村的沼气利用已从猪粪、牛粪入池产气，沼气入室做饭、照明，沼渣、沼液进果园的“猪—沼—果”小“三位一体”的庭院经济模式，发展到“规模化养殖＋公司化沼气全托管＋集约化种植”的大“三位一体”生态农业发展模式和沼气利用推广模式。

2)公司化运营模式

现在黄岭村的沼气利用已全面采用公司化运营模式。主要流程是：政府引入沼气服务公司，公司与大型养殖场合作，购买养殖场的牲畜粪便并进行无害化处理后作为沼气池的原料，把农户沼气池进料、出料、维护实行“全托管”，农户只管刷卡用气，沼气池产生的沼液、沼渣由公司处理为有机肥料，提供给规模种植场及种植大户。实施大“三位一体”的生态农业生产模式后，促进了村镇清洁能源的长效可持续利用，实现了农户受益和公司发展共赢。

6.5　绿色村镇绿化与景观设施建设

1.村镇绿化与景观设施的建设内容

绿化与景观设施是绿色村镇环境基础设施建设和环境保护的重要内容。

(1)村镇绿化设施建设。包括：绿化种植项目、公共绿地建设、村镇防护绿地建设、古树名木保护设施、河(溪)流景观整治等。

(2)村镇景观设施建设。包括：村镇建筑形态和建筑风格设计、传统村落保护、公共空间及景观小品建设、环境卫生设施建设等。

2.村镇绿化与景观设施的建设要求

1)纳入镇规划和村庄规划

应结合不同区域特点，将村镇绿化和景观设施建设纳入绿色镇规划和绿色村庄规划的内容。

2)村镇建成区的绿化要求

(1)村镇建成区绿化种植应以常绿树与落叶树相结合的乔木为主，注重乔、灌、草相结合。

(2)村镇公共绿地宜选择乡土植物，体现农村自然田园景观。在公共绿地内设置必要的活动场地和健身设施，也可结合公共绿地建设建立科普专栏和公共娱乐设施。

(3)村镇绿地内的雕塑、景观小品的题材、形式、材料和体量应与所处环境相协调。村镇绿地内的照明宜采用节能灯具。鼓励村民在自家庭院或住宅附近修建小型景观小品和营造休憩空间。

(4)村镇的古树名木及生长环境应妥善保护，可设立围护栏或砌石等并设置标志牌。

3)村镇公共空间及小品建设要求

(1)绿色村镇的公共空间形态应活泼自由，便于村民进行各种公共活动。

(2)场地内配套的相关设施应设置醒目标识。公共空间设置的各种标识应不妨碍行人交通并与景观环境相协调。

(3)村镇的公共空间内应合理设置废物箱分类收集垃圾。

(4)符合条件的开敞空间建设可与应急避难场地建设结合，设置安全通道。

4)村镇自然与历史文化遗产保护要求

(1)应建立切实可行的措施，保持村镇自然景观的原真性和完整性。

(2)保护和科学利用能体现当地民俗、民风并具有代表性的生活和生产景观要素。

(3)对古镇、古村落、优秀传统民居进行整修和保护。

5)村镇河(溪)流景观建设要求

(1)保持河道自然状态，满足泄洪排涝要求。护坡宜根据不同功能要求选择相应形式。砌石护坡宜选用地方石材，生态护坡宜采用种植袋(笼)或生态砖等。

(2)河岸景观整合以自然植被景观为主，配合亭台、吊桥等人造小品，营造适宜群众休闲散步的生态廊道。

(3)现状坑塘以保持自然状态为主，保持其完整的生态系统，不应过度利用和随意填埋。

6.6 绿色村镇防灾减灾与预警设施建设

6.6.1 村镇防灾减灾设施建设的要求

防灾减灾设施建设是绿色村镇环境基础设施建设的必备内容，是保证村镇居民生活生产安全的和社会经济可持续发展的必要设施。

1. 村镇常见灾害类型

灾害根据起因一般可分为人为灾害和自然灾害两大类。人为灾害指主要由人为因素引发的各种灾害，如自然资源衰竭灾害、环境污染灾害、火灾、交通灾害、卫生疫情灾害、战争灾害等。自然灾害是指给人类生存带来危害或损害人类生活环境的各种灾害，根据灾害发生的原因和机理又可分为地质灾害、气象灾害、环境灾害等。

2. 绿色村镇防灾减灾设施建设内容

绿色村镇防灾减灾设施建设以增强村镇抵御自然灾害的能力为目的，还应综合考虑增强抵御人为灾害的能力。重点建设内容有：消防设施、防洪设施、抗震防震设施、防风减灾设施等，还应建立切实有效的防灾预警措施。

绿色村镇防灾减灾设施建设应特别重视村庄防灾减灾。绿色村庄应建有完善的自然灾害类型防灾设施和避灾场所，有健全的自然灾害救助应急预案管理制度，配备义务救灾员和义务消防员，1～3 年组织一次应急演练。

6.6.2　村镇消防设施建设和预警措施

1. 村镇消防设施建设

绿色村镇的消防安全设施建设应符合《镇规划标准》(GB 50188—2007)、《农村防火规范》(GB 50039—2010)和《建筑设计防火规范》(GB 50016—2014)的要求。

1)村镇消防车道

村镇消防车道设置应符合现行国家标准《建筑设计防火规范》(GB 50016—2014)的要求。

(1)车道的净宽度和净空高度均不应小于 4.0m。

(2)转弯半径应满足消防车转弯的要求。

(3)消防车道与建筑之间不应设置妨碍消防车操作的树木、架空管线等障碍物。

2)村镇农房建筑防火

农村建筑的耐火等级不宜低于二级，应符合现行国家标准《建筑设计防火规范》(GB 50016—2014)的要求。

(1)农房住宅防火设施。存放柴草等材料和农具、农用物资的库房宜独立建造；与其他用途房间合建时，应采用不燃烧实体墙隔开。

(2)公共建筑防火设施。防火分区和安全出口的个数应符合现行国家标准《建筑设计防火规范》(GB 50016—2014)要求不少于 2 个。

3)村镇消防点(站)设置

村镇应根据规模、区域条件、经济发展状况及火灾危险性等因素设置消防站和消防点。消防站的建设和装备可按有关消防站建设标准执行。

(1)有固定的地点和房屋建筑，并有明显标识符号。

(2)配备消防车、手抬机动泵、水枪、水带、灭火器、破拆工具等全部或部分消防装备。

(3)寒冷地区采取保温措施。

4)消防水源设置

村镇应设置消防水源。具备给水管网的村镇,应设置室外消防给水系统;不具备给水管网的村镇应建设消防水池或利用天然水源。

5)室外消火栓设置

(1)当村庄在消防站(点)的保护范围内时,室外消火栓栓口的压力不应低于0.1MPa;当村庄不在消防站(点)保护范围内时,室外消火栓应满足其保护半径内建筑最不利点灭火的压力和流量的要求。

(2)消防给水管道的管径不宜小于100mm。

(3)消防给水管道的埋设深度应根据气候条件、外部荷载、管材性能等因素确定。

(4)室外消火栓间距不宜大于120m;三、四级耐火等级建筑较多的农村,室外消火栓间距不宜大于60m。

(5)寒冷地区的室外消火栓应采取防冻措施,或采用地下消火栓、消防水鹤或将室外消火栓设在室内。

(6)室外消火栓应沿道路设置,并宜靠近十字路口,与房屋外墙距离不宜小于2m。

2. 村镇消防预警措施

(1)设置火灾报警电话并与城市消防指挥中心及供水供电供气等部门有可靠通信联络方式。

(2)建立专职、义务或志愿消防队伍。

(3)定期进行消防知识宣传和消防演练。

(4)制定切实可行的火灾防治应急预案。

6.6.3 村镇防洪设施建设和预警措施

1. 村镇防洪设施建设

村镇防洪设施建设应符合《镇规划标准》(GB 50188—2007)和《防洪标准》(GB 50201—2014)等国家标准的要求。

村镇洪灾的主要类型有河洪、海潮、山洪和泥石流等。

村镇大都位于自身无防洪能力需要采取防洪措施保护其安全的乡村防洪保护区。乡村防护区应根据人口或耕地面积分为4个防护等级,各类等级分别对应4

类防洪标准[即重现期(年)],其中:Ⅰ级防护等级的防洪标准为50～100年,Ⅱ级为30～50年,Ⅲ级为20～30年,Ⅳ级为10～20年。详细划分方法见《防洪标准》(GB 50201—2014)的要求。

村镇防洪避水设施主要有:围埝、安全台、避水台、避洪房屋等。

修建围埝、安全台、避水台等就地避洪安全设施的安全值应符合《镇规划标准》(GB 50188—2007)的要求。应保证发生可能最大洪水时的安全。

村镇避洪房屋应符合现行国家标准《蓄滞洪区建筑工程技术规范》(GB/T 50181—2018)的有关规定。

村镇防洪减灾工程包括河岸整治、河道疏浚、堤坝修建、圩垸防洪工程等。对易受内涝灾害的村镇,其排滞工程应与排水工程结合建设。

村镇防洪救援设施包括应急疏散点、医疗救护、物资储备和报警装置等。

2. 村镇防洪预警措施

村镇防洪预警措施应包括:①建立防洪预警机制;②进行防洪避险演练;③进行防洪科普知识普及教育等。

6.6.4　村镇抗震防震设施建设和预警措施

1. 村镇抗震防震设施建设

村镇抗震防震设施建设应符合《镇规划标准》(GB 50188—2007)、《地震应急避难场所场址及配套措施》(GB 21734—2008)和《建筑抗震设计规范》(GB 50011—2010)的要求。

1)生命线工程和重要设施

(1)交通、通信、供水、供电、能源、消防、医疗等设施和食品供应必须得到充分保障。

(2)镇区和村庄人员密集区域和地段应设置多个不同方向的出入口。

(3)村镇设置抗震防灾应急指挥机构应设置备用电源。

(4)合理设置避震疏散场地。疏散场地应与广场、绿地等设施建设综合考虑,并符合《镇规划标准》(GB 50188—2007)的各项规定。

2)地震应急避难场所及配套设施

(1)场址选择合理。可选择广场、绿地、体育场所、空地等作为村镇地震应急避难场所,地震应急避难场所应有方向不同的两条以上与外界相通的疏散道路,且符合《地震应急避难场所场址及配套措施》(GB 21734—2008)中的安全性要求。

(2)设施配置齐全。村镇地震应急避难场所应具备必要的基本设施配置,包括:应急篷宿区设施、医疗救助与卫生防疫设施、应急供水和供电设施、应急排污系统和厕所、应急垃圾储运设施等，且符合《地震应急避难场所场址及配套措施》(GB 21734—2008)中的设施配置要求。

2. 村镇震灾预警措施

村镇震灾预警措施应包括：①建立地震预报预警机制；②进行防震避险演练；③进行抗震防震科普知识普及教育等。

6.6.5 村镇防风减灾设施建设和预警措施

村镇防风减灾建设应符合《镇规划标准》(GB 50188—2007)、《气象灾害防御条例》国务院令 570 号(2017)等要求。

1. 风灾易发地区设施建设

易形成风灾地区的镇区和村庄，应在迎风方向的边缘选种密集型的防护林带，且符合《防风固沙林工程设计规范》(GB 51085—2015)的要求。大风(沙尘暴)、龙卷风多发地区的村镇，应加强防护林和紧急避难场所建设，定期检查建(构)筑物防风避险情况。

2. 台风易发地区设施建设

易形成台风灾害的滨海地区和岛屿镇区和村庄，应修建抵御风暴潮冲击的堤坝，加强海塘、堤防、避风港、防风林、避风锚地、紧急避难场所等建设，做好人员转移准备。

3. 风后暴雨排水设施建设

镇区和村庄应按最大降水量统一建设排水系统，确保风后暴雨及时排除。

4. 风灾预报应急预案措施

村镇风灾预报应急预案措施应包括：①建立台风大风预报信息网；②制定风灾应急预案；③配备医疗和救援设施等。

6.6.6 村镇防灾减灾及预警设施建设案例

以海南省澄迈县福山镇的绿色建设示范镇防灾减灾及预警设施建设为案例。福山镇概况见本书 5.3.2 节。

1. 福山镇防灾减灾规划

福山镇的防灾减灾规划分为镇区和镇域两部分，规划重点内容有：①设立综合防治应急指挥中心；②建设防治疏散通道和疏散场地；③设置洪水水位警戒线；④保障灾害防治医疗用地；⑤重点建筑设施保护，如消防管道、通信设施、学校、医院、变电站等。

2. 福山镇消防设施建设和预警措施

(1)明确消防任务和消防队伍。按照公共安全行业标准《乡镇消防队标准》(GA/T 998—2012)，落实各项消防任务。

(2)加强消防水源和消火栓设施建设。重点是旅游接待区和老街区的消防水源和消火栓建设。

(3)重视建筑物内部消防设施建设。镇区内新建的各种建筑物要求符合国家和海南省规定的建筑耐火等级和消防设施要求。

(4)消防车道建设符合国家有关规定要求。

(5)设置有火灾报警电话和监测报警系统，制定有火灾应急预案，在旅游景点区和社区设置有明显防火标识。

3. 福山镇防洪设施建设和预警措施

(1)镇区防洪设施符合设防标准。按20年一遇的设防标准进行建设，按50年一遇标准校核。镇区建设用地均高出福山水库校核水位(78.0m)的2m以上。

(2)注重水利防洪设施维护管理。加强对福山水库和松涛水库干渠的管理，确保泄洪通道及河道畅通，以便发生洪涝灾害时洪水能及时顺畅排出。

(3)重视排水治涝。镇区排水治涝按国家标准《室外排水设计规范》(GB 50014—2006)的规定，取为一年一遇10min暴雨所对应的雨水流量。

(4)福山镇其他防洪设施建设和预警措施按澄迈县要求统一设置，符合国家和海南省防洪要求。

4. 福山镇抗震防震设施建设和预警措施

(1)重视建设项目和村庄选址。福山镇位于基本地震烈度7度区域，地震加速度为0.15g，在新建项目及村庄选址时，要求避开地震断裂带和地震活跃区，严格按《建筑抗震设计规范》(GB 50011—2010)建设。

(2)重视村镇危房抗震加固。指导村镇居民建设符合抗震要求房屋，对危房及时采取拆除及加固措施。

(3)重视防灾生命线设施建设。按规划建设有较完备的供水、供电、交通、电力、电讯、桥涵等防灾基础设施，和公共服务设施及旅游接待设施的防灾应急方案。

(4)重视普及防震减灾科普知识，提高村镇住宅建筑抗震能力和村镇居民灾害自救能力。

5. 福山镇防风减灾设施建设和预警措施

(1)统一安排建设福山镇的防风减灾设施。

(2)重视台风预警信息传播系统的规划建设。通过分析台风的动向、登陆地点和时间,及时发布台风预报、台风警报或紧急警报;通过预案建立有效部门联动机制,基本实现台风灾害预警信息发布后 15min 内传送到各部门的安全责任人员。

(3)提高台风灾害应急处置能力。基本实现台风灾害预警信息发布后 30min 内进学校、工地、企业、村(居)委会和公共场所;每年开两次安全宣传和检查会议,分发防灾宣传手册给每户居民,提高群众主动防御台风灾害的能力。

参考文献

[1] Yam Y F, Chow W S. A weight initialization method for improving training speed in feed-forward neural network[J]. Neurocomputing, 2000, 30: 219-232.

第 7 章　村镇绿色建筑的建设与改造

村镇绿色建筑建设与既有农房绿色改造是绿色村镇建设的主要内容。本章分析村镇绿色建筑建设的概念与特征，提出村镇绿色建筑设计的基本要求和节能设计方法；提出村镇绿色建筑建造的 7 类关键技术；分析村镇既有农房的维修改造属性、房屋耐久年限和维修改造工程类型，提出既有农房绿色改造的技术方法。

绿色建筑的建设与改造是绿色村镇建设中的主要建设活动。我国农村的房屋建设已从数量快速增长型向建筑功能质量提高型方向转变，在村镇绿色建筑的建设与改造过程中，既要提高建筑全寿命期内的节能、节地、节水、节材、环境保护等性能，还应体现绿色建造方法的效果可监测性和可评价性。

7.1　村镇绿色建筑的设计

7.1.1　村镇绿色建筑建设的概念特征

1. 村镇绿色建筑建设的概念

村镇绿色建筑（green building in village and town），是指在建筑建造和使用全寿命期内，节约资源（节能、节地、节水、节材）、保护环境、减少污染，为农民提供健康、适用、高效的使用空间，最大限度地实现人与自然和谐共生的乡村建筑。

村镇绿色建筑是乡村可持续建筑（rural sustainable building）的一种建设类型，其设计和建造应以可持续发展为指导。可持续建筑是指在建筑的规划设计、施工建造、使用管理和拆除回收全过程，按照可持续发展观和可持续发展要素建造的建筑。可持续建筑的评定原则包括：资源的应用效率、能源的使用效率、污染的防止、环境的和谐等原则。

2. 村镇绿色建筑建设的特征

村镇绿色建筑的建设方式具有与城市不同的特征。村镇农民建房大都采用以村镇集体规划用地、村镇居民或村集体自己投资、自行组织建造为主的方式建设，在绿色建筑的设计标准、施工方法和运行管理等方面，与城镇绿色建筑的统一标准设计、专业化施工、集中式管理建设方式有较大不同。因此，村镇绿色建筑的建设要适应农村不同区域条件、不同经济社会发展水平和不同建造技术方法，因地制宜开展。

村镇绿色建筑建设的主要对象如下。

（1）村镇农民的绿色居住建筑建设。如农民住宅、农家乐和农家客栈等。

（2）村镇集体所有的绿色公共建筑建设。如村公所、农民活动中心、旅游休闲度假建筑等。

（3）村镇各类既有旧建筑的绿色改造。

3. 村镇绿色建筑建设的要素

（1）节地与室外环境。包括项目选址、土地利用、室外课件、交通与公共服务、绿化美化等。

（2）节能与能源利用。包括建筑与围护结构、采暖通风与空调、照明与电气、清洁能源和可再生能源利用等。

（3）节水与水资源利用。包括平均日用水量、管网漏损情况、按照使用节水器具、合理使用非传统水源等。

（4）节材与材料资源利用。包括农房建筑体型系数、本地建材使用量、可再生和可再循环材料的使用量等。

（5）室内环境质量。包括声环境、光环境、室内温湿度、室内空气环境等。

7.1.2　村镇绿色建筑的设计基本要求

1. 重视建筑设计的布局选址

建筑布局选址是绿色建筑设计的首要环节，在设计中应根据当地实际情况，达到以下基本要求。

（1）村镇绿色建筑建设应统一安排、合理规划，体现当地风貌特色。

（2）居住建筑的建设应因地制宜、节约资源、保护环境，满足节能、节地、节水、节材的要求。

（3）居住用地应布置在空气污染源常年最小风频的下风侧和水污染源的上游，要相对集中，有效地使用土地和空间资源。

（4）住宅要有良好的自然通风，满足当地村镇建设管理部门规定的日照间距系数。

（5）在山区和丘陵区，建设场地坡度宜在25%以内，优先选择向阳的南、东南、西南方向坡面，避开滑坡、洪水冲沟、常年风口等地带，竖向处理采用筑台、错层、叠落、分层入口等灵活多样的建筑设计方法。

2. 满足绿色建筑的施工要求

建筑施工是实现绿色建筑功能的关键步骤，在设计中要结合农村建房特点，促进绿色建造功能的实现。

(1)控制建造成本。居住功能定位合理，面积合宜；住宅方正，功能紧凑，物尽其用，合理布置厨卫、储藏、交通空间，减少室内空间的需求。

(2)降低居住成本。住宅冬季要日照充足，朝向良好，夏季保持自然通风，布局通透；厨房、卫生间能够自然通风，排除废气，清洁卫生；选用当地保暖性能好的建筑材料，提高保温性能，降低能耗；采用太阳能热水、小型生活污水处理和重复利用、沼气等技术。

(3)有利农户生产。按照村镇农民所从事的不同产业，尽量提供与之相适应的生产空间和储藏空间，促进家庭产业发展。

(4)促进持续发展。村镇绿色建筑在设计建设之初就应充分留有功能提升余地和改造灵活性，既要降低建筑全寿命过程的建设和使用成本，又要避免建筑在短期内的频繁拆建，倡导百年农房建筑理念。

(5)实现节能生态。从建筑材料上选用当地方便实用、环保并可循环使用和低能耗的建材，选择适宜的规划布局和方位，利用自然通风、采光降低建筑能源的消耗。

3. 促进绿色功能的有机融合

村镇绿色建筑的核心功能是“四节一环保”，即节地与室外环境、节能与能源利用、节水与水资源利用、节材与材料资源利用、室内环境质量等5个要素。在设计中要统筹兼顾，不可偏废，通过功能组合与成本控制，实现总体绿色功能最优配置。

4. 鼓励建筑设计的农户参与

充分发挥村镇建设共同体的作用，鼓励农户居民积极参与设计，是村镇绿色建筑设计的重要方法。由图4.2和表4.1可知，规划建筑师是绿色村镇建设共同体的重要成员，是建设项目的策划者、建造方案的设计者和建设管理过程的参与者，应在建筑设计和施工管理全过程中，向农户宣传绿色建筑理念，征求建筑绿色功能需求，共同选择建筑设计方案，指导完成建筑绿色施工，协助村镇组织制定绿色社区管理方法等。

7.1.3　村镇绿色建筑的节能设计方法

节能设计是村镇绿色建筑设计的核心任务。村镇绿色建筑节能设计应包括建筑主体节能、建筑设备节能、节能材料利用、节能效率评价等内容。

1. 建筑主体节能设计

(1)合理选择建房地址。建筑选址布局应充分考虑当地气候、日照、风向等因素,为建造节能提供良好环境。

(2)确定建筑体形系数。在保证主体设计功能不变条件下,建筑物体形系数越小越有利于节能。

(3)围护结构节能设计。包括外墙节能、屋面节能、楼板节能和外门、外窗节能等。根据农村实际情况,建筑外墙节能设计可采取外墙外保温、外墙内保温或墙体自保温等不同方法;屋面节能设计可采用增加隔热材料、加盖空气隔热层或种植屋面等方法;楼板节能可采用普通楼板加玻璃棉毡的方式;外门、窗节能可根据当地条件采用节能材料制作,外窗宜采用双层中空窗,窗墙比不超过《民用建筑热工设计规范》(GB 50176—2016)规定的限值。

2. 建筑设备节能设计

应根据当地农村实际情况采取"因地制宜"和"低成本、高能效"的原则,在农民自愿条件下选择节能效率明显的建筑设备。建筑设备节能设计重点如下。

(1)采暖通风与空调节能。对不同气候分区的农房采用符合当地特点和经济发展水平的高效节能型采暖与通风方式,室内温湿度达到《民用建筑热工设计规范》(GB 50176—2016)的要求,选用节能环保型家用空调设备。

(2)照明与电气节能。选用节能型灯具和节能型家用电器。

(3)清洁能源和可再生能源利用。使用清洁的生物质炉灶、燃气灶具、沼气灶,使用液化石油气、天然气等清洁能源,使用太阳能、地热能、生物质能等可再生能源。

3. 建筑节能材料选择

(1)材料选择原则。保温性能好,无毒、阻燃,低造价,易施工。

(2)常用节能材料。目前常用的挤塑聚苯乙烯泡沫塑料板、玻化中空微珠防火保温砂浆、加气混凝土砌块、油毛毡等建筑节能材料都具有较好的保温隔热性能,且建造成本较低。

(3)屋面隔热材料。选择适合当地气候条件和经久耐用的保温隔热材料,采用种植屋面也有很好保温节能效果,还能美化居住环境。

4. 建筑节能效率评价

(1)符合节能设计要求。村镇绿色建筑节能设计须符合国家和当地的相关建筑节能设计规范及标准要求。与相同类型的未进行节能设计建筑相比，节能率不低于当地节能建筑的要求。

(2)建筑热工节能计算。建筑热工节能计算主要核定各分项规定性指标是否达到标准要求，包括：外墙平均传热系数、屋面的传热系数、地面热阻、窗墙比、可见光透射比、外窗、透明幕墙的气密性等。若规定性指标为满足要求，则需对建筑热工性能、建筑设备能耗等进行权衡计算。

7.1.4　堰河村绿色建筑节能设计案例

本案例为 2009 年完成的湖北省堰河村接待中心建筑绿色建筑节能项目设计方案。

1. 接待中心建筑节能设计概况

1)节能设计要求

湖北省襄阳市谷城县五山镇堰河村地处我国夏热冬冷地区，是典型的丘陵山地型村庄。堰河村的自然地理状况见 5.2.2 节。

按照 2006 年湖北省建筑节能设计规定，全省城镇新建建筑节能率要求达到 50%。堰河村新建建筑的节能率按上述要求进行设计。

2)设计基础数据

堰河新村接待中心节能设计的基本数据如下。

城市——谷城(北纬 32.3°，东经 111.6°，海拔 32.6m)；建筑朝向——南；建筑节能计算面积——779.66m^2；建筑表面积——1177.11m^2；建筑体积——3391.52m^3；体形系数——0.347；建筑层数——2；建筑物高度——8.7m。

接待中心的建筑大样图见图 7.1。

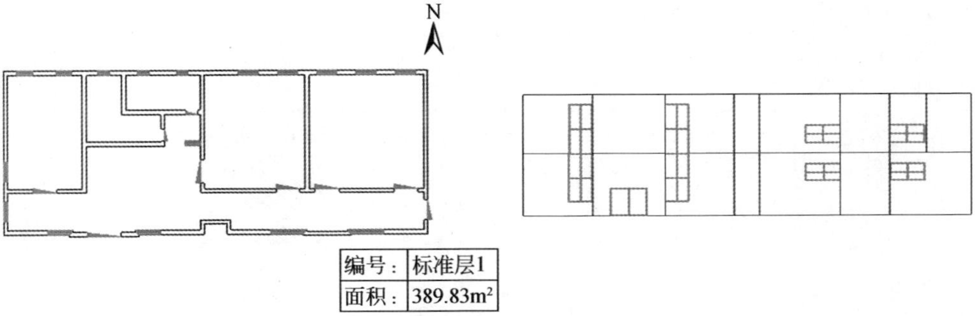

图 7.1　接待中心建筑大样图

接待中心围护结构保温墙体构造示意见图 7.2。

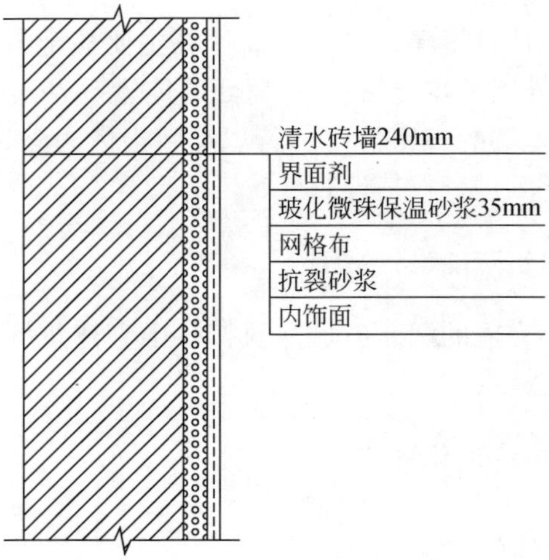

图 7.2　接待中心围护结构保温墙体构造示意

接待中心种植屋面结构示意图见图 7.3。

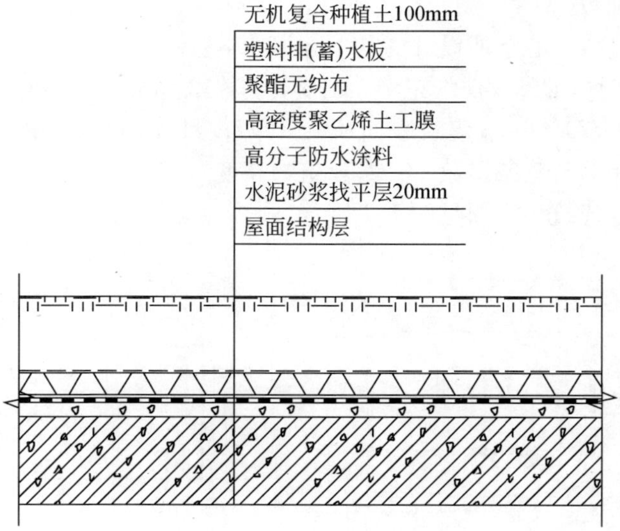

图 7.3　接待中心种植屋面结构示意

堰河村接待中心节能建筑设计图和建成实景见图 7.4。

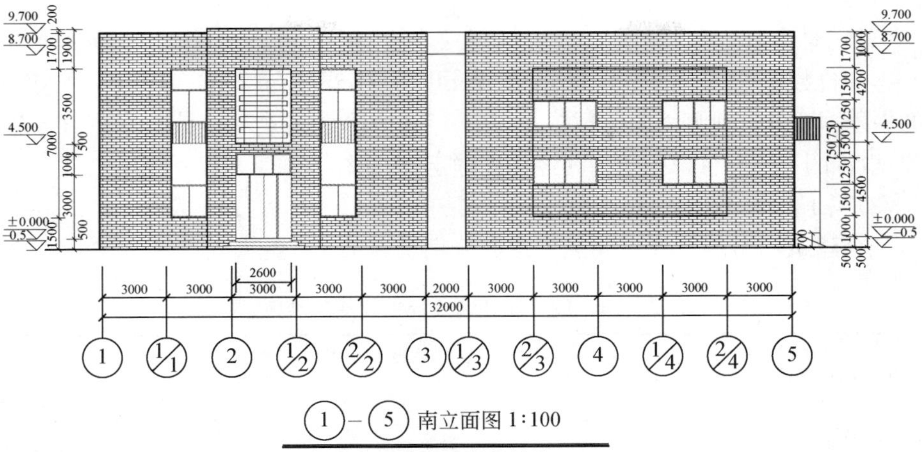

(a) 接待中心建筑设计图(单位：mm)

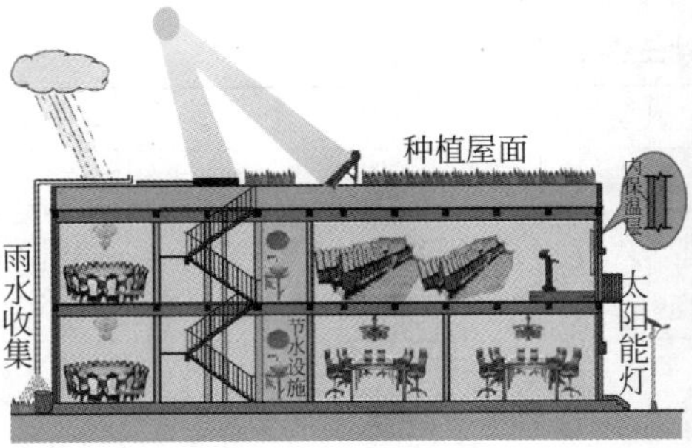

(b) 接待中心建筑节能概念设计

(c) 接待中心建成实景

图 7.4　接待中心节能建筑设计图和建成实景(见文后彩图)

2. 接待中心节能率评价

该建筑的节能率评价分为 3 个步骤:一是建立建筑模型;二是确定评价参数;三是能耗模拟计算。

1)建立建筑模型

本评价案例使用 Ecotect 软件建立了 3 个建筑模型,分别进行建筑能耗模拟计算和比较。

模型Ⅰ为设计建筑,是指堰河村接待中心。

模型Ⅱ为参照建筑 A,是指根据《公共建筑节能设计标准》(GB 50189—2005)对建筑围护结构热工性能进行权衡判断的相关参数要求设置的虚拟建筑。

模型Ⅲ为参照建筑 B,是指假定对设计建筑不进行任何节能设计的虚拟建筑。

2)确定评价参数

(1)气象参数。

本评价数据来源于世界气象组织(World Meteorological Organization, WMO)提供的中国鄂西地区典型气象年数据(CSWD)和《中国建筑热环境分析专用气象数据集》。设计的日照条件依据堰河村经纬度确定,即北纬 32.3°,东经 111.4°。

(2)热工参数。

三个建筑模型的设计主要热工参数分别见表 7.1～表 7.3。

表 7.1　屋面和外墙设计主要热工参数

围护结构部位	传热系数 $K/[W/(m^2 \cdot K)]$		
	设计建筑	参照建筑 A	参照建筑 B
屋面	0.58	0.7	4.17
外墙	1.35	1	2.37

表 7.2　外窗设计主要热工参数

围护结构部位(外窗)		主要热工参数					
		设计建筑		参照建筑 A		参照建筑 B	
朝向	窗墙比	传热系数 $K/[W/(m^2 \cdot K)]$	遮阳系数 SC	传热系数 $K/[W/(m^2 \cdot K)]$	遮阳系数 SC	传热系数 $K/[W/(m^2 \cdot K)]$	遮阳系数 SC
东	—	—	—	—	—	—	—
南	0.20	0.27	0.94	4.7	1	4.7	0.95
西	0.11	0.27	0.94	4.7	1	4.7	0.95
北	0.22	0.27	0.94	3.5	1	4.7	0.95

表 7.3　底面主要热工参数

围护结构部位	热阻 $R/(m^2 \cdot K/W)$		
	设计建筑	参照建筑 A	参照建筑 B
底面	0.21	1.2	0.21

3)能耗模拟计算

(1)基于 Ecotect 的建筑评价模型。

经过建模、赋予材质、输入参数等过程后,对三栋建筑模型进行能耗模拟计算。接待中心建筑模型见图 7.5,建筑能耗模拟计算过程见图 7.6。

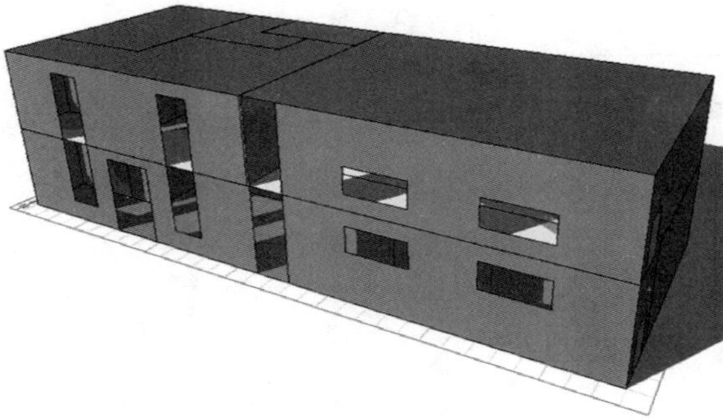

图 7.5　接待中心建筑模型

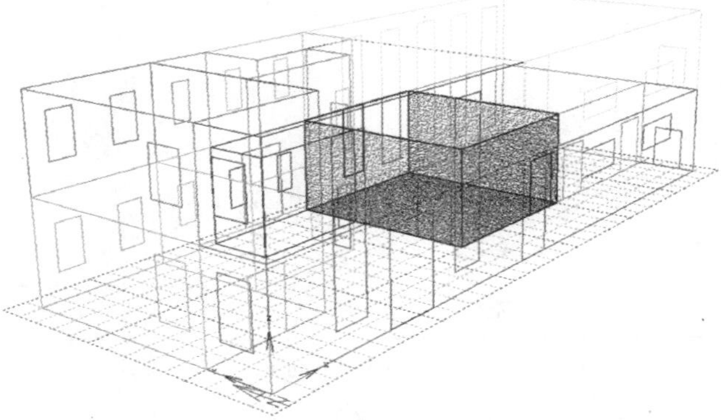

图 7.6　建筑能耗模拟计算过程

根据建筑模型计算所得数据分析分别见表 7.4～表 7.6。

表 7.4　设计建筑逐月能耗　　(单位:W·h)

月份	采暖	制冷	合计
1	5629567	0	5629567
2	3542061	0	3542061
3	2602230	0	2602230
4	247090	163702	410792
5	69540	1108599	1178139
6	0	2682796	2682796
7	0	4066986	4066986
8	0	4755627	4755627
9	0	1246168	1246168
10	140128	170940	311068
11	1766546	476	1767022
12	3712764	0	3712764
总计	17709926	14195294	31905220

注:最大采暖功率 41856W(1 月 12 日 8:00);最大制冷功率 34704W(6 月 29 日 14:00)。

表 7.5　参照建筑 A 逐月能耗　　(单位:W·h)

月份	采暖	制冷	合计
1	5754240	0	5754240
2	3603128	0	3603128
3	2633172	0	2633172
4	239173	210466	449639
5	68176	1384634	1452810
6	0	3152402	3152402
7	0	4731523	4731523
8	0	5496716	5496716
9	0	1489077	1489077
10	126584	241320	367904
11	1784701	14838	1799539
12	3758326	0	3758326
总计	17967500	16720976	34688476

注:最大采暖功率 42861W(1 月 12 日 8:00);最大制冷功率 38959W(6 月 29 日 14:00)。

表 7.6　参照建筑 B 逐月能耗　　(单位:W·h)

月份	采暖	制冷	合计
1	7019424	0	7019424
2	4568682	0	4568682
3	3409452	0	3409452
4	382563	223468	606031
5	123343	1496847	1620190
6	0	3444020	3444020
7	0	5118496	5118496
8	0	5912018	5912018
9	0	1609483	1609483
10	204355	200238	404593
11	2373664	15188	2388852
12	4706068	0	4706068
总计	22787551	18019758	40807309

注:最大采暖功率 56380W(1 月 12 日 8:00);最大制冷功率 47625W(6 月 29 日 15:00)。

(2)设计建筑围护结构热工性能评估。

①围护结构传热系数计算式为

$$K=\frac{1}{R_0} \tag{7.1}$$

$$R_0=R_i+R+R_e \tag{7.2}$$

式中,K 为围护结构传热系数,$W/(m^2 \cdot K)$;R_0 为围护结构总热阻,$m^2 \cdot K/W$;R_i 为内表面换热阻,$m^2 \cdot K/W$;R_e 为外表面换热阻,$m^2 \cdot K/W$;R 为围护结构的传热阻,$m^2 \cdot K/W$。

其中:$R_i=0.11(m^2 \cdot K/W)$,$R_e=0.04(m^2 \cdot K/W)$。

外墙平均传热系数计算式为

$$K_m=\frac{K_pF_p+K_{B1}F_{B1}+K_{B2}F_{B2}+K_{B3}F_{B3}}{F_p+F_{B1}+F_{B2}+F_{B3}} \tag{7.3}$$

式中,K_m 为外墙的平均传热系数,$m^2 \cdot K/W$;K_p 为外墙主体部位(主墙体)传热系数,$m^2 \cdot K/W$,取计算值;F_p 为外墙主体部位(主墙体)面积,m^2;K_{B1},K_{B2},K_{B3} 为外墙各热桥部位(构造柱、圈梁、楼板伸入外墙部分等)的传热系数,$m^2 \cdot K/W$,由计算确定;F_{B1},F_{B2},F_{B3} 为外墙各热桥部位的面积。

②设计建筑围护结构分项指标分析。

根据式(7.1)、式(7.2)、式(7.3)可计算建筑模型各部分围护结构的传热系数或热阻值,将计算结果与《公共建筑节能设计标准》(GB 50189—2005)中的夏热冬冷地区围护结构传热系数和遮阳系数限值进行比较,可评价建筑模型各部分的热工性能。根据表 7.4,按照上述公式计算可分析设计建筑围护结构各分项指标的校核情况,见表 7.7。

表 7.7　设计建筑围护结构分项指标校核情况

建筑构件	是否达标
外墙的平均传热系数未满足标准要求	×
屋面的传热系数满足标准要求	√
地面热阻满足未标准要求	×
东向窗的窗墙面积比满足、传热系数满足、遮阳系数满足标准的要求	√
南向窗的窗墙面积比满足、传热系数满足、遮阳系数满足标准的要求	√
西向窗的窗墙面积比满足、传热系数满足、遮阳系数满足标准的要求	√
北向窗的窗墙面积比满足、传热系数满足、遮阳系数满足标准的要求	√
可见光透射比满足标准要求	√
外窗、透明幕墙的气密性等级满足标准要求	√

从表 7.7 分析结果可知,设计建筑的围护结构节能指标有两项未达到节能标准,分别是外墙的平均传热系数和地面热阻。主要原因是接待中心建筑设计需着重考虑建筑外立面造型和使用功能,从而导致围护结构的热工性能突破了节能设计标准的要求。因此,根据《公共建筑节能设计标准》(GB 50189—2005),对设计建筑采用围护结构总体进行热工性能权衡计算。

③设计建筑的热工性能权衡计算。

a. 选择参照建筑。

权衡计算中的参照建筑是一栋与设计建筑功能相同、体形类似而符合节能设计标准中各项指标的虚拟建筑。参照建筑的形状、大小、朝向、内部空间的划分和使用功能与设计建筑完全一致,并且空调系统、照明和电器、人员密度等参数也与设计建筑一致,因此本评价权衡计算参照建筑选择前文所述的参照建筑 A。

b. 设计建筑的年能耗计算。

根据建筑物各体形参数以及《公共建筑节能设计标准》(GB 50189—2005)中 3.3.1 节所提供的参数,得到设计建筑的年能耗,见表 7.8。

表 7.8 设计建筑的年能耗

能源种类	能耗/(kW · h)	单位面积能耗/(kW · h/m^2)
制冷耗电量	14195	19.80
采暖耗电量	17710	24.70
总计	31905	44.50

c. 参照建筑 A 的能耗计算。

根据建筑物各体形参数以及《公共建筑节能设计标准》(GB 50189—2005)中 3.3.1 所提供的参数,得到参照建筑 A 的年能耗,见表 7.9。

表 7.9 参照建筑 A 的年能耗

能源种类	能耗/(kW · h)	单位面积能耗/(kW · h/m^2)
制冷耗电量	16721	23.32
采暖耗电量	17968	25.06
总计	34689	48.38

d. 建筑节能评估结果。

设计建筑和参照建筑 A 的全年能耗模拟计算结果,见表 7.10 和图 7.7。

表 7.10 设计建筑与参照建筑 A 的全年能耗对比

计算结果	全年能耗/(kW · h)
设计建筑	31905
参照建筑 A	34689

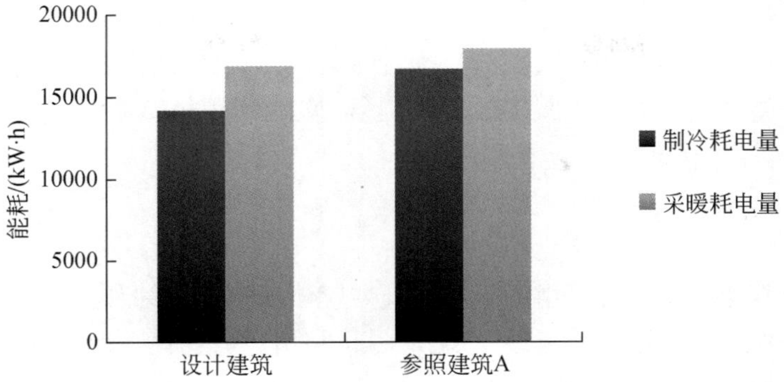

图 7.7　设计建筑与参照建筑 A 全年能耗对比

④设计建筑的节能率权衡计算结果。

设计建筑的年节能率为

$$\frac{34689\times2-31095}{34689\times2}=55.18\%$$

分析表明，该设计建筑的全年能耗小于参照建筑 A 的全年能耗，节能率为 55.18%，因此根据《公共建筑节能设计标准》(GB 50189—2005)中 3.3.1 节可以确定，该建筑的围护结构节能设计已经达到了节能要求。

7.2　村镇绿色建筑的建造

村镇绿色建筑的建造与普通农房建筑建造的主要不同点是，既要注重提高建筑全寿命期内的节能、节地、节水、节材、环境保护等性能，又应体现建造效果的可监测性和可评价性。

村镇绿色建筑的建造包括 7 类关键技术：绿色建筑的建造选择、建筑节能与清洁能源利用、建筑节水与节水设施建设、建筑节材与材料资源利用、建筑的室内环境质量改善、建筑的绿色施工、建筑的绿色运营管理等。

7.2.1　绿色建筑的建造选择

1. 合理选址

村镇建房选址首先要符合绿色村镇建设规划对建筑选址的要求和建设绿色要素，应符合对各类保护区、文物古迹保护的建设控制要求，保护村落特色景观风貌，建筑规划布局还应满足日照标准。

2. 场地安全

建房场地应无洪涝、滑坡、泥石流等自然灾害的威胁，远离工业和其他污染源。还要保障房屋建筑周边防灾减灾设施建设场地，如利用村镇中心广场作为防震疏散公共场所，设置消防应急通道等。

3. 节约用地

农房宅基地和村落建筑组团的用地规划应体现节约集约利用土地。严禁占用基本农田和水面及林地作为建设用地，应尽量利用边坡空置土地，严格控制用地规模和用地审批程序，节约土地资源。

4. 保护生态

尽量保持原有地形地貌，减少高填、深挖，不占用当地林地及植被，保护地表水体。建筑选型和建造风格应与自然生态景观和谐交融。

5. 交通服务

注重与公共交通和公共服务的联系。尽量集中修建居民点和村落组团，坚持公共交通优先，方便村民和游客共享公共服务，鼓励绿色出行，合理规划和控制停车场地。

6. 美化环境

农房庭院应充分利用自然条件和人工环境要素进行庭院绿化美化，提倡农房建筑的立体绿化。

7.2.2　建筑节能与清洁能源利用

1. 围护结构节能

建筑的体形、朝向、窗墙比、平立面设计要符合国家或行业现行标准；围护结构的热工性能符合或优于相关现行标准，鼓励采用保温节能墙体材料和节能门窗。

2. 采暖通风与空调节能

对不同气候分区的建筑应采用符合当地特点和经济发展水平的高效节能型采暖与通风方式，室内温湿度达到《民用建筑热工设计规范》(GB 50176—2016)的要求；利用地方传统建造工艺和建筑材料，充分发挥各地传统房屋的自然采光、防寒保暖和通风避风等建造形式，如窑洞式、草砖房等，达到建筑自节能效果。绿色建筑应选用节能型家用空调设备。

3. 照明与电气节能

建筑设计应尽量利用自然采光，选用节能型灯具和节能型家用电器。对公共活动区域（如门厅、走廊、楼梯间等）的照明宜采用定时、感应等节能控制措施。

4. 清洁能源和可再生能源利用

要求农户使用清洁的生物质炉灶、燃气灶具、沼气灶等；鼓励使用液化石油气、天然气等清洁能源；因地制宜使用太阳能、地热能、生物质能等可再生能源。

7.2.3　建筑节水与节水设施建设

1. 控制建筑平均日用水量

培养农户节约用水行为，要求用水量符合《民用建筑节水设计标准》（GB 50555—2010）中的节水用水定额要求。

2. 避免供水管网漏损

采取耐腐蚀和耐久性能好的供水管材和管件，采用密封性能好的阀门和设备；室外埋在地下的管道要避免车辆碾压或重物堆压产生变形渗漏；设置分级计量水表及时检测修复管网漏损缺陷。

3. 安装和使用节水器具

绿色建筑要求安装和使用节水器具。主要包括：节水型大小便冲洗器具，节水型淋浴设备，节水型洗衣机，水池水箱溢流报警和进水阀门自动联动装置等。

4. 合理使用非传统水源

鼓励在建筑设计中使用中水系统；科学处理并合理使用农户生活废水；在缺水和降雨量少的地区修建集体和家用雨水收集利用设施，控制景观水体设置和减少洗车用水。

7.2.4　建筑节材与材料资源利用

围绕原料采用、材料生产、施工使用和废弃物处理 4 个环节进行建筑材料选择，以对环境负荷最小和有利于提高村民居住环境质量为标准。

1. 择优选择农房建筑体形

建筑体形系数符合现行国家标准，选用规则建筑体形，在保留传统建筑风貌的同时，提倡建筑体形简约、大方和节材。

2. 优先使用本地建材

优先选用本地生产的建筑材料。如充分利用丘陵石材丰富的资源优势，采用本地生产的废渣砖、可再生木材或竹材等当地环保节能建筑材料。

3. 尽量使用可再利用和可再循环材料

房屋建造中应尽量使用可再利用和可再循环的建筑材料，尽量利用旧有建房材料和构件，不用国家和地方禁止和限制使用的建筑材料及制品，如黏土砖等，减轻环境污染，减少废弃垃圾占地，节约能源和资源。

4. 尽量减少建房材料种类

在设计时尽量避免选用多种不同的材料或采用易拆卸分离的结构设计，方便房屋维修或拆除后的回收分类和再利用。

7.2.5 建筑的室内环境质量改善

1. 建筑室内环境质量改善要求

(1)声环境质量改善，主要功能房间的室内噪声级应满足《民用建筑隔声设计规范》(GB 50118—2010)中的低限要求。室内采用低噪声的通风空调设备、日用电器和排水设备；户外注意避免或减少隔离交通噪声和社会生活噪声。

(2)光环境质量改善。主要功能房间应具有良好的户外视野；主要功能房间的采光系数满足《建筑采光设计标准》(GB 50033—2013)的要求；建筑照明数量和质量应符合《建筑照明设计标准》(GB 50034—2013)的规定。

(3)室内空气质量改善。对甲醛、苯、氨气、挥发性有机物、可吸入颗粒物等室内污染物浓度的控制应达到《室内空气质量标准》(GB/T 18883—2002)的要求。选择采用绿色环保建筑装饰材料。

2. 建筑室内环境质量检测案例

村镇绿色农房建筑室内环境质量改善的效果应该通过实际检测验证和推广。为研究建立村镇绿色农房室内环境质量检测适用方法，作者团队与吉林省白山市国家可持续发展实验区合作，选择东北严寒地区白山市上甸子村的一组草砖房农房作为检测对象，该组草砖房是利用当地秸秆制作的草砖砌块作为房屋维护结构建造的生态农房示范建筑。上甸子村鸟瞰图见图 7.8。

图 7.8　吉林省白山市上甸子村鸟瞰图(见文后彩图)

本节选择上甸子村的两处农房 S_{31} 和 S_{32} 为例。

1)样本点基本情况

样本点 S_{31} 和样本点 S_{32} 均为 2002 年建成并投入使用的草砖房,室内取暖方式为家用小型锅炉及水暖系统加土炕,取暖和餐厨用能燃料为型煤和柴薪。

样本点 S_{31} 面积为 $24m^2$,样本点 S_{32} 面积为 $25m^2$。

本次检测分别在 S_{31} 和 S_{32} 设置 1 个检测点。

上甸子村样本点农房室外实景见图 7.9。

(a) 农房S_{31}的室外实景　　(b) 农房S_{32}的室外实景

图 7.9　上甸子村农房室内空气环境质量监测点室外实景(见文后彩图)

2)监测数据和评价

对上甸子村农房室内的空气环境质量检测的数据和结果见表 7.11、表 7.12。

表 7.11 上甸子村农房 S_{31} 室内空气环境质量检测数和检测结果

样本编号:S_{31} 监测时间:2016 年 12 月 16 日

评价项目	序号	评价指标	评分标准	实测值	检测结果		
					达标(1)	不达标(0)	总分
室内空气质量	1	室内温度/℃	22~28(夏季空调) 16~24(冬季采暖)	16	1		5
	2	相对湿度/%	40~80(夏季空调) 30~60(冬季采暖)	61		0	
	3	甲醛浓度/(mg/m^3)	≤0.10(1h 均值)	0.1	1		
	4	苯浓度/(mg/m^3)	≤0.11(1h 均值)	0.1	1		
	5	氨气浓度/(mg/m^3)	≤0.20(1h 均值)	0.3		0	
	6	甲苯浓度/(mg/m^3)	≤0.20(1h 均值)	0.1	1		
	7	二甲苯浓度/(mg/m^3)	≤0.20(1h 均值)	0.3		0	
	8	TVOC 浓度/(mg/m^3)	≤0.60(8h 均值)	0.3	1		
	9	PM_{10}浓度/($\mu g/m^3$)	≤150(24h 均值)	766		0	
	10	$PM_{2.5}$浓度/($\mu g/m^3$)	≤75(24h 均值)	381		0	

表 7.12 上甸子村农房 S_{32} 室内空气环境质量检测数和检测结果

样本编号:S_{32} 监测时间:2016 年 12 月 16 日

评价项目	序号	评价指标	评分标准	实测值	检测结果		
					达标(1)	不达标(0)	总分
室内空气质量	1	室内温度/℃	22~28(夏季空调) 16~24(冬季采暖)	14		0	2
	2	相对湿度/%	40~80(夏季空调) 30~60(冬季采暖)	60	1		
	3	甲醛浓度/(mg/m^3)	≤0.10(1h 均值)	0.08	1		
	4	苯浓度/(mg/m^3)	≤0.11(1h 均值)	0.8		0	
	5	氨气浓度/(mg/m^3)	≤0.20(1h 均值)	0.7		0	
	6	甲苯浓度/(mg/m^3)	≤0.20(1h 均值)	0.8		0	
	7	二甲苯浓度/(mg/m^3)	≤0.20(1h 均值)	2.0		0	
	8	TVOC 浓度/(mg/m^3)	≤0.60(8h 均值)	1.9		0	
	9	PM_{10}浓度/($\mu g/m^3$)	≤150(24h 均值)	>1000		0	
	10	$PM_{2.5}$浓度/($\mu g/m^3$)	≤75(24h 均值)	>500		0	

3)检测结果分析

(1)室内空气环境质量为差。

经检测,上甸子村的两栋农房室内空气环境质量为差,主要污染物为可吸入颗粒物,同时苯类污染物和挥发性有机物污染严重。

(2)室内空气环境问题分析。

①两栋建筑的室内温度虽然都未达标,但均接近标准值的下限。因此,草砖房作为农村一种低造价的生态建筑,有着良好的保温节能和秸秆综合利用效益,在进行适当保养和维护的情况下,作为我国东北农村地区的农民住宅建筑值得推广。

②检测时间为当地最寒冷季节,住宅通常采取较为密封的保暖形式而换气次数较少,导致室内通风不畅,污染物产生累积。

③当地农户取暖和厨房生活用能的燃料为型煤和柴薪,燃烧产生大量颗粒物和苯类污染物在室内累积。

④S_{32}样本点在检测实验前约 10min 左右有人在检测区域抽烟,在通风不畅的条件下抽烟产生的可吸入颗粒物大量累积,造成室内严重污染。

7.2.6　建筑的绿色施工

1. 场地环境保护

施工措施包括:①场地文物古迹和风貌保护,对现场文物古迹和古树名木采取保护措施,选择当地乡村风貌特色建造工艺;②场地水环境保护,保护场地四周原有地下水,减少抽取地下水;③施工扬尘控制,运送土方渣土车辆采取封闭遮盖措施,施工作业采取遮挡、抑尘等措施等。

2. 施工节约材料

施工措施包括:①建筑垃圾处理,建筑垃圾分类收集和集中堆放,碎石和土石方用作地基和路基填埋材料;②土方回填利用,施工中开挖的土方合理回填利用;③节约施工用材,采用可再生可再利用材质模板及脚手架,如竹材等;④资源再生利用,临建设施利用既有建筑物和周边道路,回收建筑材料包装物等。

3. 施工节约用水

施工措施包括:①采用节水施工措施,合理布置供水排水系统,现场生活用水采用节水器具并设置水表,采用节水施工工艺,防止管道和用水器具渗漏;②水资源利用措施,不使用自来水喷洒路面,施工现场使用非传统水源等。

4. 施工节能措施

施工措施包括:①施工临时设施节能,临时用电采取节能型设备和自动控制装置，施工现场采用节能照明灯具，临时设施采用自然采光通风；②施工机械设备节能，采用高效节能施工机械设备，不使用国家及地方明令淘汰的施工设备机具产品；③材料运输与施工节能，就近选用建筑材料缩短运输距离，尽量减少夜间作业和冬季施工时间；④可再生能源利用，合理利用太阳能、地热能、风能、生物质能或其他可再生资源等。

5. 施工节约用地

施工措施包括：①减少施工占地，紧凑施工场地布置；②施工保护用地，保护周边人文景观，防止水土流失，利用山地荒地作为取土弃土场用地；施工完成后恢复植被和地貌复原；③地下资源保护，对施工发现的地下文物资源进行有效保护等。上述绿色施工技术应结合农房施工项目特点，因地制宜选用。

7.2.7 建筑的绿色运营管理

村镇建筑的绿色运营管理是指建筑竣工后对建筑使用过程的绿色化管理，是绿色建筑建造不可缺少的重要环节。村镇建筑的绿色运营管理具体包括 5 方面内容。

（1）制定和实施建筑使用的节能、节水、节材、绿化管理制度。

（2）制定和实施严格的垃圾管理制度，合理规划垃圾物流，分类收集生活垃圾，规范设置垃圾容器。

（3）对建筑使用过程中产生的污水等污染物实现达标排放。

（4）保障建筑的节能、节水设施正常达标工作，对供暖、空调、照明等设备的运行有完整记录等。

（5）组织建房农户主动参与建筑的规划设计和施工建造过程，发动农户自觉参与建筑使用过程中的绿色运营管理。

7.3 既有农房的绿色改造

7.3.1 既有农房的绿色改造概述

1. 既有农房绿色改造的意义

既有房屋（existing building）一般是指建成两年以上且已投入使用的房屋。我国村镇的既有农房建筑数量巨大，不仅构成了农村经济和社会发展的巨大财富和宝贵资源，还传承着乡村悠久历史和文化特色风貌，是绿色村镇农房建设和保护的重要对象。根据《中国城乡建设统计年鉴 2017》，2017 年全国农村既有房屋建筑面积共计292.82亿m^2，其中住宅255.85亿m^2，公共建筑15.62亿m^2，生产性建筑21.35亿m^2。

2017年我国农村各类既有建筑占房屋建筑总面积的比例见图7.10。

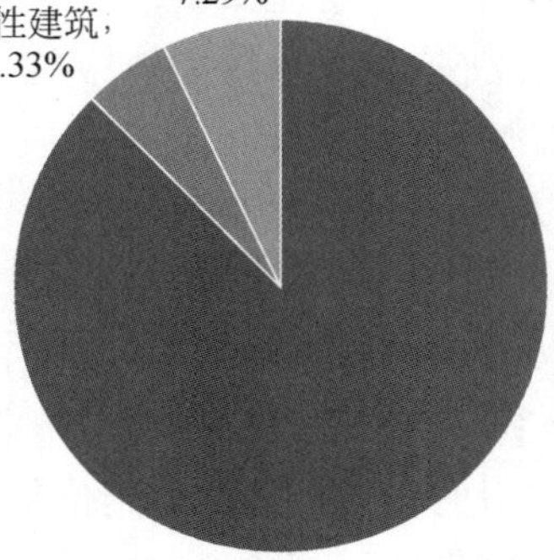

图7.10　我国农村既有建筑占房屋建筑总面积的比例(2017年)

2. 既有农房改造存在的问题

由于历史原因，村镇大部分既有农房建筑都存在使用能耗大、建造质量不高、使用功能不完善等问题，每年都有大量的既有农房建筑需要进行维修和改造。为了建设绿色村镇，传承乡村历史文化和特色风貌，必须对具有历史和文化保护价值的农房进行保护性改造和更新，不能简单采用大拆大建方式，造成农村的生态环境及人文社会资源破坏。同时还要提高既有农房的使用功能、节能效率和造型美观。

3. 既有农房绿色改造的内容

绿色改造，是指以节约能源资源、改善人居环境、提升使用功能等为目标，对既有建筑进行维护、更新、加固等活动。

既有农房绿色改造(green retrofitting of existing rural housing)，是指以节约农村能源资源、改善农村人居环境、提升农房使用功能、美化村镇特色风貌等为目标，对既有农房建筑进行的维护、更新、加固等活动。

既有农房绿色改造应遵循因地制宜的原则，增强在农房建造和使用全寿命期内的能源资源节约和环境保护功能。应结合农房建筑的类型和使用要求，充分考虑农房建筑所在区域的地理气候、资源环境、经济社会、历史文化和传统风貌等特点，对农房改造项目的规划与设计方案、结构与材料使用、设备与设施改造、施工与运营管理等多方面实施绿色改造。改造项目的效果评价可参照《既有建筑绿色改造评价标准》(GB/T 51141—2015)的相关内容。

7.3.2　房屋维修改造的属性类型

为了科学制定村镇既有农房绿色改造方案，合理选择既有农房绿色改造适用技术，应了解既有房屋维修改造的基本属性和类型。

既有房屋的维修改造活动包括房屋质量检查与鉴定、房屋修缮活动组织管理、房屋缺陷和原因分析、维修改造类型选择和修缮施工等[1]；涉及既有房屋的维修性、维修时间、维修标准、维修费用、维修可达性等决策参数及其决策评价方法[2]；还包括既有房屋改造的节能效率评价方法[3]。

1. 房屋维修改造的属性

房屋的建筑活动可分为新建与维修改造两大阶段。房屋新建是通过规划设计和施工建造等活动，创造房屋的物质形态和使用价值；房屋维修与改造是通过使用维护、保养修缮、改造更新、拆除翻建等活动，维持改善和提升房屋的使用价值。新建是维修改造的基础和依据，维修改造是新建的补充和延续，两者共同构成了房屋的物质运动全过程。

房屋维修改造的目的是：在规定的房屋使用年限内，通过对已有房屋采取维护保养、修缮恢复及更新改造等技术措施，减少和防止房屋各部分构件设施性能的损耗，恢复和改善甚至提高房屋原有使用功能，保证房屋的正常使用，合理延长房屋的使用年限。用最小的维修改造投入，获取最大的维修改造综合效益。

2. 房屋维修工程的类型

广义的房屋维修包括维修工程、改造工程、翻建工程 3 种基本类型，因此在工程实践中也可统称为房屋维修改造工程。

1）房屋维修工程

房屋维修（building maintenance），是指通过维护或恢复原有房屋的构件、装饰及设备的使用功能，以满足用户使用要求，延长房屋的使用年限。房屋维修、使用功能劣化和时间的关系见图 7.11。

图中，A 点表示房屋建成后具有的完善初始功能值（设其功能为 100）。随着使用时间的增加，在不进行维修的情况下，房屋将自然损坏，功能将逐渐丧失至图示的 C 点（功能值为 0），此时房屋的实际使用年限为 CB 值，B 点即为该房屋耐久年限的允许下限值。若当房屋损坏到一定程度如 K 值时就进行维修，则可使其功能恢复到 D，这样可经过若干次损坏和修复，每次维修均延长了房屋的耐久年限，但不能完全恢复其初始功能，直至房屋的使用功能下降到允许下限值 C、丧失维修价值完全报废为止。经过维修后的房屋耐久年限 CH 将大于不维修状态下的自然损坏耐久年限值 CB。

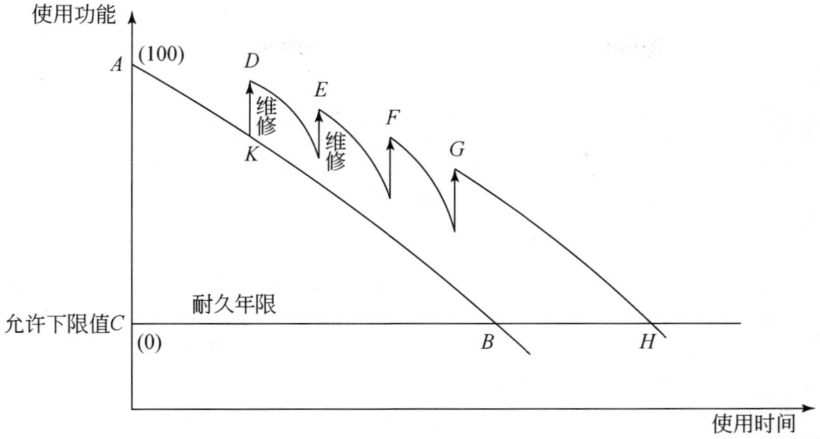

图 7.11　房屋维修、使用功能劣化和时间的关系

村镇既有农房建筑的维修一般是由农户在使用过程中根据房屋出现的损耗和缺陷，不定期自行进行维护和修缮施工。

2)房屋改造工程

房屋改造(building modernization or retrofitting)，是为使房屋比其原有的初始功能和建造标准及环境质量有所提高而采取的措施。

房屋改造工程是指在基本保留旧有房屋主要结构的前提下，通过提高其使用功能的完善程度和构件设施的完好程度，使旧有房屋的住用水平和环境质量接近于新建同类房屋的标准，并延长房屋的使用年限。

房屋改造的主要措施包括：改变平面布置，扩建加层，调整增加有效使用面积，提高建筑装修标准，增加或改善厨房和卫生间及其设备，改善供水系统、供气及暖通空调设备，根据用户需求增添各种现代化设备设施等。房屋改造是房屋广义维修活动的类型之一。

村镇既有农房建筑的改造时间一般是在房屋使用了 15～20 年后，进入需要大修的时期，由农户聘请工匠或施工队承担完成。

3)房屋翻建工程

房屋翻建(building renovate or rebuild or replacement)，是指拆除旧房，并在原有基地上建造新的房屋建筑。当在原地建造同样的建筑物时，又称重建(building redevelopment or replacement)。当旧有房屋的基本结构构件已经达到耐久年限并濒于报废而无法继续使用，或因社会、经济、规划建设等其他原因需要淘汰或终止时，应考虑拆除。在旧房拆除后，利用原有地基、基础和部分结构构件及材料在原地建造。

村镇既有农房建筑的改造通常采取维修、改造、翻建结合的方式进行。

房屋维修改造与房屋损坏的关系见图 7.12。

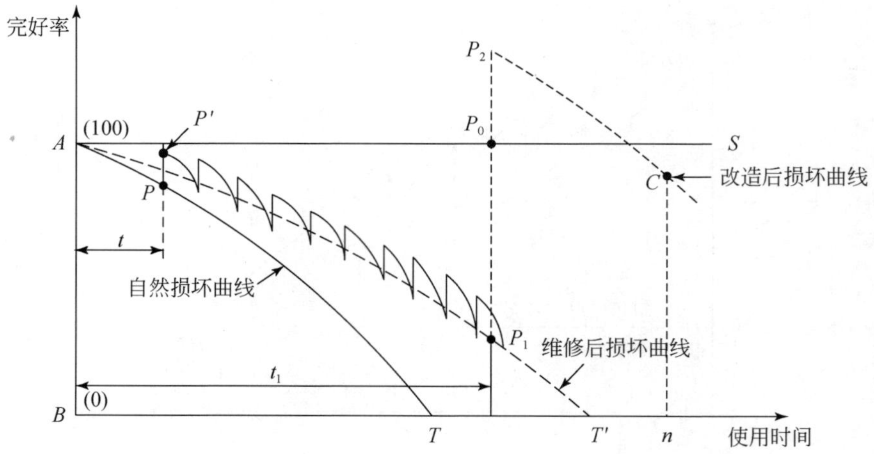

图 7.12　房屋维修改造与房屋损坏的关系

从图 7.12 可见，AS 直线表示房屋的初始完好功能状态，若不进行维修，房屋的自然损坏进程和时间将如 AT 曲线所示，到 T 年时全部损坏。若在 t 年时(如在损坏曲线 AT 上的 P 点)进行维修，房屋功能又会恢复到 P_1点。当房屋继续使用后不断维修，房屋使用功能就会减缓衰退，房屋使用年限就会延长至 T'年。

当在 t_1年时进行房屋大修、改造或翻修，不仅能使房屋的完好率恢复到初始功能 P_0，还可以将房屋的实际使用功能改善提高至 $P_0 \sim P_2$ 等级。P_2C 为房屋经过改造后的新一轮损坏曲线，表明房屋经过改造后又可延长其正常使用功能状态下的服役年限 n 年。

村镇既有农房的翻修或重建与房屋新建相似，由农户在规定的宅基地上进行修缮施工，一般由农户聘请工匠或施工队承担完成。在镇区和村庄整治及美丽乡村建设过程中，往往由镇政府或村委会统一规划，集中组织进行成片翻修或重建。

7.3.3　既有农房的绿色改造方法

既有农房绿色改造的目的是，在安全、经济、适用、美观的前提下，遵循"节能、节地、节水、节材，保护环境"的原则，不断改善和提升农房的使用功能和质量，合理延长农房建筑的耐久年限和使用时间。

进行既有农房绿色改造，首先要掌握既有农房的耐久性分析方法，然后有针对性地选择绿色改造技术方法。

1. 既有农房的耐久性分析

1)房屋耐久性的概念

房屋耐久性(building durability)，是指组成房屋的各类构件、装修、设备能在多长时间内保持其正常工作状态的性能。房屋的耐久性是由组成房屋的主要构件的物理性能、化学性能及其经济性能等多种样式综合确定的。因此,应该从构件和材料的损坏原因及所受的不利因素影响,分别确定各种构件和材料的耐久性,进而计算确定房屋的耐久年限。

村镇住宅建筑的耐久性[4],是指在村镇建造的住宅在一定的使用年限内,在正常使用、正常维护条件下能保持其安全性、正常使用和可接受外观的能力。

2)房屋耐久年限分析

房屋耐久年限(building service life),是指在进行房屋设计时就规定的房屋平均使用寿命,作为房屋经营使用的法定耐久年限。在房屋正常耐久年限内,为全部或部分恢复房屋已损耗的功能,合理延长使用寿命,就必须对房屋进行维修和改造。

房屋的耐久年限,可通过求其“老化曲线”的方法算出。即根据房屋各构件的耐久年限和经济技术等因素,规定在某一功能上的最低允许下限值,当房屋的主要构件(如承重结构等)的功能损耗达到或低于此下限值时,则可认为达到了该房屋的耐久年限。

对房屋不能进行替换性修理的结构(如钢筋混凝土类)的老化曲线改善原理见图 7.13。图中,设计推算的结构老化曲线为 B,允许下限值为 C,设计耐久年限为 T 年,但可通过施工时材质改善和使用时加强维护保养等措施,可使其老化曲线改善到 A,则该结构的使用年限延长了 TT' 年。

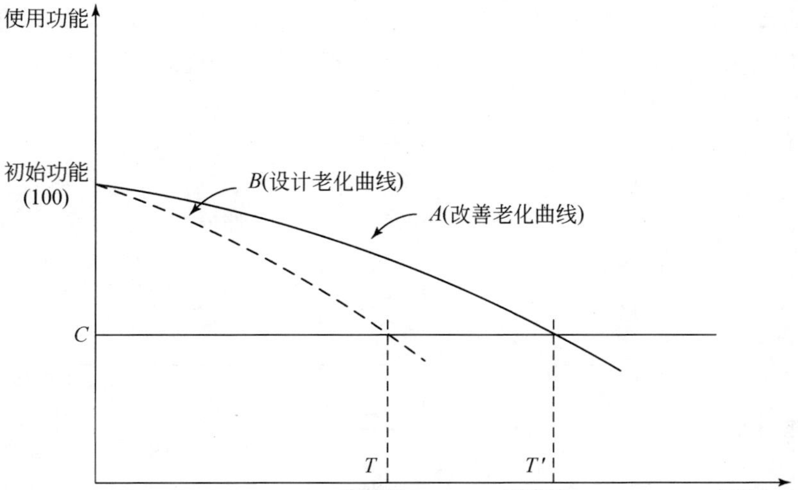

图 7.13　房屋不能进行替换性修理的结构老化曲线改善

对房屋能进行替换性修理的结构(如钢结构等)的老化曲线改善原理见图 7.14。图中,通过定期对钢构件绞线油漆保养防止锈蚀甚至更换已损坏构件,可使其老化曲线 B 改善为折线 A,则该结构的使用年限延长了 TT'年。

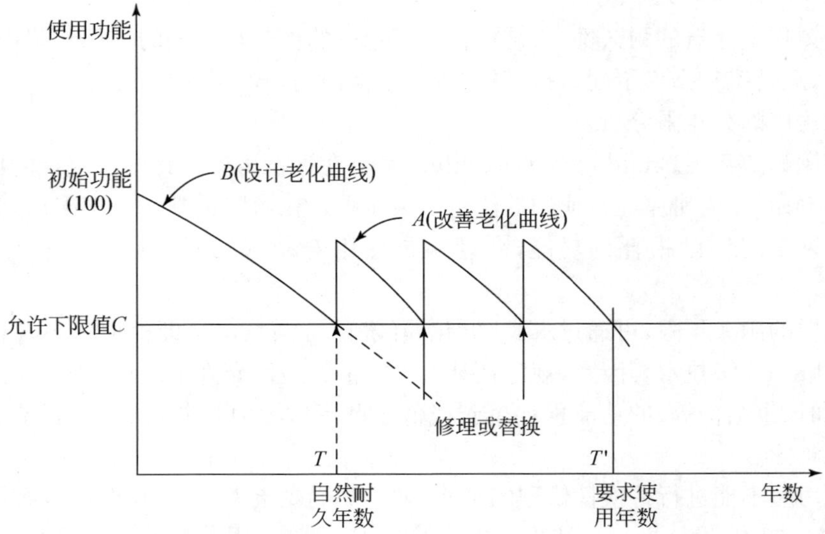

图 7.14　房屋能进行替换性修理的结构老化曲线改善

对房屋进行综合维修和替换性修理的老化曲线改善原理见图 7.15。因为组成一栋房屋的各处构件的老化状态和功能允许下限值不尽一致,所以应通过对各类构件进行综合保养修理或替换,保持房屋的正常使用功能,合理延长房屋的总体

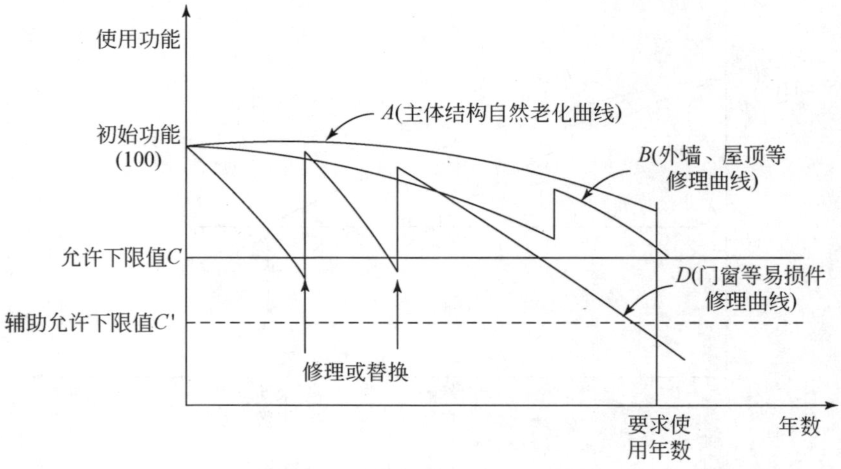

图 7.15　房屋进行综合维修和替换性修理的老化曲线改善

使用年限。图中，A 为主体结构自然老化曲线，B 为外墙、屋顶等需要周期性修理的部件老化曲线，D 为门窗、管线等易损可替换性修理构件的老化曲线，C' 为易损构件的辅助允许下限值，且 $C'<C$。

理论与实践表明，村镇既有农房可通过综合维修、改造和功能提升等多种绿色建造方式，合理延长房屋的正常使用年限，有效提升房屋的使用功能和节能效益。

3)房屋耐久年限等级标准

房屋耐久年限等级标准是制定村镇既有农房建筑绿色改造设计和施工方案的重要依据。我国目前尚无专门针对村镇建筑的耐久年限等级标准，可根据国家现行《民用建筑设计通则》(GB 50352—2019)中对民用建筑设计使用年限分类的规定，结合农村不同地区实际情况参照执行。

按民用建筑重要性等级确定的房屋设计使用年限分类见表 7.13。

表 7.13　民用建筑设计使用年限分类

类别	设计使用年限/年	建筑示例
1	5	临时性建筑
2	25	易于替换结构的建筑
3	50	普通建筑和构筑物
4	100	纪念性建筑和特别重要的建筑

随着农村社会经济的发展和建筑功能质量的不断提高，在村镇建设中推广“百年农房建筑”体系，制定既有农房的绿色改造标准，是我国绿色村镇建设的必然发展需求。

2. 既有农房绿色改造技术方法

根据不同地区农村特点和村镇既有农房改造实际需要，可选择相适应的既有农房绿色改造技术方法。

1)农房改造的历史风貌保护

对乡村历史建筑和历史文化街区及历史名村名镇内的既有农房建筑进行绿色改造规划和建设时，应遵循国家和当地政府有关历史文化及遗产保护的规定。具体可参考国家《历史文化名城保护规划规范》(GB 50357—2018)和国务院 2018 年颁布的《历史文化名城名镇名村保护条例》等法规实行。

乡村历史建筑是指农村地区有一定历史、科学、艺术价值的，能够反映乡村历史风貌、不同年代建筑风格和地方特色建筑物和构筑物。如一条老街、一口老井等都是不可再生的宝贵建筑资源。

农房改造时要注重保护建筑周边的生态环境和自然景观。重点是既有农房建筑周边具有保护价值的绿地、水系、道路、古树等。坚持原真性保护利用，合理保留利用有构筑物和构建设施，防止大拆大建和毁掉真迹再做假古董。

2)农房改造的建筑性能提升

(1)提升农房组团的风貌协调性能。在改造过程中，不要大量新增与原风格不协调的装饰性构件或建筑类型。

(2)提升农房的建筑节能性能。重点是改造屋面、外墙、外门窗等部位，尽量采用被动式节能措施，降低供暖或制冷空调能耗，达到或接近国家现行建筑节能设计标准。还应满足国家现行的《建筑采光设计标准》(GB 50033—2013)要求，并且不能降低周边建筑的日照标准。

(3)提升农房的清洁能源利用性能。结合改造工程，大力提倡采用太阳能、沼气等清洁能源。

(4)提升农房的环境卫生性能。重点是厕所改造、厨房改造、生活污水设施和节水设施改造。

(5)提升农房的抗震防灾性能。在要求抗震设防的地区，对原没有抗震构造的农房，应结合改造进行抗震加固，可参考《建筑抗震加固技术规程》(JGJ 116—2009)实施。改造后的既有农房建筑应达到国家规定的抗震设防要求，确保建筑安全使用。

(6)提升农房的可维修和可更新性能。合理选择容易维修替换和方便回收利用的构件材料，预留灵活可变更空间和可调整平面布局，实现既有农房的可持续改造。

3)农房改造的建设场地安全

(1)既有农房建筑所在场地应该确保选址安全。不能有洪涝、滑坡、泥石流等自然灾害威胁，不能有超标排放的污染源。

(2)既有农房建筑场地内应该无环境噪声污染。农房建筑的噪声分为室内噪声和室外噪声两类：室内噪声源包括通风空调设备和日用电器等；室外噪声包括周边交通噪声、社会生活噪声和工业生产噪声等。噪声控制标准可参考《民用建筑隔声设计规范》(GB 50118—2010)执行。

4)农房改造的结构材料优选

(1)充分利用当地材料。在既有农房建筑绿色改造工程中，不得采用国家和地方禁止和限制使用的建筑材料和制品。在既有农房建筑绿色改造后，原结构构件的利用率不应小于70%。对新增的建筑材料尽量采用可再生利用材料和可循环利用材料，如当地石材、竹材等。

(2)尽量节约构件材料。既有农房建筑绿色改造应尽量节约材料。在安全、可靠、经济、环保的前提下，尽量利用建筑原结构的构件，如梁、板子、柱、墙等，避免不必要的拆除或更换，尽量减少对原结构和构件的损伤和破坏。

5)农房设备设施的系统改造

(1)设备设施节能改造。在有条件的村镇开展既有农房建筑绿色改造时可先进行建筑节能诊断，根据当地气候和自然资源条件，充分利用太阳能、地热能等可再生能源，提供生活热水和采暖空调的冷热源。在北方严寒地区的村镇，提倡集中供暖。在农房电气系统改造中，应全部采用节能型灯具和控制设备。对照明光源、镇流器、配电变压器的能效等级不低于国家现行《建筑照明设计标准》(GB 50034—2013)等有关能效标准的要求等级。

(2)水系统节水改造。在农房水系统绿色改造时，应对水资源利用现状进行评价，制定农房水系统改造方案，重点是节水节能效果、技术经济合理性、对周边环境和建筑的影响，是否满足未来农户自身和接待游客的用水需求等。农房水系统绿色改造应全面使用节水卫生器具和设备。

(3)合理利用非传统水源。这是最直接最有效的节水办法，应鼓励农户宅院的绿化灌溉、景观用水、道路和车辆冲洗等使用雨水、再生水、海水等，倡导行为节水；利用农家宅院及场地空间设置雨水利用基础设施，包括屋顶绿化、雨水花园、下凹式绿地、植被浅沟、雨水塘、雨水节流和渗透设施等；采用植草砖和透水地砖铺设路面和停车位。

(4)污水处理设施改造。在农房绿色改造中应建设完善的污水收集处理和排放设施，污水处理率和达标排放率要求达到 100％。

6)农房改造绿色施工与管理

(1)农房绿色改造的施工管理。包括：采取设置防尘网、洒水、覆盖等降尘措施；使用低噪声低振动施工设备，采取隔声降噪施工技术；采取施工废弃减量化物资源化措施，制定和实施废弃物的回收利用计划，就近选择改造修缮建筑材料，尽量选择工厂化加工的构建和材料，减少施工现场废弃物；制定实施施工节水和用水方案等。

(2)农房绿色改造的运营管理。在农房绿色改造工程完成后，要制定和实施村镇农房的节能、节水、节材和绿化管理制度；要制定和实施村镇农房的生活垃圾存放收集和无害化、减量化处理制度；还要建立和实施农户和村镇相关设施的正常运营记录监督制度，鼓励全体居民积极自觉参与村镇绿色运营管理。

参 考 文 献

[1] 王晓鸣. 房屋维修管理学[M]. 北京：中国建材工业出版社，1994.

[2] 王晓鸣. 住宅建筑的维修性与维修性决策研究[J]. 华中科技大学学报(城市科学版)，2004，21(1)：5-9.

[3] 华虹，李雯，王晓鸣，等. 土坯房建筑能耗计量与节能效率比较研究[J]. 土木工程与管理学报，2017，34(6)：17-22，28.

[4] 杨俊，王晓鸣，汪洋. 村镇住宅耐久性的经济性分析[J]. 土木工程与管理学报，2011，28(2)：82-86.

下篇

绿色村镇的规划与建设评价

第 8 章　绿色村镇规划评价

进行绿色村镇规划的实施效果评价，是促进绿色村镇规划与建设目标实现和优化规划建设项目效益的重要保证。本章分析绿色村镇规划评价的基本要求，建立绿色村镇规划的 6 类具体评价方法。以国家级绿色生态村湖北省堰河村为案例，介绍绿色村镇规划评价方法的具体应用。

绿色村镇规划评价是指对规划实施过程中的规划指标完成情况和规划建设效果进行的评价。既是对规划执行过程中的实施情况分析总结，也是进行规划修编和实施措施优化的重要依据。

绿色村镇规划评价是根据现行的相应标准和规范，采用一定的技术方法，对绿色村或镇规划执行的效果或某一专项规划的执行效果进行分析和比较后做出的一种综合判断，是规划执行阶段的重要保障环节。包括 6 个方面：用地选址与功能分区优化评价，规划的生态位适宜度评价，水资源利用与污水处理规划评价，垃圾处理规划评价，清洁能源利用规划评价，规划实施与生态环境修复评价。

本书作者在湖北省堰河村对绿色生态村进行了长期研究和建设实践，第 8 章～第 11 章均选择堰河村作为绿色村镇规划与建设的评价案例。

8.1　绿色村镇规划评价的基本要求

1. 评价目的

绿色村镇规划评价的目的是，对村或镇规划实施的绿色建设效果以及建设活动对生态环境的影响进行评价。评价重点是，以促进绿色村镇规划的全面优化实施为目标，评估村镇规划的生态性和可持续性，验证绿色村镇规划的可指导性和可实施性，评价村镇规划建设项目的绿色性和实效性。

2. 评价依据

绿色村镇规划评价的主要依据有：①《镇规划标准》(GB 50188—2007)；②《美丽乡村建设指南》(GB/T 32000—2015)；③《村庄整治技术规范》(GB 50445—2008)；④《土地利用现状分类》(GB/T 21010—2017)；⑤《水资源规划规范》(GB/T 51051—2014)；⑥《水资源公报编制规程》(GB/T 23598—2009)；⑦《规划环境影响

评价技术导则总纲》(HJ 130—2019);⑧《乡(镇)土地利用总体规划编制规程》(TD/T 1025—2010);⑨《生态环境评价技术规范》(HJ 192—2015);⑩《区域生物多样性评价标准》(HJ 623—2011);⑪《村庄景观环境工程设计规程》(CECS 285—2011)等。

本章中引用的标准和文件,均以其最新或有效版本适用于本规划评价依据。

3. 评价内容

绿色村镇规划评价的主要内容是规划中与绿色建设相关的专项评价。包括:绿色村镇用地选址与功能分区优化评价、绿色村镇规划的生态位适宜度评价、绿色村镇水资源利用与污水处理规划评价、绿色村镇垃圾处理规划评价、绿色村镇清洁能源利用规划评价、绿色村镇规划实施的生态环境修复评价等。

对绿色村镇规划进行评价,可以对上述所有专项进行全面评价,也可根据实际需要只对其中的一项或几项进行评价。

4. 评价程序

绿色村镇规划的评价程序一般分为前期准备、分析评价、报告编制 3 个阶段。

1)前期准备阶段

(1)明确评价范围和目的。明确本次评价是对绿色村或绿色镇规划实施情况进行全面评价,还是对绿色村镇规划的一个或几个专项进行实施效果评价。

(2)收集评价所需的资料。收集与绿色村镇规划相关的法律、法规、政策和规划文本及资料;对评价区域进行现场调研、踏勘和检测,获取有关基础数据;对评价区域的经济、社会、生态环境状况进行初步分析,收集遥感数据等地理信息相关数据。

(3)制定评价技术方案。对收集的数据资料进行分析和归纳,制定适合本规划项目的评价技术方案。

2)分析评价阶段

(1)评价基本内容。对绿色村镇规划的评价应包括规划概述、评价指标与方法、评价结论与建议等主要内容。

(2)评价技术要求。对绿色村镇规划的实施综合评价,应在建立评价指标体系的基础上,确定合适的指标权重,在对各专项评价的基础上进行综合评价。对规划的实施专项评价,应针对不同的评价内容制定相应的评价指标;依据现行的评价标准,确定相应的评分等级。

(3)评价结论与建议。根据评价结果,得出明确的评价结论并提出有针对性的改进建议。

3)报告编制阶段

绿色村镇规划评价报告的编制要求文字简明、结构完整、论据充分、重点突出、图表并茂、数据翔实、结论明确和建议可行。

绿色村镇规划评价的工作流程见图 8.1。

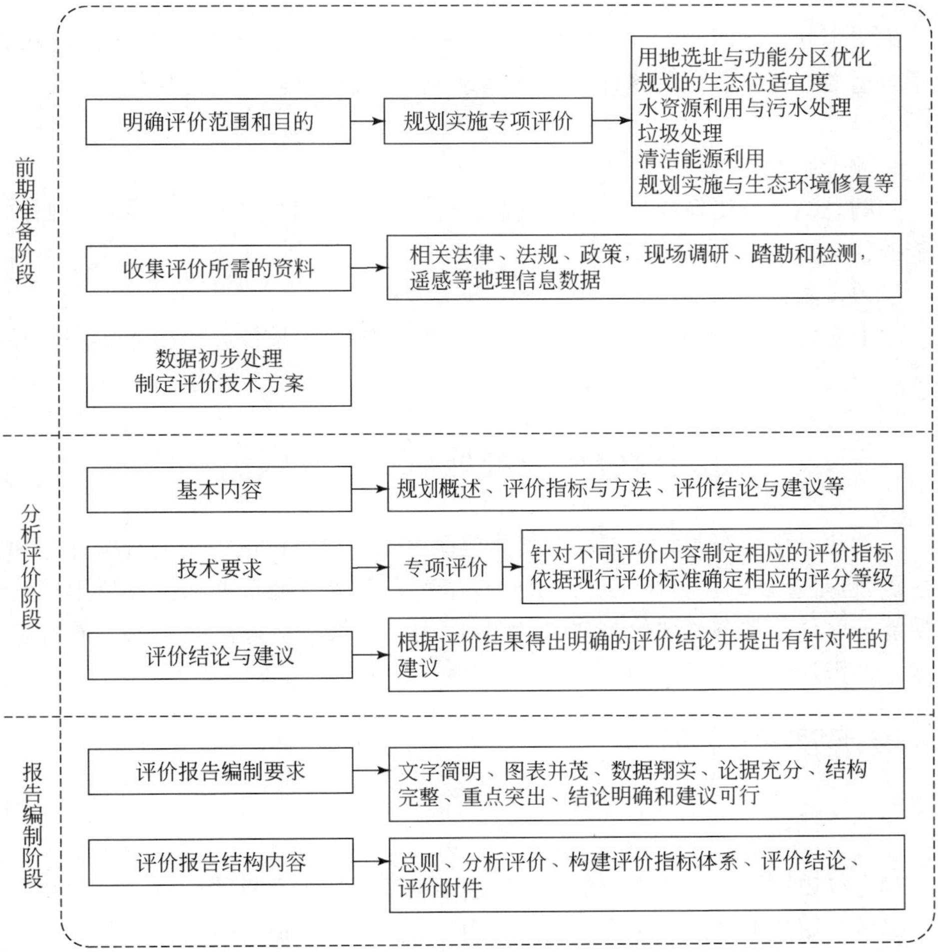

图 8.1　绿色村镇规划评价工作流程

5.评价报告书编写

绿色村镇规划的评价报告书编制应包括 5 部分内容，参考格式如下。

1）总则

概述任务由来，明确评价依据，评价的目的与原则，评价范围，评价重点。

2）分析评价

概述规划的发展目标、定位、规模、布局、结构、时序，以及主要内容。概述评价村镇的现状调查情况，简述评价村镇的自然地理状况、社会经济概况、资源赋存与利用状况、环境质量和生态状况等，分析评价村镇的建设发展与环境和生态保护中存在问题，明确提出规划实施的制约因素。

3）构建评价指标体系

确定不同规划时段的评价目标，建立评价指标体系，给出具体的评价指标值。运用合适的评价方法和所建评价指标体系，对评价村镇进行规划执行情况和实施效果评价。

4）评价结论

归纳总结评价工作成果，给出明确的评价结论，提出规划改进意见或规划执行实施的整改意见和优化建议。

5）评价附件

附上必要的评价相关图件和表格，如现状调查范围、监测点位分布等图件和表格等。

8.2 绿色村镇用地选址与功能分区优化评价

节约建设用地资源和实现用地功能分区优化是绿色村镇规划的首要任务和实施重点，也是进行绿色村镇规划评价的技术难点。本节提出了绿色村镇用地选址与功能分区优化的系统评价方法，在实际应用时可根据被评价村镇的不同特点和技术条件因地制宜选择使用。

8.2.1 评价对象与基本方法

1. 评价范围

绿色村镇用地选址评价的范围为建制镇的镇域或行政村的村域。

绿色村镇功能分区优化评价的范围为建制镇的镇区或行政村的建成区。

2. 评价内容

1）绿色村镇用地选址评价

（1）评价依据。对村镇用地选址评价的依据为《镇规划标准》(GB 50188—2007)；对村镇用地选址评价指标选择的依据是《土地利用现状分类》(GB/T 21010—2007)。

（2）评价内容。用地选址评价的实质是对村镇在建设规划实施过程中土地利用的合规性进行评价。评价内容主要有：现行的镇规划或村规划中“用地分类”与“用地计算”部分的规范性审核；规划实施过程中关键指标的执行程度等。

（3）评价重点。用地选址评价的重点是：镇或村的土地利用状况与现行的镇或村的建设规划的吻合程度，是否体现了节约用地目的。

2)绿色村镇功能分区优化评价

(1)评价依据。村镇建设用地选择需符合《镇规划标准》(GB 50188—2007)“建设用地分类”和“规划与建设用地标准”要求。

(2)评价内容。村镇用地功能分区优化评价包括绿色村镇用地功能分区规划实施的现状评价;绿色村镇规划实施过程中的功能分区优化评价等内容。

(3)评价重点。用地功能分区优化评价的重点是:镇或村用地功能分区现状与现行的镇或村的功能分区规划吻合程度评价;镇或村规划实施过程中的功能分区优化评价。根据评价的结果,对偏离规划要求的村或镇提出规划修编或建设活动整改建议。

3. 评价方法

1)现行规划及相关资料复核

复核重点是现行的镇规划或村规划中用地分类、用地计算和用地功能分区部分。

2)规划土地利用实施现状勘测

根据村镇规划勘测要求和限制条件,本评价采用空间-地面一体化测量(space-ground integration measurement,S-GIM)方法对村镇土地利用状况进行勘测。应用全球定位系统(global positioning system,GPS)和无人机测量法、遥感数据分析法和土地利用变化基础数据提取等实地勘测方法,对被评价地区的规划实施现状进行实地测量和评价。

3)规划实施空间吻合性评价

根据实地勘测的结果,从地类图斑角度对土地利用规划的实施进行空间吻合性分析,评价用地选址规划实施情况。

4)土地利用功能分区优化评价

运用遥感数据和 GPS 及无人机测量方法,对镇或村的建成区土地利用功能分区现状进行分析,通过多目标决策等评价方法进行村镇的建成区土地利用功能分区优化评价。

4. 评价路径

绿色村镇用地选址与功能分区优化的评价路径见图 8.2。

5. S-GIM 方法与应用

1)S-GIM 综合测量方法

S-GIM 方法是指采用卫星遥感数据分析(remote sensing data analysis)、无人机低空测量(unmanned aerial vehicles measurement)、全球定位系统测量(global positioning system measurement)3 种测量方法相结合的数据获取方法。

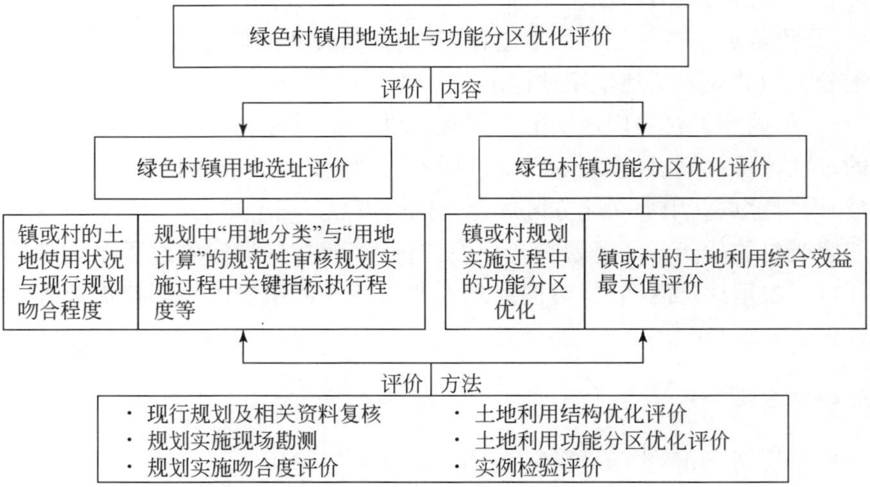

图 8.2　绿色村镇用地选址与功能分区优化的评价路径

在一般情况下，采用上述任一种方法都可以单独获得被评价区现状的数据和影像图片，但本评价的范围为村域或镇域，用上述单一方法获取数据获取时往往可能出现一些限制因素而影响评价数据的精确性。

在应用 S-GIM 方法时，可根据当地条件，合理采用 3 种测量方法或任选两种方法组合获得评价数据。

2）采用单一测量方法的优点和局限

（1）单一采用遥感数据。

卫星遥感数据分析是进行村镇用地选址与功能分区评价的有效工具，具有数据准确、计算方便、在数据来源充足的情况下可获得被评价区域连续的数据等特点。但本评价的范围为村域或镇域，相对卫星遥感大数据而言，评价区域面积很小，同时受到数据来源条件限制，实际能精准用于评价中定量分析的数据仍显不足，对一些较偏远地区或山区等区域的评价尤为受限。因此，单一采用遥感数据分析易产生大数据与小区域的精准性差异。

（2）单一采用无人机低空摄像。

使用无人机进行低空拍摄可即时获得被评价区域精准的图片资料。但单一采用无人机方法采集被评价区域现状的影像一般只适用于定性分析。因此，单一采用无人机低空采集数据难以满足本评价的定量分析要求。

（3）单一运用 GPS 进行实地测量。

GPS 通常包括一个 GPS 基站和一个移动式接收器，可通过基站与接收器关联对评价范围的地形数据进行测量，是一种常用的实地测量方式。但该方法在一定程度上会受被评价地区的地形地貌影响，如基站与接收器在测量范围内可能遇到山脊等阻隔，其测量数据精确性会受到影响。

3)S-GIM 综合方法的优点

采用 S-GIM 方法通过遥感数据分析，可获得用于定量分析的被评价区域指定时间的地理信息矢量化数据，通过无人机低空拍摄可获得用于定性分析的被评价区域影像图片，通过 GPS 可获得被评价区域的精确地形数据，通过数据的分析比对可得到较为精确的村域或镇域评价数据。

S-GIM 方法取 3 种测量方法组合或某两种方法组合，利用各测量方法的优势同时避免单一使用某种方法而产生的评价数据缺陷，使村镇用地选址和功能分区现状测量获得的数据更为精确，评价结论更加准确。

6. 评价数据获取方法

1)GPS 和无人机测量法

(1)通过 GPS 测量方法获取村镇建成区居住用地、公共服务设施用地、生产设施和仓储设施用地、绿地与广场用地等各类建设用地的使用现状、面积及位置分布等评价数据。

(2)通过无人机测量方法获取村镇建成区、村域、镇域用地现状等图形数据。

2)GPS 影像处理法

(1)确定测量基准点。

通过图形分析和实地勘测，确定测量地区具有代表性的基准点。

(2)图形叠加及比对分析。

①将规划实施前后的卫星遥感影像数据通过已确定的测量基准点进行叠加比对，提取反映村镇建设活动的变化图斑。

②使用地理信息系统技术对变化图斑的面积、范围等进行定量统计。

③对变化图斑的用地属性信息进行定性分析及存储管理，并与村镇规划数据进行对比，将变化图斑的准确位置定位在村镇规划图上。

④对变化图斑的用地面积、用地性质等变化是否符合村镇规划进行判定。

7. 遥感影像信息处理

遥感影像信息的处理主要包括图像预处理、遥感影像分类处理、分类结果处理等 3 个步骤；相关分析软件包括 erdas、eCognition、Arcgis 等。

1)遥感影像预处理

主要包括波段融合、投影和坐标转换、影像裁切、几何校正和影像增强等内容。上述各操作均在 erdas 软件平台下完成。

2)遥感影像分类处理

具体分为遥感影像分割、定义分类体系、插入分类器、定义样本对象、优化特征空间、图像分类、分类结果评估等内容。上述各操作均在 eCognition 软件平台下完成。具体操作方法如下。

(1)遥感影像分割。

在 eCognition 软件中建立一个评价项目，将需要处理的遥感影像导入其中，添加具体的分割规则(如分割算法、分割的参数设置信息)，执行影像分割。本评价中对遥感影像的分割均采用多尺度分割的方式。

(2)土地利用分类。

结合绿色村镇规划与建设的用地要求，本评价将村域土地按耕地、林地(含园地、牧草地)、居民点用地、交通用地、水域及未利用地 6 类进行分类。

(3)插入分类器。

通过定义特征空间，增加不同地物的辨识度，应用分类特征空间到定义的分类体系中，插入 eCognition 软件提供的监督分类器。本评价采用最邻近分类器。

(4)定义样本对象。

eCognition 中最邻近分类方法类似于传统图像分析软件中的监督分类，需定义训练区代表一类用地。选择定义的各类用地样本对象，初始化样本用于标准最邻近分类。

(5)优化特征空间。

通过空间特征优化工具计算不同特征的贡献，找出利于分类的最佳特征空间组合，将优化后的特征空间组合应用到分类体系中。

(6)图像分类。

选择样本对象后利用相关工具对影像进行初步分类运算，在初步分类结果基础上，对错分的地物样本进行调整，赋予正确的类别，再进行分类运算，如此反复迭代，直至结果满意为止。

(7)分类结果评估。

选取 eCognition 软件提供的 4 种评价分类精度统计方法中的一种进行分类评价，如果分类精度不理想，可修改样本对象，重新优化特征空间，再执行分类，重复以上过程，直到得到满意的结果。

3)分类结果统计与处理

将分类结果在 Arcgis 软件中转为栅格数据，统计各类用地基本信息，生成用地分类图。

8.2.2 绿色村镇用地选址与规划的空间吻合性评价

绿色村镇用地选址与规划的空间吻合性评价的核心，是比对规划目标与从规划“基准年”至规划“完成年”的规划实施过程及实施结果的吻合性。

1. 评价对象

本评价方法以《镇规划标准》(GB 50188—2007)和《土地利用现状分类》(GB/T 21010—2007)为依据,将绿色村镇用地综合为耕地、林地、居民点用地、交通用地、水域和未利用地等6类(畜牧地区的牧草地可归于林地)。一般情况下,工矿用地不计入绿色村镇用地选址规划评价。

绿色村镇的土地利用分类及含义见表8.1。

表8.1　绿色村镇的土地利用分类及构成

序号	地类	用地构成
1	耕地	指种植农作物的土地,包括果园、茶园等
2	林地	指生长乔木、竹类、灌木的土地
3	居民点用地	指居住建筑、公共建筑及附属设施等用地,包括住宅用地、商服用地、公共管理与公共服务用地等
4	交通用地	指用于运输通行的地面线路、场站等的土地
5	水域	指河流水面、湖泊水面、坑塘水面、沟渠等用地
6	未利用地	指尚未利用的土地

2. 评价时限

绿色村镇用地选址评价的时限包括规划实施全过程,即从规划"基准年"至规划"完成年"。

3. 评价方法

(1)在规划实施年限内确定若干"评估年","评估年"包括规划"基准年"和规划"完成年"。

(2)在确定的评估年份进行现场调研和获取被评价区域的评价相关数据,进行绿色村镇规划实施过程的空间吻合度计算和现状评价。

(3)计算公式。

绿色村镇用地选址与规划实施过程的空间吻合度公式如下:

$$P_i=\frac{X_i-C_{bi}-C_{wi}}{C_i} \tag{8.1}$$

式中,P_i为规划实施评估年至完成年第i个地类的空间吻合度计算值;i为第i个地类;X_i为评估年i地类的现状实际面积,hm^2;C_{bi}为评估年i地类变化的地块中不符合规划方案的地块面积,hm^2;C_{wi}为评估年i地类规划尚未实施的面积,hm^2;C_i为i地类规划的总面积,hm^2。

(4)评价等级标准。

本评价对绿色村镇用地选址现状与规划吻合性的评价采用五级评价标准。

绿色村镇用地选址现状与规划吻合性的评价标准见表 8.2。

表 8.2　绿色村镇用地选址现状与规划吻合性评价标准

评价项目	地类图斑吻合度
Ⅰ级	$P_i=1$
Ⅱ级	$0.95\leqslant P_i<1$
Ⅲ级	$0.90\leqslant P_i<0.95$
Ⅳ级	$0.85\leqslant P_i<0.90$
Ⅴ级	$P_i<0.85$

当 $P_i=1$ 时,为Ⅰ级,表示规划实施结果与规划目标完全相符合。一般情况下在规划实施期末才有可能达到Ⅰ级标准。

当 $P_i<1$ 时,评价等级为Ⅱ级～Ⅴ级,表示规划实施结果与规划目标不相符,且Ⅱ级～Ⅴ级该村(镇)的用地选址现状与规划的吻合度相差增大。

8.2.3　绿色村镇功能分区优化评价

1. 评价目的

绿色村镇的土地利用功能分区优化,是指结合土地自然环境条件,为提高现有土地利用功能,对村镇既有土地资源进行合理分配,实现土地资源在时间与空间上的合理配置和有效实施,促进村镇的生态环境改善、经济产业发展和社会民生进步,全面提高村镇规划用地不同功能区的环境、经济和社会效益。

村镇功能分区优化评价的核心是判断被评价村镇区域内的土地利用综合效益是否达到最大值。

2. 评价内容

绿色村镇功能分区优化评价包括以下主要内容。

(1)村镇功能分区现状分析评价。

(2)村镇功能分区现状与规划的吻合性评价。

(3)运用多目标决策法进行村镇功能分区优化评价。

3. 评价流程

绿色村镇功能分区优化评价的流程见图 8.3。

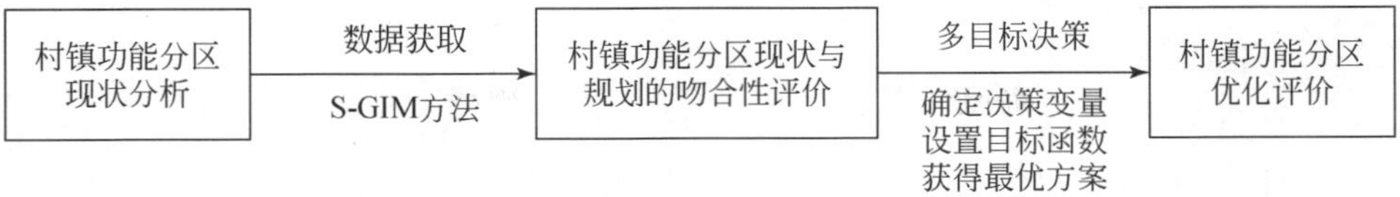

图 8.3　绿色村镇功能分区优化评价流程

4. 村镇功能分区现状评价

1)数据获取

运用 S-GIM 方法获取村镇功能分区的现状数据，如应用无人机航拍技术获得被评价区域现状的定性分析图片，运用 GPS 测量技术获得村镇功能分区现状的地形数据和做出功能分区现状图件。

2)现状分析

运用相关分析软件分析通过测量获得的村镇功能分区现状数据，可得到被评价区域功能分区现状图件。将村镇功能分区现状数据及图件与村镇现行规划比较，可分析和评价村镇功能分区现状与规划的区别。

5. 村镇功能分区现状与规划吻合性评价

1)评价重点

进行村镇土地利用功能分区评价主要考虑两类吻合性。

(1)与上位规划土地用途分区的吻合性。根据《乡(镇)土地利用总体规划编制规程》(TD/T 1025—2010)，将乡镇土地按功能区分为基本农田保护区、一般农地区、村镇建设用地区、村镇建设用地区、独立工矿区、风景旅游用地区、生态环境安全控制区、自然与文化遗产保护区、林业用地区、牧业用地区等进行评价。

(2)产业发展规划与用地功能区的吻合性。根据村镇产业的发展，对村镇功能区进行以区域主导产业用途确定分区类型和落实土地用途管制的评价。

2)评价内容

村镇土地利用功能分区优化评价包括 5 项内容。

(1)划分生态用地区。将区域内林地、水源地等具备生态安全保障功能的土地划分为生态用地区。

(2)划分农业发展区。将区域内耕地、园地、经济林地、坑塘水面等划分为农业发展区。

(3)划分村域建设区。将区域内居民点及工矿用地、公共设施用地、交通运输用地等划分为村域建设区。

(4)划分旅游用地区。结合本地旅游用地规划确定旅游用地区。

(5)绘制功能分区图并进行分析。根据分区结果,借助 Arcgis 软件绘制村镇功能分区图并进行分析。

3)评价等级标准

本评价对绿色村镇功能分区现状与规划吻合性的评价采用五级评价标准。

绿色村镇功能分区现状与规划吻合性的评价标准见表 8.3。

表 8.3　绿色村镇功能分区现状与规划吻合性评价标准

评价项目	功能分区吻合度
Ⅰ级	$P_i=1$
Ⅱ级	$0.97\leqslant P_i<1$
Ⅲ级	$0.95\leqslant P_i<0.97$
Ⅳ级	$0.90\leqslant P_i<0.95$
Ⅴ级	$P_i<0.90$

当 $P_i=1$ 时,为Ⅰ级,表示规划实施结果与规划目标完全相符合。一般情况下在规划实施期末才有可能达到Ⅰ级标准。

当 $P_i<1$ 时,评价等级为Ⅱ级～Ⅴ级,表示规划实施结果与规划目标不相符,且Ⅱ级～Ⅴ级该村(镇)的功能分区现状与规划的吻合度相差增大。

6. 村镇功能分区优化评价

本评价采用多目标决策分析方法进行村镇功能分区优化分析和评价,主要步骤如下。

1)选择决策变量

本评价中的决策变量为土地利用类型,包括:耕地、园地、林地、居民点用地(商业服务用地、住宅用地、公共管理与公共服务用地)、交通运输用地、水域及未利用地。

2)确定约束条件

从土地经济效益、社会需求和生态环境要求等 3 个方面确定约束条件,公式如下:

$$\begin{cases}\sum_{j=1}^{n} a_{ij}x_j=(\geqslant,\leqslant)b_i, & i=1,2,\cdots,m\\ x_j\geqslant 0, & j=1,2,\cdots,n\end{cases}\tag{8.2}$$

式中,x_j 为各类土地面积;a_{ij} 为约束系数;b_i 为约束常数。

3)设置目标函数

绿色村镇土地利用是一项多目标的社会建设活动,需要达到经济、社会和生态效益的和谐统一。本评价从经济效益、生态效益、社会效益三方面设置目标函数。

(1)经济效益目标函数。

土地利用活动的首要评价对象是经济效益,通过各类土地单位面积的产出效益来确定经济效益目标函数:

$$\max f(x)=\sum_{i=1}^{n}c_i x_i \tag{8.3}$$

式中,c_i为各类土地单位面积的产出效益;x_i为各类土地面积;n为各类土地数目。

(2)生态效益目标函数。

本评价采用绿当量进行衡量。森林覆盖率在一定程度上可以反映生态状况的其他因素,如人均绿地、水土流失量及大气环境质量等水平[1]。本评价采用最低森林覆盖率作为建议评价指标,建立基于绿当量的生态目标函数模型:

$$\max h(x)=\frac{\sum_{i=1}^{n}x_i g_i}{S_{林}} \tag{8.4}$$

式中,g_i为i类用地的平均绿当量;$S_{林}$为最佳(最低)森林覆盖率下全地区应拥有的林地面积。

根据绿当量的原理,将传统土地划分为具有绿当量的用地、隐含绿当量的用地和不具备绿当量的用地。

具有绿当量的用地包括耕地、园地、林地等。

隐含绿当量的用地主要为水域调节功能,一般将其绿当量设为林地的一半。

不具备绿当量的用地主要包括商服用地、工矿仓储用地、住宅用地、公共管理与公共服务用地、交通运输用地等,其绿当量为0。

(3)社会效益目标函数。

由于社会效益难以具体量化形成最大或最小目标函数,因此本评价将社会效益目标函数均转化为约束条件进行处理和运算。

4)评价结果分析

根据约束条件、目标函数,通过计算机程序得到最优解,分析最优解下的经济效益、生态效益和社会效益。

8.2.4 绿色村镇用地选址与功能分区优化的评价案例

1. 用地选址规划实施评价

1)土地利用规划资料复核

根据《谷城县五山镇堰河村建设规划(2008—2020)》,将堰河村的土地规划为村民住宅用地、公共设施用地、耕地、茶叶种植基地、木耳种植基地、道路用地、绿化用地和水域等 8 种利用类型;将堰河村的功能分区规划为居民生活区、农业观光区、茶叶观光区、旅游观光区、自然生态保护区等 5 类功能区。

(1)村庄建设用地。堰河村的建设用地规划分为 4 个居住组团和一个综合配套片区。

(2)生产用地及山林绿地。堰河村的生产用地规划分为基本农田区和茶叶生产区,还有部分木耳生产区。根据绿色村庄规划要求,将堰河村的山林绿地划为自然生态保护区。

(3)规划用地结构比例。在堰河村建设规划中,规划耕地面积 84.9hm^2,茶园面积 20.8hm^2,木耳种植基地 2.8hm^2,林地面积 1012.5hm^2,居民点及工矿用地 10.4hm^2,道路用地 6.7hm^2,水域面积 18.2hm^2,其他土地面积 7.7hm^2。

堰河村的功能分区规划图见图 5.11,堰河村的土地利用规划图见图 5.12。

2)土地利用规划实施现状勘测与分析

(1)土地利用现状。应用 Qstar8、iRTK2、Hi-Net Server 等测量仪器和软件对 2008 年堰河村土地利用现状进行实地测量和分析可知村域总面积及分类用地占地情况。堰河村村域面积约为 1164hm^2,其中:耕地 139.63hm^2,林地 971.23hm^2,居民点用地 10.05hm^2,交通用地 18.55hm^2,水域及水利设施用地 15.63hm^2,未利用地 8.91hm^2。

堰河村土地利用结构现状分析见图 8.4。

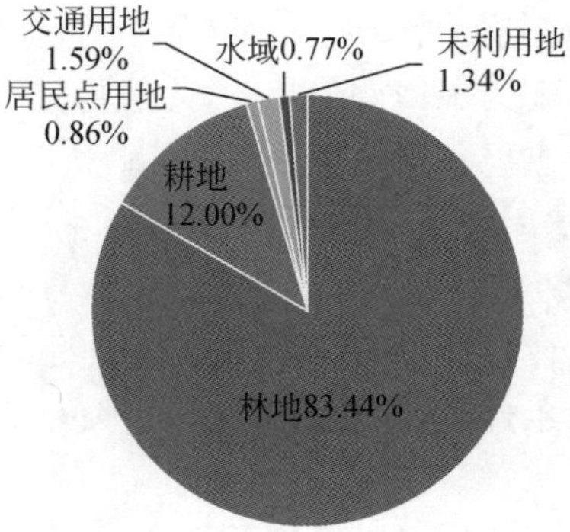

图 8.4 堰河村土地利用结构现状分析

(2)道路用地系统现状。堰河村的道路用地系统分为主路、次路和支路三级。村庄主路保证出入村的顺畅,主路长 0.3km,宽 5m,可供车辆双向行驶。村庄次路联系村庄主路与支路进户小路,形成完整的村庄道路体系,次路长 4.7km,宽 3.5m,能保证消防车的通行。支路进入每排住宅,方便居民出行,支路长 55.61km,宽 3m。堰河村交通用地面积 18.55hm^2,占村域面积的 1.59%。

(3)生态用地现状。堰河村生态用地主要包括林地和水域,其中林地主要包括灌木地和其他林地，面积为 971.23hm^2，占村域面积的 83.44%，水域及水利设施用地 15.63hm^2，占村域面积的 1.34%。

(4)农业产业发展用地现状。堰河村的农业产业发展区可细分为：茶叶生产区、木耳生产区、杜仲种植区、花椒种植区、基本农田区等，用地面积 39.7hm^2，加上其他耕地，全村耕地总面积 139.63hm^2，占村域面积的 12.00%。

(5)居民点用地现状。堰河村生活区域的建设用地主要有：宅基地、公共管理与公共服务设施用地、商服用地等，面积约为 10.05hm^2，占村域面积的 0.86%。

3)土地利用分类变化遥感数据分析

(1)遥感影像预处理。在 erdas 软件中对堰河村规划实施过程中选定的"评估年"：2008 年、2012 年、2014 年、2016 年的 4 组遥感影像数据分别进行影像裁切、几何校正和影像增强等处理。

(2)遥感影像分类处理。

①遥感影像分割。将堰河村 2008 年、2012 年、2014 年、2016 年的 4 组遥感影像数据分别导入 eCognition 软件中进行图像分割，将分割尺度和形状参数分别设置为 120 和 0.5，经运算得到分割图像。

②定义分类体系。根据调研的数据可知，堰河村现有水稻面积约 30 亩，果园约 2 亩，茶园约 1000 亩，杜仲约 600 亩，意杨约 450 亩，因水稻面积远低于果园、茶园、杜仲、意杨等的种植面积总和，且农业经济收入来源主要为以上几类，故将堰河村的耕地与园地合并统一归为耕地类。堰河村没有草地。

在 Class Hierarchy 面板中定义堰河村土地分类体系为：耕地、林地、居民点及工矿用地、交通用地、水域及未利用地。

③插入分类器。将遥感影像 3 个层的平均值作为特征空间应用到定义的分类体系中，并选择最邻近分类器插入类描述中。

④定义样本对象。分别选择耕地、林地、居民点及工矿用地、交通用地、水域及未利用地的样本对象进行初始化。

⑤优化特征空间。选择 Feature Space Optimization 进行特征空间优化，系统根据样本自动计算出最优化的分类特征组合。

⑥图像分类。在 Process Tree 面板中建立 Classification 程序并激活各土地分类，对错分的地物样本进行调整赋予正确的类别，再进行分类运算，反复迭代直至结果满意。

通过 eCognition 对堰河村遥感影像处理过程见图 8.5。

⑦分类结果评估。在菜单栏 Tools 中选择 Accuracy Assessment 并将评价分类精度的统计方法选为 Error Matrix based on Samples，显示统计结果见图 8.6。

图中 Overall Accuracy 和 KIA 值均为 1，表明所有选择的训练样本完全被正确分类，具有满意的分类精度。

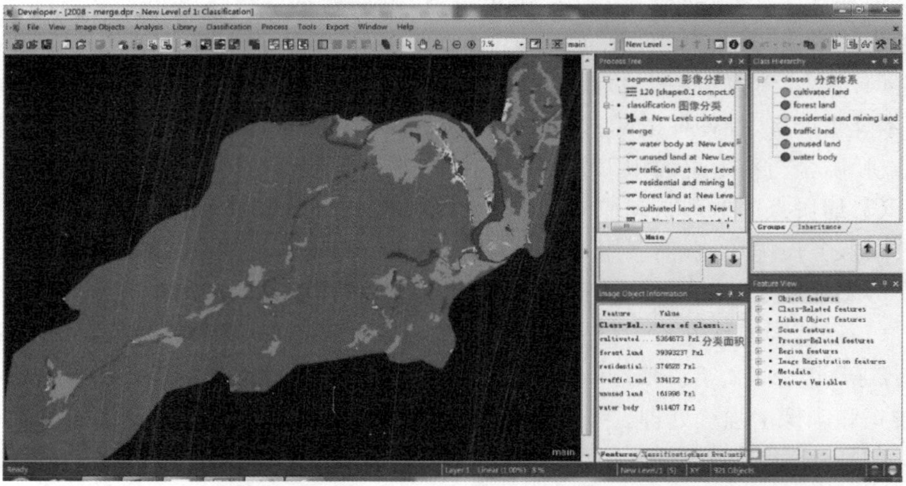

图 8.5　遥感影像处理过程示意(见文后彩图)

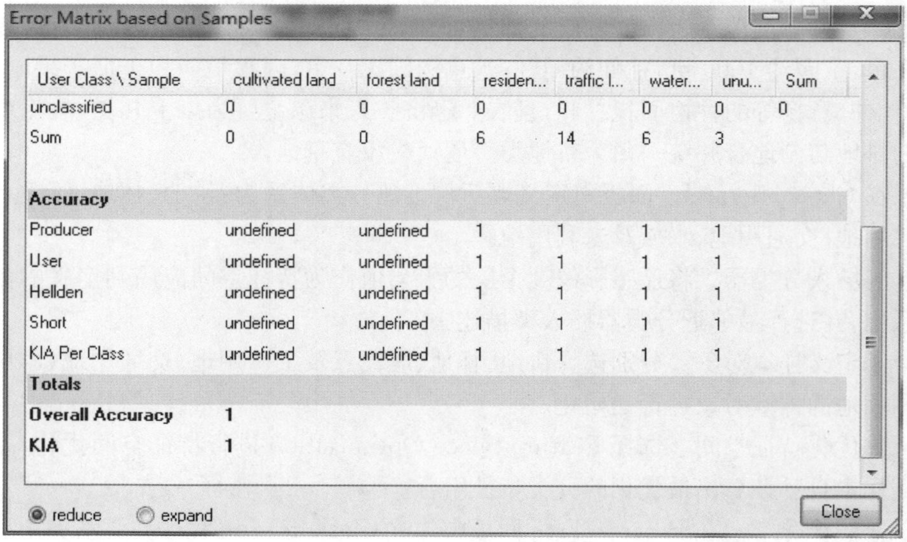

图 8.6　分类精度评价统计结果

4)分类结果统计与处理

首先,将堰河村 2008 年、2012 年、2014 年、2016 年的 4 组遥感影像数据分类结果在 Arcgis 软件中转为栅格数据,统计各类用地基本信息,得到堰河村各类用地面积变化情况。然后,生成 4 个年份组堰河村土地利用分类比较图。

4 组年份堰河村分类用地面积见表 8.4。

表 8.4　4 组年份堰河村分类用地面积　（单位：hm^2）

年份	土地面积					
	耕地	林地	居民点用地	交通用地	水域	未利用地
2008	132.14	986.57	9.37	8.35	22.76	4.05
2012	158.40	945.48	9.58	13.12	16.94	19.70
2014	139.28	974.02	10.44	15.89	15.48	8.12
2016	139.63	970.47	10.05	18.55	15.63	8.91

4 组年份堰河村土地利用分类比较见图 8.7。

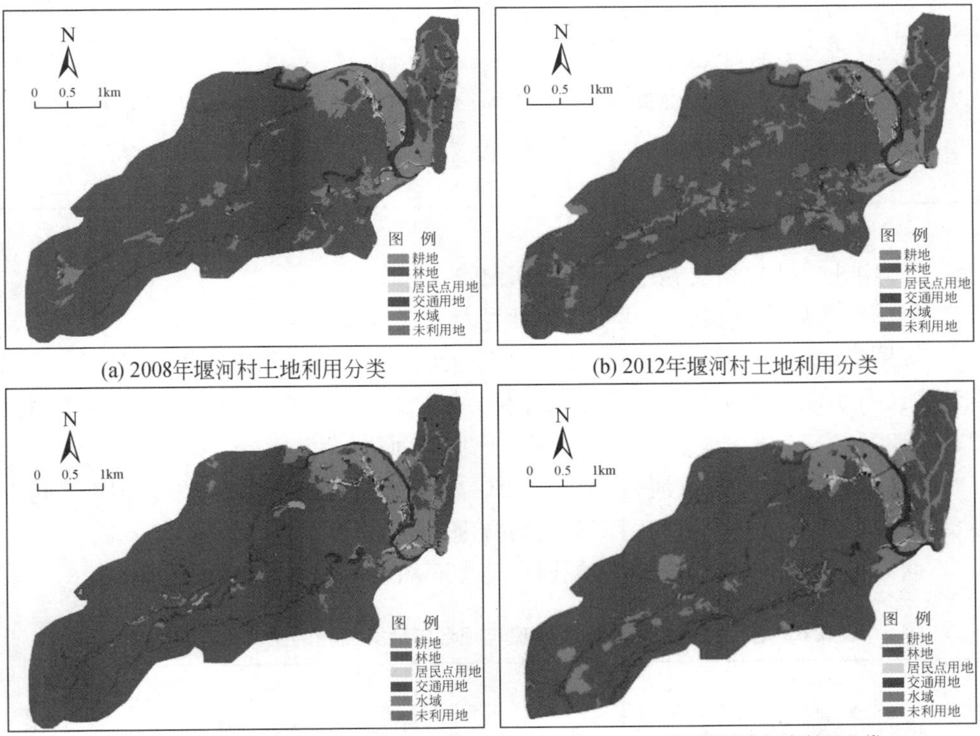

(a) 2008年堰河村土地利用分类　(b) 2012年堰河村土地利用分类

(c) 2014年堰河村土地利用分类　(d) 2016年堰河村土地利用分类

图 8.7　4 组年份堰河村土地利用分类比较（见文后彩图）

5）用地选址规划实施分析评价

（1）评价的基础数据处理。

根据堰河村建设规划，堰河村用地选址规划实施评价的基准年为 2008 年，规划完成年为 2020 年，本评价选取规划实施过程中的评估年为 2008 年、2012 年、2014 年和 2016 年。

应用 ArcMap 对 eCognition 分析获得的土地利用分类图进行 intersect 操作，

通过实测可得堰河村不同评价年限的土地利用规划实施状况，并分别与2020年的土地利用规划设定值进行比较，分析吻合程度和偏差原因，提出改进对策。

堰河村土地利用规划实施状况分析见表8.5。

表8.5 堰河村土地利用规划实施状况分析 （单位：hm^2）

评价年限	实测与比较	耕地	林地	居民点用地	交通用地	未利用地	水域
规划基准年	2008年实况统计值	132.14	986.57	9.37	8.35	4.05	22.76
规划完成年	2020年规划设定值	108.50	1012.50	10.40	8.70	5.70	18.20
2012年	2012年实测值	158.40	945.48	9.58	13.12	19.7	16.94
	与2020年规划设定值比	−49.90	67.02	0.82	−4.42	−14	1.26
2014年	2014年实测值	139.28	974.02	10.44	15.89	8.12	15.48
	与2020年规划设定值比	−30.78	38.48	−0.04	−7.19	−2.42	2.72
2016年	2016年实测值	139.63	970.47	10.05	18.55	8.91	15.63
	与2020年规划设定值比	−31.13	42.03	0.35	−9.85	−3.21	2.57

(2)用地选址规划实施空间吻合性评价。

①用地选址规划实施空间吻合度计算及等级分类。

应用ArcMap中的intersect工具，将基准年(2008年)和评估年(2012年、2014年、2016年)的用地分类图进行叠加分析，统计出2008—2012年、2008—2014年、2008—2016年变化的地块中不符合规划地块的面积。

根据式(8.1)，计算堰河村2008—2012年、2008—2014年、2008—2016年间土地利用规划实施过程中地类图斑空间吻合度。

堰河村各评价年地类图斑与规划年地类面积的空间吻合度分析见表8.6。

表8.6 堰河村各评价年地类图斑与规划年地类面积的空间吻合度分析

用地类型	2020年规划设定值/hm^2	2012年			2014年			2016年		
		实测值/hm^2	与设定值空间吻合度	评价等级	实测值/hm^2	与设定值空间吻合度	评价等级	实测值/hm^2	与设定值空间吻合度	评价等级
耕地	108.50	158.40	0.90	Ⅲ	139.28	0.94	Ⅲ	139.63	0.91	Ⅲ
林地	1012.50	945.48	0.86	Ⅳ	974.02	0.91	Ⅲ	970.47	0.92	Ⅲ
居民点用地	10.40	9.58	0.84	Ⅴ	10.44	0.76	Ⅴ	10.05	0.73	Ⅴ
交通用地	8.70	13.12	0.92	Ⅲ	15.89	0.91	Ⅲ	18.55	0.83	Ⅴ
未利用地	5.70	19.70	0.82	Ⅴ	8.12	0.87	Ⅳ	8.91	0.80	Ⅴ
水域	18.20	16.94	0.69	Ⅴ	15.48	0.69	Ⅴ	15.63	0.70	Ⅴ

②堰河村用地选址规划实施空间吻合性评价。

由表 8.6 分析可知，堰河村各地类图斑空间吻合度评价等级均未达到Ⅰ级，表明自规划基准年至各评估年，堰河村各类用地未完全达到规划预期目标。其中耕地和林地空间吻合度高于 0.9，即，耕地和林地基本按规划实施，其余地类有调整。

堰河村规划实施地类图斑空间吻合度变化趋势分析见图 8.8。

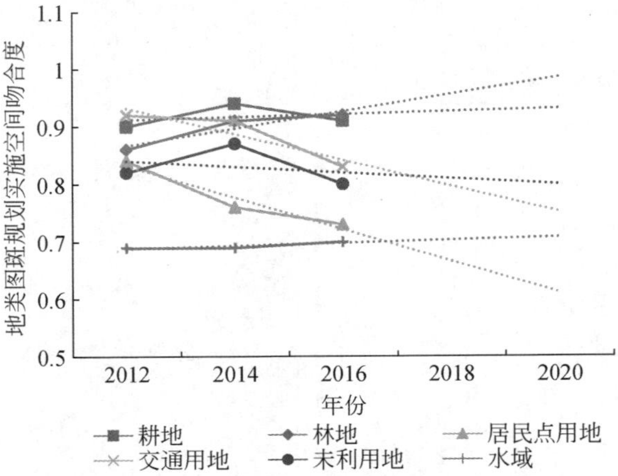

图 8.8　堰河村规划实施地类图斑空间吻合度变化趋势分析

(3)堰河村用地选址规划实施评价结论。

分析图 8.8 可知，2014 年为规划实施的转折点。

2014 年以前，除居民点用地和交通用地外其余地类吻合度均呈增长趋势，表明 2008—2014 年间耕地、林地、未利用地、水域基本按规划实施。

2014 年后堰河村开始大力修建百日山旅游景区，扩建上山道路，使“居民点用地”和“交通用地”两项评价指标与规划的吻合度下降。

2014—2016 年间除林地外，其余地类吻合度均下降趋势，主要原因是部分林地转换成耕地不符合规划目标，造成耕地吻合度下降，百日山景区建设用地的扩张也使得居民点用地吻合度有所降低，环山公路的修建造成交通用地吻合度的下降，水域基本维持不变。

2. 功能分区规划实施评价

1)功能分区现状分析

本评价采用无人机航拍方式对堰河村功能分区现状进行定性分析，采用 GPS 现场测量技术对堰河村功能分区现状进行定量分析，获取现状数据。

堰河村功能分区现状无人机航拍分析见图 8.9。

(a) 新村居住功能区　(b) 百日山景区

(c) 堰河水域　(d) 茶园生产区

图 8.9　堰河村功能分区现状无人机航拍分析(见文后彩图)

堰河村功能分区现状数据分析方法见图 8.10。

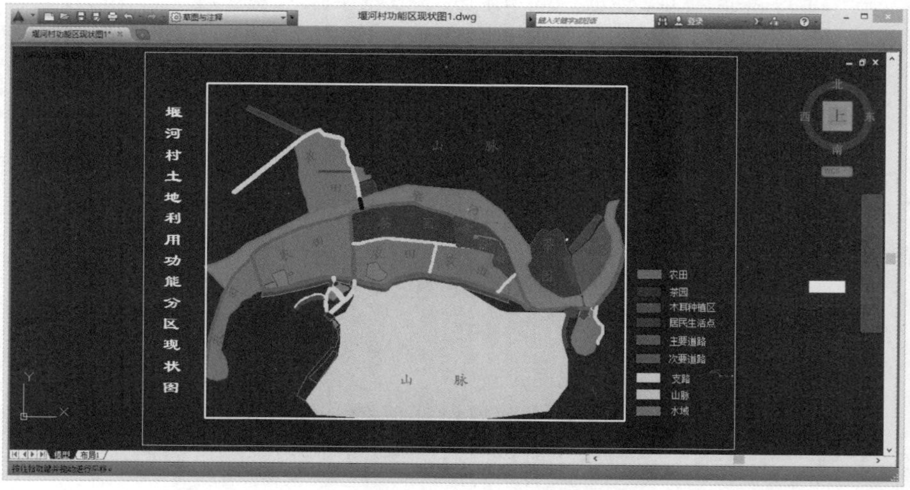

图 8.10　堰河村功能分区现状数据分析(见文后彩图)

2)功能分区规划实施空间吻合性评价

(1)功能分区规划实施空间吻合度计算及等级分类。

根据式(8.1)分别计算堰河村在 2008—2012 年、2008—2014 年、2008—2016 年的评价年规划实施过程中功能分区空间吻合度。

堰河村各评价年功能区实际面积与规划年的空间吻合度分析见表 8.7。

表 8.7　堰河村各评价年功能区实际面积与规划年的空间吻合度分析

土地功能分区	2020 年	2012 年			2014 年			2016 年		
	规划设定值/hm^2	实测值/hm^2	与设定值空间吻合度	评价等级	实测值/hm^2	与设定值空间吻合度	评价等级	实测值/hm^2	与设定值空间吻合度	评价等级
自然生态保护区	1036.4	982.12	0.85	Ⅴ	997.62	0.91	Ⅳ	995.00	0.91	Ⅳ
基本农田区	84.9	134.80	0.87	Ⅴ	115.68	0.92	Ⅳ	116.03	0.88	Ⅴ
茶叶生产区	20.8	20.8	1.00	Ⅰ	20.8	1.00	Ⅰ	20.8	1.00	Ⅰ
木耳生产区	2.8	2.8	1.00	Ⅰ	2.8	1.00	Ⅰ	2.8	1.00	Ⅰ
居民生活区	19.10	22.70	0.88	Ⅴ	26.33	0.83	Ⅴ	28.60	0.78	Ⅴ

(2)功能分区规划实施空间吻合性评价。

由表 8.7 计算结果可知,堰河村自然生态保护区、基本农田区、居民生活区空间等功能分区的规划实施与现行规划吻合度评价等级均未达到Ⅰ级,表明自规划基准年至各评估年,该 3 类功能区未完全达到规划预期目标;茶叶生产区和木耳生产区的空间吻合度值均为 1,表明堰河村对上述两类功能区的建设是按照规划执行的。

根据表 8.7 的计算结果可分析堰河村 2012—2016 年规划实施过程中的功能分区空间吻合度变化趋势。

堰河村规划实施功能分区空间吻合度变化趋势分析见图 8.11。

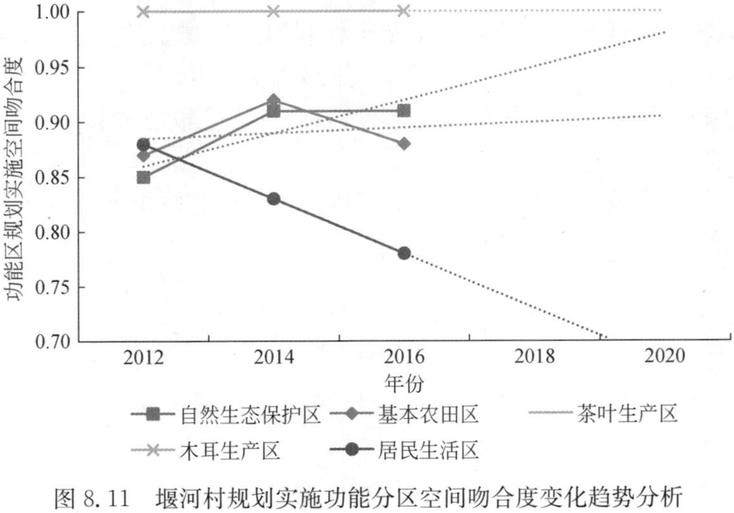

图 8.11　堰河村规划实施功能分区空间吻合度变化趋势分析

3)堰河村功能分区规划优化评价结论

分析图 8.11 可知,2014 年以前,堰河村基本农田区和自然生态保护区两类空间吻合度均呈增长趋势,表明 2008—2014 年间该两类功能区基本按规划实施。

2014 年后堰河村修建百日山景区,扩建上山道路,占用部分林地和农田,造成基本农田区和自然生态保护区空间吻合度下降,同时,景区修建和道路扩建增加了居民生活区的面积,造成居民生活区空间吻合度呈下降趋势。

3. 功能分区规划优化评价

绿色村镇功能分区规划优化评价的方法是,通过选择优化决策变量、确定发展约束条件、设置优化目标函数、计算多目标函数优化解、确定未来村镇功能分区优化发展方案。

1)选择优化决策变量

本评价以堰河村土地资源特点和社会经济发展要求为基础,综合考虑目标函数效益系数的易确定性因素设置 5 个决策变量。

堰河村多目标规划模型决策变量设置见表 8.8。

表 8.8 堰河村多目标规划模型决策变量设置

变量	功能区	现状面积/hm^2	比重/%
Z_1	自然生态保护区	995.00	85.53
Z_2	基本农田区	116.03	10
Z_3	茶叶生产区	20.80	1.78
Z_4	木耳生产区	2.80	0.24
Z_5	居民生活区	28.60	2.45

2)确定发展约束条件

根据村庄土地资源利用的特点以及土地利用总体规划的要求,综合考虑相关数据的可操作性,设置如下 6 个约束条件:土地总量约束、人口总量约束、生态保护约束、耕地保有量的约束、建设用地总规模约束、决策量非负约束。

(1)土地总量约束。

堰河村各种土地类型面积之和应等于堰河村土地总面积,因此,堰河村土地总量约束值为

$$S_{总}=\sum_{1}^{n} Z_i=1163.23\text{hm}^2$$

(2)人口总量约束。

人口自然增长法根据基准年的人口增长数直接推算未来人口数。人口增长法预测公式为

$$P=P_0(1+k)^n \tag{8.5}$$

式中，P 为规划完成年被评价区域总人口预测值，人；P_0 为评估年被评价区域总人口实际值，人；k 为人口自然增长率，‰；n 为评估年数。

本评价根据人口自然增长法对堰河村 2020 年人口进行预测，根据堰河村历年人口数量变化情况，堰河村人口增长率取 2.4‰，可预测堰河村 2020 年的人口总量为 1183 人，因此：堰河村至 2020 年人口总量约束值为 1183 人。

(3)生态保护约束。

堰河村所在的鄂西丘陵山区主要为林地和水域。因此，本评价选择林地、水域为堰河村的自然生态保护区，并参考相关国家标准或被评价区域现行规划确定生态保护约束条件的数值。

①林地。《美丽乡村建设指南》(GB/T 32000—2015)规定林草覆盖率山区≥80%。因此，堰河村林地应保护面积为

$$1163.23\times 80\%=930.584\text{hm}^2$$

②水域。堰河村规划确定该村水域面积不低于 18.2hm²。因此，堰河村生态保护约束值 Z_1 为

$$Z_1\geqslant 930.584+18.2=948.784\text{hm}^2$$

(4)耕地保有量约束。

据表 2.5 统计，2016 年全国人均耕地面积为 0.086hm²，同年堰河村所在的谷城县人均耕地不足 0.07hm²，低于全国人均耕地面积水平。

本评价将基本农田区 Z_2、茶叶生产区 Z_3 和木耳生产区 Z_4 归为耕地计算。

①设定堰河村耕地面积应不低于全国人均耕地面积，则

$$Z_2+Z_3+Z_4\geqslant 0.086\times 1183=101.74\text{hm}^2$$

②堰河村基本农田不低于 2020 年规划目标值，则

$$Z_2+Z_3+Z_4\geqslant 108.50\text{hm}^2$$

因此，堰河村耕地保有量约束值为

$$Z_2+Z_3+Z_4\geqslant 108.50\text{hm}^2$$

(5)建设用地总规模约束。

①居民点用地约束。包括住宅用地、商服用地、公共管理与公共服务用地等，一般不低于规划值。

因此，堰河村居民点用地约束值为 10.05hm²。

②交通用地约束。交通用地主要影响堰河村的经济发展速度，一般不低于现状值，即 18.55hm²。

因此，堰河村建设用地总规模约束值为

$$Z_5\geqslant 10.05+18.55=28.6\text{hm}^2$$

(6)决策量非负约束。

堰河村功能分区优化评价模型要求约束各变量非负。即 $Z_i>0$，Z_i 为规划完成

年第 i 种土地利用类型面积。

3)设置优化目标函数

(1)堰河村生态效益目标函数。

①确定堰河村最低林地面积。《美丽乡村建设指南》(GB/T 32000—2015)规定,林草覆盖率山区≥80%。因此,堰河村最低林地面积为

$$S_{林}=1163.23\times 80\%=930.58\text{hm}^2$$

②计算堰河村耕地、林地的绿当量。堰河村农作物生长周期和熟制为一年两熟,取堰河村耕地、林地的平均绿当量为 $g_1=0.5$,$g_1=1$[1]。

③确定堰河村生态效益目标函数。根据式(8.4)可知,堰河村土地利用功能优化生态效益目标函数为

$$\max h(Z)=\frac{Z_1+0.5(Z_2+Z_3+Z_4)}{930.58} \tag{8.6}$$

令 $\max h'(Z)=930.58\max h(Z)$,则 $h'(Z)$取得最大值时 $h(Z)$同样取最大值,此时两个函数的自变量 Z 取值一样,为便于数学分析,本评价中的生态效益按 $\max h'(Z)$进行计算分析。

因此,堰河村生态效益目标函数为

$$\max h'(Z)=930.58\max h(Z)$$

(2)堰河村经济效益目标函数。

根据调研可知,堰河村 2016 年人均收入为 1.2 万元,总收入约为 1.2×1050=1260 万元,主要收入来源为旅游、茶叶、苗木花卉等,其中旅游收入约 600 万元,茶叶种植与加工约 300 万元,苗木花卉 50 万元,木耳种植 20 万元,将基本农田区、茶叶生产区、木耳生产区、居民生活区收入比大致取为 5∶30∶2∶60。

根据式(8.3)可得,堰河村土地利用结构优化经济效益目标函数为

$$\max f(Z)=f(Z)=0.56Z_2+18.74Z_3+9.28Z_4+27.25Z_5 \tag{8.7}$$

4)多目标函数优化解

采用线性加权和法将多目标函数转化为单目标函数,将经济效益目标函数和生态效益目标函数的权重均取为 0.5。则目标函数可转化为

$$\max g(Z)=0.5Z_1+0.53Z_2+9.62Z_3+4.89Z_4+13.625Z_5 \tag{8.8}$$

通过运用 Lingo 软件构建模型对式(8.4)求最优解。

堰河村功能分区优化对目标决策变量的最优解见表 8.9。

表 8.9　堰河村功能分区优化对目标决策变量的最优解

变量	最优解
Z_1	948.78
Z_2	84.90
Z_3	9.74

续表

变量	最优解
Z_4	0.00
Z_5	119.81

5)堰河村功能分区优化方案

通过本评价建立的村镇功能分区优化模型对堰河村进行功能分区优化计算，可得到堰河村在满足生态保护约束、耕地保有量约束、建设用地约束等约束条件下的功能分区优化方案。

堰河村功能分区利用优化方案见表 8.10。

表 8.10　堰河村功能分区利用优化方案　　（单位：hm^2）

变量	功能区	现状面积	优化后面积	面积变化值
Z_1	自然生态保护区	995.00	948.78	−46.22
Z_2	基本农田区	116.03	84.90	−31.13
Z_3	茶叶生产区	20.80	9.74	−11.06
Z_4	木耳生产区	2.80	0.00	−2.8
Z_5	居民生活区	28.60	119.81	91.21

将优化后的堰河村土地利用功能区面积代入式(8.2)计算生态效益最大值为 1.07。

将优化后的堰河村土地利用功能区面积代入式(8.3)计算经济效益最大值为 3495。

6)堰河村功能分区规划评价结论

(1)在满足生态保护约束、耕地保有量约束、建设用地约束等约束条件下，堰河村的自然生态保护区、基本农田区、茶叶生产区、木耳生产区分别减少 46.22hm^2、31.13hm^2、11.06hm^2和 2.8hm^2。

(2)在居民生活区增加 91.21hm^2的情景下，堰河村土地利用功能区的经济效益和生态效益能同时达到最大值。

(3)优化后的经济效益将达到 3495 万元，较现状值 1260 万元增加 2235 万元。

(4)优化后的生态效益有所降低，绿当量从 1.14 变为 1.07。

4.用地选址与功能分区规划实施吻合度综合评价

根据上述计算的堰河村各类用地空间吻合度和各功能区空间吻合度，采用加权平均法可计算堰河村用地选址和功能分区规划实施的空间吻合度综合值。计算用地选址规划实施空间吻合度综合值各类用地的权重均为 1/6，计算功能分区规划实施空间吻合度综合值各功能区的权重均为 1/5。

经计算分析，可得到堰河村用地选址与功能分区规划实施吻合度的综合评价结论。

(1)堰河村用地选址规划实施空间吻合度综合值为 0.815，评价等级为Ⅴ级；

参考表 8.2 评价标准,吻合度相差较大。

(2)堰河村功能分区规划实施空间吻合度综合值为 0.914,评价等级为Ⅳ级。参考表 8.3 评价标准,吻合度相差较大。

8.3 绿色村镇规划的生态位适宜度评价

8.3.1 评价对象与基本方法

1. 生态位的概念

(1)生态位(niche),又称生态龛(ecological niche),是指有机体在环境中占据的地位。

(2)生态位维度(niche dimension),是指生态位的环境影响因素,一种影响因素构成一个维度。

(3)超体积生态位(hypovolume niche),是指生态位维度≥3 个的生态位空间。

(4)生态位宽度(niche breadth),在生态学中是生物利用资源多样性的一个指标。将资源以一定的方式分成若干等级,通过调查,记录各个物种利用不同资源等级的数量,并可通过适当计算得到该物种的生态位宽度。生态位宽度的变动范围从 0 到 1,0 表示没有利用;1 表示对所有等级都被同样利用。

2. 绿色村镇规划的生态位适宜度

生态位适宜度是指生态位中某一维度物种的现实生态位与最适生态位间的匹配关系或贴近程度,也可指某项活动对某区域生态因素的影响程度。

本评价采用的绿色村镇规划生态位适宜度,是指绿色村镇制定的社会经济发展规划与当地环境质量主要影响因子、生态环境影响主要因素的匹配程度。

通过对绿色村镇规划进行生态位适宜度评价,可以有效评价村镇环境的现状条件是否满足规划制定的发展需求,并提出改进优化方案。

绿色村镇的生态位适宜度取值范围从 0 到 1。

3. 绿色村镇规划的生态环境影响因子

1)生态环境影响因子及分类。

绿色村镇规划的环境影响因子分为环境质量和生态影响两大类。

(1)环境影响因子的确定依据。

绿色村镇规划的环境影响因子确定依据包括:《镇规划标准》(GB 50188—2007)、《村庄整治技术规范》(GB 50445—2008)、《美丽乡村建设指南》(GB/T 32000—2015)、《国家级生态村创建标准(试行)》、《国家级生态乡镇建设指标(试行)》、《国家生态文明建设示范村镇指标(试行)》、《规划环境影响评价技术导则-总纲》(HJ 130—2019)等。

(2)生态影响因子的确定依据。

绿色村镇规划的生态影响因子确定依据包括:《生态环境评价技术规范》(HJ 192—2015)、《区域生物多样性评价标准》(HJ 623—2011)、《镇规划标准》(GB 50188—2007)、《美丽乡村建设指南》(GB/T 32000—2015)、《村庄景观环境工程设计规程》(CECS 285—2011)等。

绿色村镇规划的生态环境影响因子及类别分析见表 8.11。表中的"—"符号表示无。

表 8.11　绿色村镇规划的生态环境影响因子及分类

类别	环境影响因子					
	水环境	空气环境	固废处理	声环境	生态现状	村镇景观
第一类　环境质量	√	√	√	√	—	—
第二类　生态状况	—	—	—	—	√	√

2)生态环境影响因子分析

(1)水环境。

根据相关现行标准,绿色村镇规划中的水环境规划内容主要包括:流经镇区或村庄的地表水环境质量、评价范围内的地下水环境质量、生活饮用水质量、水污染物排放、海水水质等。

绿色村镇规划的水环境质量评价指标及评价标准见表 8.12。

表 8.12　绿色村镇规划的水环境质量评价指标及评价标准

水环境影响因子	评价内容	评价指标	评价标准
地表水环境质量	河流、湖泊	pH 值,溶解氧,化学需氧量(COD_{cr}),五日生化需氧量(BOD_5),氨氮(NH_3-N),总磷(TP),总氮(TN)	《地表水环境质量标准》(GB 3838—2002)
地下水环境质量	一般地下水	pH 值,总硬度,溶解性总固体,氨氮,高锰酸盐指数	《地下水质量标准》(GB/T 14848—2017)
生活饮用水质量	饮用水水源地水质和水量	菌落总数,砷,氟化物,硝酸盐(以 N 计),色度,浑浊度,pH 值,溶解性总固体,总硬度,耗氧量(COD_{Mn}),铁,锰,氯化物,硫酸盐	《生活饮用水卫生标准》(GB 5749—2006)
水污染物排放	村镇污水处理设施排放	pH 值,化学需氧量(COD),五日生化需氧量(BOD_5),动植物油,NH_3-N,TN,TP	《污水综合排放标准》(GB 8978—2002)《城镇污水处理厂污染物排放标准》(GB 18918—2002)

续表

水环境影响因子	评价内容	评价指标	评价标准
海水水质(沿海村镇评价指标)	近海水质	色、臭、味,悬浮物,大肠菌群,粪大肠菌群,病原体,水温,pH值,溶解氧,化学需氧量(COD),生化需氧量(BOD_5),无机氮(以N计),非离子氮(以N计),活性磷酸盐(以P计)	《海水水质标准》(GB 3097—1997)

(2)空气环境。

绿色村镇规划中的空气环境主要评价范围为镇区或村庄的二类环境空气功能区。

绿色村镇规划的环境空气质量评价指标及评价标准见表8.13。

表8.13　绿色村镇规划的环境空气质量评价指标及评价标准

环境空气影响因子	评价范围	评价指标	评价标准
环境空气质量	村镇二类功能区	二氧化硫(SO_2),二氧化氮(NO_2),颗粒物(PM_{10}),颗粒物($PM_{2.5}$),总悬浮颗粒物(TSP)	《环境空气质量标准》(GB 3095—2012)

(3)固体废物处理。

绿色村镇规划中的固体废物处理评价对象主要有村镇企业固体废物处理、村镇生活垃圾处理等。

绿色村镇规划的固体废物处理评价指标及评价标准见表8.14。

表8.14　绿色村镇规划的固体废物处理评价指标及评价标准

固废处理影响因子	评价内容	评价指标	评价标准
村镇生活垃圾处理	生活垃圾	垃圾产生量,垃圾分类收集和分类运输率,垃圾无害化处理率	《生活垃圾产生量计算及预算方法》(CJ/T 106—2016) 《生活垃圾收集运输技术规程》(CJJ 205—2013)
村镇企业固废处理	工业固废	固废产生量,主要污染物处理率,危险废物处理率,固废产生量,分类收集率,分类存放率,易腐烂垃圾自行处理率	《一般工业固体废物贮存、处置场污染控制标准》(GB 18599—2001) 其他相关标准
	饮食业固废 旅游业固废		《饮食业环境保护技术规范》(HJ 554—2010) 《餐厨垃圾处理技术规范》(CJJ 184—2012)

(4)声环境。

随着农村社会经济和交通的不断发展,我国村镇地区的对外开放程度不断增加,声环境控制越来越成为村镇规划中的重要影响因素。

绿色村镇规划的声环境质量评价指标及评价标准见表 8.15。

表 8.15　绿色村镇规划的声环境质量评价指标及评价标准

声环境影响因子	评价内容	评价指标	评价标准
固定声源	村镇工业固定声源 交通运输固定声源	昼间等效声级(L_d), 夜间等效声级(L_n), 最大 A 声级(L_{max})	《环境影响评价技术导则 声环境》(HJ 2.4—2009)
流动声源	运输工具通过村镇道路、铁路、水路行驶过程中产生的噪声	昼间等效声级(L_d), 夜间等效声级(L_n), 最大 A 声级(L_{max})	

(5)生态状况。

绿色村镇生态状况影响评价内容包括:区域内的自然资源影响因素和区域生态系统影响因素等,主要包括生境质量和生物丰度两大影响因子。

绿色村镇规划的生态状况评价指标及评价标准见表 8.16。

表 8.16　绿色村镇规划的生态状况评价指标及评价标准

生态影响因子	评价内容	评价指标	评价标准
生境质量	林地草地	林地草地面积	《生态环境评价技术规范》(HJ 192—2015)
	水域湿地	水域湿地面积	
	耕地	耕地面积	
	建设用地	建设用地面积	
	未利用地	未利用地面积	
生物丰度	生物丰度	野生动物丰度指数,野生维管束植物丰度指数	《区域生物多样性评价标准》(HJ 623—2011)

(6)村镇景观。

绿色村镇规划中的景观环境影响因子包括镇区容貌、村容村貌等。为简化评价方法,本评价将镇区和村庄的绿化规划和历史文化保护规划评价并入村镇景观评价指标中。

绿色村镇规划的景观评价指标及评价标准见表 8.17。

表 8.17 绿色村镇规划的景观评价指标及评价标准

村镇景观影响因子	评价内容	评价指标	评价标准
镇区容貌	景观空间布局	空间布局合理，地方特色突出，建筑物、构筑物等形象、风格比例、色彩等协调	《镇规划标准》(GB 50188—2007)
	绿化和小品设置	形式简洁，色彩和谐，易于识别	
	主要道路绿化率	主要道路绿化率 100%	
	公共绿地率	公共绿地占建设用地比例≥12%	
	优秀历史文化遗存保护	优秀历史文化遗存的整体格局及空间尺度的保护状况、建筑物、构筑物和环境要素的维修、改善和整治状况	
村容村貌	建筑形式和庭院	建筑形式和庭院空间符合当地传统风格	《美丽乡村建设指南》(GB/T 32000—2015)《村庄景观环境工程设计规程》(CECS 285—2011)
	公共空间及小品	公共空间活泼自由，便于村民公共活动，景观小品体现地方特色并与周围环境相协调，标识位置合理	
	公共绿地率	公共绿地占村庄建设用地面积≥4%	
	环境卫生	房前屋后整洁，无污水溢流，无散落垃圾，村域内无露天垃圾或秸秆焚烧现象，水体清洁、无异味等	

4. 绿色村镇的生态位适宜度评价流程

绿色村镇规划的生态位适宜度的评价工作流程见图 8.12。

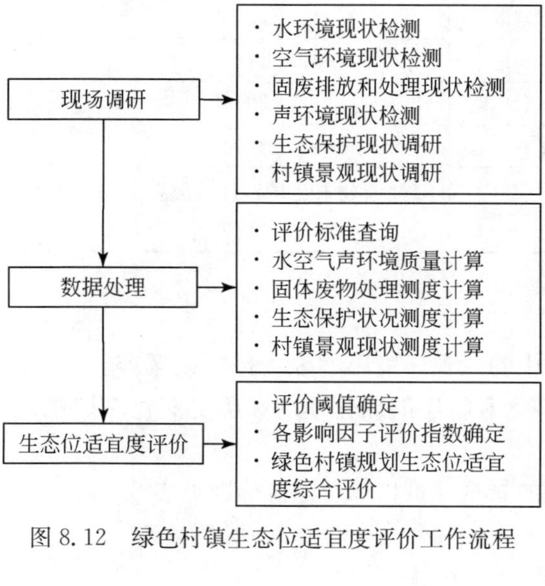

图 8.12 绿色村镇生态位适宜度评价工作流程

8.3.2　绿色村镇规划的生态位适宜度评价模型

1. 绿色村镇的生态位维度

绿色村镇规划的生态环境影响因子主要有：水环境、空气环境、固废处理、声环境、生态影响及村镇景观等 6 类。

绿色村镇的生态位是一个多维度超体积生态位。进行村镇规划的生态位适宜度评价，其区域已被确定，在一定时限范围内气候条件可看作基本稳定(除极端天气外)，规划时限通常为 5～20 年，因此上述生态环境影响因子在规划时限范围内将随时间发生变化，并构成响应关系。

2. 绿色村镇的生态位适宜度

绿色村镇建设是一个有机体，其生存和发展与环境的联系密不可分。采用生态位适宜度方法，可有效评价该有机体的规划是否与村镇环境的现状条件匹配，并提出有针对性的改进优化方案。

绿色村镇的生态位适宜度取值范围从 1 到 0。当生态环境影响因子的现实承载力完全满足规划制定的发展需求时，其生态位适宜度为 1；当生态环境影响因子的现实承载力完全不满足规划制定的发展需求时，其生态位适宜度为 0。

3. 绿色村镇的生态位适宜度评价模型

1)两类生态环境影响因子的生态适宜度计算

绿色村镇生态环境的 6 类影响因子可分为两大类，第一类为环境质量因子，记为 X_{1i}，第二类为生态状况影响因子，记为 X_{2i}。通常环境质量因子是一些可以测度并有相关国家标准可定量分析的参数，而对第二类生态状况影响因子的测度存在一个适宜的区间，数据的分析常采取半定量方式。

绿色村镇生态环境影响因子的分类见表 8.18。表中的“—”符号表示无。

表 8.18　绿色村镇生态环境影响因子分类

序号	分类	环境质量影响因子	生态状况影响因子
1	第一类 S_{1i}	水环境 S_{11}	—
2		空气环境 S_{12}	—
3		固体废物 S_{13}	—
4		声环境 S_{14}	—
5	第二类 S_{2i}	—	生态现状 S_{21}
6		—	村镇景观 S_{22}

对上述两类不同的生态环境影响因子适宜度估算可采用以下两种方式。

(1)环境质量影响因子的评估。

适于环境质量影响因子的评估方法见下式：

$$X_{1i}=\begin{cases}0, & 当S_{1i}<D_{1i,p,\min}或S_{1i}>D_{1i,p,\max}\\ R_{1i}, & 当D_{1i,p,\min}<S_{1i}\leqslant D_{1i,p,\max}\\ 1, & 当S_{1i}=D_{1i,p}或R_{1i}=100\%\end{cases} \tag{8.9}$$

式中，X_{1i}为第 i 种环境质量影响因子的生态位适宜度指数；S_{1i}为第 i 种环境质量影响因子的现状测度；$D_{1i,p}$为第 i 种环境质量影响因子的规划要求值，通常为相应国家标准规定值；$D_{1i,p,\min}$为第 i 种环境质量影响因子标准的最低限；$D_{1i,p,\max}$为第 i 种环境质量影响因子标准的最高限；R_{1i}为第 i 种环境质量影响因子的保证率，通常可用达标率测度。

(2)适于生态状况影响因子的评估。

适于生态状况影响因子的评估方法见下式：

$$X_{2i}=\begin{cases}0, & 当S_{2i}\leqslant D_{2i,\min},S_{2i}\geqslant D_{2i,\max}\\ \dfrac{\sum_{i=1}^{n}W_{2i}S_{2i}}{\sum S_j}R_{2i}, & 当D_{2i,\min}<S_{2i}\leqslant D_{2i,\max}\\ \dfrac{S_{2i}}{S_{2i,\max}}R_{2i}, & 当D_{2i,\min}<S_{2i}<D_{2i,\max}\\ S_{2i}R_{2i}, & 当\ 0<S_{2i}<D_{2i,\max}\end{cases} \tag{8.10}$$

式中，X_{2i}为第 i 类生态状况影响因子的生态位适宜度指数；$D_{2i,\min}$为第 i 类生态状况影响因子的最低限；$D_{2i,\max}$为第 i 类生态状况影响因子的最高限；W_{2i}为第 i 类生态状况影响因子的权重；$S_{2i,\max}$为第 i 类生态状况影响因子最大测定值；R_{2i}为第 i 类生态状况影响因子的保证率，通常可用现行规划中第 i 类影响因子的规划指标测度。

规划中有该项指标且与国家标准相符合 $R_{2i}=100\%$，规划中有该项指标但未提出具体数值 $R_{2i}=50\%$，规划中无该项指标则 $R_{2i}=0$。

2)数据简化处理方法

绿色村镇规划的生态位适宜度评价涉及影响因素多，各影响因子数据的获得和处理方法不同，使各影响因子现场测度值 S_i的确定存在一定困难。为方便评价，提出如下简化处理方法。

(1)第 i 类影响因子的现场测度值 S_i的确定。

当第 i 类影响因子在评价范围内有不同测点时，按式(8.11)计算该影响因子的均值：

$$S_i=\frac{\sum_{i=1}^{n}S'_i}{n} \tag{8.11}$$

式中，S'_i为 i 类影响因子检测值或标准化值；n 为第 i 类影响因子第 j 个指标在评价范围内的测点数。

(2)监测数据的标准化处理。

将绿色村镇规划评价的各种影响因子中不同检测数据进行标准化值处理，可采用下式：

$$S_i' = \frac{S_{ij} - S_{j,\min}}{S_{j,\max} - S_{j,\min}} \tag{8.12}$$

式中，S_i'为 i 类影响因子检测值的标准化值；S_{ij} 为 i 类影响因子第 j 个指标在评价范围内不同测点的测定均值；$S_{j,\min}$为 i 类影响因子第 j 个指标在评价范围内不同测点最小测定值；$S_{j,\max}$为 i 类影响因子第 j 个指标在评价范围内不同测点最大测定值。

(3)多维生态环境影响因子的生态位适宜度指数估算。

绿色村镇是一个多维度的超体积生态位，对于多维影响因素的生态空间，只要有一种影响因子不能满足其最低需求，则整个生态空间的生态位适宜度为 0。因此，对绿色村镇规划的生态位适宜度评估可采用下式进行：

$$X = X_1 + X_2 \tag{8.13}$$

式中，X 为绿色村镇规划的生态位适宜度指数；X_1 为环境质量影响指数，$X_1 = W_{1i} \cdot X_{1i} = [W_{11}, W_{12}, \cdots, W_{14}][X_{11}, X_{12}, \cdots, X_{14}]^{\mathrm{T}}$，$X_{1i}$ 为 i 类环境质量影响因素对绿色村镇规划的生态位适宜度指数，W_{1i} 为 i 类环境质量影响因素评价权重；X_2 为生态状况影响指数，$X_2 = W_{2i} \cdot X_{2i} = [W_{21} \cdot W_{22}][X_{21} \cdot X_{22}]^{\mathrm{T}}$，$X_{2i}$ 为 i 类生态状况影响因素对绿色村镇规划的生态位适宜度指数，W_{2i} 为 i 类生态状况影响因素评价权重。

3)绿色村镇生态位适宜度计算流程

根据绿色村镇生态位适宜度评价模型和计算方法，绿色村镇生态位适宜度计算流程如图 8.13 所示。

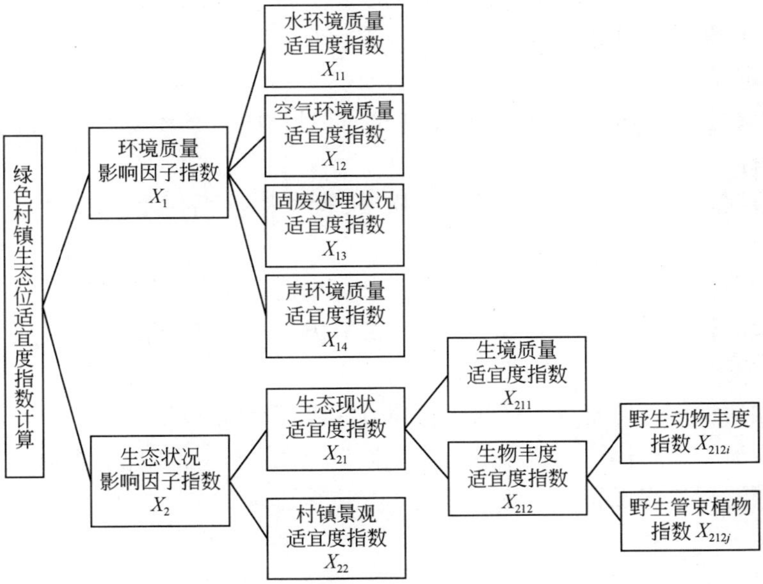

图 8.13　绿色村镇规划的生态位适宜度计算流程

4. 绿色村镇规划的生态位适宜度评价等级

根据评价模型分析，将绿色村镇规划的生态位适宜度 X 的取值在 0～1 之间，按所得分值分为很适宜、较适宜、基本适宜、较不适宜和不适宜 5 个评价等级，并折合成相应的分值。

绿色村镇规划的生态位适宜度评价等级划分见表 8.19。

表 8.19 绿色村镇规划的生态位适宜度评价等级划分

等级	分值 X
很适宜	0.80～1.0
较适宜	0.60～0.79
基本适宜	0.40～0.59
较不适宜	0.20～0.39
不适宜	0～0.19

8.3.3 绿色村镇规划实施的生态位适宜度评价案例

1. 生态位适宜度的数据调研

本评价以堰河村规划实施过程中的 2012 年作为评价年，进行生态位适宜度评价。

1)进行实地调研

对堰河村进行生态状况实地调研的任务有：获得村庄现行生态环境规划编制和执行情况、进行村庄生态环境影响因子现状监测等。

2)确定监测指标

进行堰河村规划的生态位适宜度评价时，对村庄生态环境质量因子的监测包括以下指标。

(1)堰河村水环境质量——地表水质量、地下水、生活污水、污水处理设施排放水等指标。

(2)堰河村空气环境质量——SO_2、NO_x、PM_{10}、$PM_{2.5}$等指标。

(3)堰河村固废处理状况——生活垃圾分类收集及定点清运率、生活垃圾无害化处理率等指标。

(4)堰河村声环境质量——堰河村建成区声环境等指标。

(5)堰河村生态环境现状——植被覆盖率、水域湿地面积比等指标。

(6)堰河村景观现状——建筑形式和庭院等指标。

2. 生态位适宜度的指数计算

1)环境质量影响因子的生态适宜度指数 X_{1i} 的计算

生态位适宜度评价的环境质量因子即表 8.18 中的“第一类环境质量因子”，包括水环境质量、空气环境质量、固废处理状况和声环境质量。

生态位适宜度评价的基准和依据是各环境质量因子质量控制的现行国家标准，评价基础数据通过现场检测或现场取样由实验室分析获得。

根据本评价方法所建的绿色村镇规划生态位适宜度模型，各环境质量影响因子对规划的生态位适宜度指数 X_{1i} 按式(8.9)计算，环境质量影响因子的保证率 R_{1i} 为同类评价项目的不同监测点监测数据的达标率，质量影响因子的检测值均值 S_{1i} 按式(8.11)计算。

(1)水环境质量生态位适宜度指数 X_{11}。

堰河村水环境质量生态位适宜度指数计算的重点，是对堰河村水环境质量的 pH 值、氨氮、COD、总氮、总磷和 BOD_5 等水环境质量参数进行现场检测，获得基础数据。

堰河村水环境质量生态位适宜度指数计算结果见表 8.20。

表 8.20 堰河村水环境质量生态位适宜度指数计算结果

(S_{1i} 单位：mg/L，pH 除外)

监测内容	河流与溪流水质				堰塘水质			
	监测值	保证率	计算值		监测值	保证率	计算值	
	S_{111i}/(mg/L)	R_{111i}/%	X_{111i}	X_{111}	S_{112i}/(mg/L)	R_{112i}/%	X_{112i}	X_{112}
pH/无量纲	7.39	100	1.00	0.71	7.56	100	1.00	0.60
NH_3-N	0.27	100	1.00		2.00	100	1.00	
COD	3.76	100	1.00		63.0	57.5	0.57	
TN	14.0	0.00	0.00		20.4	0.00	0.00	
TP	0.02	100	1.00		1.17	0.00	0.00	
BOD_5	2.45	100	0.00		7.70	100	1.00	
溶解氧	7.44	100	1.00		—	—	—	
监测内容	井水水质				污水处理设施排水水质			
	监测值	保证率	计算值		监测值	保证率	计算值	
	S_{113i}/(mg/L)	R_{113i}/%	X_{113i}	X_{113}	S_{114i}/(mg/L)	R_{114i}/%	X_{114i}	X_{114}
pH/无量纲	7.25	100	1.00	0.83	6.55	100	1.00	0.57
NH_3-N	0.03	0.00	0.00		0.40	100	1.00	
COD	—	—	—		21.0	100	1.00	

续表

监测内容	井水水质				污水处理设施排水水质			
	监测值	保证率	计算值		监测值	保证率	计算值	
	S_{113i}/(mg/L)	R_{113i}/%	X_{113i}	X_{113}	S_{114i}/(mg/L)	R_{114i}/%	X_{114i}	X_{114}
TN	—	—	—	0.83	2.00	100	1.00	0.57
TP	—	—	—		0.90	80.0	0.80	
BOD_5	—	—	—		12.0	20.0	0.20	
亚硝酸盐	未检出	100	1.00		—	—	—	
氟化物	0.06	100	1.00		—	—	—	
硝酸盐氮	10.67	100	1.00		—	—	—	
氯化物	3.69	100	1.00		—	—	—	
堰河村水环境质量生态位适宜度指数 X_{11} 为 0.68								

注：监测项目执行标准为 S_{111}，《地表水环境质量标准》(GB 3838—2002)(Ⅲ类水)；S_{112}，《地表水环境质量标准》(GB 3838—2002)(Ⅴ类水)；S_{113}，《地下水质量标准》(GB/T 14848—2017)(Ⅱ类水)；S_{114}，《城镇污水处理厂污染物排放标准》(GB 18918—2002)(一级 A 标准)。

(2)空气环境质量生态位适宜度指数 X_{12}。

堰河村空气环境质量生态位适宜度指数计算的基础数据，为在堰河村不同监测点现场检测获得的 $PM_{2.5}$、PM_{10}、SO_2 和 NO_x 检测数据。

堰河村空气环境质量生态位适宜度指数计算结果见表 8.21。

表 8.21 堰河村空气环境质量生态位适宜度指数计算结果

监测内容	监测值							
	S_{121}/(μg/m³)	S_{122}/(μg/m³)	S_{123}/(μg/m³)	S_{124}/(μg/m³)	S_{125}/(μg/m³)	S_{126}/(μg/m³)	R_{12i}/%	X_{12i}
$PM_{2.5}$	27	9	37	11	6	5	100	1
PM_{10}	52	18	80	22	12	9	100	1
SO_2	11.375	15.015	10.135	23.750	21.735	19.025	100	1
NO_x	73.875	65.115	50.036	40.150	42.350	30.175	100	1
堰河村空气环境生态位适宜度指数 X_{12} 为 1.00								

注：监测项目执行标准为《环境空气质量标准》(GB 3095—2012)。

(3)固体废物处理状况生态位适宜度指数 X_{13}。

堰河村的村域范围内无工业污染企业，故固体废物处理环境质量生态位适宜度指数计算的主要参数为堰河村生活垃圾定点清运率和生活垃圾无害化处理率指标。通过现场调研和检测获得基础数据计算结果。

堰河村固废处理状况生态位适宜度指数计算结果见表8.22。

表8.22　堰河村固废处理状况生态位适宜度指数计算结果

监测项目	生活垃圾定点清运率 S_{131}/%	生活垃圾无害化处理率 S_{132}/%	R_{13i}/%	X_{13i}
监测结果	100	93.75	100	1
堰河村固废处理状况生态位适宜度指数 X_{13} 为1.00				

注：监测项目执行标准为 S_{131}，《村庄整治技术规范》(GB 50445—2008)；S_{132}，《美丽乡村建设指南》(GB/T 32000—2015)。

(4)声环境质量生态位适宜度指数 X_{14}。

评价计算的重点参数为堰河村不同监测点A声级检测指标。由于堰河村建成区不靠近交通主干道，且夜间声环境好于白天，本评价主要取堰河村昼间监测数据进行计算。通过现场调研和检测获得基础数据计算结果。

堰河村声环境质量生态位适宜度指数计算结果见表8.23。

表8.23　堰河村声环境质量生态位适宜度指数计算结果

监测值	S_{141} /dB(A)	S_{142} /dB(A)	S_{143} /dB(A)	S_{144} /dB(A)	S_{145} /dB(A)	S_{146} /dB(A)	S_{147} /dB(A)	S_{148} /dB(A)	R_{14i}/%	X_{14i}
A声级(昼间)	53.9	46.4	65.0	49.4	68.0	71.5	65.8	40.0	50	0.48
A声级(夜间)	—	—	—	—	—	—	—	—	—	—
堰河村声环境质量生态位适宜度指数 X_{14} 为0.48										

注：①监测项目执行标准：《声环境质量标准》(GB 3096—2008)(1类)。

②由于堰河村地处浅山丘陵地带农村地区，周边无大型工业企业并远离交通要道，村域范围内夜间声环境质量好于昼间，故本计算不包括堰河村夜间声环境质量。

2)生态状况影响因子 X_{2i} 的生态适宜度指数的计算

(1)计算内容。

堰河村的生态状况影响的生态适宜度评价指数计算主要包括对生态现状和村镇景观两个影响因素的评价计算。

(2)评价依据。

评价计算的依据主要有《生态环境评价技术规范》(HJ 192—2015)、《区域生物多样性评价标准》(HJ 623—2011)、《镇规划标准》(GB 50188—2007)、《美丽乡村建设指南》(GB/T 32000—2015)和《国家生态文明建设示范村镇指标(试行)》。

(3)计算指标。

①堰河村生态现状的生态适宜度指数 X_{21} 计算基本指标包括：

生境质量影响因子 X_{211}——林草地面积、水域湿地面积、耕地面积、建设用地面积和未利用地面积；

生物丰度影响因子 X_{212}——野生动物丰度指数、野生维管束植物丰度指数；

②村镇景观影响因子 X_{22}——镇区容貌影响指数、村容村貌影响指数。

对于“村庄”的生态适宜度评价，“村镇景观”指标只需进行“村容村貌”评价；村容村貌影响因子主要有建筑形式及庭院、公共空间及小品、公共绿地、环境卫生等。

(4)计算方法。

①生境质量计算式，X_{211}。

$$X_{211}=\frac{A_{bio}(0.35\times 林地+0.21\times 草地+0.28\times 水域湿地+0.11\times 耕地+0.04\times 建设用地+0.01\times 未利用地)}{评价区域总面积} \tag{8.14}$$

式中：A_{bio}为生境质量指数的归一化系数，参考值为 511.2642131067，取值依据为《生态环境状况评价技术规范》(HJ 192—2015)。

②生物丰度计算式，X_{212}。

由于堰河村的村域面积较小，本案例“生物丰度”计算以堰河村所在的谷城县县域为生物种类统计范围。其中“野生动物丰度指数 X_{212i}”与“野生维管束植物丰度指数 X_{212j}”计算权重各为 0.5。

$$野生动物丰度指数\ X_{212i}=\frac{评价区域野生动物种类数}{635} \tag{8.15}$$

式中，635 为一个县中野生动物种数的参考最大值。

$$野生维管束植物丰度指数\ X_{212j}=\frac{评价区域野生维管束植物种类}{3662} \tag{8.16}$$

式中，3662 为一个县中野生维管束植物种数的参考最大值。

(5)“村容村貌”评分标准，X_{22}。

根据表 8.17 中的“村容村貌”评价标准，堰河村的建筑形式和庭院、公共空间及小品、公共绿地率、环境卫生等 4 个分项实际建设水平均为优秀，故该村的村容村貌总体评价等级为“优秀”。

(6)堰河村生态现状影响因子生态适宜度指数 X_{21} 的计算。

根据本评价方法所建的绿色村镇规划生态位适宜度模型，各生态现状影响因子对规划的生态位适宜度指数 X_{21} 按式(8.10)计算。

①堰河村生境质量生态位适宜度指数 X_{211}。

堰河村生境质量生态位适宜度指数 X_{211} 的评价指标见表 8.23。

生境质量保证率的确定见式(8.10)。

堰河村生境质量生态位适宜度指数 X_{211} 的计算见式(8.14)，式中所需计算参数 S_{21i} 通过实地测量获取，本案例中所有基础数据无须进行归一化处理，故使用式(8.14)时 A_{bio} 取 1。

堰河村村域土地总面积为 $1200hm^2$。

堰河村生境质量生态位适宜度指数计算结果见表 8.24。

表 8.24　堰河村生境质量生态位适宜度指数计算结果

测量值	评价项目				
	林草地面积	水域湿地面积	耕地面积	建设用地面积	未利用地面积
S_{211i}/hm^2	1106.9	18.2	39.7	13.0	24.5
$R_{211i}/\%$	100	50	100	50	50
X_{211i}	1106.9	9.1	39.7	6.5	12.3
堰河村生境质量生态位适宜度指数 X_{211} 为 0.52					

②堰河村生物丰度生态位适宜度指数 X_{212} 的计算。

堰河村村域范围内的野生动物种类按谷城县统计的野生动物种类计约 39 种。其中：鸟类有野鸡、喜鹊、灰喜鹊等；兽类有松鼠、野猪、黄鼠狼等；珍稀动物有白鹤、红腹角稚、穿山甲、娃娃鱼等[2]。

堰河村村域范围内的野生植物种类按谷城县野生植物种类计约 784 种，其中珍稀树种有水杉、珙桐、银杏、杜仲等 18 种[2]。堰河村生物丰度生态位适宜度指数计算结果见表 8.25。

表 8.25　堰河村生物丰度生态位适宜度指数计算结果

评价项目	测量值和计算值		
	S	$R/\%$	X
野生动物丰度指数 X_{212i}	39	50	0.03
野生维管束植物丰度指数 X_{212j}	784	50	0.105
堰河村生物丰度生态位适宜度指数 X_{212} 为 0.068			

堰河村野生动物丰度指数公式为式(8.15)，堰河村的野生维管束植物丰度公式为式(8.16)。

③计算生态现状影响因子生态位适宜度指数 X_{21}：

$$X_{21}=\frac{X_{211}+X_{212}}{2}=0.29$$

(7)村容村貌影响因子生态位适宜度指数 X_{22} 的计算。

按照表 8.17，根据实际调研结果，采用 5 分制对堰河村村容村貌进行等级评价，并将评价等级数按 0～1 分别折合成测定值，再根据计算式(8.10)进行村容村貌生态位适宜度指数计算。

堰河村村容村貌影响因子生态位适宜度指数计算结果见表 8.26。

表 8.26 堰河村村容村貌影响因子生态位适宜度指数计算结果

评价值	评价项目			
	建筑形式及庭院	公共空间及小品	公共绿地	环境卫生
评分等级	5	5	5	4
折合测定值 S_{22i}	1	1	1	0.8
R_{22i}/%	100	100	100	100
X_{22i}	1	1	1	0.8
堰河村村容村貌影响因子生态位适宜度指数 X_{22} 为 0.95				

3. 生态位适宜度的总体计算

1)计算公式

根据 8.3.2 节建立的绿色村镇规划生态位适宜性评价模型，堰河村规划的生态位适宜度总体评价按式(8.13)计算。

2)计算权重

根据《生态环境状况评价技术规范》(HJ 192—2015)，堰河村规划的生态位适宜度评价影响因子权重取值见表 8.27。

表 8.27 堰河村规划生态位适宜度评价影响因子权重

影响因子 X	权重 W
水环境	0.1
空气环境	0.1
固废处理状况	0.1
声环境	0.1
生态现状	0.3
村容村貌	0.3

3)计算结果

堰河村规划的生态位适宜度总体计算结果见表 8.28。

表 8.28 堰河村规划生态位适宜度总体计算结果

评价项目	影响因子	适宜度指数	权重
环境质量影响因子 X_1	水环境质量 X_{11}	0.68	0.1
	空气环境质量 X_{12}	1.00	0.1
	固废处理状况 X_{13}	1.00	0.1
	声环境质量 X_{14}	0.48	0.1
生态状况影响因子 X_2	生态现状 X_{21}	0.29	0.3
	村容村貌 X_{22}	0.95	0.3
堰河村规划生态位适宜度总体计算结果 X 为 0.69			

4. 生态位适宜度的综合评价

根据表 8.19 的绿色村镇规划生态位适宜度评价等级划分，堰河村规划的生态位适宜度综合评价结论如下。

(1)堰河生态村规划的生态位适宜度为 0.69，评价等级为较适宜。

(2)分项评价结果显示，堰河村的生物多样性指数得分较低，仅为 0.29，为较不适宜。该指数得分较低的主要原因是：在堰河村规划中对该项指标未进行深入细致调研，缺乏明确的评估依据；规划中未制定有关“堰河村生物多样性保护”的切实可行措施，导致该项指标的规划实施保证率 R_i 的值较低，影响了评价的整体得分值。

(3)堰河村的声环境质量生态位适宜度的指数得分为 0.48，为基本适宜。该指数得分不高的主要原因是：堰河村快速发展的乡村旅游项目导致村庄在白天人流量和车流量较大。

(4)堰河村在规划修编和制定新的发展规划时，必须更加重视村域范围内生物多样性的保护。

(5)堰河村需在村域范围内合理控制旅游人流和车流数量，加强对声环境质量的控制。

8.4 绿色村镇水资源利用与污水处理规划评价

我国的水资源总体短缺，保水节水是绿色村镇建设规划的核心任务之一。水资源利用与污水处理是绿色村镇规划实施评价的重点，包括 3 项评价内容：水资源利用规划评价、镇污水处理规划评价、村污水处理规划评价。

我国农村分布地域广，不同区域的村镇水资源禀赋和利用方式差别较大，因此在规划评价对象和评价指标选取等方面要适合当地特点。

8.4.1 绿色村镇水资源利用规划评价方法

1. 水资源利用规划实施评价内容

1)规划编制基础资料复核评价

考查水资源利用规划编制基础资料完善程度，评价规划编制内容和规划目标的真实性和实用性。评价内容如下。

(1)自然地理与资源资料。包括：气象资料，地形地貌、土壤植被、矿产物产，渔业和其他生物资源，海洋资源，旅游及重点文物资源的数量、分布、开发利用状况等。

(2)社会经济资料。包括：人口统计或普查资料，国民经济统计或普查资料、土地利用与灌溉面积统计资料或普查资料等。

(3)水文资料。包括:水资源开发利用基础设施调查统计资料,供水基础设施取用水观测计量资料,供水量、用水量和耗水量等调查统计资料,水资源节约保护措施及实施等方面的调查统计资料,水价及水资源管理措施等方面的调查统计资料等。

(4)水生态环境资料。村镇生活及村镇工业等点源排放量及入河量等调查统计资料,地表水水质和地下水水质监测分析资料,各类自然保护区及生态环境敏感区的数量、分布及其开发保护状况资料,水生态与水环境等方面的调查分析资料等。

2)水资源及开发利用现状评价

(1)水资源数量评价。包括:水汽输送、降水量、蒸发量、地表水资源量、地下水资源量、水资源总量、水资源可利用量等。

在绿色村镇水资源利用规划评价中,水资源数量评价的重点为:规划是否包括“三水”(降水、地表水、地下水),总水资源数量计算和水资源可利用总量估算等内容。

水资源总量计算方法如下:

$$W=R_s+U_P=R+U_P-R_g \tag{8.17}$$

式中,W 为水资源总量;R_s 为地表径流量(河川径流量与河川基流量之差);U_P 为降水入渗补给量;R 为河川径流量,即地表水资源量;R_g 为河川基流量。

不同地区水资源总量计算方法参考现行的《水资源公报编制规程》(GB/T 23598—2009)。

(2)水资源可利用量测算评价。包括:地表水资源可利用量、地下水可开采量及水资源可利用总量测算。

以上两项评价的重点是当地水资源可利用总量测算。评价内容有:规划中是否包括供水基础设施及供水能力、供水量、用水量等数据及分析,用水耗损分析和污水排放量调查等。

(3)水资源的禀赋条件和支撑能力综合评价。包括:人均水资源量、耕地亩均水资源量等,在国内外同类地区比较分析基础上,对水资源的禀赋条件和支撑能力进行综合评价。

3)供水基础设施建设现状评价

评价内容:结合水资源条件、经济社会发展格局等状况,对供水基础设施的布局合理性进行分析评价,包括工程类型(集中式、分散式)、水源选择和供水范围、分散式供水设施的数量和规模以及运行状况等。

4)水资源开发利用程度分析评价

(1)地表水资源开发利用率。可采用近期当地地表水资源形成的年平均供水量(含调出水量)与多年平均年地表水资源量的比值表示。

(2)平原浅层地下水资源开采率。可采用近期平原区浅层地下水年平均开采量占多年平均年地下水资源总量的比值表示。

(3)水资源开发利用率。可采用近期当地水资源形成的年平均供水量(含调出水量)与当地等多年平均水资源总量的比值表示。

5)水资源质量状况分析评价

评价的方法和内容按现行国家标准《水资源公报编制规程》(GB/T 23598—2009)的规定进行,包括地表水水质和地下水水质的评价。

(1)地表水水质评价指标。按现行《地表水环境质量标准》(GB 3838—2002)执行。

(2)地下水水质评价指标。按现行《地下水质量标准》(GB/T 14848—2017)执行。

2. 水资源利用规划评价技术路线

绿色村镇水资源利用规划评价的技术路线见图 8.14。

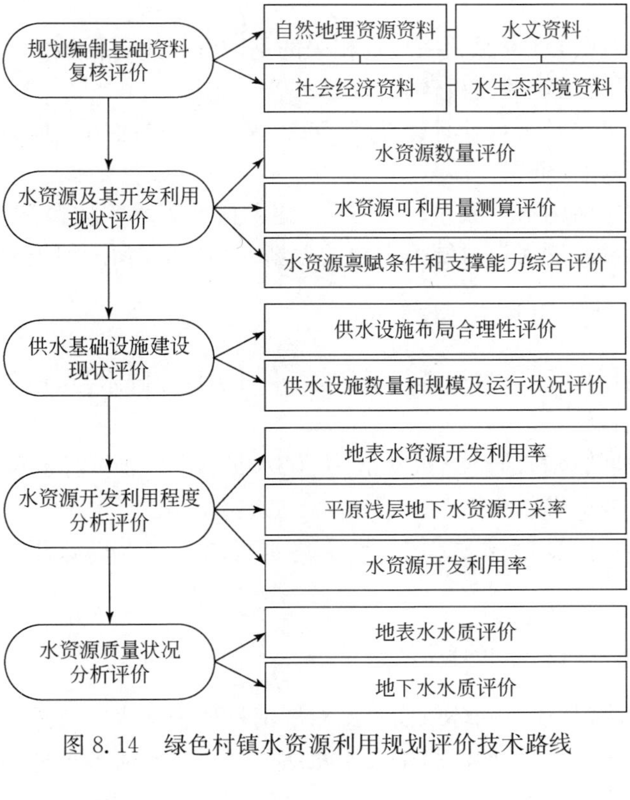

图 8.14　绿色村镇水资源利用规划评价技术路线

3. 水资源利用规划实施评价方法

1)评价指标

根据《中华人民共和国水法》、《水资源规划规范》(GBT 51051—2014)、《水资源评价导则》(SL/T 238—1999)、《水资源公报编制规程》(GB/T 23598—2009),可建立绿色村镇水资源规划的实施评价标准和评分方法,其中:评价指标分为 4 类,共 13 项。

2)评价方法

绿色村镇水资源利用规划实施评价采用0/1打分法，凡满足或达到国家/部门/行业现行标准或规范的评价指标，评分为1；凡不满足或未达到相关标准或规范的指标，评分为0，满分为13分。总得分达到70%以上为合格标准。

绿色村镇水资源利用规划实施评价标准及评分方法见8.4.2节中表8.29。在进行实际评价操作时，只需将被评价村或镇的各分项实际得分依次填入表中“评价得分”相应得分栏，即可直接得出评价结果。

8.4.2 绿色村镇水资源利用规划评价案例

1.规划编制的基础资料复核

对以下与堰河村水资源利用规划相关的基础资料进行复核。

(1)《谷城县五山镇堰河村建设规划(2008—2020)》。

(2)堰河村供水及污水处理设施类型、布局；堰河村的用水量、耗水量、水资源节约保护措施等相关资料。

(3)堰河村生活污水排放量及排放点；堰河村地表水水质监测数据、堰河村地下水水质监测数据；堰河村村域范围内的堰塘、山泉和堰河的河道分布。

2.水资源开发利用数据复核

规划中对堰河村地表水量进行了估算，未对当地年降水量、地下水量和水资源可利用量进行估算。

规划对全村供水基础设施供水能力、供水量、用水量和污水排放量进行了测算，未对用水耗损量进行测算。

规划对堰河村人均水资源量、耕地亩均水资源量和水资源开发利用程度进行了估算。

3.水资源质量状况分析评价

通过委托谷城县环保局环境监测站对堰河村地表水水质和地下水水质进行了多次监测，检测结果表明，堰河村地表水水质和地下水水质各项监测数据均分别达到《地表水环境质量标准》(GB 3838—2002)和《地下水质量标准》(GB/T 14848—2017)要求。

4.水资源利用规划实施效果评价

根据以上调研分析，应用表8.29对堰河村的水资源利用规划实施状况进行逐项评价，按照评价标准，堰河村总得分为10分，评价结果合格，见表8.30。

表8.29　绿色村镇水资源利用规划评价标准及评分方法

评价项目	评价指标	评分标准	评价结果			
			达标（1）	不达标（0）	分类得分	总得分
规划编制基础资料复核（4分）	自然地理与资源资料： 气象资料；地形地貌、土壤植被、矿产物产；渔业和其他生物资源；海洋资源；旅游及重点文物资源	资料覆盖率≥80% “海洋资源”指标仅针对滨海地区				
	社会经济资料： 人口统计；国民经济统计；土地利用与灌溉面积	资料覆盖率≥80%				
	水文资料： 水资源开发利用基础设施统计；供水基础设施取用水观测计量；供水量、用水量和耗水量统计；水资源节约措施及实施统计；水价及水资源管理分析统计	资料覆盖率≥80%				
	水生态环境资料： 村镇生活及工业点源排放量及入河量统计；地表水水质、地下水水质监测分析；各类自然保护区及生态敏感区资料；水生态及水环境方面调查资料	资料覆盖率≥80%				
水资源及开发利用现状评价（3分）	水资源数量评价： 降水量、地表水量、地下水量、总水资源数量、水资源可利用量估算	指标估算量≥80%				
	水资源可利用量测算评价：供水基础设施的供水能力、供水量、用水量、用水耗损分析、污水排放量	指标估算量≥80%				
	水资源的禀赋条件和支撑能力综合评价： 人均水资源量、耕地亩均水资源量	达到国内同类地区平均值				
供水基础设施建设现状评价（1分）	供水基础设施现状评价： 供水基础设施布局合理性、数量、规模、运行状况	满足现行《村镇供水工程设计规范》（SL 687—2014）要求				
水资源开发利用程度分析评价（3分）	地表水资源开发利用率： 近期当地地表水资源形成的年平均供水量（含调出水量）与多年平均年地表水资源量的比值	水资源开发利用程度不超过当地人均水资源量				
	浅层地下水资源开采率： 近期平原区浅层地下水年平均开采量占多年平均年地下水资源总量的比值					
	水资源开发利用率： 近期当地水资源形成的年平均供水量（含调出水量）与当地多年平均水资源总量的比值					
水资源质量状况分析评价（2分）	地表水水质评价： 村镇生活饮用水地表水源地执行Ⅲ类功能区标准；农业用水区及一般景观要求水域执行Ⅴ类功能区标准	各项检测数据达到（GB 3838—2002）标准				
	地下水水质评价： 集中式生活饮用水水源及工、农业用水执行Ⅲ类水质标准	各项检测数据达到（GB/T 14848—2017）标准				

表 8.30　堰河村水资源利用规划评价结果

评价项目	评价指标	评价结果			
		达标 (1)	不达标 (0)	分类 得分	总得 分
规划编制基础资料复核(4分)	自然地理与资源资料： 气象资料；地形地貌、土壤植被、矿产物产；渔业和其他生物资源；海洋资源；旅游及重点文物资源	1		3	10
	社会经济资料： 人口统计；国民经济统计；土地利用与灌溉面积	1			
	水文资料： 水资源开发利用基础设施统计；供水基础设施取用水观测计量；供水量、用水量和耗水量统计；水资源节约措施及实施统计；水价及水资源管理分析统计		0		
	水生态环境资料： 村镇生活及工业点源排放量及入河量统计；地表水水质、地下水水质监测分析；各类自然保护区及生态敏感区资料；水生态及水环境方面调查资料	1			
水资源及开发利用现状评价(3分)	水资源数量评价： 降水量、地表水量、地下水量、总水资源数量、水资源可利用量估算		0	1	
	水资源可利用量测算评价： 供水基础设施的供水能力、供水量、用水量、用水耗损分析、污水排放量		0		
	水资源的禀赋条件和支撑能力综合评价： 人均水资源量、耕地亩均水资源量	1			
供水基础设施建设现状评价(1分)	供水基础设施现状评价： 供水基础设施布局合理性、数量、规模、运行状况	1		1	
水资源开发利用程度分析评价(3分)	地表水资源开发利用率： 近期当地地表水资源形成的年平均供水量(含调出水量)与多年平均年地表水资源量的比值	1		3	
	浅层地下水资源开采率： 近期平原区浅层地下水年平均开采量占多年平均年地下水资源总量的比值	1			
	水资源开发利用率： 近期当地水资源形成的年平均供水量(含调出水量)与当地多年平均水资源总量的比值	1			
水资源质量状况分析评价(2分)	地表水水质评价： 村镇生活饮用水地表水源地执行Ⅲ类功能区标准；农业用水区及一般景观要求水域执行Ⅴ类功能区标准	1		2	
	地下水水质评价： 集中式生活饮用水水源及工、农业用水执行Ⅲ类水质标准	1			

注：评分标准详见表 8.29。

8.4.3　绿色村镇污水处理规划评价方法

1. 绿色村镇污水处理规划的评价内容

绿色村镇污水处理规划的评价内容分为绿色镇评价和绿色村庄评价两大类。

1)绿色镇生活污水处理规划评价

绿色镇规划中的生活污水处理规划需符合现行国家标准《镇规划标准》(GB 50188—2007)中“排水工程规划”要求。

(1)排水量。包括污水量、雨水量。生活污水量和雨水量的估算应符合现行国家标准《镇规划标准》(GB 50188—2007)。

(2)排水体制。宜选择分流制,条件不具备可选择合流制;污水排入管网前应采用化粪池、生活污水净化沼气池等预处理。

(3)排水系统布置。污水排放应符合现行国家标准《污水综合排放标准》(GB 8978—2002)的有关规定,污水用于农田灌溉应符合现行国家标准《农田灌溉水质标准》(GB 5084—2005)的有关规定。雨水应充分利用地面径流和沟渠排除;污水应通过管道或暗渠排放。雨水,污水的管、渠均应按重力流设计。

(4)污水处理设施。污水采用集中处理时,污水处理厂的位置应选在镇区的下游,靠近受纳水体或农田灌溉区。污水处理设施排放标准应符合现行国家标准《城镇污水处理厂污染物排放标准》(GB 18918—2002)有关规定。利用中水应符合现行国家标准《建筑中水设计规范》(GB 50336—2018)和《污水再生利用工程设计规范》(GB 50335—2016)的有关规定。

2)绿色村庄生活污水处理规划评价

(1)选择合适的生活污水控制技术。村庄生活污水控制主要技术有:源头控制、户用沼气、低能耗分散式污水处理等。对发达地区的农村,可根据水量大小建设集中污水处理设施。

(2)雨污水收集和排放。可采用雨水和处理后的污水合流制,选择边沟和自然沟渠输送。村庄处理过的雨水应考虑资源化利用,其排放应结合当地自然条件,首先通过坑塘、洼地、农田等进入当地水循环,避免直接排入国家规定的功能区水体。鼓励雨水就地净化利用,依赖植物、绿地或土壤的自然净化进行处理。

(3)污水处理设施。根据村落和农户的分布,可采用集中处理或分散处理或集中与分散相结合处理的方式,建设污水处理系统并定期维护。村庄污水采用集中处理时,污水处理设施的位置应选在村庄的下游,靠近受纳水体或农田灌溉区。污水处理设施排放标准应符合现行国家标准《城镇污水处理厂污染物排放标准》(GB 18918—2002)有关规定。

3)绿色村镇污水处理规划评价技术路线

根据现行国家相关标准和规范，一般情况下宜将镇区和村庄的污水处理规划分别进行评价。

绿色村镇污水处理规划的评价技术路线见图 8.15。

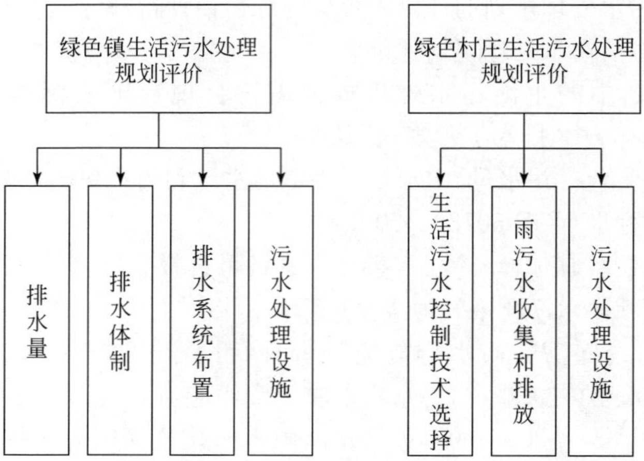

图 8.15　绿色村镇污水处理规划评价技术路线

2. 绿色镇污水处理规划评价方法

1)评价指标

根据《镇规划标准》(GB 50188—2007)、《城镇污水处理厂污染物排放标准》(GB 18918—2002)、《建筑中水设计规范》(GB 50336—2018)、《污水再生利用工程设计规范》(GB 50335—2016)，可建立绿色镇污水处理规划的评价标准和评分方法，其中：评价指标分为 4 类，共 8 项。

2)评价方法

绿色镇污水处理规划评价采用 0/1 打分法，凡满足或达到国家/部门/行业现行标准或规范的评价指标，评分为 1；凡不满足或未达到相关标准或规范的指标，评分为 0，满分为 8 分。总得分达到 70%以上为合格标准。

绿色镇污水处理规划评价标准及评分方法见表 8.31。

表 8.31　绿色镇污水处理规划评价标准及评分方法

评价项目	评价指标	评分标准	评价结果			
			达标(1)	不达标(0)	分类得分	总得分
排水量估算(1分)	污水量、雨水量	生活污水量和雨水量估算符合(GB 50188—2007)				

续表

评价项目	评价指标	评分标准	评价结果			
			达标(1)	不达标(0)	分类得分	总得分
排水体制评价(1 分)	雨污分流制或雨污合流制；污水排入管网前与处理方式	需符合(GB 50188—2007)				
排水系统布置评价(3 分)	污水排放水质	达到(GB 8978—2002)要求				
	用于农田灌溉的污水水质	达到(GB 5084—2005)要求				
	雨水排放方式	符合(GB 50188—2007)要求				
污水处理设施评价(3 分)	污水处理厂选址	污水处理厂选址满足(GB 50188—2007)要求				
	污水处理设施排放水质	达到(GB 18918—2002)要求				
	污水再利用工程	中水利用达到(GB 50335—2016)、(GB 50336—2018)要求				

3. 绿色村庄污水处理规划评价方法

1)规划评价指标

根据《农村生活污水控制技术规范》(HJ 574—2010)、《美丽乡村建设指南》(GB/T 32000—2015)、《国家生态文明建设示范村镇指标(试行)》、《国家级生态村创建标准(试行)》、《城镇污水处理厂污染物排放标准》(GB 18918—2002),可建立绿色村庄污水处理规划评价标准和评分方法,其中:评价指标分为 3 类,共 4 项。

2)规划评价方法

绿色村庄污水处理规划评价采用 0/1 打分法,凡满足或达到国家/部门/行业现行标准或规范的评价指标,评分为 1;凡不满足或未达到相关标准或规范的指标,评分为 0,满分为 4 分。总得分达到 70%以上为合格标准。

绿色村庄污水处理规划实施评价标准及评分方法见表 8.32。

表 8.32　绿色村庄污水处理规划评价标准及评分方法

评价项目	评价指标	评分标准	评价结果			
			达标(1)	不达标(0)	分类得分	总得分
选择合适的生活污水控制技术(1 分)	源头控制、户用沼气技术、低能耗分散式污水处理技术等；建立集中式污水处理设施	必须选择至少 1 项污水控制技术				
雨污水收集和排放(2 分)	雨污分流制或雨污合流制；污水排入管网前与处理方式	需符合(HJ 574—2010)				

续表

评价项目	评价指标	评分标准	评价结果			
			达标（1）	不达标（0）	分类得分	总得分
雨污水收集和排放（2 分）	生活污水处理率	需符合《国家生态文明建设示范村镇指标（试行）》生活污水处理率≥90％				
污水处理设施评价（1 分）	污水处理设施排放水质	达到（GB 18918—2002）要求				

8.4.4 绿色村镇污水处理规划评价案例

1. 选择生活污水控制技术

堰河村的发展规划中明确了生活污水控制技术，包括户用沼气技术、人工湿地技术和“一体化”小型集中式污水处理设施 3 种方式。

2. 雨污水收集和排放评价

根据发展规划，目前堰河村雨污水收集和排放采用分流制，生活污水经分散式沼气池处理后用于肥田，或集中式污水处理设施处理后达标排放。堰河村生活污水处理率≥90％。

3. 污水处理规划评价

经过谷城县环保局环境监测站进行检测，结果表明，堰河村污水处理设施排放水质达到了《城镇污水处理厂污染物排放标准》（GB 18918—2002）要求。

应用表 8.32 的绿色村庄污水处理规划评价标准及评分方法，对堰河村的污水处理规划实施状况进行逐项评价，总得分为满分 4 分。评价结果为合格，见表 8.33。

表 8.33 堰河村污水处理规划评价结果

评价项目	评价指标	评价结果			
		达标（1）	不达标（0）	分类得分	总得分
选择合适的生活污水控制技术（1 分）	（1）源头控制、户用沼气技术、低能耗分散式污水处理技术等；建立集中式污水处理设施	1		1	4
雨污水收集和排放（2 分）	（2）雨污分流制或雨污合流制；污水排入管网前与处理方式	1		2	
	（3）生活污水处理率	1			
污水处理设施评价（1 分）	（4）污水处理设施排放水质	1		1	

注：评分标准详见表 8.32。

8.5　绿色村镇垃圾处理规划评价

8.5.1　绿色村镇生活垃圾处理规划评价内容

1. 实施评价内容

绿色村镇生活垃圾处理规划评价包括以下 7 项内容：

村建成区或镇区生活垃圾日产量分析；生活垃圾基本组成分析；垃圾收集容器（垃圾箱）数量；生活垃圾分类方式；垃圾收运模式；垃圾收集点和转运站；生活垃圾处置。

2. 评价技术路线

绿色村镇生活垃圾处理规划的评价对象有：规划编制基础数据及垃圾处理现状分析，生活垃圾分类及垃圾收运方式评价和生活垃圾处理等。

绿色村镇生活垃圾处理规划评价技术路线见图 8.16。

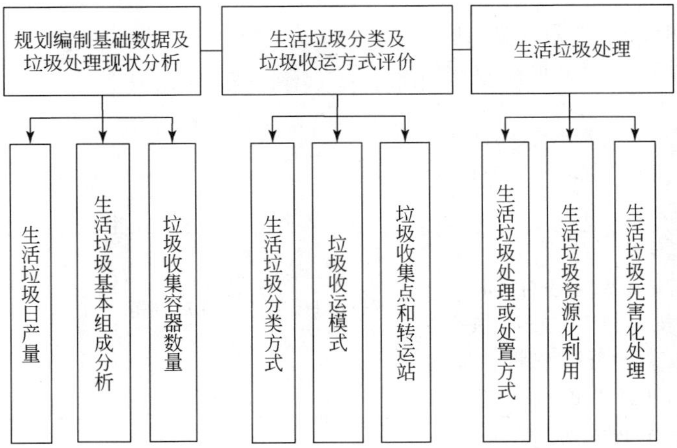

图 8.16　绿色村镇生活垃圾处理规划评价技术路线

8.5.2　绿色村镇生活垃圾处理规划评价方法

1. 评价指标

根据生活垃圾处理规划的评价内容，可建立绿色村镇生活垃圾处理规划评价标准及评分方法，其中：评价指标分为 3 类，共 9 项。见表 8.34。

在表 8.34 中的第三类指标“生活垃圾处理”中，各种处理或处置方式为“平行项目”，即垃圾处理方式可取其中的任一项或多项组合。

2. 评价方法

绿色村镇生活垃圾处理规划的实施评价采用 0/1 打分法，凡满足或达到国家/

部门/行业现行标准或规范的评价指标，评分为 1；凡不满足或未达到相关标准或规范的指标，评分为 0，满分为 9 分。总得分达到 70%以上为合格标准。

绿色村镇生活垃圾处理规划实施评价标准及评分方法见表 8.34。

表 8.34 绿色村镇生活垃圾处理规划实施评价标准及评分方法

评价项目	评价指标	评分标准	评价结果			
			达标(1)	不达标(0)	分类得分	总得分
规划编制基础数据及垃圾处理现状分析(3 分)	村建成区或镇区生活垃圾日产量	根据现行(GB 50188—2007)计算或现场调研进行预测				
	生活垃圾基本成分分析	进行了现场调研并有完整的数据				
	垃圾收集容器数量： 每个收集容器的服务半径为 50～80m	达到现行(GB 50188—2007)要求				
生活垃圾分类及垃圾收运方式评价(3 分)	生活垃圾分类方式： 镇区参照现行行业标准《城市生活垃圾分类及其评价准》(CJJ/T 102—2004)评价； 村庄根据现行部颁规范《农村生活污染控制技术规范》(HJ 574—2010)评价	达到现行(CJJ/T 102—2004)或(HJ 574—2010)规范要求				
	垃圾收运模式： 根据现行部颁规范《农村生活污染控制技术规范》(HJ 574—2010)，按照"户分类、村收集、镇转运、县市处置"模式评价	达到现行(HJ 574—2010)规范要求				
	垃圾收集点和转运站： 规划是否设置生活垃圾收集点或转运站；是否达到根据现行部颁规范《农村生活污染控制技术规范》(HJ 574—2010)要求	村庄设置垃圾收集点；镇区设置垃圾转运站，服务半径达到现行(HJ 574—2010)要求				
生活垃圾处理(3 分)	生活垃圾处理或处置方式： 有机垃圾及农家饲养畜、禽粪便等进入户用沼气池厌氧处理；填埋处置；堆肥处理；焚烧处置等	沼气池厌氧处理达到(HJ 574—2010)要求；填埋处置执行现行(GB 16889—2008)和相关标准；堆肥处理执行现行(CJJ 52—2014)规范；焚烧处置要求执行现行(GB 18485—2014)标准；农家饲养畜、禽粪便处理执行(GB 18055—2012)标准				

续表

评价项目	评价指标	评分标准	评价结果			
			达标(1)	不达标(0)	分类得分	总得分
生活垃圾处理(3分)	生活垃圾资源化利用	制造沼气或堆肥或进行资源回收				
	生活垃圾无害化处理： 如卫生填埋、焚烧和资源化利用等	无害化处理率： 村庄要求达到100%； 镇区要求≥95%				

8.5.3　绿色村镇生活垃圾处理规划评价案例

堰河村的生活垃圾分类收集和处理工作始于2005年。作者协助堰河村编制了堰河村垃圾集运与路径规划，见图5.16；在堰河村规划实施过程中收集整理了堰河村垃圾处理的近10年数据和相关资料，并进行了生活垃圾基本成分分析。

根据《农村生活污染控制技术规范》(HJ 574—2010)，堰河村规划中生活垃圾按简单分类方式，分为有机垃圾和无机垃圾两大类。堰河村的垃圾收运遵循“户分类、村收集、镇转运、县市处置”模式，在村里建设了分类垃圾收集点并称之为“资源回收中心”。堰河村设置了48个分类垃圾箱，配置了专职卫生员负责垃圾收集。由于堰河村属农村地区，不适宜建设垃圾填埋场等生活垃圾处置设备和设施，因此有机垃圾回收部分由居民自行回收利用或由专职卫生员负责回收。有害垃圾如旧电池、农药瓶等由专职卫生员送镇里统一处理。

堰河村生活垃圾无害化处理率为100%。

应用表8.34的评价标准及评分方法，对堰河村的生活垃圾处理规划实施状况进行逐项评价，总得分为9分，评价结果为合格，见表8.35。

表 8.35　堰河村生活垃圾处理规划评价结果

评价项目	评价指标	评价结果			
		达标(1)	不达标(0)	分类得分	总得分
规划编制基础数据及垃圾处理现状分析(3分)	村建成区或镇区生活垃圾日产量	1		3	9
	生活垃圾基本成分分析	1			
	垃圾收集容器数量	1			
生活垃圾分类及垃圾收运方式评价(3分)	生活垃圾分类方式	1		3	
	垃圾收运模式	1			
	垃圾收集点和转运站	1			
生活垃圾处理(3分)	生活垃圾处理或处置方式	1		3	
	生活垃圾资源化利用	1			
	生活垃圾无害化处理	1			

注：评分标准详见表8.34。

8.6 绿色村镇清洁能源利用规划评价

节约能源和采用清洁能源，是绿色村镇规划评价的核心要素。绿色村镇清洁能源利用规划的评价内容包括：村镇清洁能源利用现状调查，村镇生活用能核算，村镇清洁能源现状利用综合评价，现行规划与实施现状比对分析等。

8.6.1 绿色村镇清洁能源利用规划评价的核算基础

1. 村镇清洁能源利用的类型

绿色村镇清洁能源利用规划评价对象是村镇清洁能源利用现状。具体方法是根据被评价村镇规划，对居民家庭生活用能中使用的太阳能、沼气、风力发电、微型水电、生物质能等可再生能源，和在生产及消费过程中污染极少的天然气、液化石油气等非再生清洁能源进行的现状评价。

村镇清洁能源利用规划评价的主要类型见表 8.36。

表 8.36 村镇清洁能源利用规划评价的主要类型

清洁能源种类	清洁能源利用方式
电能	传统发电、风电、水电
燃气	液化石油气、天然气
生物质能	沼气、秸秆气化集中供气、秸秆固化成型、秸秆炭化
太阳能	太阳能热水器、太阳灶、太阳房、太阳能光伏发电
小型电源利用	小型风力发电、微型水力发电
其他可再生能源	地热能、海洋能

2. 村镇生活用能的核算方法

村镇生活用能核算中采用的各类能源标准计量单位见表 8.37。

表 8.37 各类能源标准计量单位

名称	单位
电能	kW · h
薪柴	kg
秸秆	kg

续表

名称	单位
燃煤	kg
燃气	Nm^3
燃油	kg
木炭	kg
沼气	Nm^3
畜粪	kg
太阳能热水	kJ

村镇生活用能的核算方法主要有标准煤核算法和等效电核算法，标准煤核算法是以一次能源燃烧热值为折算基准，着重反映村镇用能的数量差异；等效电以二次能源转化能力为折算基准，着重衡量村镇用能的品质差异。可根据村镇具体情况选择不同的方法进行核算。

1）标准煤核算方法

燃煤、燃气、燃油、固体生物质燃料等能源，按照下式进行标准煤核算：

$$Q=\frac{h}{h_{ce}}\times N \tag{8.18}$$

式中，Q 为所核算能源的标准煤核算量，kgce；h 为所核算能源的低位发热量，kJ/kg 或kJ/Nm^3；h_{ce}为标准煤的低位发热量，29270kJ/kgce；N 为所核算能源的使用总量，kg 或 Nm^3。

2）不同能源的低位发热量取值

常见能源低位发热量可参照表 8.38 选取。若无法获取核算能源的低位发热量时，应按照《煤的发热量测定方法》(GB/T 213—2008)、《生物质能燃料发热量测试方法》(GB 5186—1985)等现行国家标准中的规定进行实测后确定。

表 8.38 为村镇生活用能核算中的常见能源低位发热量。

表 8.38　常见能源低位发热量

能源名称	平均低位发热量	折标准煤系数
原煤	20908kJ/kg	0.7143kgce/kg
洗精煤	26344kJ/kg	0.900kgce/kg
焦炭	28435kJ/kg	0.9714kgce/kg
燃料油	41816kJ/kg	1.4286kgce/kg

续表

能源名称	平均低位发热量	折标准煤系数
汽油	43070kJ/kg	1.4714kgce/kg
煤油	43070kJ/kg	1.4714kgce/kg
柴油	42652kJ/kg	1.4571kgce/kg
液化石油气	50179kJ/kg	1.7143kgce/kg
天然气	38931kJ/m^3	1.3300kgce/m^3
水煤气	10454kJ/m^3	0.3571kgce/m^3
人粪	18817kJ/kg	0.643kgce/kg
牛粪	13799kJ/kg	0.471kgce/kg
猪粪	12545kJ/kg	0.429kgce/kg
羊粪、驴粪、马粪、骡粪	15472kJ/kg	0.529kgce/kg
鸡粪	18817kJ/kg	0.643kgce/kg
大豆杆、棉花杆	15890kJ/kg	0.543kgce/kg
稻秆	12545kJ/kg	0.429kgce/kg
麦秆	14635kJ/kg	0.500kgce/kg
玉米秆	15472kJ/kg	0.529kgce/kg
杂草	13799kJ/kg	0.471kgce/kg
树叶	14635kJ/kg	0.500kgce/kg
薪柴	16726kJ/kg	0.571kgce/kg
沼气	20908kJ/m^3	0.714kgce/m^3

3)电能应按照下式进行标准煤核算：

$$Q=\frac{k_e}{1000}\times N \tag{8.19}$$

式中，Q 为所核算能源的标准煤核算量，kgce；k_e 为换算系数，gce/(kW·h)，按当年火电发电标准煤耗计算，本评价技术暂取《中国能源统计年鉴 2014 年》中数据计算，122.9gce/(kW·h)；N 为电能使用总量，kW·h。

4)太阳能热水应按照下式进行标准煤核算：

$$Q=\frac{N_{hs}}{\eta h_{ce}} \tag{8.20}$$

式中，N_{hs}为太阳能热水的热量消耗量，kJ；η 为小型锅炉平均热效率，取 0.65；h_{ce}为标准煤的低位发热量，29270kJ/kgce。

3. 等效电核算方法

等效电核算法按照计算式(8.21)进行计算。

$$W=\eta EN \tag{8.21}$$

式中，W 为所核算能源的等效电核算量，kW·h；η 为所核算能源转化为电能的最大转化效率，即等效电转化效率，%；E 为所核算能源单位用量所蕴含的能量，kW·h/kg 或 kW·h；N 为所核算能源的使用总量，kg 或 Nm^3。

参考《农村住宅用能核算标准》(CECS 309—2012)，常见能源对应的等效电核算法折算系数见表 8.39。

表 8.39　常见能源等效电核算法折算系数

终端能源	等效电转化率/%	蕴含的总能量	等效电折算系数
电	100	1.000kW·h/(kW·h)	1.000kW·h/(kW·h)
天然气	66.1	10.814kW·h/Nm^3	7.148kW·h/Nm^3
汽油、煤油	66.1	11.967kW·h/kg	7.908kW·h/kg
柴油	66.1	11.848kW·h/kg	7.831kW·h/kg
原煤	45.4	5.814kW·h/kg	2.640kW·h/kg
标准煤	45.4	8.131kW·h/kg	3.691kW·h/kg
市政热水	23.6	2.778×10^{-4}kW·h/kJ	6.556×10^{-5}kW·h/kJ
市政蒸汽	34.8	2.778×10^{-4}kW·h/kJ	9.667×10^{-5}kW·h/kJ
生物质能	35.0	分种类不同	—

4. 核算结果输出

村镇生活用能核算结果输出包括村镇生活用能总量、清洁能源使用总量、清洁能源使用率。其中生活用能总量及清洁能源使用总量按照下式计算：

$$\varphi_i=\frac{Q_i}{Q}\times100\% \tag{8.22}$$

式中，φ_i 为第 i 种用能种类的用能比例；Q 为村镇生活用能总量或清洁能源使用总量，kgce 或 kW·h；Q_i 为第 i 种用能种类消耗量，kgce 或 kW·h。

单位建筑面积生活用能量及单位建筑面积清洁能源使用量按照下式计算：

$$q=\frac{Q}{A} \tag{8.23}$$

式中，q 为单位建筑面积生活用能量或单位建筑面积清洁能源使用量；Q 为村镇生活用能总量或清洁能源使用总量，kgce 或 kW · h；A 为村镇住宅建筑面积，m^2。

8.6.2　绿色村镇清洁能源利用规划评价的主要内容

绿色村镇清洁能源利用评价的主要内容包括：清洁能源利用规划完成情况调查，村镇清洁能源利用规划现状指标评价。

1. 村镇清洁能源利用规划完成情况调查

(1)通过资料搜集获得被评价村镇清洁能源规划。

(2)通过资料搜集、问卷调查、访谈、入户典型调查等方法，获得被评价村镇清洁能源规划实施现状。

(3)将规划与实施现状进行对比，分析被评价村镇清洁能源规划的实施完成情况。

2. 村镇清洁能源利用规划现状指标评价

清洁能源利用规划的现状评价指标分为 3 部分：控制项评价、一般项评价和优选项评价。

1)控制项评价指标

(1)村镇年人均收入。

村镇的清洁能源能水平与居民的经济水平密切相关，经济水平高的农户偏向于使用清洁能源和商品能源，用能设备效率高，更利于节能；经济水平低的农户用能效率较低。只有当村镇经济水平达到一定程度，且其评价结果对能源规划才具有指导意义。

本评价以 2007 年国家级生态县建设指标中的人均年收入作为经济性评判推荐标准，其中：经济发达地区的县为≥6000 元/人，经济欠发达地区的县为≥4500 元/人。

(2)人居环境满意度。

良好的人居环境不仅有益于村镇居民身体健康，而且对提高居民生活品质、促进村镇能源-资源-环境-经济的和谐发展具有重大意义。经作者课题组调研，绿色村镇的人居环境应使得大多数居民满意，故设定 75%以上的人居环境满意率作为进行绿色评价的控制项指标。

(3)清洁能源普及率。

以《美丽乡村建设指南》(GB/T 32000—2015)规定的使用清洁能源的农户比例 70%为评价标准。

(4)村镇电网覆盖率。

村镇电网覆盖率既反映了村镇能源利用的社会现状,也反映了村镇居民生活方式现代化程度。只有保证一定的电网覆盖率,才能促进增大以电代薪的比重,减少炊事、采暖环节粗放型秸秆柴薪直接燃烧的比例。鉴于目前电能在村镇利用已很普遍,考虑控制项指标设置时应考虑可行性,故选定 80%对这一指标进行控制。

2)一般项评价指标

本评价构建了村镇清洁能源利用现状绿色评价的一般项指标,包括节能性、环保性、社会性、技术支撑等 4 个一级指标,计 16 个二级指标。

村镇清洁能源利用现状绿色评价一般项指标见表 8.40。

表 8.40　村镇清洁能源利用现状绿色评价一般项指标

一级指标	二级指标	指标内涵
节能性 B_1	节能采暖设备使用农户比例 C_1	$\frac{\text{节能采暖设备使用户数}}{\text{村镇总户数}}\times 100\%$
	节能炊事设备使用农户比例 C_2	同上
	节能家电使用农户比例 C_3	同上
	节能照明设备使用农户比例 C_4	同上
	村镇节能建筑比例 C_5	$\frac{\text{村镇节能建筑面积}}{\text{村镇总建筑面积}}\times 100\%$
环保性 B_2	室内环境满意度 C_6	$\frac{\text{对室内环境持满意态度的人数}}{\text{村镇总调查人数}}\times 100\%$
	二氧化碳减排率 C_7	$\frac{\text{使用清洁能源减少的二氧化碳排放量}}{\text{替代的传统能源二氧化碳排放量}}\times 100\%$
	二氧化硫减排率 C_8	同上
	氮氧化物减排率 C_9	同上
	TSP 减排率 C_{10}	同上
社会性 B_3	清洁能源利用率 C_{11}	$\frac{\text{清洁能源使用量}}{\text{村镇生活用能总量}}\times 100\%$
	生物质能高效利用率 C_{12}	$\frac{\text{生物质能高效使用量}}{\text{生物质能使用总量}}\times 100\%$
	清洁能源需求满足度 C_{13}	$\frac{\text{农户可利用清洁能源月份数}}{\text{12 个月}}\times 100\%$

续表

一级指标	二级指标	指标内涵
技术支撑 B_4	太阳能利用农户比例 C_{14}	$\frac{\text{太阳能利用农户数}}{\text{村镇总户数}}\times 100\%$
	沼气利用农户比例 C_{15}	$\frac{\text{沼气利用农户数}}{\text{村镇总户数}}\times 100\%$
	清洁能源使用农户比例 C_{16}	$\frac{\text{清洁能源使用农户数}}{\text{村镇总户数}}\times 100\%$

3)优选项指标

村镇清洁能源的利用水平受到不同区域自然条件、资源环境差异、社会经济活动的影响,具有明显区域差别性。本评价从村镇清洁能源利用是否因地制宜、是否充分发挥了区域资源优势的角度,设置评价优选项指标。

村镇清洁能源利用现状绿色评价优选项指标见表 8.41。

表 8.41　村镇清洁能源利用现状绿色评价优选项指标

优选项条目	区域适宜性指标	评判标准	指标来源
生物质能利用	生物质资源丰富地区,是否根据燃料需求进行生物质成型燃料生产厂的独建或合建	是	《村庄整治技术规范》(GB 50445—2008)
	居住密集,且具有大中型养殖场的村庄,是否独建或合建大中型沼气集中供气系统	是	
太阳能利用	村庄新建公共建筑是否采用太阳房	是	
风能利用	年均风速大于 2～3m/s 的地区,且具备风力发电机安装的地方,是否采用风力发电技术	是	
水能利用	距电力系统较远的山区,是否采用微水电或小水电进行供电	是	
海洋能利用	距电力系统较远的沿海村庄,是否采用小型潮汐发电技术进行供电	是	
地热能利用	距电力系统较远,但地热资源丰富的村庄,是否采用小型地热发电技术进行供电	是	
	已实现供电且地热资源丰富的村庄,是否采用热泵技术供应夏季制冷或冬季采暖	是	

8.6.3　绿色村镇清洁能源利用规划评价方法

1. 评价结果判定原则

在进行绿色村镇清洁能源利用规划实施现状评价时，对评价结果遵应循以下原则进行判定。

(1)对不满足控制项评价的参评对象，不再进行一般项评价和优选项评价，直接判定为不合格。

(2)对已获得一般项评价结果但不满足优选项判定的参评对象，最终评价结果仅输出一般项评价结果。

(3)对满足加分优选项判定的参评对象，最终评价结果为一般项评价结果与优选项评价结果的总和。

2. 一般项评价指标值无量纲化处理

村镇清洁能源利用绿色评价一般项指标体系的定量指标有量纲，无法直接进行比较和运算，必须对数据进行标准化处理。

采用相对化处理方法在比较时要将“正指标”和“逆指标”区别对待，正指标是指实际值越大、在评价中起的作用也越大的指标。本评价中的一般项指标均为正项指标，采用下式处理：

$$C_i=\frac{x_i}{x_{\max}} \tag{8.24}$$

式中，C_i 为指标层 C 中各指标的评价值；x_i 为各指标的实际值；$x_{\max}$ 为各指标的最大值。

3. 评价流程

首先对控制项指标进行评判，如都满足则进行一般项指标的评价。村镇绿色清洁能源利用率评价一般项指标体系分两个层次，采用加权加和的评价方法，具体见式(8.25)及式(8.26)：

$$l_i=w_i x_i \tag{8.25}$$

$$W=\sum w_i x_i \tag{8.26}$$

式中，l_i 为某一指标 i 的评价指数；x_i 为该指标的评分值；w_i 为该指标的权重；W 为该组评价指标的综合指数，也是上一级评价指标的分值。

4. 指标权重确定

采用平均权重确定指标权重，得到村镇清洁能源利用现状绿色评价一般项指标权重，见表 8.42。

表 8.42　村镇清洁能源利用现状绿色评价一般项指标权重

一级指标	权重	二级指标	权重
节能性 B_1	0.25	节能采暖设备使用农户比例 C_1	0.2
		节能炊事设备使用农户比例 C_2	0.2
		节能家电使用农户比例 C_3	0.2
		节能照明设备使用农户比例 C_4	0.2
		村镇节能建筑比例 C_5	0.2
环保性 B_2	0.25	室内环境满意度 C_6	0.2
		二氧化碳减排率 C_7	0.2
		二氧化硫减排率 C_8	0.2
		氮氧化物减排率 C_9	0.2
		TSP 减排率 C_{10}	0.2
社会性 B_3	0.25	清洁能源利用率 C_{11}	0.33
		生物质能高效利用率 C_{12}	0.33
		清洁能源需求满足度 C_{13}	0.33
技术支撑 B_4	0.25	太阳能利用农户比例 C_{14}	0.33
		沼气利用农户比例 C_{15}	0.33
		清洁能源使用农户比例 C_{16}	0.33

5. 村镇清洁能源利用的绿色等级评价标准

综合指数 W 值的大小反映了村镇清洁能源利用现状的绿色水平，将绿色水平划分为 5 个等级，其中：A 等级说明评估对象的绿色等级为最优，E 等级为最差。

村镇清洁能源利用的绿色等级评价标准见表 8.43。

表 8.43　村镇清洁能源利用绿色等级评价标准

等级	分值 X
A	0.80～1.0
B	0.60～0.79
C	0.40～0.59
D	0.20～0.39
E	0～0.19

完成一般项评价后，再进行优选项评价。当被评价的村镇有≥1 项优选项指

标满足要求，则在一般项指标评价等级上加星级，代表被评价村镇清洁能源利用现状的绿色水平达到一定级别，并且具有区域适宜性。

如某村镇一般项评价结果为 B 级，且满足≥1 项优选项指标，则该村镇清洁能源利用现状水平为 B+。其他类同。

8.6.4　绿色村镇清洁能源利用规划评价案例

1. 基础数据调研

通过分析入户调查获得的基础数据，可得到堰河村生活用能基本情况。

堰河村能源利用现状入户调查分析见表 8.44。

表 8.44　堰河村能源利用现状入户调查分析

能源种类	使用状态	能源数量	与总农户数比例/%
太阳能热水器	使用户数	252	83.33
沼气	使用户数	208	68.75
液化石油气	使用户数	252	83.33
	年均使用量	2348 罐/年	83.33
电能	电费	56212 元/年	—
	年使用量	638333kW · h/年	—
柴薪	使用户数	221	72.92
	年使用量	353535kg/年	—

2. 生活用能核算

根据上述基础数据，应用 8.6.3 节提出的相关计算式，可核算出堰河村年生活用能的总体情况数据。

堰河村生活用能总体情况分析见表 8.45。

表 8.45　堰河村生活用能总体情况分析

能源种类	使用状态	能源数量	占总农户数比例/%	单位标准化	标准煤/kgce
太阳能热水器	使用户数	252	83.33	年热量消耗量 1746×10^{6}kJ	91771
沼气	使用户数	208	68.75	年使用量 76960m^3	54949
液化石油气	使用户数	252	83.33	年使用量 35220kg	60377
	年使用量	2348 罐/年	83.33		

续表

能源种类	使用状态	能源数量	占总农户数比例/%	单位标准化	标准煤/kgce
电能	电费	56212 元/年	—	年使用量 638333kW·h	78451
	年使用量	638333 度/年	—		
柴薪	使用户数	221	72.92	年使用量 353535kg	201868
	年使用量	353535kg/年	—		

3. 生活用能总体结构分析

根据调研得到堰河村清洁能源利用种类为太阳能及沼气，分别有 252 户使用太阳能热水器，208 户使用户用沼气池，清洁能源普及率为 83.33%。分别对堰河村生活用能进行核算得到，堰河村年生活用能总量为 487416kgce，堰河村清洁能源利用率为 30.1%，其中柴薪占比最大为 41.42%，其次为太阳能热水器 18.82%，电能 16.10%，液化石油气 12.39%，沼气 11.27%。

堰河村生活用能总体结构分析见图 8.17。

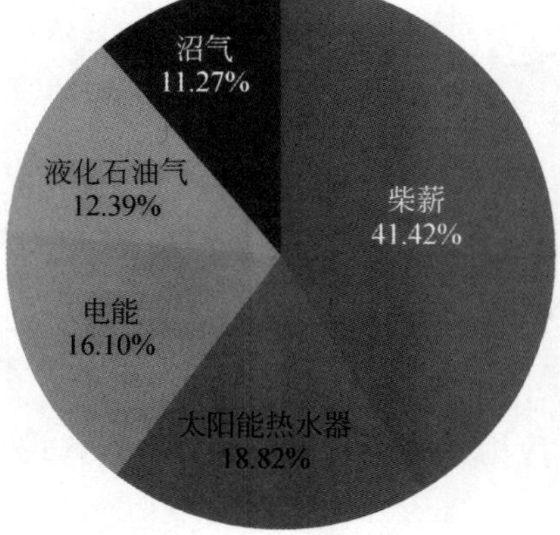

图 8.17　堰河村生活用能总体结构分析

4. 清洁能源规划的实施效果评价

1)堰河村清洁能源利用规划的现状分析

堰河村规划的主要使用的清洁能源为太阳能及沼气：太阳能主要用于路灯，沼气用于村民生活用能。

(1)太阳能路灯。规划依据堰河村的道路及建筑布局设置太阳能路灯，在每盏路灯上设置太阳能收集装置，并用于其自身供电。

(2)沼气。堰河村的生活用能以沼气为主,沼气为堰河村农家主要的燃料,在冬季最冷时以液化石油气作为辅助生活能源。全村沼气使用率达 80%,一组、二组、三组各户均有沼气池,供村民自家生活用能。

堰河村的清洁能源布局规划见图 8.18。

图 8.18　堰河村清洁能源布局规划(见文后彩图)

2)堰河村清洁能源利用规划的实施效果

2009—2016 年,堰河村的清洁能源规划实施效果分析见表 8.46。

表 8.46　堰河村清洁能源规划实施效果分析

清洁能源种类	规划编制情况	实施情况			对比结果
		2009 年	2012 年	2016 年	
太阳能	60 盏太阳能灯	97 户使用太阳能热水器,太阳能热水器使用率达到 46.63%	37 盏太阳能灯,太阳能热水器使用率达到 80%	太阳能热水器使用率达到 83.33%	规划实施过程中,对规划进行调整,太阳能灯普及转为太阳能热水器普及
沼气	沼气使用率 80%	112 户户用沼气池,沼气使用率 53.85%	建户用沼气池,沼气使用率 80%	208 户户用沼气池,沼气使用率 83.33%	户用沼气建设户数及沼气使用率达到规划要求

分析表 8.46 可知,堰河村清洁能源规划实施情况良好,规划目标基本完成。

(1)规划编制情况。堰河村清洁能源利用规划编制完整,覆盖整个村落和各家各户,具有可实施性。

(2)规划实施情况。全村清洁能源利用率达到 83.33%,满足《美丽乡村建设指南》(GB/T 32000—2015)清洁能源农户使用比例≥70%的比例,达到规划要求。其中太阳能热水器使用率达到 83.33%;户用沼气建设率达到堰河村规划设定的要求。

(3)规划调整情况。规划实施过程中,发现太阳能灯光电板老化快,容易损坏,不适宜村庄长期使用,所以对规划进行了调整,优先推广太阳能热水器的普及,并达到了 83.33%的普及率。

3)堰河村清洁能源利用的绿色等级评价

(1)评价过程。

①控制项指标评价。

由调查可知,堰河村的人均年收入为 12000 元、人居环境满意度为 80%、清洁能源普及率为 83.3%,均符合 8.6.2 节要求的清洁能源利用现状控制项评价指标的要求,所以可进入一般项指标评价阶段。

②一般项指标评价。

通过访谈、入户调查等实地调研方式及生活用能的核算结果,得到堰河村清洁能源利用评价二级指标实测值,在评价中转为指标评价值。采用公式 $X=\Sigma WW_iX_i$ 计算,堰河村清洁能源利用综合评价结果为 0.693。见表 8.47。

表 8.47 堰河村清洁能源利用评价指标与计算

一级指标 B_i	一级指标权重 W	二级指标 C_i	二级指标实际值/%	二级指标权重 W_i	指标评价值 X_i	W_iX_i	分项评价结果
节能性 B_1	0.25	节能采暖设备使用农户比例 C_1	—	—	—	—	—
		节能炊事设备使用农户比例 C_2	83.33	0.25	0.833	0.208	0.702
		节能家电使用农户比例 C_3	98	0.25	0.98	0.245	
		节能照明设备使用农户比例 C_4	98	0.25	0.98	0.245	
		村镇节能建筑比例 C_5	1.51	0.25	0.015	0.004	
环保性 B_2	0.25	室内环境满意度 C_6	80	0.2	0.8	0.16	0.911
		二氧化碳减排率 C_7	82.5	0.2	0.825	0.165	
		二氧化硫减排率 C_8	98	0.2	0.98	0.196	
		氮氧化物减排率 C_9	98	0.2	0.98	0.196	
		TSP 减排率 C_{10}	97	0.2	0.97	0.194	
社会性 B_3	0.25	清洁能源利用率 C_{11}	30.1	0.33	0.301	0.099	0.384
		生物质能高效利用率 C_{12}	11.27	0.33	0.113	0.037	
		清洁能源需求满足度 C_{13}	75.00	0.33	0.75	0.248	
技术支撑 B_4	0.25	太阳能利用农户比例 C_{14}	68.75	0.33	0.6875	0.2269	0.777
		沼气利用农户比例 C_{15}	83.33	0.33	0.833	0.275	
		清洁能源使用农户比例 C_{16}	83.33	0.33	0.833	0.275	

注:堰河村没有建设冬季采暖设施,因此 C_1 项指标空置。

③优选项评价。

堰河村不满足优选项评判标准，因此评价结果采用一般项评价结果的输出等级。

(2)评价结果分析。

①堰河村清洁能源利用综合评价结果为0.693，评价等级为B级。

②分项评价结果显示，堰河村的清洁能源利用社会性评价指标得分较低，仅为0.384，有待进一步提升。

8.7　绿色村镇规划实施与生态环境修复评价

生态环境的保护与修复是绿色村镇生存与发展的前提和基础，是绿色村镇规划与建设的长期任务，也是考核绿色村镇规划实施效果的重点评价内容。

通过定量分析评价村镇规划实施过程中的景观格局绿色生态水平，既可有效判断由于自然因素和人为建设活动等对村镇生态环境的不利影响或破坏程度，也可为实施绿色村镇的生态景观建设和修复项目提供技术支持，还可为确定是否需要和怎样进行绿色村镇生态环境规划修编提供决策依据。

8.7.1　相关概念和评价内容

1. 相关概念

(1)景观(landscape)，是指被人所感知的区域中自然环境、人文环境等特征要素所形成的特定地域风貌，是人与自然的活动或相互作用的结果，是体现生态、经济、文化和其他多种社会功能及价值的综合体。

(2)景观格局(landscape pattern)，又称作景观空间格局，通常指各类景观在空间上的配置及其分布情况，包括景观数量及景观类型状况等。

(3)斑块(patch)，是指在外观上或性质上与周围环境(本底)不同的、非线性的、并具有内部匀质性的空间单元，是空间格局中最基本要素。

(4)廊道(corridor)，是指景观中与相邻区域在外观或性质上存在差异的线性或带状景观要素。廊道结构对景观生态过程影响较大，景观因廊道被分割，同时又依靠廊道而连通在一起，它拥有连通与阻隔的双重作用。

(5)基底(basement)，是指景观中分布最广、连续性最大对景观动态起着控制作用的背景结构。

(6)村镇基底(basement of village and town)，是指村镇中分布最广、连续性最大的背景结构，包括由土壤、水体、生物等构成的自然基底，以农业生产为主的农业基底和由当地乡土历史文化要素构成的文化基底。

(7)公共空间(public space),是指由实体空间及其环境要素共同构成的公众活动场所。

(8)景观小品(landscape ornament),是指公共环境中供休息、装饰、照明、展示等为空间管理和村民(居民)使用提供条件的小型设施。

2. 村镇景观类型

在绿色村镇规划实施与生态环境修复活动中,评价的重点是村镇建设对生态环境的影响,因此主要从土地利用的角度将村镇景观类型进行两级划分。

(1)一级景观类型。

一级景观类型共分 3 种,包括自然景观、半自然半人工景观和人工景观。其中:自然景观为受人类活动影响较小而基本处于自然状态的景观,半自然半人工景观为带有人类活动影响的痕迹并且含有一些自然生态特征的景观,人工景观指依赖人类活动而形成的并且已经失去原有自然特征的景观。

(2)二级景观类型。

二级景观类型共分 6 个,包括林地、水体、裸地、耕地、建设用地和道路 6 个景观斑块。其中的道路也属于建设用地的一种类型,但由于在景观格局分析和计量中道路又兼具廊道的性质,因此本评价将“道路”也作为景观分析的二级评价指标。

村镇景观类型划分见表 8.48。

表 8.48 村镇景观类型划分

一级分类	二级分类
自然景观类型	林地
	水体
	裸地
半自然半人工景观类型	耕地
人工景观类型	建设用地
	道路

3. P-C-L-E 关联性分析

由村镇规划确定和实施的各类建设活动会使村镇景观受到影响和干扰,从而引起景观格局的改变,如景观的类型、组成和功能改变等。在村域或镇域范围实施的建设活动中,需要分析和评价村镇规划、村镇建设、景观格局改变和生态环境变化四类要素之间存在的关联性和互动性。为表述方便,本评价将村镇规划(planning)、村镇建设(construction)、景观格局改变(landscape pattern change)和生态环境变化(ecological environment change)简写为 P-C-L-E。

绿色村镇的 P-C-L-E 关联性分析路径见图 8.19。

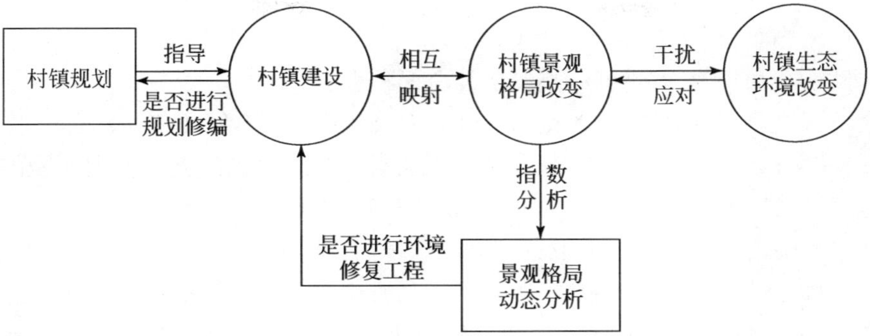

图 8.19　绿色村镇 P-C-L-E 关联性分析路径

应用 P-C-L-E 关联性分析技术和景观格局变化分析方法，可以客观分析和评价在村镇规划实施期内的不同时点，村镇建设活动对生态环境产生的影响，以及环境应对干扰后的状况，还可对村镇规划确定的建设活动进行动态监控、调整和预测，进而评价村镇生态环境规划的实施效果，为判断是否需要进行生态环境修复工程或生态环境规划修编提供决策依据。

4. 评价内容

绿色村镇规划实施与生态环境修复评价内容包括：村或镇的遥感数据处理；斑块类型水平指数，景观水平指数，景观格局的多样性、破碎度和稳定性等景观指数的计算；景观格局、景观水平、景观格局的多样性、破碎度和稳定性的动态分析；村镇环境规划-村镇建设-景观格局改变-生态环境的关联性评价等。

8.7.2　村镇景观格局指数选取与计算

对村镇景观格局的特征分析可从 3 个层面进行：单个斑块(path level)、斑块类型(class level)和景观水平(landscape level)，3 个层面的级别尺度逐步扩大。

景观格局指数是反映景观结构的定量指标，反映了景观结构的组成和空间配置。常用的景观格局指数包括斑块水平指数(path-level index)、斑块类型水平指数(class-level index)和景观水平指数(landscape-level index)。根据村镇景观类型的特点，本评价选择斑块形状指数、斑块面积等 12 项指数对村镇景观格局进行评价。

1. 斑块水平指数

斑块形状指数(path shape index)，以 S 表示。

斑块形状指数 S 反映斑块形状的复杂程度，通常为斑块周长和面积的比值来计算。

2. 斑块类型水平指数

（1）斑块面积（class area），以 CA 表示。

斑块类型面积 CA 是某一类斑块的总面积。

（2）斑块面积百分比（percentage of landscape），以 PLAND 表示。

斑块面积百分比 PLAND 代表某一斑块类型的总面积占整个景观面积的百分比，是度量某一类斑块占整个景观的面积的相对比例。

（3）斑块数（number of patches），以 NP 表示。

斑块数 NP 在板块类型水平级别上为景观中某一类斑块数的总个数。斑块数通常用来描述景观的异质性。一般 NP 的值大，景观破碎度高；NP 的值小，破碎度低。

（4）斑块密度（patch density），以 PD 表示。

斑块密度 PD 体现区域内各类景观斑块的空间异质性程度。

（5）平均斑块面积（mean patch area），以 MPA 表示。

平均斑块面积 MPA 在斑块类型水平上代表某一类型斑块的平均面积，用该类型斑块面积除以该类型斑块总数。

MPA 反映该类型斑块的破碎程度，一个具有较小 MPA 值的斑块类型破碎度高于一个具有较大 MPA 值的斑块类型。

（6）最大斑块面积指数（largest patch index），以 LPI 表示。

最大斑块面积指数 LPI 为某类型斑块中最大斑块的面积占整个景观面积的比例（%），常用来确定景观中的优势类型。LPI 值的变化反映人类活动的对该类型斑块干扰的强弱情况。

3. 景观水平指数

（1）景观丰富度指数（landscape richness index），以 R 表示。

景观丰富度指数 R 指斑块类型的数量。

（2）香农多样性指数（Shannon diversity index），以 SHDI 表示。

香农多样性指数 SHDI 反映景观结构组成的复杂程度，强调稀有斑块类型的贡献，对景观中某类型斑块类型不均衡分布状况较为敏感。SHDI 值增大，则表明土地利用趋于丰富，各类型斑块在景观中呈均衡化分布趋势。

（3）景观均匀度指数（landscape evenness index），以 E 表示。

均匀度指数 E 用来反映各类型斑块在面积上分布的不均匀程度。当计算结果越接近 1 时，斑块分布均匀度也趋于最大。

（4）景观形状指数（landscape shape index），以 LSI 表示。

景观形状指数 LSI 和斑块形状指数类似，仅仅是计算尺度的改变。LSI 越大，斑块形状越不规则或者越偏离正方形。

(5)正方像元指数(square pixel index),以 SQP 表示。

正方像元指数 SQP 是周长与斑块面积比的另一种表达方式,反映景观结构的复杂性。

(6)景观聚集度指数(contagion index),以 CONT 表示。

聚集度指数 CONT 反映不同斑块类型的聚集程度。

聚集指数的值较大,表明景观中主要是少量大面积斑块组成;聚集指数的值较小,表明景观中存在大量小面积斑块。

4. 村镇景观格局改变的动态分析指数

分析村镇景观格局改变的动态指数主要有:景观多样性指数、景观破碎性指数和景观稳定性指数 3 类。

(1)景观多样性指数。

景观多样性指数是一类可用于分析不同类型的景观在空间结构以及时间动态等方面的多样性和变异性的指数。可反映景观的复杂程度。

描述景观多样性的指数主要有:斑块数、斑块丰富度指数、景观多样性指数(如香农多样性指数)、分维数等。

(2)景观破碎度指数。

景观破碎度指数是一类通过自然以及人为分割的生态景观的破碎化程度,反映出村镇建设活动对生态环境的干扰强度的指数。景观破碎程度越高,表示村镇建设活动对生态环境的干扰越强。

描述景观破碎程度的指数主要有:斑块数量、斑块密度、平均斑块面积等。

(3)景观稳定度指数。

景观稳定度指数是一类反应系统抵抗干扰能力和受到干扰后恢复本来状态能力的指数。村镇生态景观系统的抵抗干扰能力由景观异质性表述,当某种斑块类型在时间或空间分布上不均匀性和复杂性增大,则景观异质性变大,表明生态景观系统稳定性增强。

描述景观稳定性的指数主要有:斑块密度指数、景观均匀度指数等。

5. 基于动态分析的村镇景观指数选取

根据上述分析,本评价选取“斑块面积”等 13 项共 26 个景观指数,对规划实施过程中由村镇建设活动导致的村镇景观格局改变进行动态分析和计算。

基于动态分析的村镇建设景观指数选取见表 8.49,表中各评价项被选取指数记为“Δ”。

表 8.49　基于动态分析的村镇建设景观指数选取

序号	景观指数名称	斑块类型水平动态分析	景观水平动态分析	景观格局的多样性、破碎度和稳定性分析
1	CA	△	△	
2	PLAND	△		
3	NP	△	△	△
4	PD	△	△	△
5	LPI	△	△	
6	TE	△	△	
7	ED	△	△	
8	LSI		△	
9	MPA	△	△	△
10	MSI	△	△	
11	CONT		△	
12	SHDI		△	△
13	SHEI		△	△

8.7.3　村镇景观格局与生态环境修复评价

1. 村镇景观格局改变的动态分析方法

本评价方法利用卫星遥感数据，运用 Arcgis 软件和 ENVI 软件等对数据校正和处理和景观分类后，转化为栅格数据，采用景观格局分析最常用的 Fragstats 软件，进行斑块类型水平、景观水平和景观格局指数的动态计算。在此基础上分析研究区域内不同时间段的景观格局特征，然后结合该区域不同时间点的景观格局状况，完成村镇景观格局改变的动态分析评价。

村镇建设景观格局的动态分析路径见图 8.20。

2. 村镇景观与生态环境修复评价结果表达

按照上述评价方法，本评价中的村镇生态景观与环境修复规划评价以等级评价作为评价结果的表达形式，即将评价结果分为五个等级：优、良、一般、较差和差。

评价结果的级别越高，表明被评价村镇规划实施过程中生态环境保护效果越好。

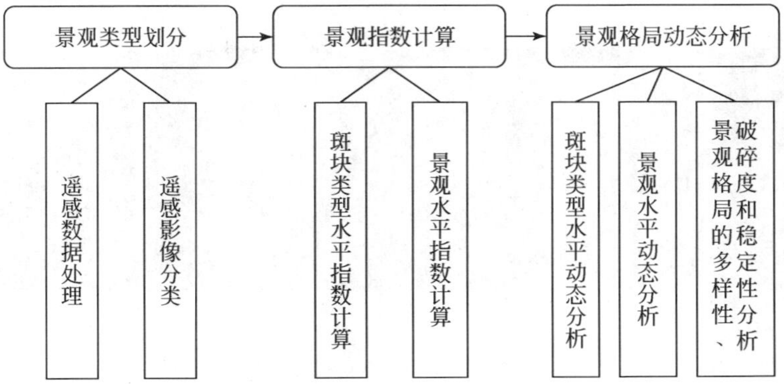

图 8.20　村镇建设景观格局动态分析路径

当 P-C-L-E 的评价结果全部为正面效应时，村镇生态景观与环境修复规划评价等级为“优”。对评价结果为“优”的村或镇，不需进行环境修复工程和对村镇规划进行修编。

当 P-C-L-E 的评价结果有一项为弱正面效应时，村镇生态景观与环境修复规划评价等级为“良”。对评价结果为“良”的村或镇，不需进行环境修复工程和对村镇规划进行修编，但需要对规划的实施实行严格的监督和控制。

当 P-C-L-E 的评价结果有两项为弱正面效应，或有一项为负面效应时，村镇生态景观与环境修复规划评价等级为“一般”。对评价结果为“一般”的村或镇，需要根据情况进行部分环境修复工程或对村镇规划进行部分修编。

当 P-C-L-E 的评价结果三项均为弱正面或有两项为负面效应时，村镇生态景观与环境修复规划评价等级为“较差”。对评价结果为“较差”的村或，镇需要进行环境修复工程和对村镇规划进行修编。

当 P-C-L-E 的评价结果三项均为负面效应时，村镇生态景观与环境修复规划评价等级为“差”。对评价结果为“差”的村或镇，必须立即对已破坏的生态环境实施整改并进行环境修复工程，对村镇规划进行修编。

8.7.4　绿色村镇规划实施与生态环境修复评价案例

1. 堰河村遥感数据处理与遥感影像分类

1)遥感数据处理

利用堰河村 2005 年、2011 年以及 2016 年的遥感影像数据，分别对上述基础遥感影像数据资料，利用 Arcgis 的矢量编辑工具做边界裁定等预处理，标出堰河村研究范围的区域，获得了 2005 年、2011 年和 2016 年堰河村及周边区域遥感影像图，图中的红线范围内为堰河村村域范围。

2005 年、2011 年和 2016 年堰河村遥感影像比较图见图 8.21。

(a) 2005年遥感影像　(b) 2011年遥感影像　(c) 2016年遥感影像

图 8.21　2005 年、2011 年和 2016 年堰河村遥感影像比较图(见文后彩图)

对比三张遥感影像图可清晰看出,随着时间变化,堰河村的村庄建设活动使土地利用形态发生了很大改变。

2)遥感影像分类

本评价使用 ENVI5.1 软件进行景观类型分类处理,包括目视解译和监督分类两种。

(1)目视解译(visual solution)。

目视解译又称目视判读。本案例评价区域为堰河村,范围面积较小,在多次实地考察、测量等工作基础上,结合高清影像资料,采用目视解译的分类方法能给研究结果带来较高精度。

(2)监督分类(supervised classification)。

监督分类也称训练分类法。主要步骤为:类别定义、典型样本选择、分类器选择、执行监督分类、评价分类结果和分类后处理。

在样本选择结束后进行训练样本评价,计算样本可分离性,根据可分离性值的大小对样本进行适当调整,在执行监督分类时选择的监督分类器为最大似然分类器。

遥感影像监督分类操作流程见图 8.22。

(3)景观分类。

本评价以人类对自然环境产生影响和土地利用的景观斑块分类方式,将村镇景观分成 6 类,构建了堰河村的村域景观分类体系。

堰河村村域景观分类体系见表 8.50。

利用 ENVI 中的 ROI Tool 来定义训练样本,首先确认样本名称,分别对堰河村每种类型的样本创建感兴趣区(region of interest)。

ENVI5.1 软件监督分类操作界面见图 8.23。

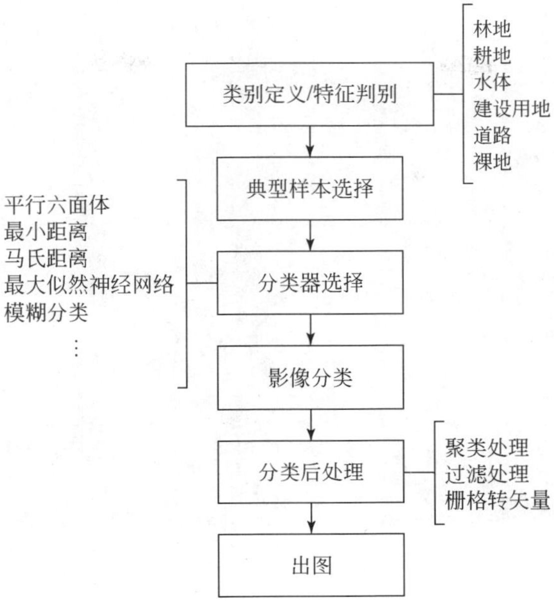

图 8.22　遥感影像监督分类操作流程

表 8.50　堰河村村域景观分类体系(见文后彩表)

景观类型	内容描述	部分典型样本
林地	指成片的天然林、次生林和人工林覆盖的土地	
耕地	指种植农作物的土地，包括旱地、水田及田坎等	
水体	指区域内的河流、堰塘和沟渠等	
建设用地	指乡村建造建筑物、构筑物的土地	
道路	包括县道、乡道和村道等，供行人及各种交通运输工具通行	
裸地	指基本没有植物生长的裸露地面	

应用计算 ROI 可分离性工具(compute ROI separability)衡量训练样本的差异程度，对样本进行适当调整使可分离性值大于 1.9 即为合格样本，然后选择最大似然分类器执行监督分类。通过计算分别得到 2005 年、2011 年和 2016 年的堰河村景观分类图。

2005 年、2011 年和 2016 年堰河村景观分类图见图 8.24。

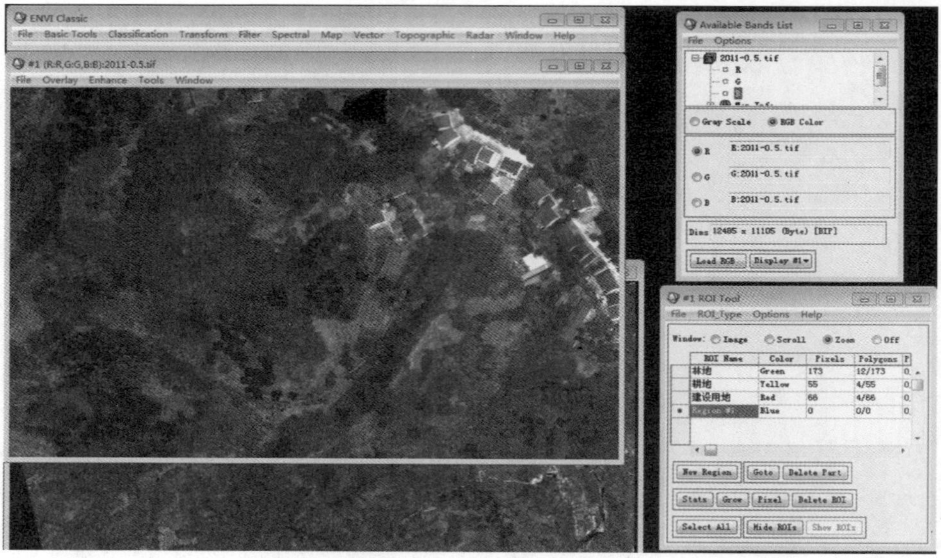

图 8.23　ENVI5.1 软件监督分类操作界面(见文后彩图)

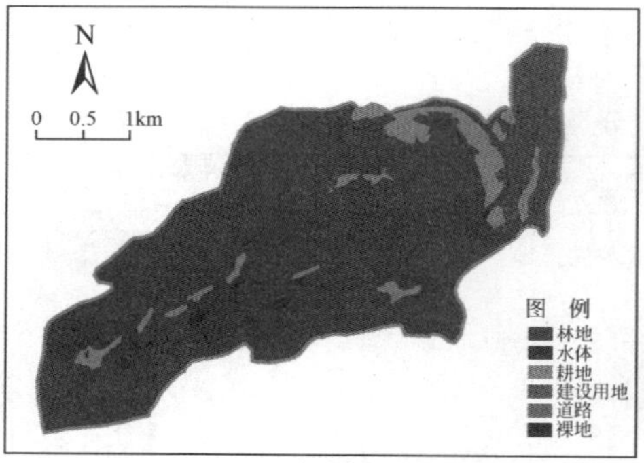

(a) 2005年景观分类

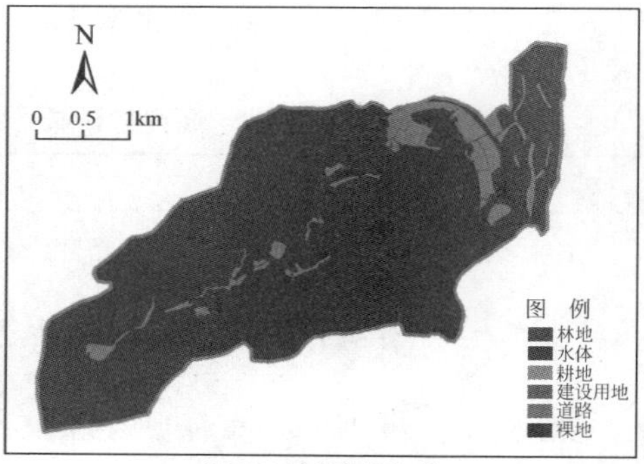

(b) 2011年景观分类

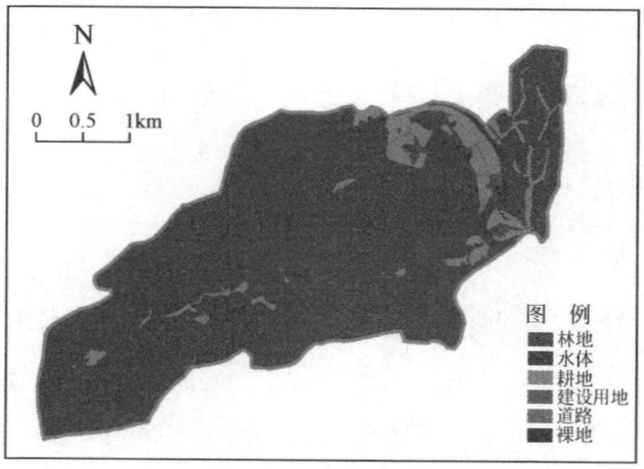

(c) 2016年景观分类

图 8.24　2005 年、2011 年和 2016 年堰河村景观分类图(见文后彩图)

2. 堰河村景观指数计算

1）导入景观格局分析软件

将分类结果在 Acrgis 中转为栅格数据导入到景观格局分析软件中处理，可得到所需的景观指数结果。本评价选用 Fragstats4.2 景观格局分析软件，该软件可在斑块水平指数、斑块类型指数和景观水平指数三个层次上进行一系列景观格局指数计算，定量分析景观结构和空间格局。

本评价在斑块类型水平和景观指数水平上共选取 21 个指数，选择堰河村规划实施过程的 2005 年、2011 年和 2016 年三个年份的基础数据，进行堰河村景观格局动态分析。

Fragstats4.2 软件格局指数计算过程见图 8.25。

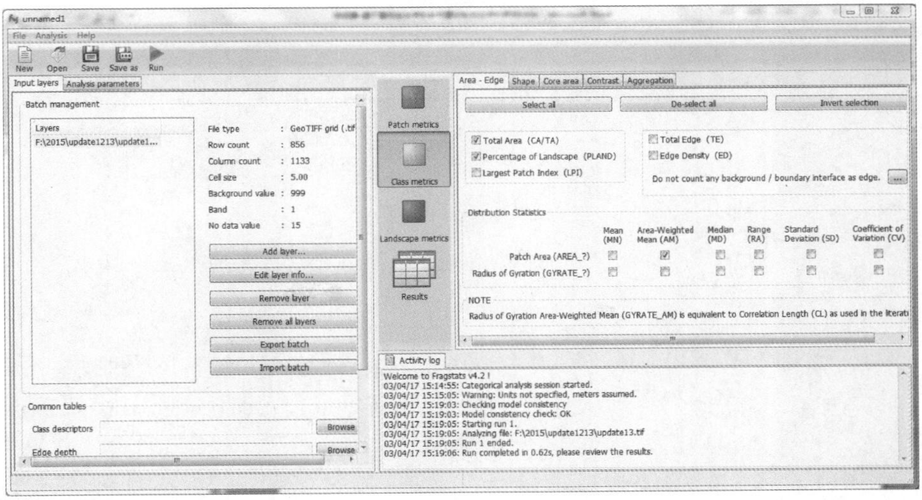

图 8.25　Fragstats4.2 软件格局指数计算过程

2）斑块类型水平指数计算

本评价在斑块类型水平选取并计算了 9 个景观格局指数：斑块面积 CA、斑块面积百分比 PLAND、斑块个数 NP、斑块密度 PD、最大斑块指数 LPI、边界总长度 TE、边界密度 ED、平均斑块面积 MPA 和平均形状指数 MSI。

堰河村斑块类型水平景观格局指数计算结果见表 8.51。

3）景观水平指数计算

在景观水平分析上选取并计算了 12 个景观格局指数：景观总面积 CA、斑块总数 NP、斑块密度 PD、最大斑块指数 LPI、边界总长度 TE、边界密度 ED、景观形状指数 LSI、平均斑块面积 MPA、平均形状指数 MSI、景观聚集度指数 CONT、香农多样性指数 SHDI 和景观均匀性指数 SHEI。

堰河村景观水平景观格局指数计算结果见表 8.52。

表 8.51　堰河村斑块类型水平景观格局指数计算结果

年份	斑块类型	林地	耕地	水体	建设用地	道路	裸地
2005	CA	1052.018	76.565	11.165	5.2225	6.74	8.0075
	PLAND	90.7133	6.602	0.9627	0.4503	0.5812	0.6905
	NP	31	19	31	18	4	25
	PD	1.2876	0.7892	1.2876	0.7476	0.1661	1.0384
	LPI	38.7451	0.5975	0.1174	0.0567	0.1963	0.0617
	TE	86110	24880	14710	6900	26350	7330
	ED	35.7655	10.3338	6.1098	2.8659	10.9444	3.0445
	MPA	33.936	4.0297	0.3602	0.2901	1.685	0.3203
	MSI	2.0632	1.7267	1.6815	1.7906	11.1981	1.3884
2011	CA	1034.795	80.885	11.2125	11.6275	15.5825	5.645
	PLAND	89.2259	6.9744	0.9668	1.0026	1.3436	0.4867
	NP	37	34	30	26	4	9
	PD	1.5368	1.4122	1.246	1.0799	0.1661	0.3738
	LPI	37.9045	0.4185	0.0814	0.148	0.3788	0.1052
	TE	88990	37270	15400	11820	39530	3870
	ED	36.9617	15.48	6.3963	4.9094	16.4187	1.6074
	MPA	27.9674	2.379	0.3738	0.4472	3.8956	0.6272
	MSI	1.9699	1.9786	1.877	1.7646	11.4191	1.4411
2016	CA	1018.288	84.505	10.49	21.8875	21.2925	3.285
	PLAND	87.8025	7.2865	0.9045	1.8873	1.836	0.2833
	NP	38	38	31	33	4	11
	PD	1.5783	1.5783	1.2876	1.3706	0.1661	0.4569
	LPI	15.1825	0.4698	0.0679	0.4279	0.4599	0.0308
	TE	125830	41010	14700	16460	77770	3550
	ED	52.2631	17.0334	5.9749	6.8366	32.3015	1.4745
	MPA	26.797	2.2238	0.3384	0.6633	5.3231	0.2986
	MSI	1.9881	1.998	1.6421	1.5549	19.1184	1.5772

表 8.52　堰河村景观水平景观格局指数计算结果

景观指数	2005 年	2011 年	2016 年
CA	1159.718	1159.748	1159.748
NP	128	140	155
PD	11.0372	12.0716	13.365
LPI	80.4366	78.6893	60.7442
TE	83140	98440	138660
ED	71.6898	84.8805	119.5605
LSI	5.8138	6.5965	8.6518
MPA	9.0607	8.2839	7.4822
MSI	2.0435	2.1559	2.2469
CONT	75.8221	74.8615	73.8708
SHDI	0.8857	0.9151	0.9394
SHEI	0.4552	0.4703	0.4827

3. 堰河村景观格局动态分析

1)斑块类型水平动态分析

根据表 8.51 堰河村斑块类型水平指数计算结果,对堰河村 2005 年、2011 年和 2016 年 6 种景观类型的动态变化分析。

(1)堰河村景观格局的基底。

根据表 8.51 计算结果,堰河村的林地斑块面积占村域总面积达 87.8%～90.7%,其最大斑块指数、边界总长度、平均斑块面积均显著大于其他斑块类型,表明林地景观在堰河村占绝对优势,其完整性和连接性明显好于其他景观类型,是堰河村景观格局分析的基底。

(2)各类斑块面积的变化。

其中林地面积下降 2.9107%,裸地面积下降 0.4072%,耕地、建设用地和道路面积明显增加,耕地面积上升 0.6845%,建设用地面积上升 1.4370%,道路面积上升 1.2548%。上述变化表明,堰河村自然景观斑块总面积在逐渐减少,人工景观斑块总面积逐渐增加。

(3)各类型斑块数量的变化。

林地、耕地和建设用地 3 种类型的斑块数量逐渐增加。水体和道路两种类型斑块基本保持不变,裸地类型斑块数量总体呈现下降趋势。

(4)最大斑块指数的变化。

其中林地最大斑块指数由 38.7451 减小到 15.1825,水体最大斑块指数由

0.1174 减小到 0.0679，建设用地和道路类型中最大斑块的面积逐渐增大，其中建设用地最大斑块指数由 0.0567 增大到 0.4279，道路最大斑块指数由 0.1963 增大到 0.4599。

(5)不同类型斑块边界总长度的变化。

林地、耕地、建设用地和道路 4 种斑块类型的边界总长度均呈现持续增长趋势，裸地斑块类型的边界总长度逐渐减小，水体斑块类型的边界总长度变化较小，堰河村 6 种景观类型的边界密度指数与边界总长度变化规律均相同。

(6)各类型的平均斑块面积的变化。

林地和耕地类型的平均斑块面积逐渐减小。建设用地和道路类型的平均斑块面积逐渐增大，水体类型的平均斑块面积变化较小。

(7)各类型斑块平均形状指数的变化。

耕地、道路和裸地类型的平均形状指数逐渐增大。建设用地类型的平均形状指数逐渐减小，林地类型的平均形状指数变化较小。

2)景观水平动态分析

根据表 8.52 堰河村景观水平计算结果，对堰河村 2005 年、2011 年和 2016 年的景观水平进行了比较分析，绘制了堰河村景观格局指数变化趋势分析图。

堰河村景观格局指数变化趋势分析见图 8.26。

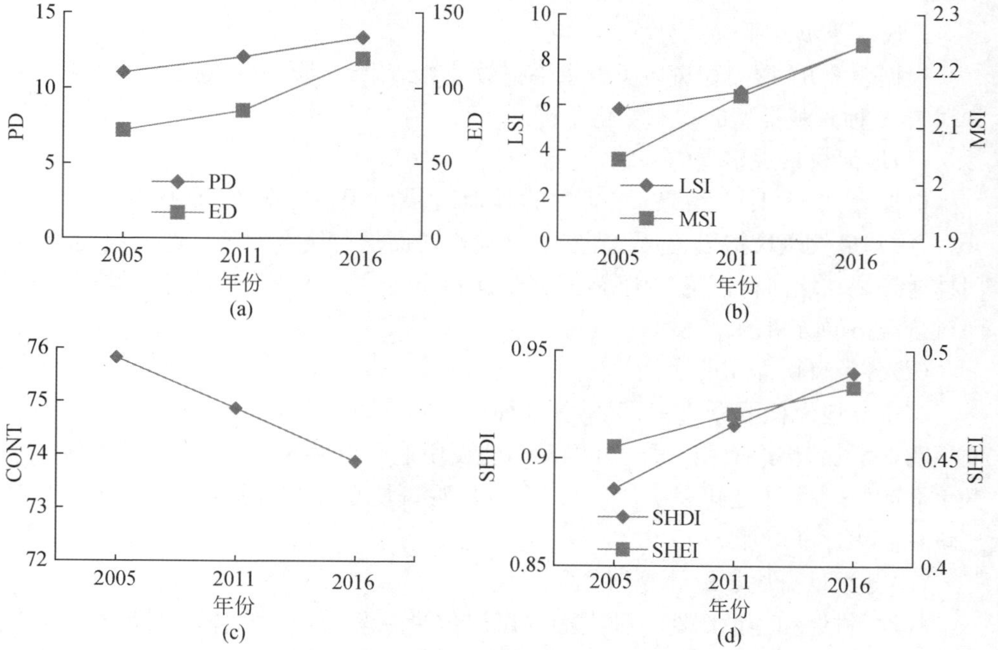

图 8.26　堰河村景观格局指数变化趋势分析

景观水平动态分析如下。

(1)图 8.26(a)表明,斑块个数、斑块密度、边界总长度和边界密度逐渐变大。反映出堰河村景观的破碎化程度和斑块类型之间的隔离程度增大,随着景观的不断破碎化,堰河村最大斑块指数和平均斑块面积逐渐减小。

(2)图 8.26(b)表明,堰河村景观形状指数和平均形状指数明显变大。从景观结构复杂性来看,反映出堰河村景观中斑块形状复杂化程度增加。

(3)图 8.26(c)表明,景观聚集度指数随着堰河村的建设发展而逐渐减小。聚集指数的值较小,说明景观中存在大量小面积斑块,反映了堰河村总体景观的连接度下降,破碎程度增加,这与斑块密度和边界密度等指数结果一致。

(4)图 8.26(d)表明,香农多样性指数逐渐增大。堰河村土地利用趋于丰富,各类型斑块在景观中呈均衡化分布趋势。

(5)图 8.26(d)表明,景观均匀度指数逐渐增大。堰河村景观斑块分布的均匀程度增加。

3)景观格局的多样性、破碎度和稳定性分析

(1)斑块数量和平均斑块密度。

堰河村斑块类型水平分析显示林地、耕地和建设用地 3 种类型的斑块数量逐渐增加,其中耕地类型景观斑块数量最多,但其平均斑块面积逐渐减小,表明其空间形状趋于复杂,受人类活动影响强烈。

建设用地和道路面积明显增加,且最大斑块指数和平均斑块面积都逐渐增大,表现出其越来越高的连通性。

水体和道路作为廊道结构对整个景观起到连接和隔断作用,裸地表现出萎缩特征。

堰河村林地类型景观分布最广、连续性最大,持续占据着有绝对优势。林地作为堰河村景观的基底结构,可较强地促进堰河村景观组织的抵抗力和恢复力。

(2)香农多样性指数。

堰河村景观的香农多样性指数逐年递增,反映景观多样性增加迅速,生态景观趋向于合理化分布,景观多样性增加有利于景观稳定性增强。

(3)景观均匀性指数。

堰河村景观斑块数量持续增多,景观格局均匀程度和破碎化程度逐渐增加。

4. 堰河村规划实施的 P-C-L-E 关联性分析与评价

应用 8.7.2 节提出的村镇规划-村镇建设-景观格局改变与生态环境(P-C-L-E)关联性分析方法,根据表 8.51、表 8.52 的计算结果和堰河村景观格局动态分析,通过进行 P-C-L-E 关联性评价,可分别得出堰河村规划实施过程中生态环境保护效果、实施环境修复的可能性以及是否实施规划修编的评价结论。

1)主要景观格局变化指数与生态环境变化关联性分析

堰河村斑块主要类型水平指数变化与生态环境变化分析见表 8.53。

表 8.53 堰河村斑块主要类型水平指数变化与生态环境变化分析

<table>
<tr><th rowspan="2">分析项目</th><th colspan="6">景观格局变化/%</th><th rowspan="2">建设活动干扰/
应对生态环境</th></tr>
<tr><th>林地</th><th>耕地</th><th>水体</th><th>建设用地</th><th>道路</th><th>裸地</th></tr>
<tr><td rowspan="2">斑块面积</td><td rowspan="2">下降 2.91</td><td rowspan="2">上升 0.68</td><td rowspan="2">下降 0.06</td><td rowspan="2">上升 1.44</td><td rowspan="2">上升 1.25</td><td rowspan="2">下降 0.41</td><td>干扰:林地总占比下降</td></tr>
<tr><td>应对:林地作为景观基底目前影响不大</td></tr>
<tr><td rowspan="2">斑块个数</td><td rowspan="2">上升 0.23</td><td rowspan="2">上升 1.00</td><td rowspan="2">不变</td><td rowspan="2">上升 0.83</td><td rowspan="2">不变</td><td rowspan="2">下降 0.56</td><td>干扰:耕地和建设用地增多</td></tr>
<tr><td>应对:按照规划要求控制建设项目增多</td></tr>
<tr><td rowspan="2">最大斑块指数</td><td rowspan="2">上升 23.6</td><td rowspan="2">下降 0.13</td><td rowspan="2">下降 0.05</td><td rowspan="2">上升 0.37</td><td rowspan="2">上升 0.26</td><td rowspan="2">下降 0.03</td><td>干扰:耕地和水体有碎片化趋势</td></tr>
<tr><td>应对:保护耕地和水体完整性</td></tr>
<tr><td rowspan="2">边界总长度</td><td rowspan="2">上升 0.46</td><td rowspan="2">上升 0.65</td><td rowspan="2">下降 0.0007</td><td rowspan="2">上升 1.39</td><td rowspan="2">上升 1.95</td><td rowspan="2">下降 0.52</td><td>干扰:道路和建设用地总边界长度增长最快</td></tr>
<tr><td>应对:按照规划要求控制建设项目增多</td></tr>
</table>

堰河村主要景观水平指数变化与生态环境变化分析见表 8.54。

表 8.54 堰河村主要景观水平指数变化与生态环境变化关系分析

分析项目	景观水平指数变化/%	生态环境的变化
CONT	下降 0.03	总体聚集度减小破碎度增加
SHDI	上升 0.06	土地利用趋于丰富,多样性增加
SHEI	上升 0.07	景观均匀性上升,环境抗干扰能力增强

2)堰河村规划实施的 P-C-L-E 关联性评价

堰河村在规划实施过程中进行的农房修建、村庄基础设施和公共设施建设、生态旅游产业建设等活动,对堰河村的生态环境产生了较大压力,导致堰河村的景观格局产生变化,并对堰河村的生态环境造成了一定影响。

根据表 8.53 和表 8.54 对景观格局变化与生态环境变化的关联性分析,可得出堰河村规划实施中的 P-C-L-E 关联性评价结论。

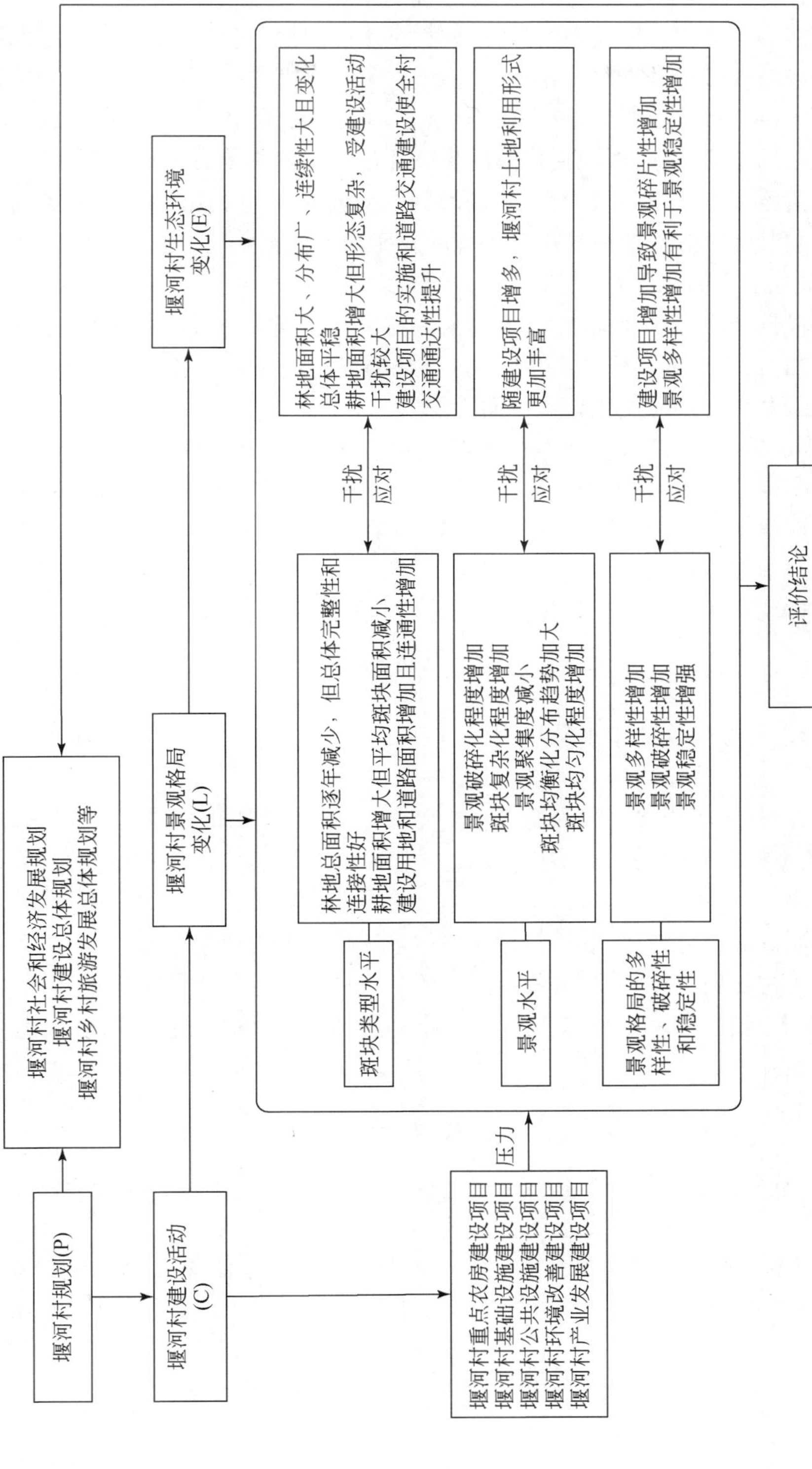

图8.27　堰河村规划实施的P-C-L-E关联性分析与评价流程

(1)斑块类型水平指数变化对生态环境的影响。

景观格局的变化具体表现为，在斑块类型水平层面，建设活动导致林地面积逐年呈减少趋势；耕地面积增加，耕地形态趋于复杂，说明建设活动对耕地形成挤压趋势。堰河村的林地面积大，分布广，构成了堰河村景观格局的基底，因此上述变化在景观格局层面上，对堰河村目前的生态环境现状的影响总体为正面效应。

村内道路交通建设项目的实施，使堰河村各村民小组和旅游景点的连通性增加，交通便利性增加，对堰河村生态环境的改变产生正面效应。

(2)景观水平的变化对生态环境的影响。

堰河村景观破碎化程度增加，表现为堰河村在规划实施过程中，随着建设项目的大量增加，对土地利用形式产生压力，导致堰河村的土地利用形式更加丰富，但现阶段还未对生态环境变化构成负面影响。

(3)景观格局的多样性、破碎性和稳定性变化对生态环境的影响。

香农多样性指数、景观均匀性指数的增加反映出，随着堰河村土地利用的丰富性和稳定性增加，对生态环境变化的影响为正面，但对景观破碎性的增加需在今后的建设活动中加以控制。

堰河村规划实施的P-C-L-E关联性分析与评价流程见图8.27。

5. 评价综合结论

(1)堰河村在斑块类型水平层面的景观格局变化对生态环境的影响整体呈正面效应。

(2)堰河村在景观水平层面的景观格局变化对生态环境的影响呈弱正面效应。

(3)堰河村在景观格局的多样性、破碎性和稳定性变化对生态环境的影响整体呈正面效应。

因此评价综合结论为：堰河村目前整体生态环境保护效果良好。

在堰河村规划实施过程中，各类建设活动对村域生态环境的干扰增强，但总体程度可控；堰河村现阶段不需实施环境修复工程，也不需对生态环境规划进行修编。

参考文献

[1] 刘艳芳，明冬萍，杨建宇. 基于生态绿当量的土地利用结构优化[J]. 武汉大学学报(信息科学版)，2002，(5)：493-498，515.

[2] 谷城县人民政府. 自然资源. http://www.hbgucheng.gov.cn/gcgk/zrdl/201906/t20190626_1698811.shtml[2020-09-07].

第 9 章　绿色村镇环境基础设施建设评价

进行绿色村镇环境基础设施建设的实施效果评价，对全面保护和改善村镇的绿色生态环境、提升村镇的绿色生活质量和绿色生产能力都具有重要保障作用。本章建立绿色村镇环境基础设施建设的 6 类评价方法；以国家级绿色生态村湖北省堰河村为案例，介绍绿色村镇环境基础设施建设评价方法的具体应用。

环境基础设施建设是绿色村镇环境保护与可持续改善的重要基础。环境基础设施建设的实施评价，是根据现行的相应标准和规范，对以下 6 个方面进行的评价，包括：水源地保护与节水设施评价、污水减量化与再利用设施评价、垃圾分类收集与无害化处理设施评价、清洁能源设施评价、绿化与景观设施评价、防灾减灾及预警设施评价。

9.1　绿色村镇饮用水水源地保护与节水设施建设评价

9.1.1　绿色村镇饮用水水源地保护与节水设施建设评价方法

1. 评价技术路线

饮用水水源地保护设施建设与节约用水设施建设之间关系密切，是绿色村镇建设发展的基本保障，在建设过程中应同步推进，在评价方法中应相互结合。对绿色村镇饮用水水源地保护与节水设施建设的评价应以相关国家标准和规范为依据。

绿色村镇饮用水水源地保护与节水设施建设的评价技术路线见图 9.1。

2. 评价指标和方法

根据水源地保护与节水设施建设的实施评价内容，可建立绿色村镇饮用水水源地保护与节水设施建设评价标准及评分方法，共计 9 项评价指标。

绿色村镇饮用水水源地保护与节水设施建设评价标准及评分方法见表 9.1。

绿色村镇饮用水水源地保护与节水设施建设评价采用 0/1 打分法，所选择的评价指标凡满足或达到国家/部门/行业现行标准或规范，评分为 1，并对所选评价指标项标记"√"；所选择的评价指标凡不满足或未达到相关标准或规范，评分为 0，对不参评项用"—"表示，不计分。表中第(9)项为鼓励各地进行再生水利用的加分项，当被

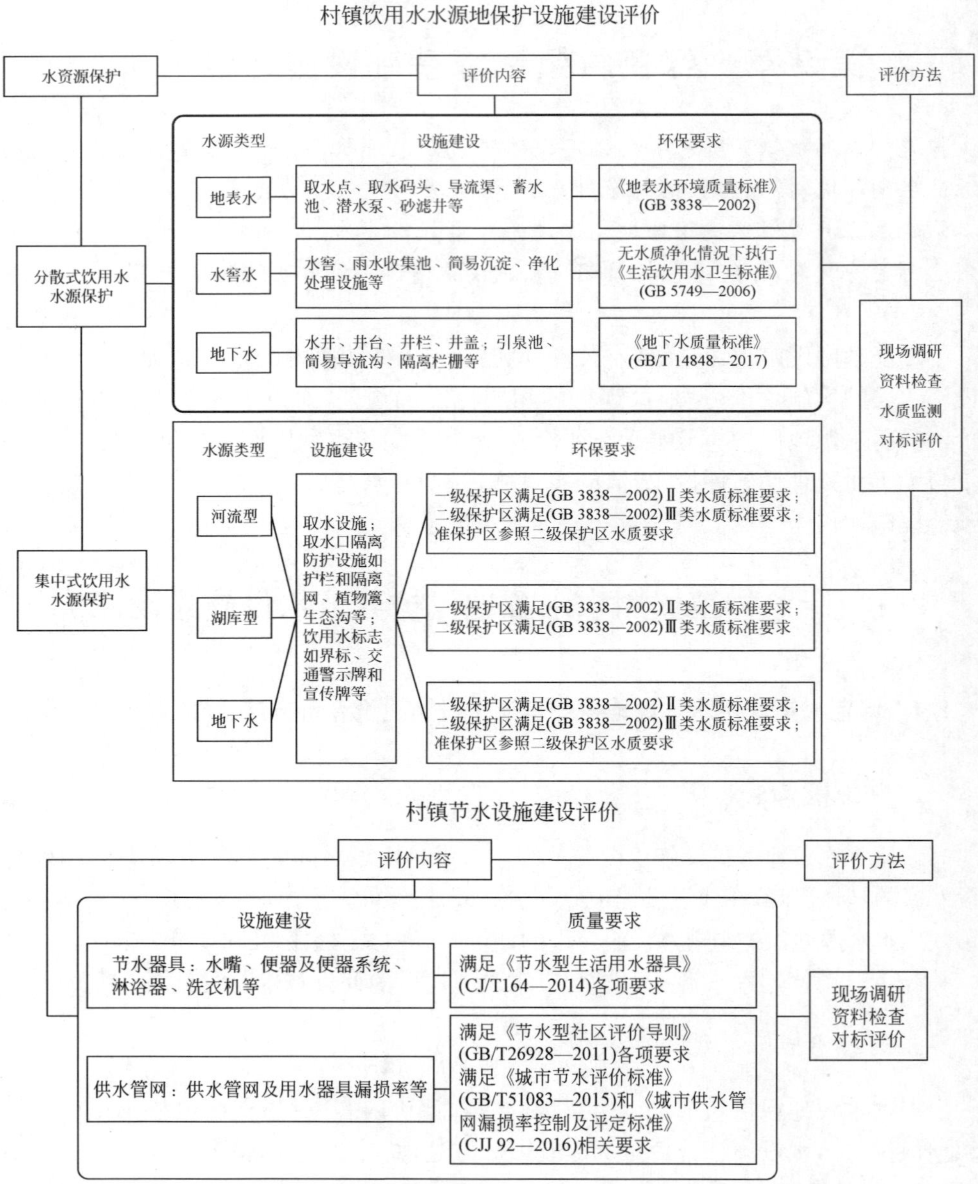

图 9.1 绿色村镇饮用水水源地保护与节水设施建设评价技术路线

表 9.1　绿色村镇饮用水水源地保护与节水设施建设评价标准及评分方法

评价项目	评价指标		评分标准	评价结果：达标（1）	评价结果：不达标（0）	评价结果：分类得分	评价结果：总得分
村镇饮用水水源地保护设施建设评价	分散式饮用水水源地保护及设施建设						
	（1）水源保护范围（三类选一，每栏 1 分）	地表水	达到环保部《分散式应用水水源地环境保护指南要求》				
		水窖					
		地下水					
	（2）水源地建设和保护（四类选一，每栏 1 分，满分为 2～4 分）	湖库型水源地	取水点尽量靠近河流中泓线，湖库中心或距离河岸、湖边较远的地方				
			水源进行了沉淀和基本消毒等初步处理				
			修建了标志牌				
			水质达到（GB 3838—2002）规定标准				
		水窖	修建了专门的雨水收集池				
			有简单的沉淀等净化处理设施、防止地面径流污染的排水沟				
			有防护网或防护栏、标志牌				
			水质达到（GB 3838—2002）规定标准				
		水井	修建了井台、井栏和井盖、标志牌				
			水质达到（GB/T 14848—2017）规定标准				
		泉水	修建了引泉池、隔离栏等防护设施、标志牌				
			水质达到（GB/T 14848—2017）规定标准				
	（3）无水质净化处理情况下水源保护要求（1 分）		水源必须符合（GB 5749—2006）规定				
	集中式饮用水水源保护及设施建设						
	（4）水源保护范围（仅适用镇，1 分）	保护区范围划分为一级和二级保护区，必要时划分准保护区	保护区范围划分满足（HJ/T 338—2018）等相关标准和建设规范				
	（5）集中式饮水水源地水质要求（仅适用镇，三类选一，每栏 1 分，满分为 3～4 分）	河流型	一级保护区满足（GB 3838—2002）Ⅱ类水质标准要求				
			二级保护区满足（GB 3838—2002）Ⅲ类水质标准要求				
			准保护区参照二级保护区水质要求				
			修建了取水设施、隔离设施、标志牌				

续表

评价项目	评价指标	评分标准		评价结果			
				达标（1）	不达标（0）	分类得分	总得分
村镇饮用水水源地保护设施建设评价	（5）集中式饮水水源地水质要求（仅适用镇，三类选一，每栏1分，满分为3～4分）	湖库型	一级保护区满足（GB 3838—2002）Ⅱ类水质标准要求				
			二级保护区满足（GB 3838—2002）Ⅲ类水质标准要求				
			修建了取水设施、隔离设施、标志牌				
		地下水	一级保护区满足（GB 3838—2002）Ⅱ类水质标准要求				
			二级保护区满足（GB 3838—2002）Ⅲ类水质标准要求				
			准保护区参照二级保护区水质要求				
			修建了取水设施、隔离设施、标志牌				
村镇节水设施建设评价	（6）节水型生活用水器具（每栏1分，满分为5分）	水嘴	各项检测数据达到（CJ/T 164—2014）标准				
		便器及便器系统	各项检测数据达到（CJ/T 164—2014）标准				
		淋浴器	各项检测数据达到（CJ/T 164—2014）标准				
		洗衣机	各项检测数据达到（CJ/T 164—2014）标准				
		节水器具普及率	≥80%（计算方法见（GB/T 26928—2011）				
	（7）村镇供水管网（1分）	供水管网漏损率	各项调查数据达到（GB/T 26928—2011）和管网漏损率不大于（CJJ 92—2016）规定的修正值1个百分点				
	（8）村镇生活污水处理（1分）	生活污水处理农户覆盖率	生活污水处理农户覆盖率不低于70%				
	（9）使用再生水等节水设施（1分）	加分项	鼓励使用雨水、再生水等节水设施				

填表说明：

被评价村（镇）水源类型主要为________________

供水方式主要为__________________________

本评价满分为 ________分，实际得分为 ________分

评价结果为 ________________合格/不合格

重要提示：（1）由于各地水源类型和供给方式不同，表9.1中评价获得的满分数值将不同，需在《评价报告》中说明参评项，并填入表9.1最后一行“填表说明”中；（2）若评价得分达到应得满分的70%，则该村或镇的水源地保护和节水设施建设评价级别为合格。

评价地区进行了再生水利用则可得到加分 1 分。总得分达到应得满分的 70%以上为合格。

不同地区和不同自然条件的村或镇生活用水的水源不同，生活用水的获取方式和设施建设也不一定相同，所以表 9.1 中的满分数值也不尽相同，需根据被评价村或镇的实际情况合理选取参评项和满分标准。

本评价方法按当地主要取水方式计分，相同类别不实行重复积分。例如，当地饮用水供水方式以“分散式”设施建设为主，主要水源地为“湖库型水源地”，则“水源保护范围”一项仅需填写“地表水”一栏，“水源地建设和保护”一项，仅需填写“湖库型水源地”一栏。

在应用表 9.1 进行实际评价操作时，将被评价村或镇的各分项实际得分依次填入表中“评价得分”相应得分栏，并填写“填表说明”可得出评价结果。

9.1.2　绿色村镇饮用水水源地保护与节水设施建设评价案例

1. 饮用水水源地保护与节水设施建设实地调研

1)生活用水水源情况

堰河村生活用水的水源采用分散式生活用水水源方式获取，主要为浅层地下水，通过打井获取。有少量家庭采用山泉水为生活用水的水源。堰河村的水井为机井，主要由农户自行修建，生活用水经过简单沉淀等净化处理被农户直接使用。

堰河村的农户水井施工实况见图 9.2。

图 9.2　堰河村农户水井施工实况(见文后彩图)

使用山泉水的农户都建有高位水箱，通过农户自建的管网自流入住宅使用。生活用水经过简单沉淀等净化处理被农户直接使用。

堰河村的生活用水高位水箱实景见图 9.3。

图 9.3 堰河村生活用水高位水箱实景(见文后彩图)

2)饮用水和地表水水质检测

2016 年,经专业检测单位检测,堰河村饮用水和地表水水质各项指标均符合现行国家标准要求。

3)村民用水设施建设

堰河村的建筑室内普遍使用单控不锈钢或铜合金单柄陶瓷片密封水嘴;淋浴器采用双控不锈钢或铜合金单柄陶瓷片密封水嘴;便器普遍采用蹲便器,简单的采用单柄球阀控制便池的冲水量。

堰河村 80%家庭采用太阳能淋浴器,各项指标达到《节水型生活用水器具》(CJ/T 164—2014)标准;村民家用洗衣机普遍采用波轮式全自动洗衣机,各项指标达到(CJ/T 164—2014)标准。

根据现场调研,堰河村已使用的供水管网未发现漏损现象。

堰河村的生活污水处理方式为分户式沼气池处理和集中式污水处理设施处理,污水处理农户覆盖率超过 80%。

2. 饮用水水源地保护与节水设施建设评价结果

在表 9.1 中:第(1)、(2)、(5)项为根据不同区域类型村镇的饮用水水源地保护类型和采用节水设施情况设置的多选项,需要结合被评价村镇的实际情况合理选择,打"√"栏为在多选项中所选择的评价项;第(9)项为加分项。评价满分根据评价项目确定。

应用表 9.1 中的评价标准及评分方法,对堰河村的饮用水水源地保护与节水设施建实施状况进行逐项评价时,第(4)项和第(5)项不参评故不计分,所以对堰河村的评价满分应为 11+1 分。

堰河村的实际评价总得分为 10+1 分,评价结果为合格,见表 9.2。

表 9.2　堰河村饮用水水源地保护与节水设施建设评价结果

<table>
<tr><th rowspan="2">评价项目</th><th rowspan="2" colspan="3">评价指标</th><th colspan="3">评价结果</th><th rowspan="2">总得分</th></tr>
<tr><th>达标（1）</th><th>不达标（0）</th><th>分类得分</th></tr>
<tr><td rowspan="6">村镇饮用水水源地保护设施建设评价</td><td colspan="6">分散式饮用水水源地保护及设施建设</td><td rowspan="14">10+1</td></tr>
<tr><td>（1）水源地保护范围</td><td colspan="2">地下水达到环保部《分散式饮用水水源地环境保护指南要求》</td><td>1</td><td></td><td></td></tr>
<tr><td rowspan="2">（2）水源地建设和保护</td><td rowspan="2">水井</td><td>修建了井台、井栏和井盖、标志牌</td><td>1</td><td></td><td rowspan="2">2</td></tr>
<tr><td>水质达到（GB/T 14848—2017）规定标准</td><td>1</td><td></td></tr>
<tr><td>（3）无水质净化处理情况下水源保护要求</td><td colspan="2">水源符合（GB 5749—2006）规定</td><td>1</td><td></td><td>1</td></tr>
<tr><td colspan="6">集中式饮用水水源保护及设施建设　　第（4）、（5）项无</td></tr>
<tr><td rowspan="8">村镇节水设施建设评价</td><td rowspan="5">（6）节水型生活用水器具（每栏 1 分，满分为 5 分）</td><td>水嘴</td><td>各项检测数据达到（CJ/T 164—2014）标准</td><td>1</td><td></td><td rowspan="5">4</td></tr>
<tr><td>便器及便器系统</td><td>各项检测数据达到（CJ/T 164—2014）标准</td><td>1</td><td></td></tr>
<tr><td>淋浴器</td><td>各项检测数据达到（CJ/T 164—2014）标准</td><td>1</td><td></td></tr>
<tr><td>洗衣机</td><td>各项检测数据达到（CJ/T 164—2014）标准</td><td>1</td><td></td></tr>
<tr><td>节水器具普及率</td><td>≥80%</td><td></td><td>0</td></tr>
<tr><td>（7）村镇供水管网（1 分）</td><td>供水管网漏损率</td><td>各项调查数据达到（GB/T 26928—2011）和管网漏损率不大于（CJJ 92—2016）规定的修正值 1 个百分点</td><td>1</td><td></td><td>1</td></tr>
<tr><td>（8）村镇生活污水处理（1 分）</td><td>生活污水处理农户覆盖率</td><td>生活污水处理农户覆盖率不低于 70%</td><td>1</td><td></td><td>1</td></tr>
<tr><td>（9）使用再生水等节水设施（1 分）</td><td>加分项</td><td>鼓励使用雨水、再生水等节水设施</td><td>+1</td><td></td><td>+1</td></tr>
</table>

填表说明：

（1）被评价村（镇）水源类型主要为 ＿＿地下水＿＿

（2）供水方式主要为 ＿＿分散式供水＿＿

（3）本评价满分为 ＿11+1＿ 分，实际得分为 ＿10+1＿ 分

（4）评价结果为 ＿＿合格＿＿ 合格/不合格

重要提示：（1）由于各地水源类型和供给方式不同，表 9.1 中评价获得的满分数值将不同，需在《评价报告》中说明参评项，并填入表 9.1 最后一行“填表说明”中；（2）若评价得分达到应得满分的 70%，则该村或镇的水源地保护和节水设施建设评价级别为合格。

9.2 绿色村镇生活污水处理设施建设评价

9.2.1 绿色村镇生活污水处理设施建设评价方法

1. 评价依据

村镇的生活污水处理是绿色村镇建设的重要内容。根据《美丽乡村建设指南》(GB/T 32000—2015)要求,村镇应根据村落和农户的分布,采取集中处理或分散处理等方式对生活污水进行处理。

绿色村镇生活污水处理设施可根据当地实际情况,进行生活污水处理设施的建设,如建设污水处理厂、小型污水处理站或结合沼气池建设进行生活污水处理等。

2. 评价方法

绿色村镇生活污水处理设施建设的综合评价方法如下。

(1)进行现场调研和水质检测。

(2)根据调研结果评价当地是否建设了生活污水处理设施,或采取了生活污水处理措施(沼气池、污水处理站等),生活污水处理率超过 70%则为"是",可进入评价阶段,"否"则评价终止。

(3)根据检测结果评价当地处理后排放污水的各项指标是否达到现行国家标准,"是"则得 1 分,"否"则得 0 分。

9.2.2 绿色村镇生活污水处理设施建设评价案例

1. 生活污水处理设施建设现场调研

1)堰河村污水处理规划

堰河村的污水主要有生活污水、生产污水和农家乐的餐饮污水。根据堰河村现行规划,该村排水采用雨、污分流制,雨、污水分系统就近、分散排出,在堰河新村南部处布置一处污水处理设施,用于处理新村的商业和生活污水;在三组布置一处人工湿地处理池,用于处理三组的生活污水。

2)堰河村污水处理现状

目前堰河村已建成污水处理站一座并投入运行。堰河村多数农户建有 $8m^3$ 户用沼气池和 $80m^3$ 合用沼气池,全村已建沼气池 99 个,沼气使用普及率达 80%,全年进行生活污水处理,沼气用于生活用能,沼液、沼渣作为农家肥料由用户自行处理。

3)堰河村污水处理站污水排放达标情况

根据专业检测公司检测，堰河村污水处理站出水各项指标均达到《城镇污水处理厂污染物排放标准》(GB 18918—2002)。

2. 生活污水处理设施建设综合评价

应用第 9.2.1 节提出的村镇生活污水处理设施建设综合评价方法，得出以下综合评价结果。

(1)堰河村建设了沼气池和污水处理站等污水处理设施，生活污水处理率超过 70%，可进入污水减量化与再利用设施建设综合评价程序。

(2)堰河村的沼液和沼渣作为农家肥料处理，符合《美丽乡村建设指南》(GB/T 32000—2015)要求。

(3)堰河村污水处理站排放污水经专业检测公司检测，各项指标均达到现行国家标准。

根据上述村镇生活污水处理设施建设的综合评价方法，堰河村生活污水处理设施建设综合评价可获得 1 分。

9.3　绿色村镇垃圾分类收集与无害化处理设施建设评价

9.3.1　绿色村镇垃圾分类收集与无害化处理设施建设评价方法

1. 评价技术路线

村镇垃圾分类收集与无害化处理设施建设评价应以相关国家、行业标准和技术规程等为依据。

绿色村镇垃圾分类收集与无害化处理设施建设评价技术路线见图 9.4。

2. 评价指标和方法

根据垃圾分类收集与无害化处理设施建设的实施评价内容，可建立绿色村镇垃圾分类收集与无害化处理设施建设的实施评价标准和评分方法，其中：评价指标分为两类，共 7 项。

绿色村镇垃圾分类收集与无害化处理设施建设的实施评价采用 0/1 打分法，凡满足或达到国家/部门/行业现行标准或规范的评价指标，评分为 1；凡不满足或未达到相关标准或规范的指标，评分为 0，满分为 7 分。总得分达到 70%以上为合格。

绿色村镇垃圾分类收集与无害化处理设施建设评价标准及评分方法见表 9.3。在进行实际评价操作时，将被评价村或镇的各分项实际得分依次填入表

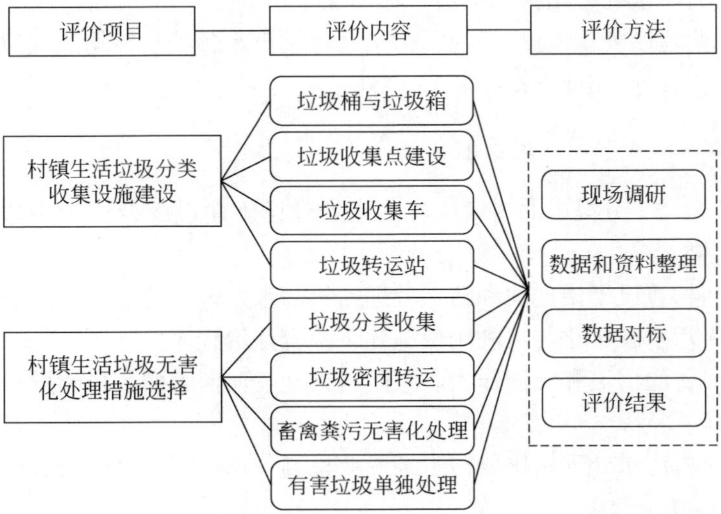

图 9.4 绿色村镇垃圾分类收集与无害化处理设施建设评价技术路线

中“评价得分”相应得分栏，即可直接得出评价结果。

表 9.3 绿色村镇垃圾分类收集与无害化处理设施建设评价标准及评分方法

评价项目	评价指标	评分标准	评价结果			
			达标(1)	不达标(0)	分类得分	总得分
生活垃圾分类收集设施建设(4分)	(1)垃圾桶与垃圾箱设置	每户配置2个垃圾桶，垃圾桶应加盖、防渗漏并有明显标识				
	(2)垃圾收集点建设	垃圾收集点服务半径： 镇≤100m，村≤200m				
	(3)垃圾收集车设置	垃圾收集车类型： 厢式人力收集车，有效容积 0.5～1m^3 机械收集车，有效容积 2～5m^3				
	(4)垃圾转运站建设	镇设置垃圾转运站，垃圾转运站的覆盖范围一般为5 km以内，面积不小于100 m^2，且能够满足储存每日产生的全部垃圾				
生活垃圾无害化处理措施选择(3分)	(5)垃圾分类收集	必须实施垃圾源头分类收集，可按有机垃圾、可回收垃圾、不可回收垃圾和危险废物分类				
	(6)垃圾密闭转运	配备专用垃圾收集车				
	(7)有害垃圾单独处理	有害垃圾单独处理率100%				

9.3.2　绿色村镇垃圾分类收集与无害化处理设施建设评价案例

1. 垃圾分类收集与无害化处理设施建设现场调研

从 2004 年起堰河村就开始进行生活垃圾分类收集和处理转运设施建设。堰河村的生活垃圾成分分析见表 9.4。

表 9.4　堰河村生活垃圾成分分析

类别		质量/kg
有机物	动物	0.35
	植物	2.80
无机物	灰土	0.25
	砖瓦陶瓷	0.10
可回收物	纸类	1.65
	塑料橡胶	1.10
	纺织物	0.20
	玻璃	1.65
	金属	0.20
	木竹	0.05
有害垃圾		0.30

2. 垃圾分类收集与无害化处理设施建设评价

应用表 9.3 的评价标准及评分方法，对堰河村的生活垃圾分类收集与无害化处理设施建设实施状况进行逐项评价，总得分为满分 7 分，评价结果为合格。见表 9.5。

表 9.5　堰河村垃圾分类收集与无害化处理设施建设评价结果

评价项目	评价指标	评价结果			
		达标(1)	不达标(0)	分类得分	总得分
生活垃圾分类收集设施建设(4 分)	(1)垃圾桶与垃圾箱设置	1		4	7
	(2)垃圾收集点建设	1			
	(3)垃圾收集车设置	1			
	(4)垃圾转运站建设	1			
生活垃圾无害化处理措施选择(3 分)	(5)垃圾分类收集	1		3	
	(6)垃圾密闭转运	1			
	(7)有害垃圾单独处理	1			

注：评分标准详见表 9.3。

9.4　绿色村镇清洁能源设施建设评价

9.4.1　绿色村镇清洁能源设施建设评价方法

1. 评价技术路线

清洁能源设施建设具有地域性，应与当地气候条件、自然条件、资源环境、经济水平及村民生活习惯相适应。由于各地村镇清洁能源设施建设的种类和规模数量不同，不宜简单划定统一的评价标准，因此本评价提出了基于环境效益的评价方法。

在评价村镇清洁能源设施建设实施效果时，先分别求出CO_2减排效益、SO_2减排量效益、NO_x减排效益、TSP减排效益、固体废物减排效益、健康效益等6个指标，相加得到绿色村镇清洁能源设施建设的综合环境效益。

绿色村镇清洁能源设施评价的技术路线见图9.5。

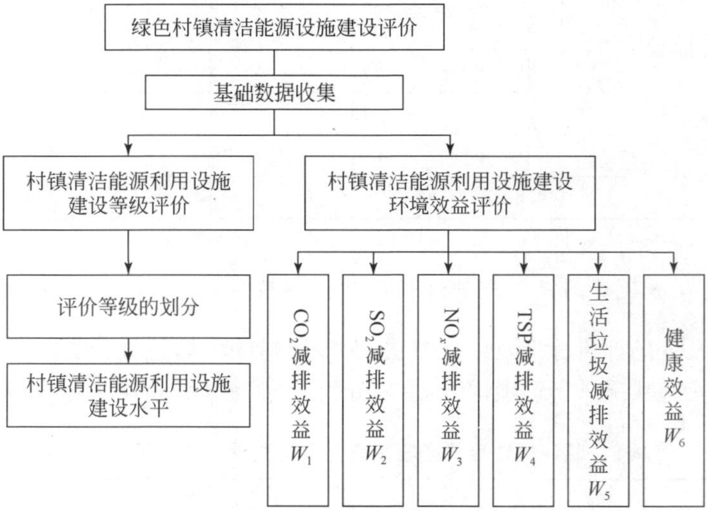

图9.5　绿色村镇清洁能源设施评价技术路线

2. 村镇清洁能源利用设施建设等级评价

根据《美丽乡村建设指南》(GB/T 32000—2015)要求，“应科学使用并逐步减少木、草、秸秆、竹等传统燃料的直接使用，推广使用电能、太阳能、风能、沼气、天然气等清洁能源，使用清洁能源的农户比例≥70%。”可制定村镇清洁能源利用设施建设等级划分标准，重点评价村镇农户实际使用电能、太阳能、沼气、天然气、风能及其他等5类清洁能源所占比例，取使用了各类清洁能源农户比例的加和平均值为使用清洁能源的农户比例。

如果某村或镇使用清洁能源的农户比例≥70%，则该村/镇清洁能源利用设施建设达标，可获得 1 分，满分为 1 分。

村/镇清洁能源设施建设评价等级按“优”至“差”划分为：A、B、C、D、E 5 个等级，相应得分为 1～0.2。例如：村/镇使用清洁能源的农户比例≥70%时得 1 分，≥50%时得 0.8 分，以此类推，没有农户使用清洁能源得 0 分。见表 9.6。实际应用可参考 9.4.2 节中的表 9.9。

表 9.6　村镇清洁能源设施建设评价等级划分

评价等级划分	使用清洁能源的农户比例/%	对应评价得分
A	70～100	1
B	50～69	0.8
C	30～49	0.6
D	20～29	0.4
E	1～19	0.2

3. 村镇清洁能源利用设施建设环境效益评价

1) CO_2、SO_2、NO_x、TSP 减排效益

针对具体的供能方案，与传统的村镇生活用能（薪柴、秸秆、煤炭）进行比较，分别计算 CO_2、SO_2、NO_x、TSP 减排量，根据火电行业污染物环境价值估算，CO_2 为 0.023 元/kg，SO_2 为 6.00 元/kg，NO_x 为 8.00 元/kg，TSP 为 2.20 元/kg。

生活用能的污染物产生量、发热量、热转换效率见表 9.7。

表 9.7　生活用能的污染物产生量、发热量、热转换效率

生活用能	CO_2/(m^3/kg)	SO_2/(g/kg)	NO_x/(g/kg)	TSP/(g/kg)	发热量/(kJ/kg)	热转换效率/%
秸秆	0.78	0.53	1.29	7.50	14635	15
薪柴	0.91	0.63	0.70	6.00	16711	18
煤炭	0.85	35.2	1.88	1.30	23325	22
沼气	1.17	0.63	0.10	0.73	20934	60

传统农村生活用能（炊事与热水）以秸秆、煤炭和薪柴为主，其中秸秆和薪柴的比重共达 57%，其次为煤炭，达 31%。

计算式如下：

$$
\begin{aligned}
CO_2\text{减排量} &= \text{传统用能方法 } CO_2 \text{ 排放量} - \text{清洁能源 } CO_2 \text{ 排放量} \\
&= \sum_{i=1}^{n} \alpha_i M_i - \sum_{i=1}^{n} \beta_i N_i \qquad (9.1)
\end{aligned}
$$

式中，α_i、β_i 为传统能源和清洁能源的 CO_2 单位减排量；M_i、N_i 为传统能源和清洁能源的用量。

同理可求得 SO_2、NO_x、TSP 减排量。

CO_2减排效益计算式如下：

$$CO_2\text{减排效益}=CO_2\text{减排量}\times 0.023\text{元/kg} \tag{9.2}$$

同理可求得 SO_2、NO_x、TSP 减排效益。

2)有机垃圾沼气废物减排效益

当采用沼气池、回田等措施处理部分固体废物时，使用市场价值法计算固体废物减排效益。通常垃圾填埋处理1吨垃圾的费用为50～70元，本评价按60元计算。

$$\text{有机垃圾减排效益}=\text{有机垃圾回收利用量}\ t\times 60\ \text{元} \tag{9.3}$$

3)健康效益

环境质量的变化可能引起与影响健康有关的经济损失，例如过早死亡、疾病、医疗费的增加等。按照疾病成本法计算因沼气池改善环境卫生而减少的年医药费开支为15.9元[1]。本评价仍选择使用沼气池作为健康效益评价计算的数据基础，即由于正确使用沼气池而减少的村民平均年医药费开支为15.9元。此数值可根据不同地区实际情况和评价时间调整。

健康效益计算式为

$$\text{年健康效益}=\text{沼气池使用人数}\times 15.9\ \text{元/人} \tag{9.4}$$

9.4.2　绿色村镇清洁能源设施建设评价案例

1. 数据获取

截止到2016年4月20日至4月22日调研期间，堰河村总户数303户，总人口1050人，户均3.47人。

根据9.4.1节提出的村镇清洁能源利用设施建设等级评价方法，2016年堰河村使用清洁能源的种类包括电能、太阳能、沼气、天然气等4类；部分农户还结合开展农家乐旅游使用少量柴薪做农家饭，此项补充能源不计入清洁能源使用评价。

2016年堰河村清洁能源使用情况和农户比例见表9.8。

表9.8　2016年堰河村清洁能源使用情况和农户比例

使用清洁能源种类	使用状况/户	能源使用量	占总农户数比例/%
电能	303	638333度/年	100.00
太阳能热水器	252	—	83.33
沼气	208	—	68.75
液化石油气	252	2348罐/年	83.33
风能等其他清洁能源	—	—	—
使用其他补充能源	—	—	（不计入评价）
柴薪	221	353535公斤/年	72.92

2. 评价过程

1)堰河村清洁能源利用设施建设综合水平评价

根据现场调研获得的堰河村清洁能源利用设施建设基础数据，按照9.4.1节提出的评价方法和表 9.6，可对堰河村的清洁能源利用设施建设的综合水平进行评价。

堰河村清洁能源利用设施建设综合水平评价结果见表 9.9。

表 9.9　堰河村清洁能源利用设施建设综合水平评价结果

评价等级划分	使用清洁能源的农户比例/%	对应评价得分	堰河村评价实际得分
A	70～100	1	1
B	50～69	0.8	—
C	30～49	0.6	—
D	20～29	0.4	—
E	1～19	0.2	—

评价结论：根据 2016 年调研结果和表 9.9 提出的评价等级，堰河村清洁能源设施建设综合水平为满分 1 分。评价等级为 A 级。

2）堰河村清洁能源设施建设环境效益评价

堰河村清洁能源设施建设环境效益评价指标包括 CO_2 减排效益 W_1；SO_2 减排量效益 W_2；NO_x 减排效益 W_3；TSP 减排效益 W_4；固体废弃物减排效益 W_5；健康效益 W_6。根据实际情况调研数据，按照式(9.1)、式(9.2)、式(9.3)和表 9.9，可分别计算和评价堰河村的 CO_2、SO_2、NO_x、TSP 年减排效益，生活垃圾减排效益和健康效益。

堰河村清洁能源设施建设的环境效益评价结果见表 9.10。

表 9.10　堰河村清洁能源设施建设环境效益评价结果

评价项目	年减排量/kg	年减排效益/元
CO_2	3.97×10^5	9131
SO_2	2311	13866
NO_x	348	2784
TSP	1591	3500
生活垃圾	2076789	124607
健康	—	11476

3. 评价结果

根据 2016 年已有资料得到堰河村清洁能源设施建设情况，在可再生能源利用方面，堰河村目前使用的主要是生物质能中的沼气和太阳能。该村已有 83.33% 的农户使用了太阳能热水器，全村安装了 37 盏太阳能路灯，全村沼气使用率达 68.75%，有 208 户建起了沼气池，有农户自建的也有几户合建的，包括 $8m^3$ 和 $80m^3$ 大小不同的沼气池。堰河村清洁能源普及率达到 83.33%。

综上所述，根据式(9.1)～式(9.4)综合计算，堰河村清洁能源设施建设综合环境效益年总效益为

9131＋13866＋2784＋3500＋124607＋11476＝165364 元/年

9.5 村镇绿化与景观设施建设评价

9.5.1 村镇绿化与景观设施建设评价方法

1. 评价技术流程

绿色村镇绿化与景观建设的评价可按如下 3 个步骤进行。

1)现场调研

现场调研重点包括:①村镇规划中绿化规划和景观建设规划实施状况;②绿地建设和景观建设工程的对标检验;③镇区居民或村民意愿调查;④人文景观建设实地调查等。

2)实地勘测

实地勘测内容包括:①绿化工程空间布局实测;②古树名木保护状况实测;③人工景观建设对标实测等。

3)综合评价

根据现行相关标准、规范和建设规程,对村镇绿化和景观设施建设进行综合评分。

绿色村镇的绿化与景观设施建设评价技术框架见图 9.6。

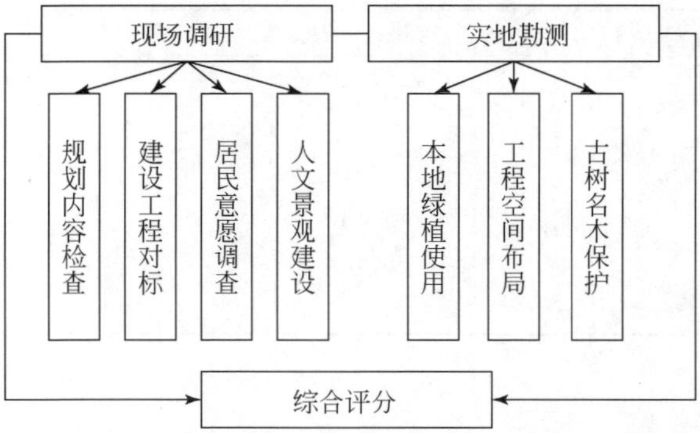

图 9.6 绿色村镇的绿化与景观设施建设评价技术框架

2. 评价指标构建

绿色村镇的绿化与景观设施建设评价指标建立依据主要有:《镇规划标准》(GB 50188—2007)、《村庄整治技术规范》(GB 50445—2008)、《美丽乡村建设指南》(GB/T 32000—2015)、《城市绿地设计规范》(2016 年修订版)(GB 50420—2007)、《村庄景观环境工程技术规程》(CECS 285—2011)等。

绿色村镇的绿化与景观设施建设评价指标包括：村镇绿化美化、自然景观保护、人工景观建设和人文景观保护等 4 类一级指标，和绿化种植等 16 个二级指标。详见表 9.11。

3. 具体评价方法

绿色村镇的绿化与景观设施建设评价采用 0/1 评分法，完成二级指标的建设内容并达到评分标准的项目获得 1 分，未完成得 0 分。满分为 16 分。总得分达到 70％以上为合格标准。

绿色村镇的绿化与景观设施建设评价标准及评分方法见表 9.11。在进行实际评价操作时，将被评价村或镇的各分项实际得分依次填入表中“评价得分”相应得分栏，即可直接得出评价结果。

表 9.11　绿色村镇的绿化与景观设施建设评价标准及评分方法

评价项目	评价指标	评分标准	评价结果			
			达标（1）	不达标（0）	分类得分	总得分
村镇绿化美化（5 分）	（1）绿化种植	采用本地果树林木花草品种比例≥70％				
	（2）绿化工程空间布局	绿色植物栽种与当地地形地貌协调，全面达标得 1 分				
	（3）公共绿地建设	镇区公共绿地建设符合现行相关标准，绿带用地比例符合现行相关标准，全面达标得 1 分				
	（4）防护绿地建设	镇区： 建设了水源地、工矿企业、养殖业、铁路和公路、高压电力线走廊、防风林带等防护绿地或绿带，全面达标得 1 分 村庄： 建设了道路、河流、农田等绿带，全面达标得 1 分				
	（5）古树名木保护	根据相关标准采取了保护措施，全面建立标识牌得 1 分				
自然景观保护（4 分）	（6）地形地貌保护	对山体进行生态保育；绿地建设项目完成后未发现地形地貌发生重大改变，实施 1 项即得 1 分				
	（7）植被保护	对森林、植被等进行生态保育，建设项目完成后未发现当地植被遭到破坏，实施 1 项即得 1 分				

续表

评价项目	评价指标	评分标准	评价结果			
			达标(1)	不达标(0)	分类得分	总得分
自然景观保护(4分)	(8)水系保护	保持河道自然状态,不随意拓宽和取直河道;维护坑塘自然状态,不过度利用和随意填埋,砌石护坡宜选用地方石材,生态护坡宜采用种植袋(笼)或生态砖等,全面达标得1分				
	(9)村镇原有形态风貌延续保留	村庄改建后现场调研结果表明:≥80%的原住村民认为改造工程保护和延续了村庄原有形态风貌,达标即得1分				
人工景观建设(4分)	(10)建筑	村镇建筑设计方案参考了当地传统建筑风格;建筑物细部设计具有当地传统风格;使用具有当地传统风格的环保经济建材,实施1项即得1分				
	(11)庭院	空间结构符合当地传统习俗;庭院种植采用本土植物;庭院铺装采用透气、透水的地方环保材料,实施2项即得1分				
	(12)公共空间	镇区: 公园园椅、园灯、废物箱、厕所等设施建设符合现行相关标准 村镇: 绿地内儿童和成人建设设备及场地建设符合安全、卫生要求并避免干扰周边环境;村镇设施标识牌图形符合现行国家标准,安装位置与环境协调并不妨碍行人交通,全面达标即得1分				
	(13)景观小品	村镇绿地内雕塑、景观小品的题材、形式、材料和体量与所处环境相协调;鼓励村民在自家庭院或住宅附近修建小型景观小品和营造休憩空间,实施1项即得1分				
人文景观保护(3分)	(14)当地民俗民风等要素保护利用	保护和利用能体现当地民俗、民风,具有代表性的生活、生产景观要素,全面实施即得1分				
	(15)古镇古村落传统民居整修保护	对古镇、古村落、传统民居、古井等实施了整修和保护措施,即得1分				
	(16)历史文化遗产与乡土特色保护	在历史文化遗产与乡土特色保护中严格执行《中华人民共和国文物保护法》和历史名镇名村保护条例,即得1分				

9.5.2　村镇绿化与景观设施建设评价案例

1. 绿化与景观设施建设调研

1)堰河村绿化与景观概况

堰河村所在地区属于北亚热带常绿落叶阔叶混交林地带,植被种类 1500 余种。区内植被的主要种类有亚热带常绿针叶林,亚热带落叶针叶林、亚热带落叶阔叶林、常绿阔叶林、常绿阔叶混交林、竹林灌丛植物等,常见树木近 200 种。

堰河村有堰河贯穿东西,横穿堰河村,水域面积近 10 亩,村内错落有致地布置有"五大堰",养殖水域面积达 10 亩,水体资源丰富。堰河村对堰河河岸进行了综合整治,取得了良好生态环境效果。

堰河村大力发展茶叶生产,还因地制宜发展多种经营和林业生产,种植杜仲、花椒、板栗和杉树等。村内主要农作物有水稻、小麦和玉米等;主要经济作物有板栗、茶叶、杜仲等;养殖业的重点是生猪和鸡禽蛋类;水产业以鲫鱼、鲤鱼、鲇鱼等鲜鱼养殖为主。堰河村规划实施了以生态农田、林果园以及庭院菜园为特色的农业景观提升工程,形成了良好的农业生态系统和特色景观。

2)堰河村绿化与景观设施建设

2005 年起堰河村开始实施生态景观建设规划。对村域山体进行植树造林和道路绿化,建成 400m 长的农家瓜果生态长廊,整治了村内沟渠和 5 口堰塘,新建了堰河新村景观水池。堰河新村新建的 14 栋农房形态各异,构成了具有鄂西山区建筑风格的村庄景观,全村实施了农房宅前屋后美化工程,恢复了一口百年古井。

经过多年不懈努力,堰河村完成了 2km 长的河岸综合整治工程,修建了岩湾大桥、便民吊桥、茶圣亭、2 座景观小亭及小品,建成了百日山景区生态旅游景观设施;建成了文化广场、村公所、村接待中心、村史教育馆、奇石馆、天艺茶庄、凤凰寨等多个社区公共休闲场所及景观配套设施;创建了以"名茶之村"和"茶王赛"为特色的区域性农村文化经贸交流活动平台和农村培训基地。获得了国家级生态村和绿色小康村等荣誉。

堰河村的绿化与景观设施建设实况见图 9.7。

2. 绿化与景观设施建设评价

应用表 9.11 的评价标准及评分方法,对堰河村的绿化与景观设施建设实施状况进行逐项评价,总得分为满分 16 分,评价结果为合格,见表 9.12。

(a) 农民住宅绿化

(b) 土坯房改造及室外景观

(c) 天艺茶庄室外立体绿化

(d) 农村生态长廊

图 9.7　堰河村绿化与景观设施建设实况(见文后彩图)

表 9.12　堰河村绿化与景观设施建设评价结果

评价项目	评价指标	评价结果			
		达标(1)	不达标(0)	分类得分	总得分
村镇绿化美化(5 分)	(1)绿化种植	1		5	16
	(2)绿化工程空间布局	1			
	(3)公共绿地建设	1			
	(4)防护绿地建设	1			
	(5)古树名木保护	1			
自然景观保护(4 分)	(6)地形地貌保护	1		4	
	(7)植被保护	1			
	(8)水系保护	1			
	(9)村镇原有形态风貌延续保留	1			
人工景观建设(4 分)	(10)建筑	1		4	
	(11)庭院	1			

续表

评价项目	评价指标	评价结果			
		达标(1)	不达标(0)	分类得分	总得分
人工景观建设(4 分)	(12)公共空间	1		4	16
	(13)景观小品	1			
人文景观保护(3 分)	(14)当地民俗民风等要素保护利用	1		3	
	(15)古镇古村落传统民居整修保护	1			
	(16)历史文化遗产与乡土特色保护	1			

9.6　绿色村镇防灾减灾及预警设施建设评价

9.6.1　绿色村镇防灾减灾及预警设施建设评价方法

1. 评价内容

绿色村镇防灾减灾及预警设施的建设评价包括 4 项内容：①消防设施建设和预警措施；②防洪设施建设和预警措施；③抗震防震设施建设和预警措施；④防风减灾设施建设和预警措施。

绿色村镇防灾减灾及预警设施的评价技术路线见图 9.8。

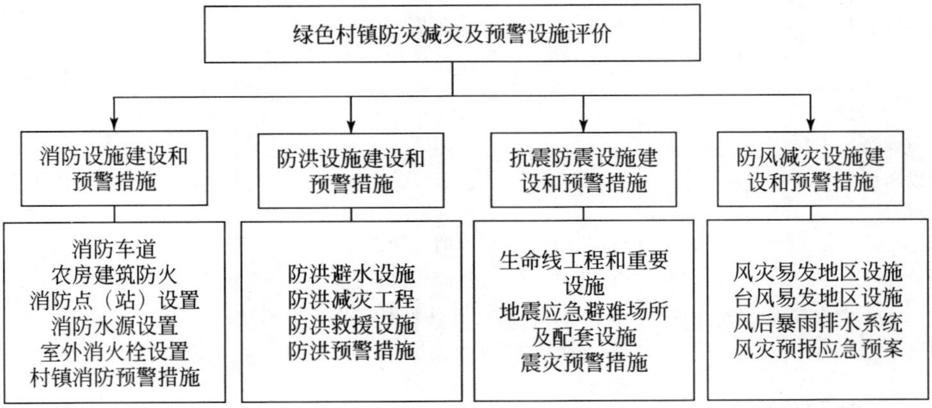

图 9.8　绿色村镇防灾减灾及预警设施评价技术路线

2. 评价方法

根据防灾减灾及预警设施建设的实施评价内容，可建立绿色村镇防灾减灾及预警设施建设的实施评价标准和评分方法，其中：评价指标分为4类，共17项。

绿色村镇防灾减灾及预警设施建设的综合评价采用0/1打分法，凡满足或达到国家/部门/行业现行标准或规范的评价指标，评分为1；凡不满足或未达到相关标准或规范的指标，评分为0，满分为17分。总得分达到70%为合格标准，见表9.13。

对表9.13中的某项指标、如第15项“台风易发地区设施”对非海边区域的村镇进行评价不适用时，则取消该项指标，评价满分从17分调整为16分，得11分即达到超过70%的合格标准，余类推。填表时可注明该项指标“不参评”。

在实际评价中，如某一评分标准中有多条要求，只要满足其中一条即可给1分。对4类指标评价内容中，对某一种评分标准原则上只选用一次，避免重复评价。

绿色村镇防灾减灾及预警设施评价标准及评分方法见表9.13。在进行实际评价操作时，将被评价村或镇的各分项实际得分依次填入表中“评价得分”相应得分栏，即可直接得出评价结果。

表9.13 绿色村镇防灾减灾及预警设施建设评价标准及评分方法

评价项目	评价指标	评分标准	评价结果			
			达标(1)	不达标(0)	分类得分	总得分
消防设施建设和预警措施(6分)	(1)消防车道	车道净宽度和净空高度均不小于4.0m；转弯半径满足消防车转弯要求；消防车道与建筑之间不设置妨碍消防车操作的树木、架空管线等障碍物				
	(2)农房建筑防火	存放柴草和农具及农用物资的库房宜独立建造；公共建筑防火安全出口不少于2个				
	(3)消防点(站)设置	有固定地点房屋和明显标识；配备消防车、手抬机动泵、水枪、水带、灭火器、破拆工具等消防装备；寒冷地区采取保温措施；设置消防站				
	(4)消防水源设置	设置消防给水系统；建设消防水池或利用天然水源				

续表

评价项目	评价指标	评分标准	评价结果			
			达标（1）	不达标（0）	分类得分	总得分
消防设施建设和预警措施（6 分）	(5)室外消火栓设置	消火栓栓口压力不低于 0.1MPa，或满足其保护半径内建筑最不利点灭火的压力和流量要求；消防给水管道管径不小于 100mm，埋设深度符合要求，寒冷地区有防冻措施；消火栓沿道路设置，间距不大于 120m，与房屋外墙距离不小于 2m				
	(6)村镇消防预警措施	设置火灾报警电话；有固定消防队伍；定期进行消防知识宣传和消防演练；制定火灾防治应急预案				
防洪设施建设和预警措施（4 分）	(7)防洪避水设施	建有围埝、安全台、避水台等就地避洪安全设施；房屋建造避洪				
	(8)防洪减灾工程	开展河岸整治、河道疏浚、堤坝修建、圩垸防洪、排滞等工程				
	(9)防洪救援设施	应急疏散点、医疗救护、物资储备和报警装置等				
	(10)防洪预警措施	有防洪预警机制，进行防洪避险演练和宣传等				
抗震防震设施建设和预警措施（3 分）	(11)生命线工程和重要设施	保障交通、通信、供水、供电、能源、消防、医疗等设施，设置多个不同方向的出入口，应急指挥机构设置备用电源，设置避震疏散场地				
	(12)地震应急避难场所及配套设施	选择公园、绿地、广场、体育场等作为应急避难场所，配置应急篷宿区、医疗救助与卫生防疫、应急供水和供电、应急排污系统和厕所、应急垃圾储运等基本设施				
	(13)震灾预警措施	有地震预报预警机制，进行防震避险演练，抗震防震科普知识普及教育等				

续表

评价项目	评价指标	评分标准	评价结果			
			达标(1)	不达标(0)	分类得分	总得分
防风减灾设施建设和预警措施(4分)	(14)风灾易发地区设施	选种密集型防护林带,建设紧急避难场所,定期检查建(构)筑物防风避险情况				
	(15)台风易发地区设施	修建抵御风暴潮冲击的堤坝,加强海塘、堤防、避风港、防风林、避风锚地、紧急避难场所建设,有人员转移预案				
	(16)风后暴雨排水系统	按最大降水量建设排水系统,及时排除风后暴雨				
	(17)风灾预报应急预案	建有台风大风预报信息网,配备医疗和救援设施,有风灾应急预案				

9.6.2 绿色村镇防灾减灾及预警设施建设评价案例

1. 防灾减灾及预警设施建设调研

1)堰河村防灾与应急规划

以堰河村防灾与应急系统规划为依据,对防灾与应急规划的建设实施情况进行现场调研复核。

2)堰河村消防设施建设

堰河村建有一座消防站,配备有相应的防火救灾设备设施,并且按每5户一组配有CO_2灭火器设备。在全村建成了由村中心消防站、消防车、5户一组灭火器、分户灭火水源保障的住区防火系统;消防车道满足规定要求,该村制定了《堰河村森林防火应急预案》,建立了由村委会与4个村民组联合组成的防灾应急自救分队。

3)堰河村防洪设施建设

堰河村对堰河沿岸的河堤进行了计划修复维护和河道综合整治,在村庄地处洪涝、滑坡等自然灾害易发地段,修建了防洪堤、截洪沟、排水沟渠、砌石块护坡、挡土墙等防灾减灾设施,达到了50年一遇的防洪要求。

4)堰河村抗震和防风减灾设施建设

堰河村采用农房抗震设计和低成本抗震施工技术,完成了抗震节能农房住宅示范工程，带动了全村和周边乡村的农房抗震加固建设发展，被评为湖北省农房抗震示范工程。

堰河村建设了 9 个防灾应急疏散场地，利用景观用地和茶园统一设置了临时避难区和避难场所，配有应急备用照明设施，修建了环村庄等级公路，达到抗震避灾设施要求。

因该村位于丘陵山区，无大风或台风灾害威胁，故此项不参评。

5)堰河村防灾减灾预警设施和宣传

堰河村利用宣传栏、橱窗、标识牌等多种方式，进行了经常性多样化的防灾减灾宣传教育；利用电视、广播、LED 显示屏等向村民介绍防灾应急知识，播放防灾应急知识影片；建立了村级气象观测站设施和天气预报发布信息系统；制定有堰河村防灾和突发事件应急预案。

堰河村防灾减灾及预警设施实况见图 9.9。

(a) 村庄道路符合消防要求　　(b) 村庄河岸整治工程

(c) 村庄安全应急广场　　(d) 村庄气象信息服务站

图 9.9　堰河村防灾减灾及预警设施建设实况(见文后彩图)

2. 防灾减灾及预警设施建设评价

应用表 9.13 的评价标准及评分方法，对堰河村的防灾减灾及预警设施建设状况进行逐项评价，根据该村地处中部丘陵山区的自然条件，表中第(14)、(15)、(17)

项的风灾不参加评价,用"—"表示,故参加评分项为 14 项。堰河村总得分为 12 分,占满分 14 分的 85.7%,超过 70%,评价结果为合格,见表 9.14。

表 9.14　堰河村防灾减灾及预警设施建设评价结果

评价项目	评价指标	评价结果			
		达标(1)	不达标(0)	分类得分	总得分
消防设施建设和预警措施(6 分)	(1)消防车道	1		6	12
	(2)农房建筑防火	1			
	(3)消防点(站)设置	1			
	(4)消防水源设置	1			
	(5)室外消火栓设置	1			
	(6)村镇消防预警措施	1			
防洪设施建设和预警措施(4 分)	(7)防洪避水设施	1		3	
	(8)防洪减灾工程	1			
	(9)防洪救援设施	1			
	(10)防洪预警措施		0		
抗震防震设施建设和预警措施(3 分)	(11)生命线工程和重要设施	1		2	
	(12)地震应急避难场所及配套设施	1			
	(13)震灾预警措施		0		
防风减灾设施建设和预警措施(4 分)	(14)风灾易发地区设施	—		1	
	(15)台风易发地区设施	—			
	(16)风后暴雨排水系统	1			
	(17)风灾预报应急预案	—			

参 考 文 献

[1] 李萍. 农村户用沼气池建设的能源、经济、环境效益研究[D]. 南京:南京农业大学, 2007.

第 10 章　村镇绿色建筑建设评价

进行村镇绿色建筑建设的实施效果评价，对提高村镇绿色建筑建设工程质量、指导既有农房绿色改造、提升村镇绿色建造技术和管理水平都具有重要作用。本章建立村镇绿色建筑建设的 6 类具体评价方法，并在村镇绿色建筑建设示范项目中实际应用。

绿色建筑是绿色村镇农房建设的发展方向和重点评价内容。对村镇绿色建筑建设的实施评价，是根据现行的相应标准和规范，对以下 6 个方面进行的评价，包括：村镇绿色建筑建造选择评价、村镇建筑绿色施工评价、村镇建筑节能效率评价、村镇建筑节水设施效率评价、村镇建筑室内环境质量评价、村镇建筑低碳运营管理评价。

10.1　村镇建筑的建造选择评价

10.1.1　村镇建筑的建造选择评价方法

1. 评价技术路线

村镇绿色建筑的建造选择是以“节地、节能、节水、节材、改善室内环境质量”为指导原则。

村镇绿色建筑的建造选择评价技术路线见图 10.1。

2. 评价指标和方法

村镇绿色建筑建造选择评价采用 0/1 打分法，凡满足或达到国家/部门/行业现行标准或规范的评价指标，评分为 1；凡不满足或未达到相关标准或规范的指标，评分为 0。村镇绿色建筑建造选择评价满分为 21 分，得分达到和超过 70%则为合格。

村镇绿色建筑建造的优化设计是建筑建造选择的重要技术手段和重要评价内容。村镇绿色建筑建造选择的评价标准及评分方法见表 10.1。在进行实际评价操作时，将被评价村或镇的各分项实际得分依次填入表中“评价得分”相应得分栏，即可直接得出评价结果。

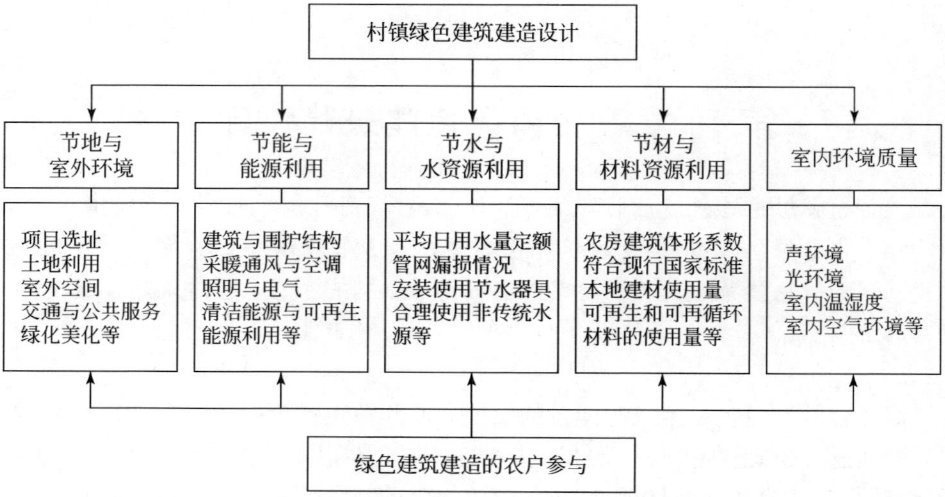

图 10.1　村镇绿色建筑建造选择评价技术路线

表 10.1　村镇绿色建筑建造选择评价标准及评分方法

评价项目	评价指标	评分标准	评价结果			
			达标(1)	不达标(0)	分类得分	总得分
节地与室外环境（6分）	(1)选址符合所在地城乡规划，符合各类保护区、文物古迹保护的建设控制要求	设计方案检查和实地调研结果符合评价指标要求				
	(2)场地无洪涝、滑坡、泥石流等自然灾害威胁，远离工业和其他污染源	设计方案检查和实地调研结果符合评价指标要求				
	(3)农房宅基地和村落建筑组团的用地规划应体现节约集约利用土地	居住建筑满足（GB/T 50378—2019）“人均居住用地指标”要求； 公共建筑容积率满足(GB/T 50378—2019)“公共建筑容积率”要求				
	(4)尽量保持原有地形地貌，减少高填、深挖，不占用当地林地及植被，保护地表水体	实地调研结果符合评价指标要求				

续表

评价项目	评价指标	评分标准	评价结果			
			达标(1)	不达标(0)	分类得分	总得分
节地与室外环境(6分)	(5)注重与公共交通和公共服务的联系	场地出入口到达公共汽车站、幼儿园和小学的步行距离均不大于500m				
	(6)农房庭院充分利用自然条件进行了庭院绿化美化,提倡建筑立体绿化	对庭院、屋顶和围墙进行绿化美化;对古树名木采取保护并设标志牌				
节能与能源利用(4分)	(7)农房与围护结构	农房选址、朝向、平立面设计、围护结构热工性能达到现行标准规范要求				
	(8)采暖通风与空调	农房采用符合当地特点的高效节能型采暖与通风方式;室内温湿度《民用建筑热工设计规范》(GB 50176—2016)的要求;绿色农房选用节能型家用空调				
	(9)照明与电气	选用节能型灯具和节能型家电				
	(10)清洁能源应用和可再生能源利用	使用生物质炉具、燃气灶具、沼气灶;使用液化石油气、天然气等清洁能源;使用太阳能、地热能、生物质能等可再生能源。满足1项即得1分				
污水处理设施评价(4分)	(11)平均日用水量定额	符合(GB 50555—2010)中节水用水定额要求				
	(12)管网漏损情况	无管网漏损现象				
	(13)安装和使用节水器具	农房安装并使用了节水器具				
	(14)合理使用非传统水源	农房设计并使用中水系统;科学处理并合理使用农房生活废水				

续表

评价项目	评价指标	评分标准	评价结果			
			达标(1)	不达标(0)	分类得分	总得分
节材与材料资源利用(3分)	(15)择优选择农房建筑体形	农房建筑体形系数符合现行国家标准，选用规则建筑体形				
	(16)使用本地建材	优先选用本地生产的建筑材料				
	(17)使用可再利用和可再循环材料	在农房建造中实际使用				
室内环境质量(3分)	(18)声环境	主要功能房间的室内噪声级应满足(GB 50118—2010)中的低限要求				
	(19)光环境	主要功能房间具有良好的户外视野 主要功能房间的采光系数满足(GB 50033—2013)的要求 建筑照明数量和质量应符合(GB 50034—2013)的规定				
	(20)室内空气质量	甲醛、苯、氨气、挥发性有机物、可吸入颗粒物等室内污染物浓度达到(GB/T 18883—2002)的要求				
农房建造设计的公众参与(1分)	(21)农房设计的农户参与	农户应全程参与农房建造的设计过程				

10.1.2 村镇绿色建筑的建造评价案例

1. 评价建筑的建造概况

本评价以堰河村一栋典型农房建筑(简称评价建筑)的建造过程为对象进行实例评价，其他建筑评价可参考此方法。

该评价建筑为低成本农民节能示范住宅，建房选址为利用河滩地集约新建的堰河新村，未占用农地，建房与发展乡村旅游设施结合，体现了集约高效用地原则。

2008 年 12 月该建筑竣工交付使用，2009 年被湖北省住房和城乡建设厅评为湖北省农村住房抗震节能示范建筑。

经专业建筑检测公司检测，评价建筑的全套设计方案符合相应的国家现行标准；评价建筑的生活用水符合《民用建筑节水设计标准》(GB 50555—2010)中节水用水定额要求，生活污水进入污水处理器处理后达标排放；评价建筑的室内环境质量达到相应国家现行标准。

2. 评价建筑的建造选择评价

根据表 10.1 村镇绿色建筑建造选择评价标准及评价方法，可对堰河村该评价建筑的建造选择情况进行评价，评价结果见表 10.2。评价结果表明，该评价建筑评价得分为 21 分。则该评价建筑的建造选择评价为合格。

表 10.2　堰河村绿色建筑建造选择评价结果

评价项目	评价指标	评价结果			
		达标(1)	不达标(0)	分类得分	总得分
节地与室外环境(6 分)	(1)选址符合所在地城乡规划，符合各类保护区、文物古迹保护的建设控制要求	1		6	21
	(2)场地无洪涝、滑坡、泥石流等自然灾害威胁，远离工业和其他污染源	1			
	(3)农房宅基地和村落建筑组团的用地规划应体现节约集约利用土地	1			
	(4)尽量保持原有地形地貌，减少高填、深挖，不占用当地林地及植被，保护地表水体	1			
	(5)注重与公共交通和公共服务的联系	1			
	(6)农房庭院充分利用自然条件进行了庭院绿化美化，提倡建筑立体绿化	1			
节能与能源利用(4 分)	(7)农房与围护结构	1		4	
	(8)采暖通风与空调	1			
	(9)照明与电气	1			
	(10)清洁能源应用和可再生能源利用	1			
污水处理设施评价(4 分)	(11)平均日用水量定额	1		4	
	(12)管网漏损情况	1			
	(13)安装和使用节水器具	1			
	(14)合理使用非传统水源	1			

续表

评价项目	评价指标	评价结果			
		达标(1)	不达标(0)	分类得分	总得分
节材与材料资源利用(3分)	(15)择优选择农房建筑体形			3	21
	(16)使用本地建材	1			
	(17)使用可再利用和可再循环材料	1			
室内环境质量(3分)	(18)声环境	1		3	
	(19)光环境	1			
	(20)室内空气质量	1			
农房建造设计的公众参与(1分)	(21)农房设计的农户参与	1		1	

10.2　村镇建筑的绿色施工评价

10.2.1　村镇建筑的绿色施工评价方法

1. 评价技术路线

村镇建筑绿色施工评价的技术路线见图10.2。

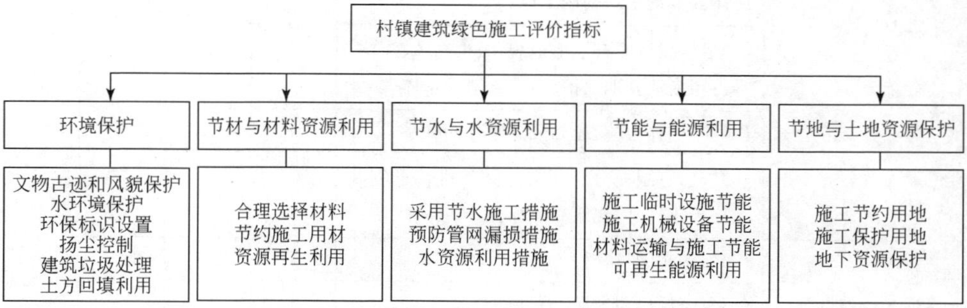

图10.2　村镇建筑绿色施工评价技术路线

2. 评价指标和方法

村镇建筑绿色施工评价采用0/1打分法，凡满足或达到国家/部门/行业现行标准或规范的评价指标，评分为1；凡不满足或未达到相关标准或规范的指标，评分为0。村镇建筑绿色施工评价满分为19分，得分达到和超过70%则为合格。

在实际评价中，如某一评分标准中有多条要求，只要满足其中一条即可给 1 分。对五类评价内容中，对某一种评分标准原则上只选用一次，避免重复评价。

村镇建筑绿色施工的评价标准及评分方法见表 10.3。在进行实际评价操作时，将被评价村或镇的各分项实际得分依次填入表中“评价得分”相应得分栏，即可直接得出评价结果。

表 10.3　村镇建筑绿色施工评价标准及评分方法

评价项目	评价指标	评分标准	评价结果			
			达标(1)	不达标(0)	分类得分	总得分
环境保护(6 分)	(1)文物古迹和风貌保护	对现场文物古迹和古树名木采取保护措施，选择当地乡村风貌特色建造工艺				
	(2)水环境保护	保护场地四周原有地下水，减少抽取地下水，现场道路和材料堆放场设排水沟，现场厕所设化粪池并定期清理				
	(3)环保标识设置	施工标牌包括环保内容，施工用危险品、化学品存放处及污物排放采取隔离措施和安全标识				
	(4)扬尘控制	运送土方渣土车辆采取封闭遮盖措施，施工作业采取遮挡、抑尘等措施				
	(5)建筑垃圾处理	对新建、改建和拆除农房建设过程中产生的废料物采取了回收再利用措施				
	(6)土方回填利用	施工中开挖的土方合理回填利用				
节材与材料资源利用(3 分)	(7)合理选择材料	施工选用绿色环保材料，采用废渣制作及节能环保砌块，临建设施采用可拆迁可回收材料，选用距现场 50km 以内生产的建材				
	(8)节约施工用材	采用可再生可再利用材质模板及脚手架，如铝合金、塑料、玻璃钢、竹材				
	(9)资源再生利用	临建设施利用既有建筑物和市政设施及周边道路，建筑材料包装物回收率达到 100%				

续表

评价项目	评价指标	评分标准	评价结果			
			达标(1)	不达标(0)	分类得分	总得分
节水与水资源利用(3分)	(10)采用节水施工措施	合理布置供水排水系统,现场生活用水采用节水器具并设置水表,采用节水施工工艺				
	(11)预防管网漏损措施	管网和用水器具不应有渗漏				
	(12)水资源利用措施	利用循环用水冲洗机具设备和车辆,不使用自来水喷洒路面和绿化浇灌,现场使用非传统水源				
节能与能源利用(4分)	(13)施工临时设施节能	临时用电采取节能型设备和自动控制装置,施工现场采用节能照明灯具数量大于80%,临时设施采用自然采光通风和外窗遮阳设施				
	(14)施工机械设备节能	采用能源利用效率高的施工机械设备,不使用国家及地方明令淘汰的施工设备机具产品				
	(15)材料运输与施工节能	建筑材料选用应缩短运距离,尽量减少夜间作业和冬季施工时间				
	(16)可再生能源利用	合理利用太阳能、地热能、风能、生物质能或其他可再生资源				
节地与土地资源保护(3分)	(17)施工节约用地	紧凑施工总平面布置,利用拟建道路为施工服务,尽量减少占地				
	(18)施工保护用地	保护周边人文景观,采取防止水土流失措施,利用山地荒地作为取土弃土场用地;施工后恢复植被,进行地貌复原				
	(19)地下资源保护	对施工发现的地下文物资源进行有效保护				

10.2.2 村镇建筑的绿色施工评价案例

1. 评价建筑的施工概况

为方便比较，本案例仍选择 10.1.2 节的同一示范住宅建筑进行建筑绿色施工评价。该栋建筑于 2008 年由作者提供设计和节能技术并指导施工，由农户自行组织当地工匠按绿色建筑标准建造，集成采用了 20 多项低成本绿色施工建造技术，取得了理想效果。建筑建成后成为湖北省节能示范农房。

评价建筑的绿色施工评价所需信息包括建筑基本信息和绿色施工措施两类。

堰河村农房建筑的施工评价基本信息见表 10.4。

表 10.4 堰河村农房建筑施工评价基本信息

评价类型	评价项目	主要信息
建筑基本信息	建筑选址	堰河村滩涂地
	建筑面积/m^2	251
	建筑高度/m	9
	建筑层数	2
	建筑朝向	东偏南
	结构类型	砖混结构
	建筑屋面	预制板、部分现浇
	建筑基础	卵石基层加钢筋地基圈梁条形基础
	建筑墙体	炉渣砖、挤塑聚苯板、水泥砂浆抹面
	外门、外窗	隔热木门、塑钢双玻节能窗
绿色施工措施	环境保护	选择鄂西山区乡村风格建造工艺、建筑垃圾回收利用等
	节材与材料资源利用	利用 100m 处河滩地卵石作为房屋毛石基础、采用废渣砖砌体等
	节水与水资源利用	选用防漏给排水管道、利用当地流经山泉水施工等
	节能与能源利用	全部采用区域半径 30km 内的建筑材料、利用人工葫芦吊等机械装置施工省电、利用太阳能路灯照明等
	节地与土地资源保护	依法使用河滩地不占农田、竣工后绿化房屋前后宅院等

2. 评价建筑的绿色施工评价

根据以上调研分析，应用表 10.3 对堰河村的该评价建筑的绿色施工情况进行逐项评价，得分为 16 分，占满分 19 分的 84.2%，超过 70%，则该建筑的绿色施工评价为合格，堰河村评价建筑绿色施工评价结果见表 10.5。

表 10.5　堰河村评价建筑绿色施工评价结果

<table>
<tr><th rowspan="2">评价项目</th><th rowspan="2">评价指标</th><th colspan="4">评价结果</th></tr>
<tr><th>达标(1)</th><th>不达标(0)</th><th>分类得分</th><th>总得分</th></tr>
<tr><td rowspan="6">环境保护
(6分)</td><td>(1)文物古迹和风貌保护</td><td>1</td><td></td><td rowspan="6">4</td><td rowspan="19">16</td></tr>
<tr><td>(2)水环境保护</td><td>1</td><td></td></tr>
<tr><td>(3)环保标识设置</td><td></td><td>0</td></tr>
<tr><td>(4)扬尘控制</td><td></td><td>0</td></tr>
<tr><td>(5)建筑垃圾处理</td><td>1</td><td></td></tr>
<tr><td>(6)土方回填利用</td><td>1</td><td></td></tr>
<tr><td rowspan="3">节材与材料资源利用
(3分)</td><td>(7)合理选择材料</td><td>1</td><td></td><td rowspan="3">3</td></tr>
<tr><td>(8)节约施工用材</td><td>1</td><td></td></tr>
<tr><td>(9)资源再生利用</td><td>1</td><td></td></tr>
<tr><td rowspan="3">节水与水资源利用
(3分)</td><td>(10)采用节水施工措施</td><td>1</td><td></td><td rowspan="3">3</td></tr>
<tr><td>(11)预防管网漏损措施</td><td>1</td><td></td></tr>
<tr><td>(12)水资源利用措施</td><td>1</td><td></td></tr>
<tr><td rowspan="4">节能与能源利用
(4分)</td><td>(13)施工临时设施节能</td><td>1</td><td></td><td rowspan="4">4</td></tr>
<tr><td>(14)施工机械设备节能</td><td>1</td><td></td></tr>
<tr><td>(15)材料运输与施工节能</td><td>1</td><td></td></tr>
<tr><td>(16)可再生能源利用</td><td>1</td><td></td></tr>
<tr><td rowspan="3">节地与土地资源保护
(3分)</td><td>(17)施工节约用地</td><td>1</td><td></td><td rowspan="3">2</td></tr>
<tr><td>(18)施工保护用地</td><td>1</td><td></td></tr>
<tr><td>(19)地下资源保护</td><td></td><td>0</td></tr>
</table>

10.3　村镇建筑的节能效率评价

10.3.1　村镇建筑的节能效率评价方法

村镇新建建筑的节能效率评价可采用生命周期评价或运用分析软件进行评价,村镇既有建筑的节能效率评价宜使用相关仪器或设备进行现场检测评价。

1. 基于生命周期的建筑节能效率评价技术

1)村镇建筑的生命周期划分

村镇建筑是一种具有生命周期(life cycle)的建筑产品,村镇建筑的全寿命期建设活动包括以下 4 种类型：建筑原材料的开采加工和运输，建筑设计与建造施工，建筑使用运行维护，建筑拆除处置。为方便计算，本评价将“建筑原材料的开采加工和运输”简称为“建筑材料生产”，则村镇建筑的生命周期评价(life cycle assessment, LCA)可划分为 4 个阶段：建筑材料生产、建筑设计建造、建筑使用维护、建筑拆除处置。

村镇建筑的生命周期划分见图 10.3。

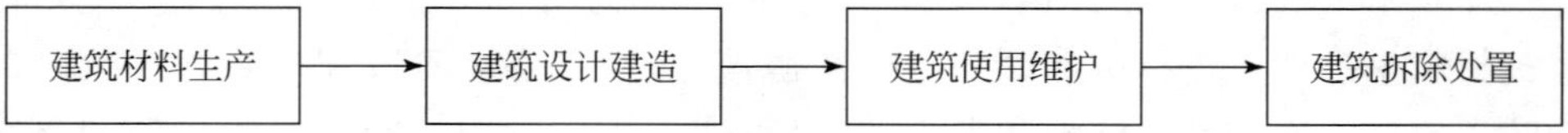

图 10.3　村镇建筑的生命周期划分

2)村镇建筑的能耗清单分析

根据 LCA 的概念，可对贯穿村镇建筑生命周期的全部建设活动、使用消费和回收处置等行为进行的环境影响分析和评价。本评价技术的重点为村镇建筑节能效率，评价核心内容为建筑生命周期的能源需求和消耗。

村镇建筑的能耗清单分析内容见图 10.4。

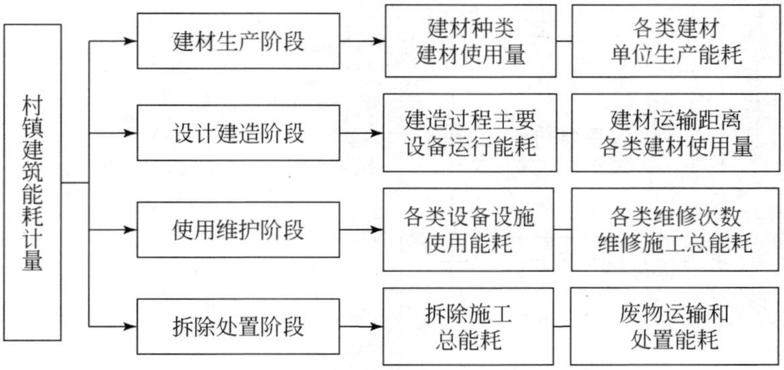

图 10.4　村镇建筑能耗清单分析内容

3)村镇建筑节能效率的生命周期评价

村镇建筑节能效率的生命周期评价分为 4 个阶段。

(1)建筑材料生产阶段。建筑材料生产阶段的主要能耗包括从原材料开采、加工到制造建材成品全过程消耗的电力、原材料运输消耗的汽油和柴油等。

(2)建筑设计建造阶段。设计阶段的能耗主要为电力消耗。相对村镇建筑生命周期的能耗，建筑设计阶段的能耗较小，本评价不将此阶段的能耗计入村镇建筑节能的生命周期评价中。建筑建造过程的能耗主要为将建筑材料转化为建筑结构构件和砌体的人工、材料、机械使用和建材运输的能耗，是村镇建筑能耗生命周期评价的重要阶段。

(3)建筑使用维护阶段。建筑使用维护阶段的能耗主要有建筑设备设施运行的能耗和建筑维修设备所需的能耗。

(4)建筑拆除处置阶段。该阶段能耗可分为两部分,一是建筑物拆除时爆破、机具施工所产生的能耗;二是废旧建材处置产生的能耗。为计算方便,本评价选取建筑拆除阶段能耗占建造阶段的10%[1]。

4)村镇建筑的能耗清单计量

在基于LCA的村镇建筑能耗清单分析中,建筑材料生产阶段能耗主要是各种建筑材料生产加工过程中能源和电力能源消耗;施工安装阶段和拆除处置阶段的能耗主要是由机械设备能源和电力的消耗;使用维护阶段的能耗主要是各种建筑设备设施能耗和电力的消耗。为上述各阶段能耗提供的资源可分为:化石燃料、建筑材料、电力和水资源。

基于LCA的村镇建筑能耗计量清单见图10.5。

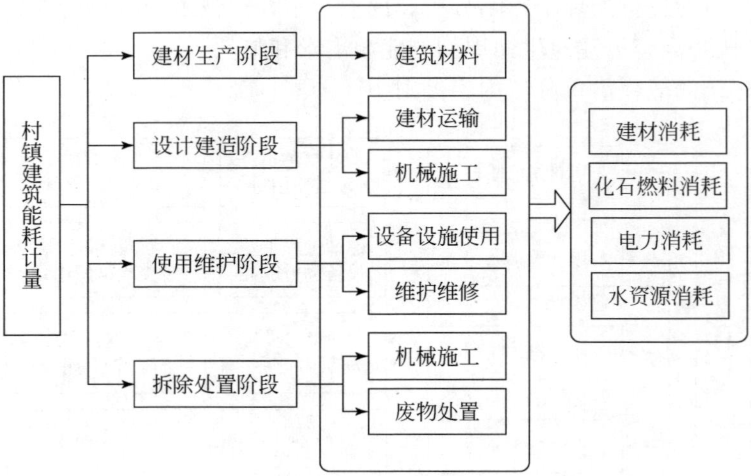

图10.5　基于LCA的村镇建筑能耗计量清单

5)村镇建筑能耗的计算式

(1)建筑生命周期总能耗E_T。

根据村镇建筑生命周期的界定和能耗清单分析,农房建筑能耗计算式为

$$E_T = E_m + E_c + E_r + E_d \tag{10.1}$$

式中,E_T为建筑生命周期总能耗,MJ;E_m为建材生产阶段总能耗,MJ;E_c为设计建造阶段总能耗,MJ;E_r为使用维护阶段总能耗,MJ;E_d为拆除处置阶段总能耗,MJ。

(2)建材生产阶段总能耗E_m。

建材生产阶段能耗包括原料开采、建材生产加工、建材运输三部分组成,为了简化计算,本评价采用建材生产的单位能耗[2]概念进行计量,建材生产阶段总能耗计量为

$$E_m = \sum_{i=1}^{n} J_i m_i \tag{10.2}$$

式中，E_m为建材生产阶段总能耗，MJ；J_i为第 i 种建材的单位能耗，MJ；m_i为第 i 种建材的使用量，kg 或 m^2或 m^3；i 为建材使用种类数。

部分建筑材料的单位能耗见表 10.6。

表 10.6　部分建筑材料的单位能耗

建材名称	单位能耗
钢材	15.12MJ/kg
木材	48.345MJ/m^3
水泥	3.28MJ/kg
平板玻璃	6.4MJ/kg
中空玻璃	2.52MJ/m^2
炉渣砖	1.4943MJ/kg
外墙面砖	1.4943MJ/kg
砂	13MJ/m^3
建筑陶瓷	21.096MJ/kg
沥青卷材	6.446MJ/m^2
石膏板	46.88MJ/m^2
挤塑聚苯板	115.65MJ/kg

(3)设计建造阶段总能耗 E_c。

如前所述，设计建造阶段总能耗主要计量现场施工总能耗，重点是建造施工的总能耗和建材运输的总能耗，设计能耗可忽略不计。设计建造阶段总能耗计算式为

$$E_c = E_{pro} + E_{trans} \tag{10.3}$$

式中，E_{pro}为建造施工总能耗，MJ；E_{trans}为建材运输总能耗，MJ。

$$E_{pro} = \sum_{i=1}^{n} E_i \tag{10.4}$$

式中，E_i为建造过程中主要设备的运行能耗，MJ。

$$E_{trans} = \sum_{i=1}^{n} D_i m_i \tag{10.5}$$

式中，D_i为第 i 种建材运输到工地的平均距离，km；m_i为第 i 种建材使用量，kg 或 m^2或 m^3。

(4)使用维护阶段总能耗 E_r。

建筑使用维护阶段的能耗主要由建筑设备设施使用和维护修缮两部分构成，

计算式为

$$E_r = E_{use} + E_{mat} \tag{10.6}$$

式中，E_{use}为建筑设备设施能耗，MJ；E_{mat}为建筑维护修缮能耗，MJ。

建筑使用能耗主要来自空调、照明、通风等设备消耗的各种能源和资源，计算式为

$$E_{use} = \sum_{i=1}^{n} R_i \tag{10.7}$$

式中，R_i为第 i 种能源或资源的用量，kg 或 m^2或 m^3。

建筑维护修缮施工能耗一般包括大修工程和小修（日常维修）两类施工能耗。其中，大修施工包括结构加固和翻修改造，其能耗 E_{mat} 可参照"建筑建造阶段"能耗计算方法，相应求出维护修缮施工能耗"E_c"，也可根据修缮工程量的大小，参照同类新建工程施工能耗的比例 30%～50%近似计算。

村镇建筑大修施工中需更换或增加建材，则根据"建材生产阶段"能耗计算方法补充实际使用建材的生产能耗。

由于农房维修未列入国家房屋修缮相关规定，而一般是由农户自行小修和维护，本评价暂不计小修（日常维修）施工能耗。

（5）拆除处置阶段总能耗 E_d。

建筑物拆除处置阶段总能耗由建筑物拆除和废旧建材处置两个过程产生的能耗组成，则拆除处置阶段的总能耗按计算式（10.8）进行计算。也可参照同类新建工程施工能耗的比例 10%近似计算[1]。

$$E_d = E_{demol} + E_{trans} \tag{10.8}$$

式中，E_{demol}为拆除施工总能耗，MJ；E_{trans}为废旧建材运输总能耗，MJ。

$$E_{demol} = \sum_{i=1}^{n} r_i \tag{10.9}$$

式中，r_i为第 i 种拆除施工过程的施工量，t 或 m^2或 m^3。

$$E_{trans} = \sum_{i=1}^{n} D_i m_i \tag{10.10}$$

式中，D_i为第 i 种建材运输到处置场的平均距离，km；m_i为第 i 种建材处置量，kg 或 m^2或 m^3。

2. 基于分析软件的建筑节能效率评价技术

1）分析软件

Ecotect 软件是 Square One 公司研发的辅助型生态设计软件，该分析辅助设计软件技术性能全面，使用者不仅能快速建立起直观、可视的建筑物三维模型；还能在建立建筑模型后，根据建筑的实际情况，选择建筑物所在地经纬度、海拔高度和时区，选择建筑材料并确定相关技术参数，最后在软件中完成对模型的热环境、

光环境、声环境、太阳辐射、建筑投资等多方面的综合分析。该分析软件对村镇建筑节能效率评价有较好适应性。

2)评价步骤

运用 Ecotect 分析软件对村镇建筑节能效率进行评价分为 4 个步骤。

步骤 1:获取相关资料和基础数据。

应获得评价相关的基础数据,包括设计图纸、建筑节能设计方案、工程造价基础数据以及当地的气象、地理、水文等相关资料。对缺乏相应资料的既有建筑节能改造项目进行效率评价还应通过现场调研和现场勘测,补充和完善评价所需数据和资料。

步骤 2:选择合适的评价软件。

在获得所需数据和资料的基础上,选择合适的建筑节能评价软件。本评价选用 Ecotect 分析软件。

步骤 3:应用分析软件进行建筑节能率评价。

评价内容主要包括:①评价建筑和对比建筑确定;②建筑基本信息收集整理和归纳;③建立评价模型,进行评价计算。

步骤 4:评价结论的验证与改进对策建议。

运用分析软件进行村镇建筑节能效率评价的工作流程见图 10.6。

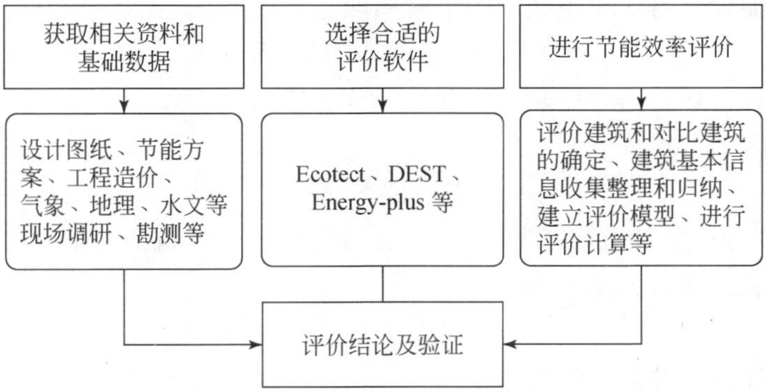

图 10.6　村镇建筑节能效率评价工作流程

3. 村镇建筑的节能效率评价方法

1)单体建筑节能效率评价

根据建筑节能效率的基本概念,农房节能效率为基准建筑的年能耗与被评价建筑年能耗的差占基准建筑年能耗的百分比。即

$$\text{被评价建筑的节能效率}=\frac{\text{基准建筑年能耗}-\text{被评价建筑年能耗}}{\text{基准建筑年能耗}}\times 100\% \tag{10.11}$$

2)村镇建筑节能效率评价

根据国家住房和城乡建设部关于节能建筑建设的相关要求,城市所有新建建筑必须为节能建筑,而对村镇农民自建的低层住宅没有明确要求。对绿色村镇建设而言,对农房的节能效率评价应符合住房和城乡建设部《绿色农房建设导则(试行)》要求。

因此,本评价提出,对进行了节能建筑设计和建设的村镇建筑,当该建筑节能效率达到当地现行建筑节能效率要求时,该建筑的节能效率评价可得满分 1 分。

4. 村镇建筑的节能效益评价方法

在广大农村地区推行建筑节能示范,既是绿色村镇建设的重要任务,可取得很好的经济、环境、社会综合效益,又是衡量村镇建筑节能效率的重要评价指标。对村镇建筑的节能效益评价要求数据获取方便、便捷适用、可比性强,还应与村镇建筑节能效率评价方法配合使用。

村镇建筑自身节能的效益主要体现在,通过节能措施在建筑生命周期实现的能耗节省经济价值 V 上。评价步骤如下。

1)计算评价建筑和对比建筑的生命周期总能耗 E_T

采用计算式(10.1)相同方法,分别计算拟评价节能建筑的生命周期总能耗 E_{B1} 和当地非节能设计对比村镇建筑的生命周期总能耗 E_{B2}。见式(10.12)。

$$E_T = E_m + E_c + E_r + E_d \tag{10.12}$$

2)计算评价建筑与对比建筑的总能耗节省量 E_B

计算式为

$$E_B = E_{B2} - E_{B1} \tag{10.13}$$

式中,E_B 为村镇建筑的总能耗节省量,kgce;E_{B1} 为评价建筑的总能耗,kgce; E_{B2} 为对比建筑的总能耗,kgce。

3)计算评价建筑的经济效益 V

评价建筑生命周期的节能经济效益计算式为

$$V_1 = E_B P_1 + P_2 \tag{10.14}$$

式中,V_1 为评价建筑的经济效益,元;E_B 为建筑的总能耗节省量,kgce;P_1 为每公斤标煤单价,kg/元;P_2 为政府对农户建造节能建筑的补贴经费,元。

10.3.2　村镇建筑的节能效率评价案例

1. 新建建筑的节能效率评价

本案例选择堰河村一栋新建住宅建筑进行生命周期节能效率评价。将该新建节能建筑称为“评价建筑”，评价的“对比建筑”按当地一般建造方法设为该建筑不做节能设计的假想建筑。为简化计算，将评价建筑和对比建筑的使用寿命都设定为 50 年。

1）评价建筑与对比建筑的基本信息比较

将评价建筑与对比建筑的基本信息和节能设计方案进行比较，见表 10.7 和表 10.8。

表 10.7　评价建筑与对比建筑的基本信息比较

建筑基本信息	评价建筑	对比建筑
结构类型	砖混结构	砖混结构
建成年代	2009 年	2009 年
建筑面积/m^2	251	251
建筑高度/m	9	9
建筑层数	2	2
建筑屋面	预制板、部分现浇	预制板、部分现浇
建筑基础	卵石、碎砖石、水泥钢筋地圈梁拉通	卵石、碎砖石、水泥钢筋地圈梁拉通
建筑墙体	炉渣砖、挤塑聚苯板、水泥砂浆抹面	炉渣砖、水泥砂浆抹面
外门	隔热木门	普通木门
外窗	塑钢双玻节能窗	塑钢单玻窗

表 10.8　评价建筑与对比建筑的节能方案比较

比较项目	评价建筑	对比建筑
建筑面积/m^2	251	251
建筑基础	卵石基层加钢筋地基圈梁条形基础	卵石基层加钢筋地基圈梁条形基础
主体结构	钢筋混凝土圈梁加构造柱贯通	钢筋混凝土圈梁加构造柱贯通
屋面构造	水泥砂浆＋沥青油毡防水层	水泥砂浆＋沥青油毡防水层
砌体材料	水泥砂浆	水泥砂浆
	炉渣砖砌体	炉渣砖砌体
	挤塑聚苯板	无
采取主要节能措施	墙体外保温处理	无
	屋面保温层处理	无
	双层中空玻璃节能窗	无

2）基于 LCA 的建筑能耗评价

根据 10.3.1 节建立的村镇建筑节能效率评价方法，分别对评价建筑和对比建筑进行全寿命期的能耗评价。

(1)建材生产阶段能耗 E_m 计量。

根据评价建筑建材实际使用量、对比建筑建材估算量，参考表 10.6 相关建材的单位能耗进行建筑的建材生产阶段能耗计算和比较，见表 10.9。

表 10.9　评价建筑与对比建筑建材生产阶段能耗比较

序号	建材名称	单位能耗	评价建筑		对比建筑	
			使用量	生产阶段能耗	使用量	生产阶段能耗
1	钢材	15.12MJ/kg	3690kg	55792.80MJ	3690kg	55792.80MJ
2	木材	48.345MJ/m³	277.6m³	13420.60MJ	276.69m³	13376.58MJ
3	水泥	3.28MJ/kg	16689.44kg	54741.36MJ	16689.44kg	54741.36MJ
4	平板玻璃	6.4MJ/kg	138.6kg	887.04MJ	624.6kg	3997.44MJ
5	中空玻璃	2.52MJ/m²	38.88m²	97.98MJ	0m²	0MJ
6	炉渣砖	1.4943MJ/kg	157188.93kg	261784.82MJ	157188.93kg	261784.82MJ
7	砂	13MJ/m³	31.83m³	413.79MJ	31.83m³	413.79MJ
8	建筑陶瓷	21.096MJ/kg	3811.26kg	80402.34MJ	3811.26kg	80402.34MJ
9	沥青卷材	6.446MJ/m²	135.18m²	871.37MJ	135.18m²	871.37MJ
10	挤塑聚苯板	115.65MJ/kg	233.09kg	26956.86MJ	0kg	0MJ

根据计算式(10.2)计算可得评价建筑和对比建筑在建材生产阶段的能耗分别为

$$\begin{cases} E_{m(评价建筑)} = 495368.96\text{MJ} \\ E_{m(对比建筑)} = 471380.50\text{MJ} \end{cases}$$

(2)建筑设计建造阶段能耗 E_c 计量。

① 建造施工的能耗计算。

评价建筑和对比建筑的施工设备主要有小型起重机、水泥搅拌机、小型铲车及电钻等。评价建筑和对比建筑建造的施工能耗比较见表 10.10。

表 10.10　评价建筑与对比建筑建造的施工能耗比较

施工机械	运行时间/h		能耗/MJ	
	评价建筑	对比建筑	评价建筑	对比建筑
小型起重机	14	14	176.4	176.4
水泥搅拌机	21	21	529.2	529.2
小型铲车	6	6	842.4	842.4
电钻	48	48	86.4	86.4

由式(10.4)可计算出评价建筑和对比建筑建造的施工能耗分别为

$$\begin{cases} E_{\text{pro（评价建筑）}} = 1614.6\text{MJ} \\ E_{\text{pro（对比建筑）}} = 1614.6\text{MJ} \end{cases}$$

② 建材运输的能耗计算。

本案例中评价建筑与对比建筑同类建材的运输工具及运输距离相同，大件建材的主要运输工具为载重量 2t 的皮卡车，该车型的单位运输能耗为 3.88MJ/km。评价建筑与对比建筑建造的建材运输能耗比较见表 10.11。

表 10.11　评价建筑与对比建筑建材运输距离与能耗比较

建材名称	运输距离/km		能耗/MJ	
	评价建筑	对比建筑	评价建筑	对比建筑
炉渣砖钢筋	50	50	15714	15714
挤塑聚苯板、玻璃、外墙面砖	380	50	1474.4	194.0
水泥	70	70	2444.4	2444.4
砂	5	5	329.8	329.8
木材	5	5	1513.2	1513.2

据此可计算出评价建筑和对比建筑建造在建材运输的能耗分别为

$$\begin{cases} E_{\text{trans(评价建筑)}} = 21475.8\text{MJ} \\ E_{\text{trans(对比建筑)}} = 20195.4\text{MJ} \end{cases}$$

由计算式(10.3)计算可得，评价建筑和对比建筑的设计建造能耗分别为

$$\begin{cases} E_{\text{c(评价建筑)}} = 23090.4\text{MJ} \\ E_{\text{c(对比建筑)}} = 21810.0\text{MJ} \end{cases}$$

农房建筑的设计能耗可忽略不计。

(3)建筑使用维护能耗 E_r 计算。

本评价建筑为农民住宅并兼作为农家客舍经营使用，安装有 7 部空调机。根据实地调研，评价建筑的年采暖耗电量为 4200kW·h，年制冷耗电量为 4725kW·h，全年空调总耗电量为 8925kW·h，加上照明用电，据此可估算出，评价建筑的全年用电耗能为 34968.2MJ。

为保证对比结果合理，因对比建筑未采用节能措施，所以其保温性较差，现根据调查将对比建筑的空调总耗电量按评价建筑的 4/3 倍计算，故对比建筑的全年空调总耗电量为 11900kW·h。

对比建筑的照明用电量与评价建筑照明用电量一致，为 2838.2MJ。评价建筑和对比建筑的生命周期建筑设备能耗分别为

$$\begin{cases} E_{\text{use(评价建筑)}} = 1748412\text{MJ} \\ E_{\text{use(对比建筑)}} = 2283910\text{MJ} \end{cases}$$

假设评价建筑与对比建筑在全寿命期内都只进行一次大修，根据建筑生命周期维修能耗的“工程量类比”计量法，该建筑生命周期的维护修缮能耗按建筑新建时施工能耗的 25%计算。则有

$$\begin{cases} E_{mat(评价建筑)}=129600.98\text{MJ} \\ E_{mat(对比建筑)}=123506.77\text{MJ} \end{cases}$$

可算出评价建筑与对比建筑使用维护的总能耗分别为

$$\begin{cases} E_{r(评价建筑)}=E_{use(评价建筑)}+E_{mat(评价建筑)}=1878026.84\text{MJ} \\ E_{r(对比建筑)}=E_{use(对比建筑)}+E_{mat(对比建筑)}=2407479.23\text{MJ} \end{cases}$$

(4)建筑拆除处置能耗 E_d 计算。

本评价建筑和对比建筑在评估期均为使用中的既有住宅，故两栋建筑拆除处置阶段的能耗分别按照评价建筑和对比建筑建造施工能耗的 10%进行估算。

评价建筑和对比建筑拆除处置能耗估算分别为

$$\begin{cases} E_{d(评价建筑)}=E_{c(评价建筑)}\times 10\%=2309.04\text{MJ} \\ E_{d(对比建筑)}=E_{c(对比建筑)}\times 10\%=2181.00\text{MJ} \end{cases}$$

(5)建筑的生命周期总能耗 E_T 计算

假设评价建筑和对比建筑的使用年限均按 50 年计，根据计算式(10.1)可算出，评价建筑和对比建筑在各自建筑生命周期的总能耗分别为

$$\begin{cases} E_{T(评价建筑)}=2398795.24\text{MJ} \\ E_{T(对比建筑)}=2902850.73\text{MJ} \end{cases}$$

(6)评价建筑与对比建筑的节能率比较。

评价建筑和对比建筑的生命周期能耗评价比较见表 10.12。表中三组计算结果都表明，评价建筑相对于对比建筑在生命周期内的节能率达到 58.68%，表明该新建农民节能住宅节能效率明显。

表 10.12 评价建筑和对比建筑的生命周期能耗评价比较

评价项目	建筑生命周期总能耗/MJ	建筑生命周期年能耗/(MJ/a)	建筑生命周期单位面积年能耗/[MJ/(m² · a)]
评价建筑	2398795.24	47975.90	191.14
对比建筑	2902850.73	58057.01	231.30
评价建筑节能率/%	58.68	58.68	58.68

2. 既有建筑的节能效率评价

村镇既有节能建筑的节能效率评价宜采用现场检测获取实际数据的方法进行评价。本案例选择堰河村接待中心节能建筑，在建成使用 6 年后进行的现场检测数据为例。

1)实际监测数据

2009 年堰河村接待中心建成交付使用，作者在 2015 年 6 月—2016 年 6 月期间使用 HC-T200 便携式温度数据记录仪对接待中心室内外温度变化进行了年度的连续监测。

接待中心 2015 年 6 月—2016 年 6 月年度监测结果见图 10.7，监测时间内低温典型温度数据分析见图 10.8，监测时间内高温典型温度数据分析见图 10.9，监测时间内最大温差典型温度数据分析见图 10.10。

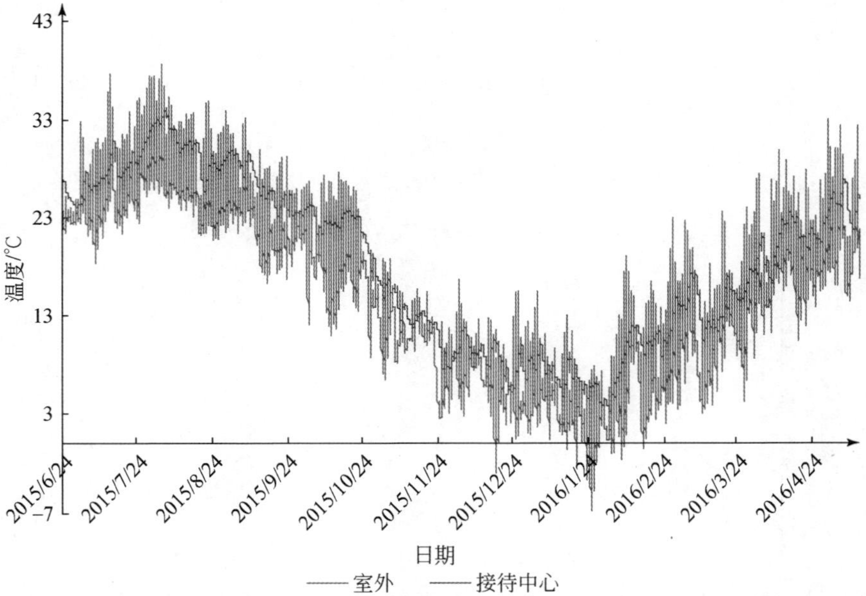

图 10.7　接待中心 2015—2016 年室内外温度变化及温差比较(见文后彩图)

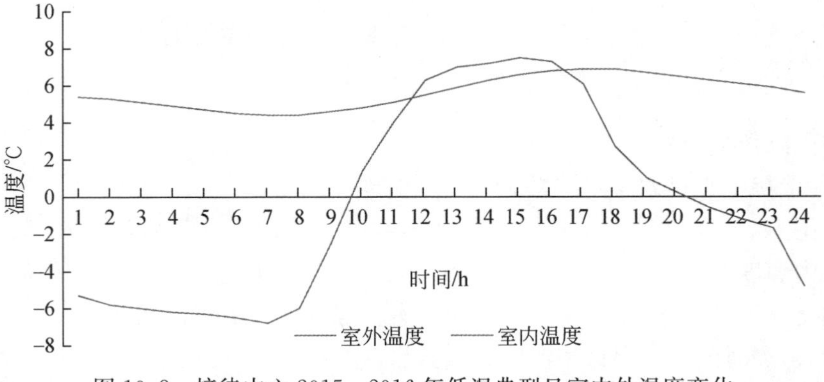

图 10.8　接待中心 2015—2016 年低温典型日室内外温度变化及温差比较(2016/1/25)(见文后彩图)

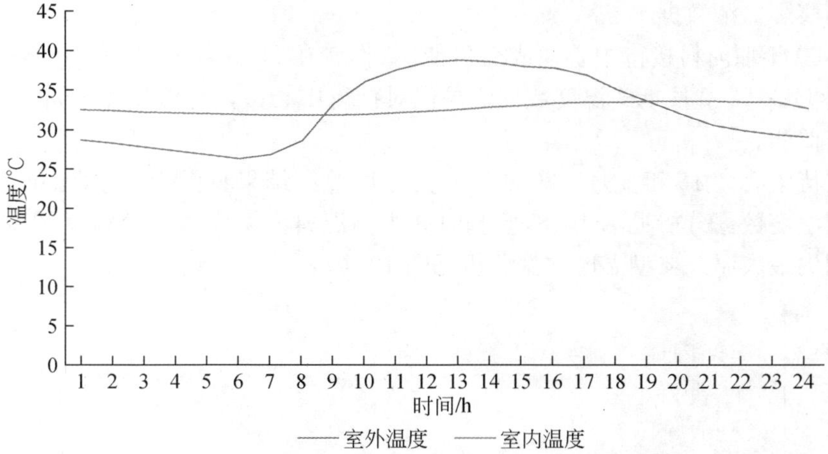

图 10.9　接待中心 2015—2016 年高温典型日室内外温度变化及温差比较(2015/8/3)(见文后彩图)

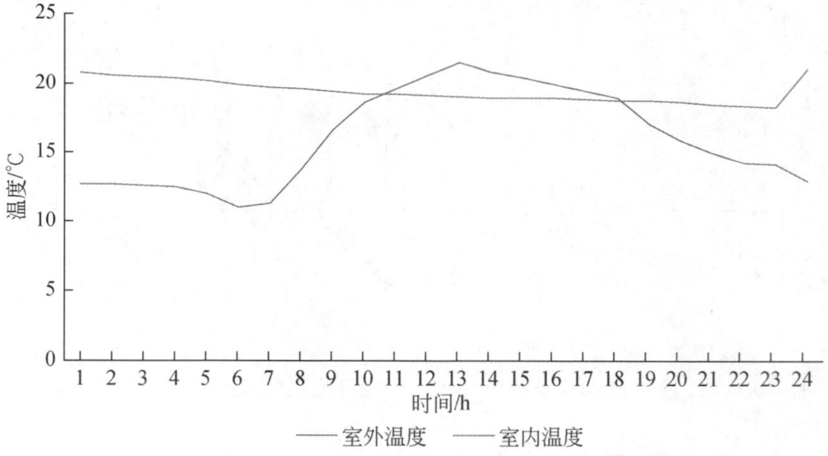

图 10.10　接待中心 2015—2016 年最大温差典型日室内外温度变化及温差比较(2016/4/4)(见文后彩图)

2)监测数据分析

(1)接待中心年度监测结果。

由图 10.7 分析可算出,接待中心建筑在建成使用了 6 年后,在整个数据采集期内室内温度变异系数为 0.45,小于 0.56 的室外温度变异系数,即室内温度变化幅度远比室外平稳,表明接待中心建筑具有良好的保温隔热性能。

(2)监测时间内低温典型温度数据分析。

由图 10.8 分析可见,2016 年 1 月 25 日最低温度为－6.8℃,为数据采集期内最低温日,本评价选择 2016 年 1 月 25 日作为典型低温日进行接待中心室内外温度比较。24 小时监测数据显示,当室外温度为－6.8℃时,在未使用任何取暖设备的情况下，接待中心室内温度达到 4.4℃，比室外温度高 11.2℃，24 小时室内平均温度为 5.6℃。

(3)监测时间内高温典型温度数据分析。

由图 10.9 分析可见，2015 年 8 月 3 日最高温度为 38.7℃，为数据采集期内最高温日，本评价选择 2015 年 8 月 3 日作为典型高温日进行接待中心室内外温度比较。24 小时监测数据显示，当室外温度为 38.7℃时，在未使用任何制冷设备的情况下，接待中心室内温度为 32.5℃，比室外温度低 5.2℃，24 小时室内平均温度为 32.6℃。

(4)监测时间内最大温差典型温度数据分析。

由图 10.10 分析可见，2016 年 4 月 4 日最大昼夜温差达到了 10.5℃，为数据采集期内昼夜最大温差日，本评价选择 2016 年 4 月 4 日作为典型昼夜最大温差日进行接待中心室内外温度比较。24 小时监测数据显示，2016 年 4 月 4 日室外昼夜温差为 22.53℃，在未使用任何制冷设备的情况下，接待中心室内最大温差仅为 3℃。

(5)监测评价结论。

监测结果表明，堰河村接待中心节能建筑在使用 6 年后节能效率良好，建筑热舒适度良好。

3. 建筑节能效率综合评价

根据 10.3.1 节提出的村镇建筑节能效率评价方法，堰河村的农房建筑进行了节能设计和建造，经评价该村节能建筑的节能率达到当地湖北省政府规定应达到的 50%以上节能效率要求。因此堰河村建筑的节能效率评价获得 1 分。

图 10.11 为堰河村农民住宅示范建筑的节能施工实况。

图 10.11　农民住宅示范建筑外墙保温节能施工实况(见文后彩图)

图 10.12 为堰河村接待中心公共示范建筑的节能施工实况。

图 10.12　接待中心公共示范建筑内墙保温节能施工实况(见文后彩图)

10.4　村镇建筑的节水设施效率评价

10.4.1　村镇建筑的节水设施效率评价方法

1. 评价内容

1)村镇建筑节水用水定额

目前我国村镇最主要的建筑类型是普通农民住宅,还包括农村公共建筑,如村公所、幼儿园、医务室、农民培训中心、乡村旅游服务建筑等。

根据《民用建筑节水设计标准》(GB50555—2010),结合现场调研数据,推荐村镇建筑的节水用水定额根据不同类型分别按表 10.13、表 10.14 的方式确定。

表 10.13　农民住宅平均日生活用水节水用水推荐定额 q_z

建筑类型	卫生器具设置标准	节水用水定额 q_z/[L/(人·d)]		
		一区	二区	三区
普通住宅Ⅰ	有大便器、洗涤盆	80～100	50～70	45～65
普通住宅Ⅱ	有大便器、洗脸盆、洗涤盆和洗衣机、热水器和沐浴设备	90～140	60～100	50～80

注:①本表中节水用水定额参照《民用建筑节水设计标准》(GB 50555—2010)中小城市定额制定。

②一区包括:湖北、湖南、江西、浙江、福建、广东、广西、海南、上海、江苏、安徽、重庆等省市地区;

二区包括:四川、贵州、云南、黑龙江、吉林、辽宁、北京、天津、河北、山西、河南、山东、宁夏、陕西、内蒙古河套以东和甘肃黄河以东的省市地区;

三区包括:新疆、青海、内蒙古河套以西和甘肃黄河以西的省市地区。

③表中用水量为全部用水量,不考虑分质供水。

表 10.14　农村公共建筑日生活用水节水用水推荐定额 q_g

建筑物类型及卫生用具设置标准	节水用水定额 q_g
办公楼	25～40L/(人·班)
幼儿园无住宿	25～40L/(儿童·d)
医务人员医务室	6～12L/(人·次)
培训中心 设公共厕所、盥洗室	40～80L/(人·d)

2)生活用水器具用水效率

目前我国村镇地区建筑中常用的用水器具主要有:水嘴、淋浴器、蹲便器和坐便器等。村镇常用用水器具用水限定值及用水效率等级见表 10.15。表中“—”符号表示不需填写。

表 10.15　村镇建筑常用用水器具用水限定值及用水效率等级

<table>
<tr><th>用水器具</th><th colspan="8">评价内容</th><th>用水效率限定值</th><th>节水评价值</th></tr>
<tr><td rowspan="2">水嘴</td><td colspan="3">用水效率等级指标</td><td>1 级</td><td>2 级</td><td>3 级</td><td>—</td><td>—</td><td rowspan="2">3 级</td><td rowspan="2">2 级</td></tr>
<tr><td colspan="3">平均用水量/L</td><td>5.0</td><td>6.0</td><td>8.0</td><td>—</td><td>—</td></tr>
<tr><td rowspan="2">淋浴器</td><td colspan="3">用水效率等级指标</td><td>1 级</td><td>2 级</td><td>3 级</td><td>—</td><td>—</td><td rowspan="2">3 级</td><td rowspan="2">2 级</td></tr>
<tr><td colspan="3">流量/(L/s)</td><td>0.08</td><td>0.12</td><td>0.15</td><td>—</td><td>—</td></tr>
<tr><td rowspan="2">蹲便器</td><td colspan="3">用水效率等级指标</td><td>1 级</td><td>2 级</td><td>3 级</td><td>—</td><td>—</td><td rowspan="2">3 级</td><td rowspan="2">2 级</td></tr>
<tr><td colspan="3">平均用水量/L</td><td>5.0</td><td>6.0</td><td>8.0</td><td>—</td><td>—</td></tr>
<tr><td rowspan="5">坐便器</td><td colspan="3">用水效率等级指标</td><td>1 级</td><td>2 级</td><td>3 级</td><td>4 级</td><td>5 级</td><td>—</td><td>—</td></tr>
<tr><td rowspan="4">用水量/L</td><td>单挡</td><td>平均值</td><td>4.0</td><td>5.0</td><td>6.5</td><td>7.5</td><td>9.0</td><td>5 级</td><td>2 级</td></tr>
<tr><td rowspan="3">双挡</td><td>大档</td><td>4.5</td><td>5.0</td><td>6.5</td><td>7.5</td><td>9.0</td><td>—</td><td>—</td></tr>
<tr><td>小档</td><td>3.0</td><td>3.5</td><td>4.2</td><td>4.9</td><td>6.3</td><td>—</td><td>—</td></tr>
<tr><td>平均值</td><td>3.5</td><td>4.0</td><td>5.0</td><td>5.8</td><td>7.2</td><td>—</td><td>—</td></tr>
</table>

3)合理使用非传统水源

合理使用非传统水源是村镇建筑节水的重要措施,尤其是在缺水地区的村镇。

村镇建筑非传统水源利用率可按下式计算:

$$R_u = \frac{W_u}{W_t} \times 100\% \tag{10.15}$$

式中,R_u为非传统水源利用率,%;W_u为非传统水源实际使用量,m^3/a;W_t为实际用水总量,m^3/a。

4)镇建成区住宅水表配备率

镇建成区住宅应装配水表，根据《节水型社区评价导则》(GB/T 26928—2011)，社区户表配套率要求达到100%。

2. 评价方法

村镇建筑节水设施评价采用0/1打分法，凡满足或达到国家/部门/行业现行标准或规范的评价指标，评分为1；凡不满足或未达到相关标准或规范的指标，评分为0。填表时需在所选指标后标记"√"。

评价数据获取方式为现场调研和现场检测，检测方法需符合相关现行国家标准。无法进行现场检测情况下(如偏远农村地区)，可参考额定用水效率等级进行评价。

村镇建筑节水设施效率评价标准及评分方法见表10.16。

在具体应用时，先应确定是评价对象是村还是镇，并结合村或镇的实际情况，选择相应的评价指标(打"√")，不参加评价的指标用"—"表示，然后统计评价的"满分"项，再逐项进行评价。达标项得1分，不达标项得0分。由于各地村镇建筑类型和生活用水器具装配不同，表10.16评价的满分也不尽相同。评价得分达到应得满分的70%即为合格。

表10.16　村镇建筑节水设施效率评价标准及评分方法

<table>
<tr><th rowspan="2">评价项目</th><th rowspan="2" colspan="2">评价指标</th><th rowspan="2">评分标准</th><th colspan="4">评价结果</th></tr>
<tr><th>达标(1)</th><th>不达标(0)</th><th>分类得分</th><th>总得分</th></tr>
<tr><td rowspan="2">农房节水用水定额(1～3分)</td><td rowspan="2">(1)普通住宅</td><td>有大便器、洗涤盆</td><td>不超过(GB 50555—2010)规定上限值
一区<100L/(人·d)
二区<70L/(人·d)
三区<65L/(人·d)</td><td></td><td></td><td rowspan="2"></td><td rowspan="5"></td></tr>
<tr><td>有大便器、洗脸盆、洗涤盆和洗衣机、热水器和沐浴设备</td><td>不超过(GB 50555—2010)规定上限值
一区<140L/(人·d) √
二区<100L/(人·d)
三区<80L/(人·d)</td><td></td><td></td></tr>
<tr><td rowspan="3">生活用水器具用水效率(6～8分)</td><td rowspan="3">(2)村镇公共建筑</td><td>办公楼</td><td>≤40L/(人·班)</td><td></td><td></td><td rowspan="3"></td></tr>
<tr><td>幼儿园(无住宿)</td><td>≤40L/(儿童·d)</td><td></td><td></td></tr>
<tr><td>医务人员(医务室)</td><td>≤12L/(人·次)</td><td></td><td></td></tr>
</table>

续表

评价项目	评价指标		评分标准	评价结果			
				达标(1)	不达标(0)	分类得分	总得分
生活用水器具用水效率(6～8 分)	(2)村镇公共建筑	培训中心(设公共厕所、盥洗室)	≤80L/(人·d)				
生活用水器具用水效率(6～8 分)	(3)水嘴	平均用水量/L:1 级(5.0);2 级(6.0);3 级(8.0) √					
		用水效率限定值	3 级				
		节水评价值	2 级				
	(4)淋浴器	流量(L/s):1 级(0.08);2 级(0.12);3 级(0.15) √					
		用水效率限定值	3 级(<0.15L/s)				
		节水评价值	2 级				
	(5)蹲便器	平均用水量/L:1 级(5.0);2 级(6.0);3 级(8.0) √					
		用水效率限定值	3 级				
		节水评价值	2 级				
	(6)坐便器	用水量/L 单挡:1 级(4.0),2 级(5.0),3 级(6.5),4 级(7.5),5 级(9.0) 双挡:大档 1 级(4.5),2 级(5.0),3 级(6.5),4 级(7.5),5 级(9.0) 小档 1 级(3.0),2 级(3.5),3 级(4.2),4 级(4.9),5 级(6.3) 平均值:1 级(3.5),2 级(4.0),3 级(5.0),4 级(5.8),5 级(7.2)					
		用水效率限定值	5 级				
		节水评价值	2 级				
合理使用非传统水源(1 分)	(7)非传统水源利用率		用于室内冲厕、绿化灌溉、进入沼气池制肥、道路冲洗等。采用非传统水源的用水量占其总用水量不低于 50%。计算式见式(10.15)				
镇建成区住宅水表配备率(1 分)	(8)镇建成区水表装配率		100%(仅用于镇区评价)				
填表说明	本评价: (1)地处________(一区/二区/三区),________(村庄/镇建成区); (2)农房性质________(住宅/公共建筑); (3)满分为__________ 分; (4)现场检测数据来源于________(现场检测/额定用水效率等级)。						

10.4.2　村镇建筑的节水设施效率评价案例

为方便比较，本案例仍选择10.3.2节同一住宅建筑进行节水设施效能评价。该建筑为2层，建筑面积251m²，共7室2厅，2009年建成使用。建筑室内共安装水嘴3个，蹲便器2个，太阳能淋浴系统2套，洗衣机1台。常住人口为3人，户主经营“农家乐”年日接待量1.6人/(y·d)，因此本评价按常住人口5人计算。

根据以上调研分析，应用表10.16对堰河村的该评价建筑的节水设施效率进行逐项评价，评价项为8项，总得分为7分，占满分8分的87.5%，超过70%，评价结果为合格。堰河村建筑节水设施效率评价结果见表10.17。

表10.17　堰河村建筑节水设施效率评价结果

<table>
<tr><th rowspan="2">评价项目</th><th rowspan="2" colspan="2">评价指标</th><th rowspan="2">评分标准</th><th colspan="3">评价结果</th><th rowspan="2">总得分</th></tr>
<tr><th>达标(1)</th><th>不达标(0)</th><th>分类得分</th></tr>
<tr><td rowspan="6">农房节水用水定额(1～3分)</td><td rowspan="2">(1)普通住宅</td><td>有大便器、洗涤盆</td><td>不超过(GB 50555—2010)规定上限值
一区＜100L/(人·d)
二区＜70L/(人·d)
三区＜65L/(人·d)</td><td>—</td><td></td><td rowspan="6">1</td><td rowspan="12">7</td></tr>
<tr><td>有大便器、洗脸盆、洗涤盆和洗衣机、热水器和沐浴设备</td><td>不超过(GB 50555—2010)规定上限值
一区＜140L/(人·d) √
二区＜100L/(人·d)
三区＜80L/(人·d)</td><td>1</td><td></td></tr>
<tr><td rowspan="4">(2)村镇公共建筑</td><td>办公楼</td><td>≤40L/(人·班)</td><td>—</td><td></td></tr>
<tr><td>幼儿园(无住宿)</td><td>≤40L/(儿童·d)</td><td>—</td><td></td></tr>
<tr><td>医务人员(医务室)</td><td>≤12L/(人·次)</td><td>—</td><td></td></tr>
<tr><td>培训中心(设公共厕所、盥洗室)</td><td>≤80L/(人·d)</td><td>—</td><td></td></tr>
<tr><td rowspan="6">生活用水器具用水效率(6～8分)</td><td rowspan="3">(3)水嘴</td><td colspan="4">平均用水量/L：1级(5.0)；2级(6.0)；3级(8.0) √</td><td rowspan="6">6</td></tr>
<tr><td>用水效率限定值</td><td>3级</td><td>1</td><td></td></tr>
<tr><td>节水评价值</td><td>2级</td><td>1</td><td></td></tr>
<tr><td rowspan="3">(4)淋浴器</td><td colspan="4">流量/(L/s)：1级(0.08)；2级(0.12)；3级(0.15) √</td></tr>
<tr><td>用水效率限定值</td><td>3级(＜0.15L/s)</td><td>1</td><td></td></tr>
<tr><td>节水评价值</td><td>2级</td><td>1</td><td></td></tr>
</table>

续表

<table>
<tr><th rowspan="2">评价项目</th><th rowspan="2" colspan="2">评价指标</th><th rowspan="2">评分标准</th><th colspan="4">评价结果</th></tr>
<tr><th>达标(1)</th><th>不达标(0)</th><th>分类得分</th><th>总得分</th></tr>
<tr><td rowspan="6">生活用水器具用水效率(6～8分)</td><td rowspan="3">(5)蹲便器</td><td colspan="4">平均用水量/L：1 级(5.0)；2 级(6.0)；3 级(8.0) √</td><td rowspan="6">6</td><td rowspan="8"></td></tr>
<tr><td>用水效率限定值</td><td>3 级</td><td>1</td><td></td></tr>
<tr><td>节水评价值</td><td>2 级</td><td>1</td><td></td></tr>
<tr><td rowspan="3">(6)坐便器</td><td colspan="4">用水量/L
单挡：1 级(4.0)，2 级(5.0)，3 级(6.5)，4 级(7.5)，5 级(9.0)
双挡：大档 1 级(4.5)，2 级(5.0)，3 级(6.5)，4 级(7.5)，5 级(9.0)
小档 1 级(3.0)，2 级(3.5)，3 级(4.2)，4 级(4.9)，5 级(6.3)
平均值：1 级(3.5)，2 级(4.0)，3 级(5.0)，4 级(5.8)，5 级(7.2)</td></tr>
<tr><td>用水效率限定值</td><td>5 级</td><td>—</td><td></td></tr>
<tr><td>节水评价值</td><td>2 级</td><td>—</td><td></td></tr>
<tr><td>合理使用非传统水源(1 分)</td><td colspan="2">(7)非传统水源利用率</td><td>用于室内冲厕、绿化灌溉、进入沼气池制肥、道路冲洗等。采用非传统水源的用水量占其总用水量不低于 50%。计算式见式(10.15)√</td><td></td><td></td><td>0</td></tr>
<tr><td>镇建成区住宅水表配备率(1 分)</td><td colspan="2">(8)镇建成区水表装配率</td><td>100%(仅用于镇区评价)</td><td>—</td><td></td><td></td></tr>
<tr><td>填表说明</td><td colspan="7">本评价：
(1)地处 一区 (一区/二区/三区)， 村庄 (村庄/镇建成区)；
(2)农房性质 住宅 (住宅/公共建筑)；
(3)满分为 8 分；
(4)现场检测数据来源于 现场检测 (现场检测/额定用水效率等级)。</td></tr>
</table>

10.5　村镇建筑的室内环境质量评价

10.5.1　村镇建筑的室内环境质量评价方法

1. 评价方法的选择

目前国内对室内环境质量的评价尚未形成统一的评价标准。常用的评价方法可分为客观评价、主观评价和达标评价法等。

(1)客观评价法。这是选择具有代表性的污染物作为评价指标，通过现场检测或取样后实验室检测的方式获得污染物的真实数据，并与现行国家标准对标进行定量分析，评价室内环境质量。

(2)主观评价法。这是通过现场调研及对室内人员的询问，利用人体的感觉器官对环境进行描述和评价。

(3)达标评价法。采用单因子评价方法，这是客观评价方法的一种。达标评价法要求所有检测项目都符合现行的国家标准《室内空气质量标准》(GB/T 18883—2002)。

结合农村特点，本评价采用达标评价方法对村镇建筑室内环境质量进行评价。

2. 评价指标和内容

本评价对绿色村镇建筑的室内环境质量评价主要考虑室内空气环境质量和声环境质量两类指标。

1)评价指标说明

(1)如需进行室内细菌总数检测和评价，可采用现场采样实验室检测法获取相关数据后进行评价。

(2)村镇建筑室内环境质量评价也可仅进行“室内空气环境质量”评价。

2)评价指标内容

(1)室内空气质量。

村镇建筑室内空气环境质量评价内容主要包括：甲醛、苯、氨气、甲苯、二甲苯、TVOC、PM_{10}、温度和相对湿度共9项内容。

村镇建筑室内空气质量评价指标见表10.18。

表10.18 村镇建筑室内空气质量评价指标

评价项目	评价指标	评价内容		评价标准
室内空气质量	室内温度/℃	22～28	夏季空调	《室内空气质量标准》(GB/T 18883—2002)
		16～24	冬季采暖	
	相对湿度/℃	40～80	夏季空调	
		30～60	冬季采暖	
	甲醛浓度/(mg/m³)	浓度≤0.10	1小时均值	
	苯浓度/(mg/m³)	浓度≤0.11	1小时均值	
	氨气浓度/(mg/m³)	浓度≤0.20	1小时均值	
	甲苯浓度/(mg/m³)	浓度≤0.20	1小时均值	
	二甲苯浓度/(mg/m³)	浓度≤0.20	1小时均值	
	TVOC浓度/(mg/m³)	浓度≤0.60	8小时均值	
	PM_{10}浓度/(μg/m³)	浓度≤150	24小时平均值	
	$PM_{2.5}$浓度/(μg/m³)	浓度≤75	24小时平均值	目前尚无统一标准，参考《环境空气质量标准》(GB 3095—2012)

(2)声环境质量。

村镇建筑室内声环境质量评价内容为噪声级(A 声级)。

村镇建筑室内声环境质量评价指标见表 10.19。

表 10.19　村镇建筑室内声环境质量评价指标

评价项目	评价指标	评价内容	评价标准
声环境质量	噪声级(A 声级)	卧室允许噪声级≤45dB(昼)/≤37dB(夜)	《民用建筑隔声设计规范》(GB 50118—2010)
		客厅、办公用房允许噪声级≤45 dB	

3. 评价技术路线

村镇建筑室内环境质量评价的技术路线见图 10.13。

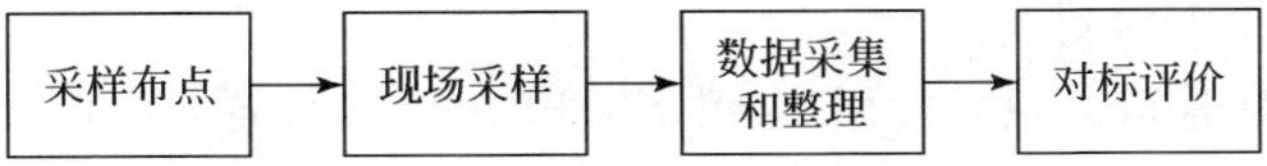

图 10.13　村镇建筑室内环境质量评价技术路线

4. 评价样品采集和监测

1)采样点分布

布点方法可采用对角线或梅花式布点方式,使各点均布于房间中。采样点应避开通风道和通风口,离墙壁和大型家具的距离应大于 1m。

2)采样点高度

采样高度为距地面 0.7～1.5m。

3)采样数目

采样点的数量根据室内面积大小和现场情况确定,一般 50m^2 以下的房间设 1～3个采样点,50～100m^{2}的房间设 3～5 采样点,100m^{2}以上的房间至少设 5 个采样点。

在居室中采样时应在人们正常活动情况下进行,至少监测 1 天,1 天采样 2 次,不开门窗。

4)监测方法

村镇建筑室内环境质量监测方法按照现行国家标准执行。

5. 村镇建筑室内环境质量评价方法

本评价技术采用达标评价法对村镇建筑室内环境质量进行评价,评价指标达到国家相关评价标准则获得 1 分，不达标则获 0 分，村镇建筑室内环境质量评价体系共 11 项评价指标，包括 10 项室内空气质量评价指标和 1 项声环境质量评价指标。村镇建筑室内环境质量评价满分为 11 分。

若仅对建筑室内空气环境质量进行评价，则满分为 10 分。

10.5.2　村镇建筑的室内环境质量评价案例

1. 评价监测点设置

在堰河村选择三栋有代表性的农房建筑，分别设置 3 个监测点。

读山居农宅（卧室）S_{11}、银杏山庄（旅店客房）S_{12}、堰河村接待中心（办公用房）S_{13}。

S_{11}，2008 年建成并使用，卧室面积 18m^2，设置 1 个检测点。

S_{12}，建成于 20 世纪 70 年代的仓库用房，2005 年改造成乡村旅游客房，客房面积 20m^2，设置 1 个检测点。

S_{13}，2009 年建成并投入使用，会议室面积 204m^2，设置 5 个检测点。

堰河村农房建筑的室内环境质量监测点分布见图 10.14。

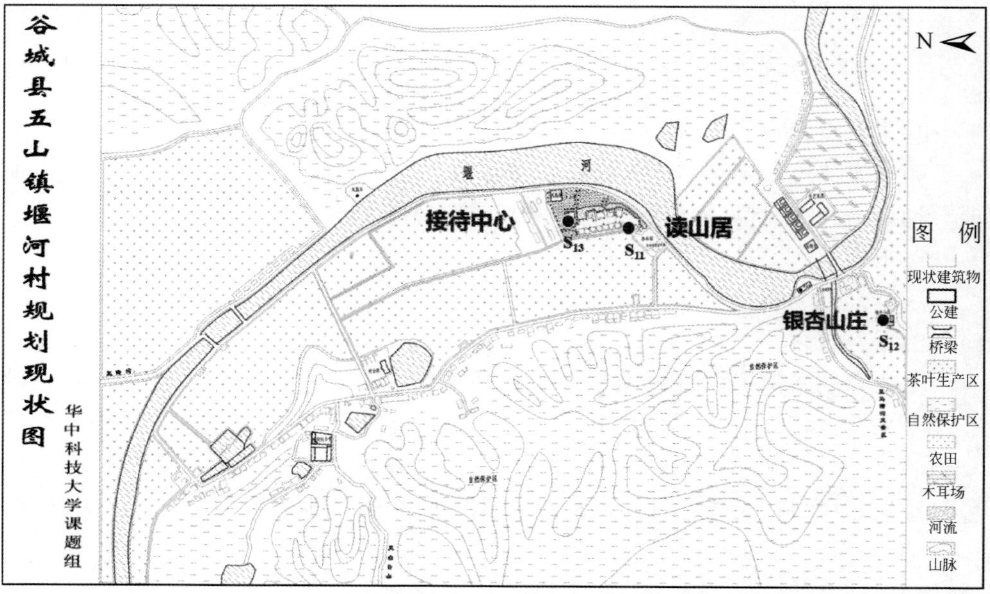

图 10.14　堰河村农房室内环境质量监测点分布

堰河村农房建筑的室内环境质量检测实况见图 10.15。

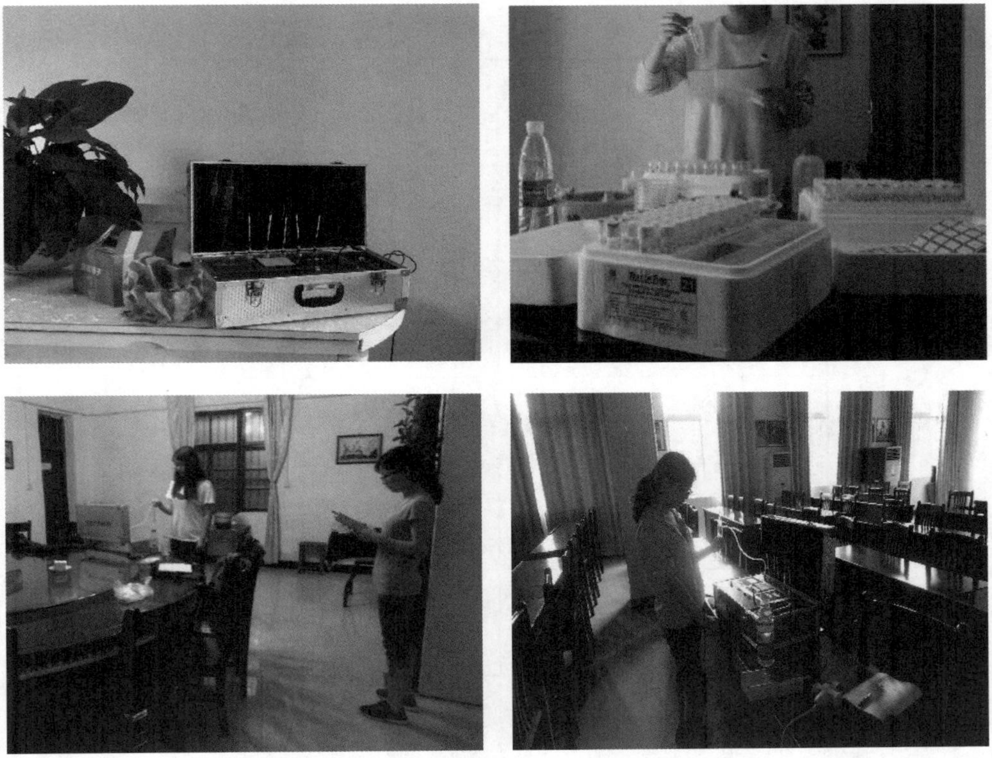

图 10.15　堰河村农房建筑室内环境质量检测实况

2. 监测数据和评价

选择堰河村的三处监测点进行了监测数据。

堰河村农房建筑室内环境质量监测数据和评价结果见表 10.20。

3. 评价结果分析

(1)堰河村被检测农房室内环境质量平均得分为 9.7 分,评价总体优良。

(2)3 个样本点的室内噪声均略有超标。

(3)样本点 S_{13} 室内甲醛含量略有超标。

(4)存在问题分析。

①白天室内噪声不达标。原因是堰河村的乡村旅游白天游客和来往车辆较多,导致室内噪声略有超标。

②样本 S_{13} 室内甲醛超标。原因为会议室建成后除开会外其余时间均为关闭状态,室内通风不足,家具中甲醛浓度超标。

表 10.20 堰河村农房建筑室内环境质量监测数据和评价结果

评价项目	评价指标	S11				S12				S13			
		实测值	评价结果		总分	实测值	评价结果		总分	实测值	评价结果		总分
			达标（1）	不达标（0）			达标（1）	不达标（0）			达标（1）	不达标（0）	
室内空气质量	室内温度	25	1		10	25	1		10	26	1		9
	相对湿度	73	1			68	1			72	1		
	甲醛	0.1	1			0.05	1			0.15		0	
	苯	未检出	1			未检出	1			未检出	1		
	氨气	未检出	1			未检出	1			未检出	1		
	甲苯	未检出	1			未检出	1			未检出	1		
	二甲苯	未检出	1			未检出	1			未检出	1		
	TVOC	未检出	1			未检出	1			未检出	1		
	PM_{10}	18	1			6	1			9	1		
	$PM_{2.5}$	9	1			3	1			5	1		
声环境质量	噪声级（A声级）	46.1		0		46.2		0		45.1		0	

注：本表的评分标准见表 10.18 和表 10.19。

10.6　村镇建筑的低碳运营管理评价

10.6.1　村镇建筑的低碳运营管理评价方法

1. 基本概念

(1)碳源(carbon source),是指向大气中释放二氧化碳的过程、活动或机制。

(2)碳汇(carbon sink),是指植物通过光合作用吸收大气中的二氧化碳和土壤中的水,把二氧化碳固定在植物体中,并转变为土壤中碳的过程和机制[3]。

(3)建筑碳汇(carbon sink of building),是指在划定的建筑物范围内,绿化、植被从空气中吸收并存储的二氧化碳量。

(4)低碳社区(low-carbon community),是指通过能源、资源、交通、用地、建筑、管理和居民参与等综合手段,控制和减少社区规划、建设和使用全过程中的温室气体排放,在碳排放水平上达到或低于国家或地方政府制定的节能减排相关标准的社区。

2. 村镇建筑低碳运营管理评价内容

本评价对象是:村镇建筑和社区在其使用过程中的低碳运营状况。

本评价涉及 4 个方面内容:村镇建筑低碳运营评价、社区环境设施低碳运营评价、交通与给排水设施低碳运营评价、村镇建筑低碳运营管理评价。

1)村镇建筑低碳运营评价

建筑碳排放是村镇社区的主要碳排放源,实现村镇建筑节能减排是有效降低村镇能耗和控制减少碳排放量的关键措施。

(1)改善建筑低碳使用环境。包括:充分利用外部自然条件,保证建筑使用有良好的日照、采光和自然通风条件;充分利用周边路网和公共服务设施,坚持紧凑布局和节约土地资源。

(2)采用建筑低碳能源设备。包括:充分利用太阳能、风能、地热能、沼气等清洁能源和可再生能源;禁止采用劣质煤、秸秆焚烧等高污染高排放家用能源;鼓励采用节能型空调采暖等设施设备,严格控制建筑室内采暖和空调温度,冬季供暖室内温度宜保持在 18～22℃,夏季空调室内温度宜保持在 22～27℃。

2)社区环境设施低碳运营评价

村镇社区环境低碳运营应充分利用和持续改善社区内的自然生态环境,有效控制和减少环境设施运营的碳排放。

(1)社区水资源低碳利用设施。包括:村镇建筑全部采用节水设施;全面推广景观、洗车用水等节水技术;非饮用水提倡使用再生水、雨水和江河水等非传统水源;采用透水砖等道路铺设材料等。

(2)社区垃圾低碳收集处理设施。包括:对生活垃圾进行分类收集;生活垃圾的收集运输实现密闭化;生活垃圾无害化处理率应达到100%;配置专职人员负责社区垃圾收集与转运管理。

(3)社区绿化与景观设施维护。包括:镇区的社区绿地率不低于30%,绿地本身绿化率应大于70%;合理采用屋顶绿化和建筑立面垂直绿化等多种方式,增加绿化覆盖率;因地制宜选择配置保护树木和绿化植物;绿地景观的绿植应尽量采用人工维护修剪方式管理绿化植物,减少使用燃油机械造成的碳排放。

3)交通与给排水设施低碳运营评价

村镇的交通与给排水设施应采用低冲击开发、再生水利用、低碳能源利用等低碳技术,达到节约资源,降低能耗,减少污染,改善社区环境的目的。

(1)低碳交通设施与低碳出行。包括:采用公交、步行和自行车优先的交通组织方式;非机动车道路、地面停车和其他硬质铺地优先采用透水透气地面;社区内部公共交通使用清洁能源机动车,引导村镇居民低碳出行等。

(2)给水与排水设施低碳运营。包括:建立分质供水系统,采用雨水污水分流;采用小型分散和低成本维护技术,如滞留塘、雨水湿地、雨水入渗和过滤收集设施、雨水种植池沟槽等。

4)村镇建筑低碳运营管理评价

建立建筑低碳运营方案、实施建筑低碳示范项目和建立建筑低碳运营管理社会参与机制,是实现村镇建筑低碳运营目标的必要保障。

(1)建筑低碳使用管理方案和示范。包括:制定有建筑或社区低碳运营管理方案;有已经或正在实施的建筑低碳运营示范项目,参考以上4类的所列的各项评价内容;有较完善的建筑和社区能耗监测考核制度。

(2)建筑低碳运营管理的社会参与。

包括:鼓励社区居民和专家积极参与低碳运营管理方案编制与实施全过程;设有低碳发展与管理宣传栏、展示牌和宣传册;定期开展低碳知识教育培训等。

3. 村镇建筑低碳运营管理评价方法

村镇建筑低碳运营管理评价采用0/1打分法,凡满足或达到评价指标要求,评分为1;不满足或未达到指标要求,评分为0。

村镇建筑低碳运营管理评价满分为9分,得分达到和超过70%则为合格,达到建筑低碳运营的技术要求。

在实际评价中,如某一评分标准中有多条要求,只要满足其中一条即可给1

分。在 4 类评价内容中，对某一种评分标准原则上只选用一次，避免重复评价。

村镇建筑低碳运营管理评价标准及评分方法见表 10.21。

在进行实际评价操作时，只需将被评价村或镇的各分项实际得分依次填入表中“评价得分”相应得分栏，即可直接得出评价结果。

表 10.21　村镇建筑低碳运营管理评价标准及评分方法

评价项目	评价指标	评分标准	实际评价结果			
			达标(1)	不达标(0)	分类得分	总得分
村镇农房建筑低碳运营(2 分)	(1)改善农房建筑低碳使用环境	保证农房有良好的日照、采光和自然通风条件；充分利用周边路网和公共服务设施；紧凑布局和节约土地资源				
	(2)采用农房建筑低碳能源设备	利用太阳能、风能、地热能、沼气等清洁可再生能源；禁用劣质煤、秸秆焚烧等高污染高排放能源；采用节能型空调采暖等设施设备，严格控制建筑室内采暖和空调温度				
社区环境设施低碳运营(3 分)	(3)社区水资源低碳利用设施	农房采用节水设施；推广景观用水洗车技术；非饮用水提倡使用再生水、雨水和江河水；采用透水砖铺设道路材料				
	(4)社区垃圾低碳收集处理设施	生活垃圾实现分类收集和运输密闭化；生活垃圾无害化处理达到 100%；配置垃圾收集与转运管理专职人员				
	(5)社区绿化与景观设施维护	社区绿地率不低于 30%，绿地本身绿化率大于 70%；采用屋顶和建筑立面绿化；选择本地绿化植物；有专人维护绿化与景观设施				
交通与给排水设施低碳运营(2 分)	(6)低碳交通设施与低碳出行	优先采用公交、步行和自行车交通方式；引导居民低碳出行				
	(7)给水与排水设施低碳运营	实行分质供水和雨水污水分流；采用滞留塘、雨水湿地和过滤收集设施、雨水种植池沟槽等低成本能耗运营技术				

续表

评价项目	评价指标	评分标准	实际评价结果			
			达标(1)	不达标(0)	分类得分	总得分
绿色农房低碳运营能力(2分)	(8)农房低碳使用管理方案和示范	有农房和社区低碳运营管理方案或示范项目;有能耗监测考核制度				
	(9)农房低碳运营管理的社会参与	鼓励居民和专家参与低碳运营管理方案编制与实施;设有低碳发展宣传栏和宣传册;开展低碳知识教育培训				

10.6.2　村镇建筑的低碳运营管理评价案例

根据以上调研分析,应用表10.21对堰河村的建筑低碳运营管理进行逐项评价,得分为8分,占满分9分的88.9%,超过70%,评价结果为合格,堰河村建筑低碳运营管理评价结果见表10.22。

表10.22　堰河村建筑低碳运营管理评价结果

评价项目	评价指标	实际评价结果			
		达标(1)	不达标(0)	分类得分	总得分
村镇农房建筑低碳运营(2分)	(1)改善农房建筑低碳使用环境	1		2	8
	(2)采用农房建筑低碳能源设备	1			
社区环境设施低碳运营(3分)	(3)社区水资源低碳利用设施	1		3	
	(4)社区垃圾低碳收集处理设施	1			
	(5)社区绿化与景观设施维护	1			
交通与给排水设施低碳运营(2分)	(6)低碳交通设施与低碳出行		0	1	
	(7)给水与排水设施低碳运营	1			
绿色农房低碳运营能力(2分)	(8)农房低碳使用管理方案和示范	1		2	
	(9)农房低碳运营管理的社会参与	1			

参考文献

[1] 仲平．建筑生命周期能源消耗及其环境影响研究[D]．成都：四川大学，2005.
[2] 华虹，李雯，王晓鸣，等．土坯房建筑能耗计量与节能效率比较[J]．土木工程与管理学报，2017，34(6)：17-22,28.
[3] 董恒宇，云锦凤，王国钟．碳汇概要[M]．北京：科学出版社，2012.

第 11 章　绿色村镇规划与建设综合评价

绿色村镇规划与建设的综合评价是对绿色村镇规划与建设实施完成状况的整体性检验和评价，对保障和优化绿色村镇规划与建设目标的实现具有重要作用。本章提出绿色村镇规划与建设的综合评价内容；建立绿色村镇规划与建设的综合评价方法；进行绿色村镇规划与建设的综合案例评价；构建绿色村镇规划与建设的综合评价平台。

本章在第 8～10 章提出的对绿色村镇的规划、环境基础设施建设、绿色建筑建设的实施评价方法基础上，建立了绿色村镇规划与建设的分项综合评价和总体综合评价方法。

11.1　绿色村镇规划与建设的综合评价内容

1. 综合评价指标

根据本书建立的绿色村镇建设理论体系和评价方法，绿色村镇规划与建设的综合评价指标体系由绿色村镇规划评价、绿色村镇基础设施建设评价、村镇绿色建筑建设评价 3 类二级评价指标组成，包括 18 项三级指标，涉及 390 个评价项。各项指标评价的依据是国家现行的相关法律法规和标准。

绿色村镇规划与建设的综合评价指标见表 11.1。

表 11.1　绿色村镇规划与建设综合评价指标

序号	一级指标	序号	二级指标	序号	三级指标
A	绿色村镇规划与建设综合评价	A_1	绿色村镇规划评价	A_{11}	绿色村镇用地选址与功能分区优化评价
				A_{12}	绿色村镇规划的生态位适宜度评价
				A_{13}	绿色村镇水资源利用与污水处理规划评价
				A_{14}	绿色村镇垃圾处理规划评价
				A_{15}	绿色村镇清洁能源利用规划评价
				A_{16}	村镇规划实施与生态环境修复评价
		A_2	绿色村镇环境基础设施建设评价	A_{21}	绿色村镇水源地保护与节水设施建设评价
				A_{22}	绿色村镇生活污水处理设施建设评价
				A_{23}	绿色村镇垃圾分类收集与无害化处理设施建设评价

续表

序号	一级指标	序号	二级指标	序号	三级指标
A	绿色村镇规划与建设综合评价	A_2	绿色村镇环境基础设施建设评价	A_{24}	绿色村镇清洁能源设施建设评价
				A_{25}	村镇绿化与景观设施建设评价
				A_{26}	绿色村镇防灾减灾及预警设施建设评价
		A_3	村镇绿色建筑建设评价	A_{31}	村镇绿色建筑建造选择评价
				A_{32}	村镇建筑绿色施工评价
				A_{33}	村镇建筑节能效率评价
				A_{34}	村镇建筑节水设施效率评价
				A_{35}	村镇建筑室内环境质量评价
				A_{36}	村镇建筑低碳运营管理评价

2. 评价内容和评价方法

绿色村镇规划与建设的评价内容和评价方法见图 11.1。

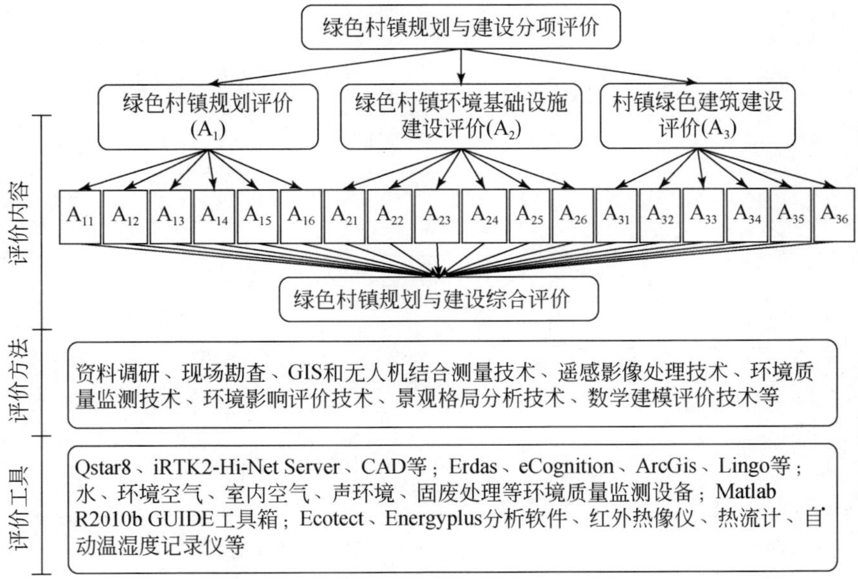

图 11.1　绿色村镇规划与建设评价内容和评价方法

3. 评价工作流程

绿色村镇规划与建设的综合评价工作流程分为 3 个阶段：调查分析和工作方案制定、分析论证和评价、报告编制。

绿色村镇规划与建设综合评价工作流程见图 11.2。

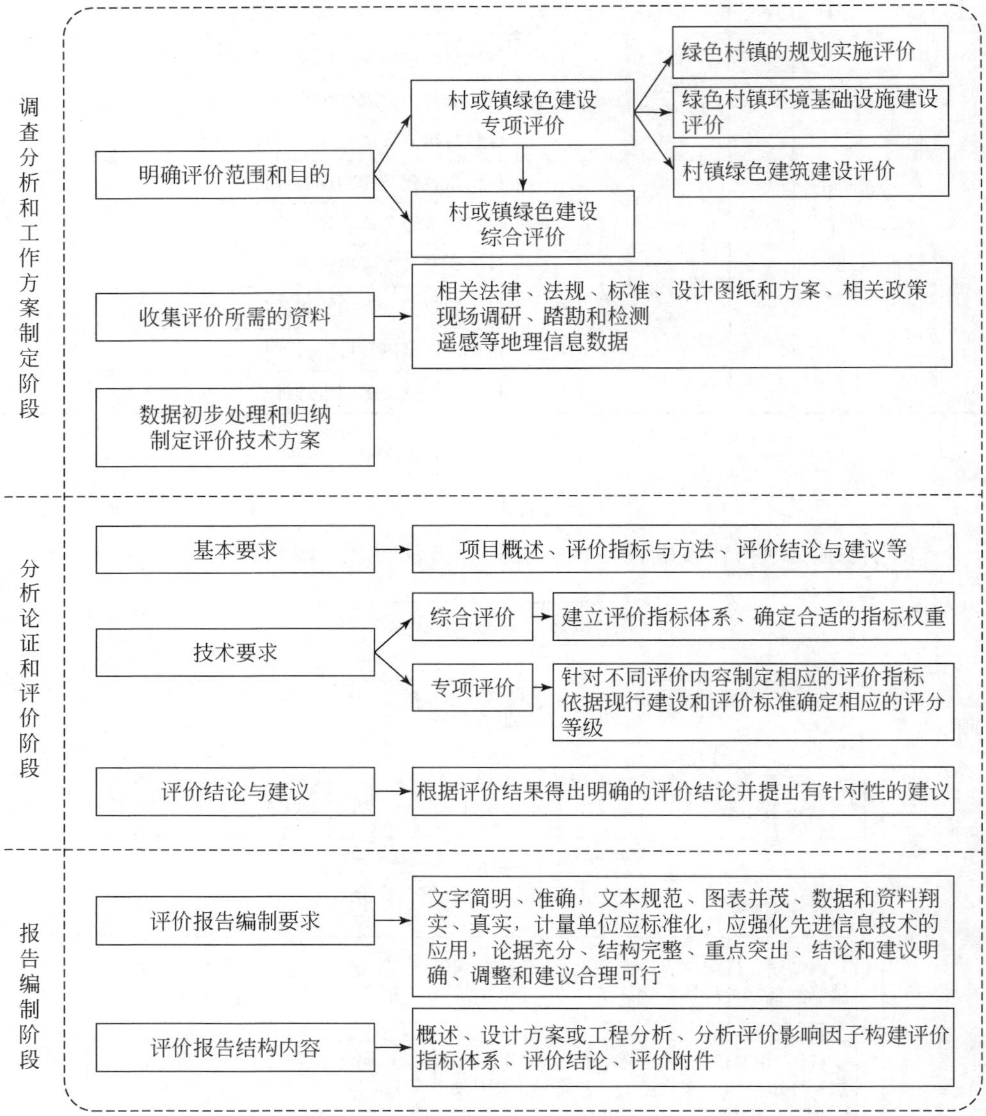

图 11.2　绿色村镇规划与建设综合评价工作流程

11.2　绿色村镇规划与建设综合评价方法

1. 评价步骤

绿色村镇规划与建设综合评价包括“分项评价”和“综合评价”两部分。

1)分项评价

根据 11.1 节建立的绿色村镇规划与建设综合评价指标体系，运用表 11.1 中提出的“绿色村镇用地选址与功能优化评价”等 18 个分项评价内容，在分别对被评价村镇的各项评价指标进行分析和评价后得出相应评价结果。各分项评价方法和评价案例见本书第 8～10 章。

进行分项评价时应结合不同地区绿色村镇建设发展的重点和特色，重点选择上述分项评价的某些项目进行重点评价，不强求对所有分项指标逐一评价。

2)综合评价

(1)对分项评价的结果进行数据归一化处理。

(2)根据归一化处理的数据，结合各级评价指标的权重进行绿色村镇规划建设的综合评价。

2. 评价权重

综合评价权重的确定方法有很多，为适应村镇评价要求操作简便的特点，本评价采用“专家评分法”和“层次分析法”结合的方法，确定综合评价的权重。

绿色村镇规划与建设综合评价权重分配见表 11.2。当仅选择其中某些指标进行评价时，综合评价权重需重新确定。

表 11.2　绿色村镇规划与建设综合评价权重分配

一级指标	二级指标	权重	三级指标		权重
绿色村镇规划与建设综合评价 A	绿色村镇规划评价 A_1	0.4	A_{11}	村镇用地选址与功能优化评价	0.156382
			A_{12}	村镇规划的生态位适宜度评价	0.139320
			A_{13}	村镇水资源利用与污水处理规划评价	0.221157
			A_{14}	村镇垃圾处理规划评价	0.197029
			A_{15}	村镇清洁能源利用规划评价	0.175533
			A_{16}	村镇规划实施与生态环境修复评价	0.110579
	绿色村镇环境基础设施评价 A_2	0.4	A_{21}	村镇水资源保护与节水设施建设评价	0.125000
			A_{22}	村镇生活污水处理设施建设评价	0.250000
			A_{23}	村镇垃圾分类收集与无害化处理设施建设评价	0.250000
			A_{24}	村镇清洁能源设施建设评价	0.125000
			A_{25}	村镇绿化与景观设施建设评价	0.125000
			A_{26}	村镇防灾减灾及预警设施建设评价	0.125000
	村镇绿色建筑建设评价 A_3	0.2	A_{31}	村镇绿色建筑建造选择评价	0.164623
			A_{32}	村镇建筑绿色施工评价	0.164623
			A_{33}	村镇建筑节能效率评价	0.184783

续表

一级指标	二级指标	权重	三级指标		权重
绿色村镇规划与建设综合评价 A	村镇绿色建筑建设评价 A_3	0.2	A_{34}	村镇建筑节水设施效率评价	0.184783
			A_{35}	村镇建筑室内环境质量评价	0.184783
			A_{36}	村镇建筑低碳运营管理评价	0.116406

3. 评价指标数据归一化处理

1)评价指标数据来源

绿色村镇规划与建设的评价指标，分别由采用各专项评价技术进行定性和定量结合分析方法获得。各指标的评价技术和方法详见本书第 8～10 章。

2)评价指标数据的归一化方法

绿色村镇规划与建设的综合评价指标具有专业面广、评价技术专业性强、各指标最终评价结果和表达方式不尽相同等特点。因此，在进行绿色村镇规划与建设评价综合评价前，需将各分项指标的评价结果以相同的方式进行表达，即进行评价指标数据的"归一化"处理。

归一化处理是简化计算的一种方式，其结果不改变评价结果的意义和结论。

绿色村镇规划与建设评价的数据归一化处理重点是绿色村镇规划与建设评价的三级指标。为简化计算，本书对三级指标最终评价结果主要采用两种归一化处理方法：一是数据映射法，二是评价等级赋值法。

(1)数据映射法。

简单的数据映射法是将评价结果数据归一化在 0～1 之间。本评价采用"0/1"打分法对多项评价指标进行评分的评价结果采用数据映射法进行归一化处理。计算方法为

$$M=\frac{n_i}{\sum n_i}$$

式中，M 为归一化处理结果；n 为单项评价结果；i 为第 i 项评价指标。

(2)评价等级赋值法。

将评价结果为某种等级，如"优、良、一般、较差、很差"或"A、B、C、D、E"等。本评价采用"评价等级赋值法"对评价结果进行归一化处理。

评价结果赋值法见表 11.3。

表 11.3　评价结果赋值法

评价等级	赋值
优/A	5

续表

评价等级	赋值
良/B	4
一般/C	3
较差/D	2
很差/E	1

4. 综合评价结果和等级划分

1)综合评价的计算步骤

绿色村镇规划与建设综合评价的计算步骤见图 11.3。

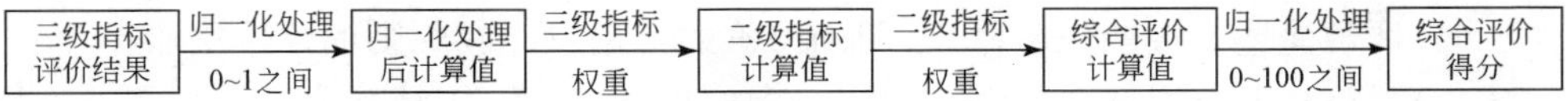

图 11.3　绿色村镇规划与建设综合评价计算步骤

2)综合评价的等级划分

将绿色村镇规划与建设综合评价的 18 项评价指标按百分制分为 5 个等级，根据绿色村镇建设实际，设置综合评价等级标准。其中：优秀率和良好率分别为 10%，一般率为 30%，较差率和差率分别为 30%和 20%。

绿色村镇规划建设综合评价的等级划分见表 11.4。为方便统一计算，建议采取 5 分一档。以 B 级为例：达到 B 级取值为 80%，满足优选项或加分项取值为 85%，以此类推。

表 11.4　绿色村镇规划建设综合评价等级划分

综合评价得分	评价等级	评价结果
90～100	Ⅰ	优秀
80～89	Ⅱ	良好
50～79	Ⅲ	一般
20～49	Ⅳ	较差
0～19	Ⅴ	差

3)综合评价的最终结果

(1)评价等级。

绿色村镇规划与建设综合评价的最终结果表达为评价等级，按照从高到低的等级划分，Ⅰ为最高评价等级，Ⅴ级为最低评价等级。

(2)预警等级。

绿色村镇规划与建设综合评价合格的村镇评价等级以绿色标识，当综合评分在50分以下则将对被评价村镇给予不合格警告，可按黄色、橙色和红色预警3个等级进行预警。

绿色村镇规划与建设综合评价的预警等级划分见图11.4。

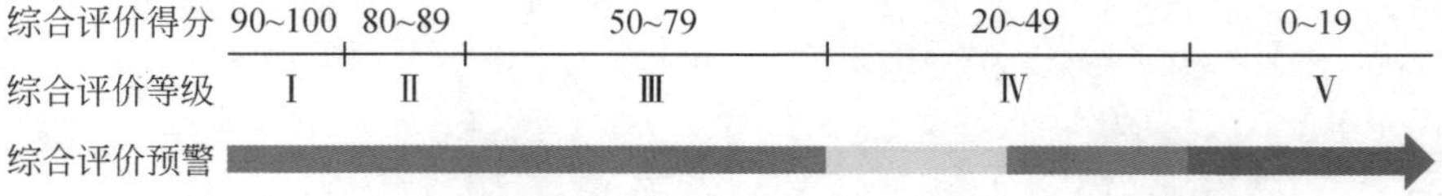

图11.4　绿色村镇规划与建设综合评价预警等级划分

5. 综合评价报告书编制内容

绿色村镇规划与建设评价报告书的编制应包括以下内容。

(1)评价概述。说明任务由来，明确评价的依据、目的、原则和评价重点。

(2)项目概况。对各类规划与建设专项的设计方案或工程状况进行分析。

(3)数据分析。对各类与评价专项相关的村或镇的绿色建设影响因子进行识别，对现场踏勘和检测数据进行初步分析。

(4)综合评价。按照规划与建设专项评价的主要影响因子，依据相关建设和评价标准，构建评价指标体系，运用合适的评价方法进行规划与建设专项评价。在进行绿色村镇规划与建设综合评价时，还需对各评价指标进行权重分析和计算，然后再进行综合评价。

(5)评价结论。归纳总结绿色村镇规划与建设评价的工作成果，提出明确的评价结论和改进建议。

(6)评价附件。附上必要的评价相关图件和表格等资料文件，如现状调查范围、监测点位分布图件和表格、专业检测报告等。

11.3　绿色村镇规划与建设综合评价案例

1. 村镇规划与建设实地调研勘测

2014～2018年间，作者共对湖北省堰河村进行了10次实地勘测和现场调研，内容包括堰河村的绿色村庄规划实施现状、环境基础设施建设现状和绿色建筑建设现状等3大类共18项指标，并逐一进行了分项评价。

堰河村绿色村庄的规划和建设实施现状调研具体内容和综合评价所需的数据资料见本书第5～10章中的相关案例。

2. 村镇规划与建设综合评价

1)绿色村镇规划与建设各分项评价结果汇总

根据表 11.1 建立的绿色村镇规划与建设综合评价指标，按照图 11.1 提出的评价内容和评价方法，可分别对堰河村绿色村庄规划与建设的 3 大类的 18 个评价分项进行评价。评价案例见本书第 5～10 章相关内容，评价结果汇总见表 11.5。

2)各分项评价结果数据归一化处理

运用数据映射法和评价等级赋值法，对堰河村绿色村庄规划与建设评价的各分项评价结果的数据进行归一化处理。

堰河村各分项评价结果汇总及数据归一化处理方法见表 11.5。

表 11.5　堰河村各分项评价结果汇总及数据归一化处理方法

编号	分项评价项目	分项评价结果	归一化处理方法
A_{11}	村镇用地选址与功能分区优化评价	用地选址规划实施空间吻合度综合值为 0.815 功能分区规划实施空间吻合度综合值为 0.914	—
A_{12}	村镇规划的生态位适宜度评价	生态位适宜度为 0.69，较适宜	—
A_{13}	村镇水资源利用与污水处理规划评价	水资源利用规划，满分 13 分，得分 10 分，得分率 76.9% 污水处理规划，满分 4 分，得分 4 分，得分率 100%	数据映射法
A_{14}	村镇垃圾处理规划评价	满分 9 分，得分 9 分，得分率 100%	数据映射法
A_{15}	村镇清洁能源利用规划评价	评价结果为 B 级，得分率 80%	等级赋值法-数据映射法
A_{16}	村镇规划实施与生态环境修复评价	生态环境保护效果良好，得分率 80%	等级赋值法-数据映射法
A_{21}	村镇水源地保护与节水设施建设评价	满分 11+1 分，得分 10+1 分，得分率 91.7%	数据映射法
A_{22}	村镇生活污水处理设施建设评价	满分 1 分，得分 1 分，得分率 100%	—
A_{23}	村镇垃圾分类收集与无害化处理设施建设评价	满分 7 分，得分 7 分，得分率 100%	数据映射法
A_{24}	村镇清洁能源设施建设评价	A 级，得分为 1 分，得分率 100%	等级赋值法-数据映射法
A_{25}	村镇绿化与景观设施建设评价	满分 16 分，得分 16 分，得分率 100%	数据映射法
A_{26}	村镇防灾减灾及预警设施建设评价	满分 14 分，得分 12 分，得分率 85.7%	数据映射法
A_{31}	村镇绿色建筑建造选择评价	满分 21 分，得分 21 分，得分率 100%	数据映射法
A_{32}	村镇建筑绿色施工评价	满分 19 分，得分 16 分，得分率 84.2%	数据映射法

续表

编号	分项评价项目	分项评价结果	归一化处理方法
A_{33}	村镇建筑节能效率评价	满分 1 分,得分 1 分,得分率 100%	—
A_{34}	村镇建筑节水设施效率评价	满分 8 分,得分 7 分,得分率 87.5%	数据映射法
A_{35}	村镇建筑室内环境质量评价	满分 11 分,平均得分 9.7 分,得分率 88.2%	数据映射法
A_{36}	村镇建筑低碳运营管理评价	满分 9 分,得分 8 分,得分率 88.9%	数据映射法

3)进行综合评价

根据本章 11.2 节提出的绿色村镇规划与建设综合评价方法,对堰河村绿色村庄规划与建设的 3 大类 18 个分项的评价数据进行归一化数据处理,即将归一化后计算值分别乘以三级指标权重,加和平均后分别求出 3 类二级指标,然后进行综合评价得出一级指标分值。

堰河村绿色村庄的规划与建设综合评价结果见表 11.6。

表 11.6 堰河村绿色村庄规划与建设综合评价结果

一级指标	分值	二级指标	权重	分值	三级指标	权重	归一化后计算值
A	91.3	A_1	0.4	85.3	A_{11}	0.156382	86.5
					A_{12}	0.139320	69.0
					A_{13}	0.221157	88.5
					A_{14}	0.197029	100
					A_{15}	0.175533	80.0
					A_{16}	0.110579	80.0
		A_2	0.4	97.2	A_{21}	0.125000	91.7
					A_{22}	0.250000	100
					A_{23}	0.250000	100
					A_{24}	0.125000	100
					A_{25}	0.125000	100
					A_{26}	0.125000	85.7
		A_3	0.2	91.6	A_{31}	0.164623	100
					A_{32}	0.164623	84.2
					A_{33}	0.184783	100
					A_{34}	0.184783	87.5
					A_{35}	0.184783	88.2
					A_{36}	0.116406	88.9

4)综合评价结果分析

堰河村的绿色村庄规划与建设综合评价结论如下。

(1)分项评价结果为优良。

分析表 11.6 可知,堰河村的绿色村庄规划评价得分为 85.3 分,评价等级为Ⅱ级;堰河村的绿色村庄环境基础设施建设评价得分为 97.2 分,评价等级为Ⅰ级;堰河村的绿色建筑建设评价得分为 91.6 分,评价等级为Ⅰ级。

评价结果表明,堰河村的规划与建设三类分项指标都符合国家对绿色村镇规划和建设的要求,总体达到优良标准。

(2)综合评价结果为优秀。

堰河村的绿色村庄规划与建设综合评价得分值为 91.3 分,综合评价等级为Ⅰ级,总体评价结果为优秀。

11.4　绿色村镇规划与建设综合评价平台

为便于评价操作,提高评价工作效率,应建立绿色村镇规划与建设综合评价平台。该平台由绿色村镇评价与监测数据库、绿色村镇评价与监测技术检索、绿色村镇规划与建设评价平台、绿色村镇规划与建设示范基地成果展示 4 部分构成。

1. 绿色村镇评价与监测数据库的构建

1)绿色村镇评价与监测数据库内容

绿色村镇评价与监测数据库由评价技术数据库和监测技术数据库两部分组成。

(1)评价技术数据库。由绿色村镇规划评价技术数据库、绿色村镇环境基础设施建设评价技术数据库和绿色村镇农房建设评价技术数据库 3 部分组成。

(2)监测技术数据库。由绿色村镇规划实施监测技术数据库与绿色村镇农房建设监测技术数据库两部分组成。

2)数据库开发技术

绿色村镇评价与监测数据库采用 Microsoft Access 来实现规划建设评价监测技术属性数据一体化存储和管理。采用 C# 编程语言与 Visual Studio 工具开发 WinFrom 应用程序,集成 Microsoft Access 数据库。

3)数据库使用管理

(1)系统登录。

打开监测系统,在登录界面输入用户名(username)、密码(******),点击登录按钮进入系统主界面。

绿色村镇规划与建设评价系统平台登录界面见图 11.5。

图 11.5　绿色村镇规划与建设评价系统平台登录界面

绿色村镇规划与建设评价系统平台功能选择界面见图 11.6。

图 11.6　绿色村镇规划与建设评价系统平台功能选择界面

(2)数据库管理使用。

以通过绿色村镇规划与建设监测数据库查询“绿色村镇规划实施监测技术”为例,说明管理使用方法。

在主界面菜单栏找到“监测评价技术”,点击出现子菜单“监测技术”或“评价技术”。

以监测技术数据库为例进行说明:选择并点击“监测技术”跳转进入监测技术数据库,界面设计主要包括目录区、功能区与展示区。可显示绿色村镇规划监测技术查询界面,包括 17 项具体规划监测技术。

点击技术名称或输入关键词,即可查询到相关监测评价技术具体内容。

绿色村镇规划监测评价技术的选择界面见图 11.7。

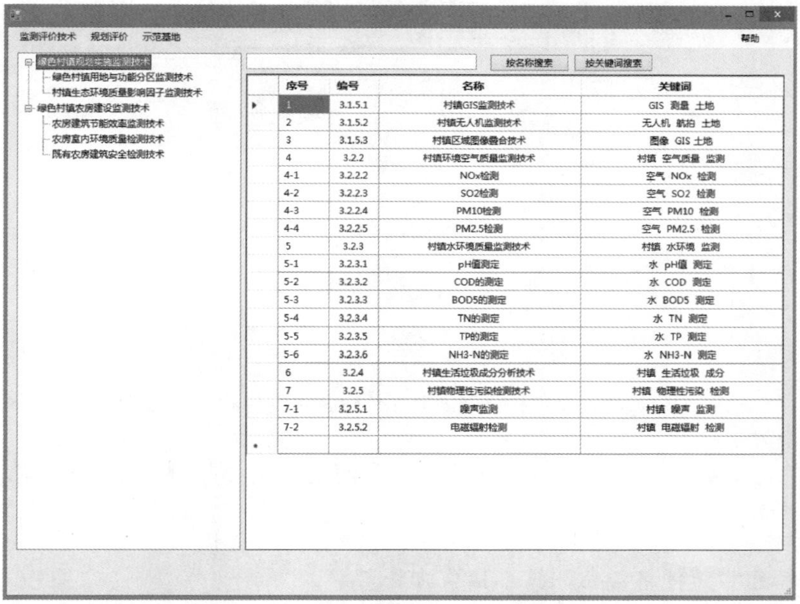

图 11.7　绿色村镇规划监测评价技术界面

目录区:根据平台系统设计,采用树状结构展示绿色村镇规划实施监测技术与绿色村镇农房建设监测技术两类,绿色村镇用地与功能分区监测技术、村镇生态环境质量影响因子监测技术、农房建筑节能效率监测技术、农房室内环境质量检测技术与既有农房建筑安全检测技术等 5 组监测技术。双击树状结构节点,对应的监测技术可在展示区同步显示。

展示区:双击表格中展示的“监测技术”可显示具体文字介绍和操作方法。

功能区:通过与数据库的链接,可实现对全部监测技术“按名称搜索”和“按关键词搜索”。搜索结果可在展示区同步展示。

以村镇生态环境质量影响因子监测为例,点击技术名称或输入关键词,即可查询到相关监测评价技术具体内容。

绿色村镇规划监测评价技术的树状展示功能见图 11.8。

图 11.8　绿色村镇规划监测评价技术的树状展示功能

绿色村镇规划与建设评价数据库的管理使用方法和监测技术数据库的管理使用方法类同。

2. 绿色村镇评价与监测技术检索方法

通过与数据库的链接，可实现对全部评价监测技术“按名称搜索”和“按关键词搜索”，搜索结果可在展示区同步展示。

绿色村镇规划与建设评价系统平台数据库搜索功能展示见图 11.9。

再以查询进行村镇空气质量中的 NO_x 检测技术具体设备和应用方法为例。

在“监测技术”界面搜索框中输入“空气”，选择“按关键词搜索”，则所有空气监测相关技术均会出现在展示区内，然后选择“NO_x 检测”双击，可查看该技术的基本原理、实验仪器、操作步骤等详细信息。

村镇农房室内环境“NO_x 检测”技术检索展示见图 11.10。

对其他绿色村镇规划与建设的监测技术和 18 项评价技术的检索方法类同。

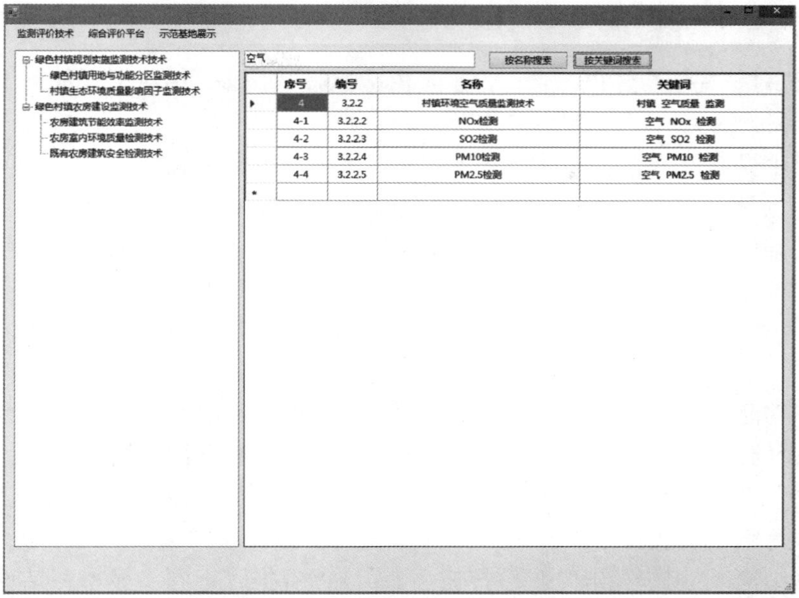

图 11.9　绿色村镇规划与建设评价系统平台数据库搜索功能展示

图 11.10　村镇农房室内环境“NO_x检测”技术检索展示

3. 绿色村镇规划与建设评价平台

绿色村镇规划与建设综合评价平台由指标区、功能区、结论区 3 部分组成。现对综合评价平台的使用方法说明如下。

(1)主界面:在主界面菜单栏找到“规划评价”,单击后跳转至 6 个分项评价平台界面,包含指标区、功能区、结论区 3 个区域。同理,可在主界面菜单栏分别找到“环境基础设施建设评价”和“绿色建筑建设评价”的评价平台界面。

(2)指标区:根据系统设置,共设置 3 类 18 项指标,用户根据实际情况输入指标值。注意,指标数值不能为空,不允许超过限定范围(0～100),否则系统会提示报错。

(3)功能区:在用户输入全部指标值后,用户可以点击“提交”按钮,后台将自动计算评价结果,并在相应位置显示综合评分。根据对综合评分结果与具体指标数值的分析,系统能够自动生成参考结论,供决策者参考。此过程中,若输入错误,可以点击“清空”重新输入。

(4)结论区:用户点击“提交”按钮后,详细评价报告将同步显示在结论区。同时该评价报告支持打印功能,以便被评价对象进行数据留存与分析改进。

绿色村镇规划与建设评价系统平台的功能分区界面见图 11.11。

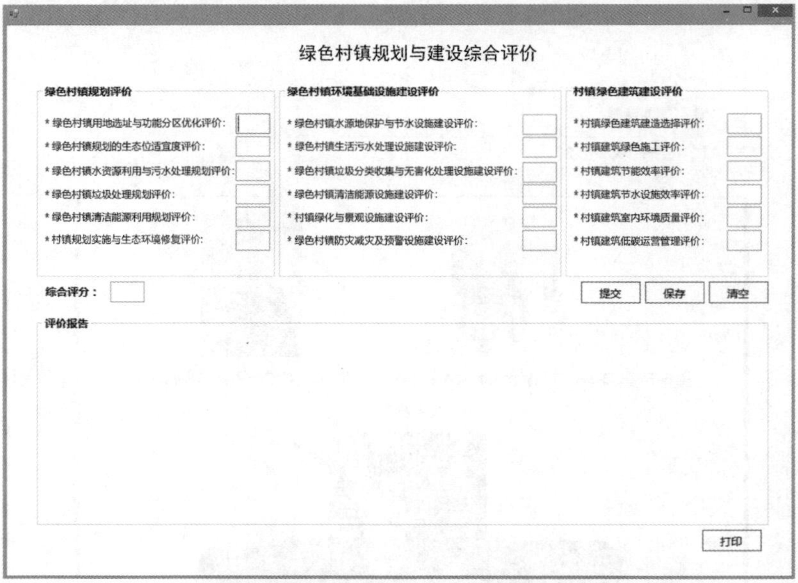

图 11.11　绿色村镇规划与建设评价系统平台功能分区界面

(5)实例评价与结果分析:将堰河村规划与建设的实施状况各分项评价结果输入“绿色村镇规划与建设评价系统平台”,通过平台的自行运算,同样能得到 11.3

节的堰河村规划与建设综合评价结果。

堰河村规划与建设综合评价结果输出界面见图 11.12。

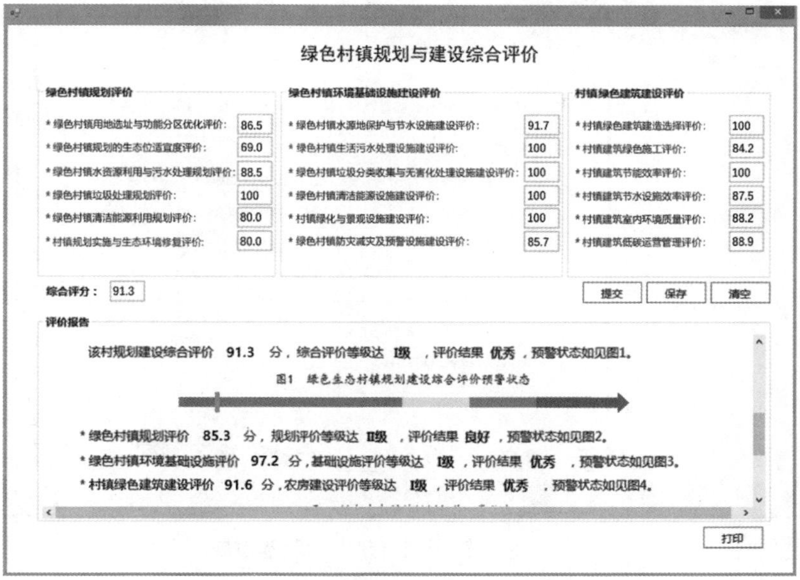

图 11.12　堰河村规划与建设综合评价结果输出界面

4. 绿色村镇规划与建设示范成果展示

绿色村镇的规划与建设是一个长期动态的实践发展过程，实现评价的可持续性和可示范性是关键环节。因此，需要建立形成绿色村镇的规划与建设示范基地，并使其具有实施效果评价验证和经验成果推广展示的双重功能。

利用绿色村镇规划与建设评价系统平台，还可以直观有效地实现绿色村镇规划与建设示范成果展示功能。主要包括：示范基地展示界面、示范基地概况、示范项目分布、示范项目和技术详细展示等功能。

以湖北省堰河村绿色村庄规划与建设评价监测示范基地为例，说明绿色村镇规划与建设评价系统平台的示范成果展示功能。

绿色村镇规划与建设示范基地展示界面见图 11.13。

绿色村镇规划与建设示范项目展示界面见图 11.14。

绿色村镇规划与建设示范点分布界面见图 11.15。

绿色村镇规划与建设示范技术展示界面见图 11.16。

绿色村镇规划与建设应用技术介绍见图 11.17。

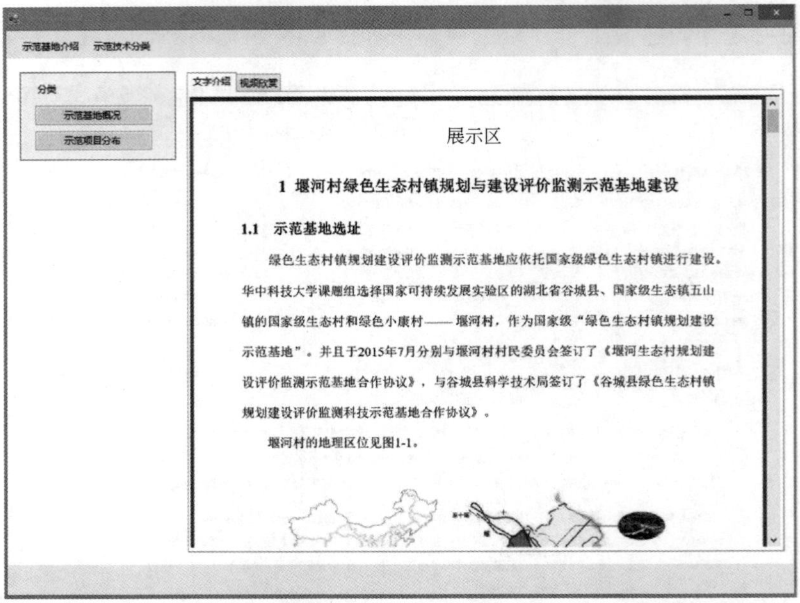

图 11.13　绿色村镇规划与建设示范基地展示界面

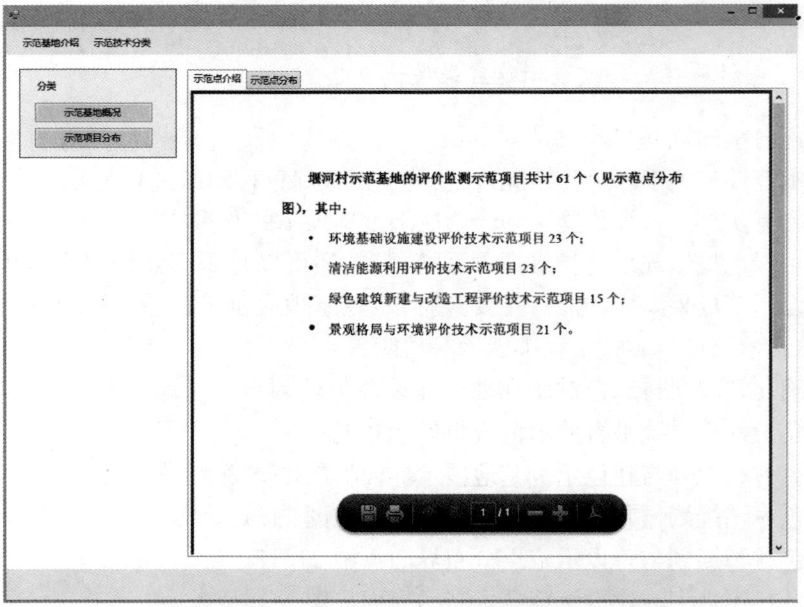

图 11.14　绿色村镇规划与建设示范项目展示界面

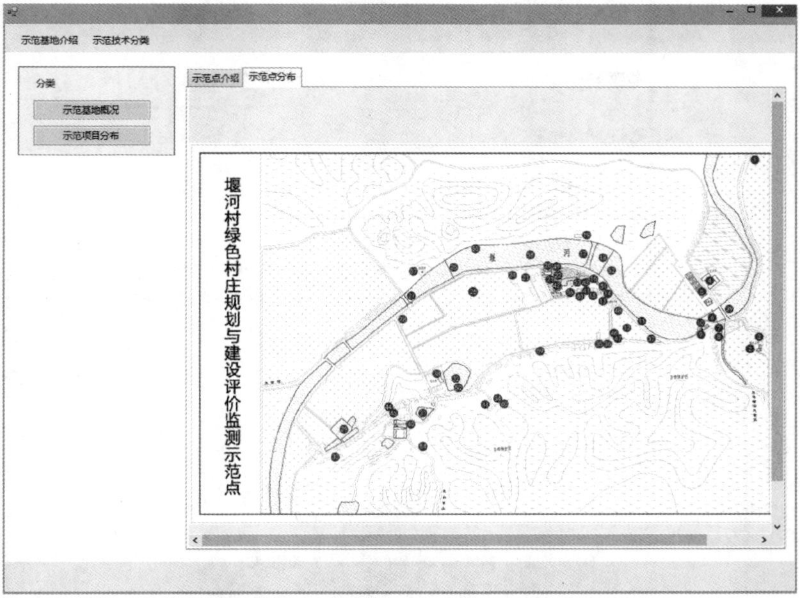

图 11.15　绿色村镇规划与建设示范点分布界面

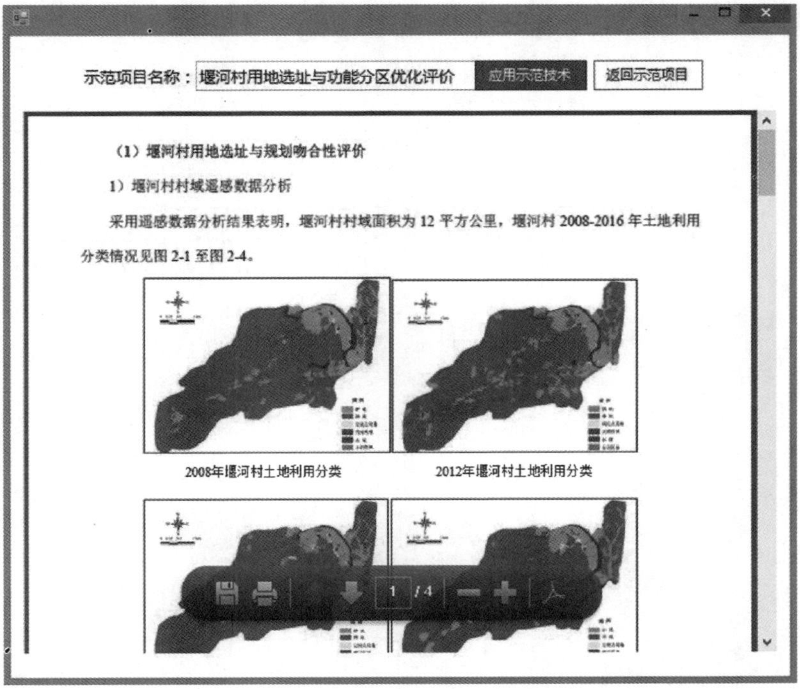

图 11.16　绿色村镇规划与建设示范技术展示界面

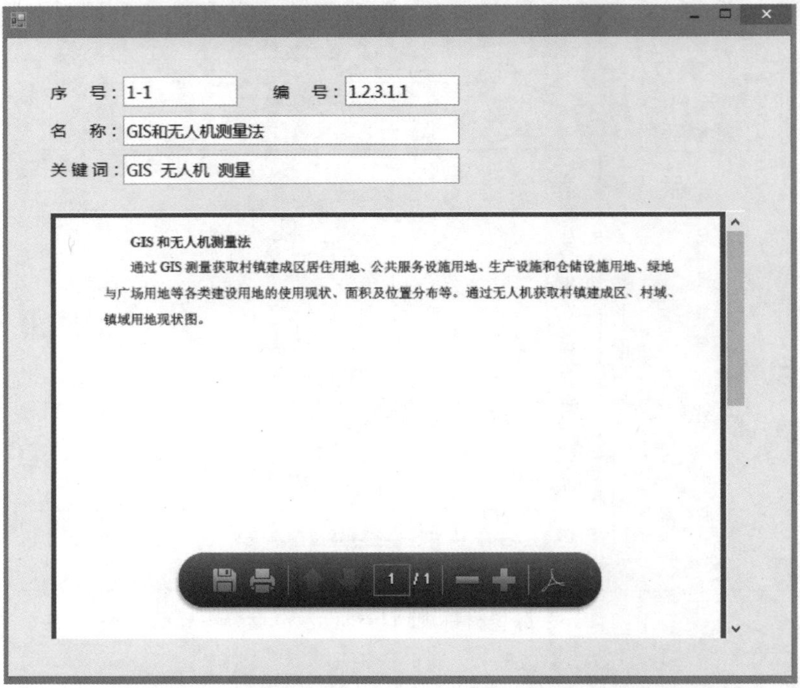

图 11.17 绿色村镇规划与建设应用技术介绍界面

彩图与彩表

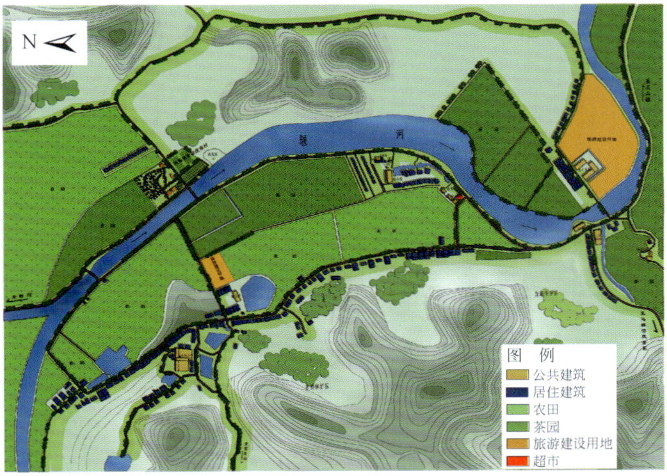

图 5.10 堰河村建设总体规划图

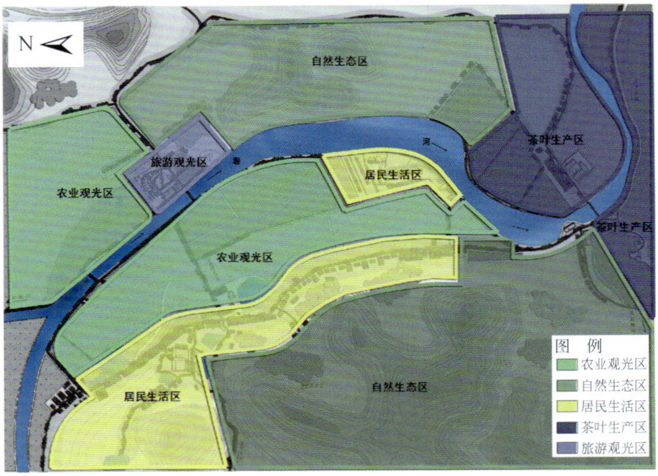

图 5.11 堰河村功能分区规划图

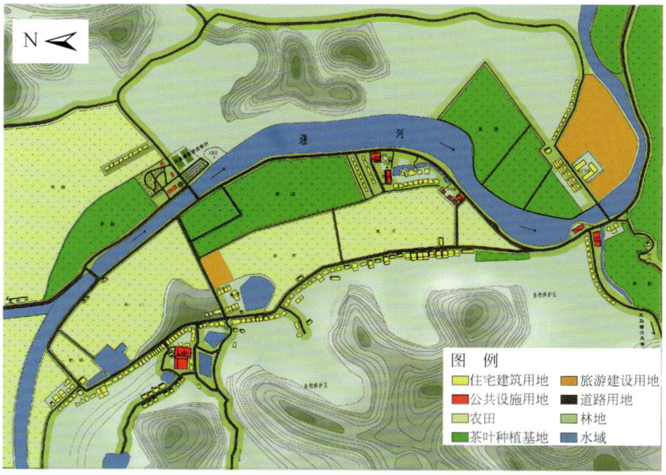

图 5.12　堰河村土地利用规划图

图 5.13　堰河新村绿色农房示范建设规划和建成实景

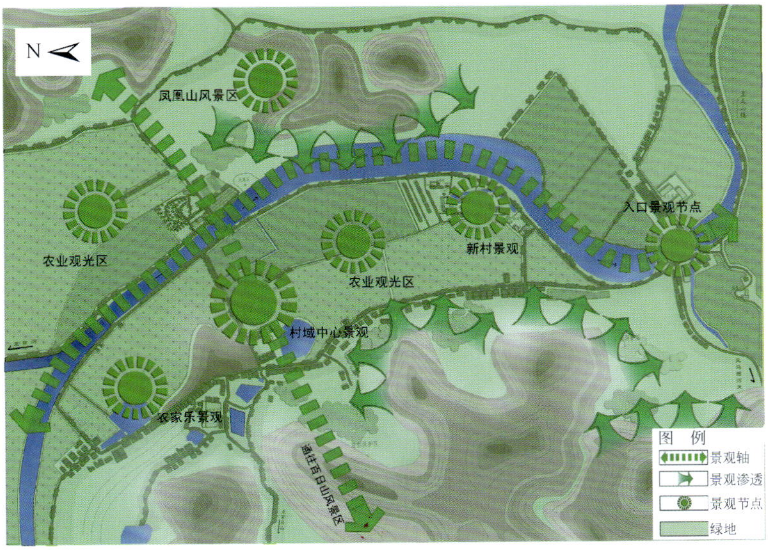

图 5.14　堰河村生态景观体系规划图

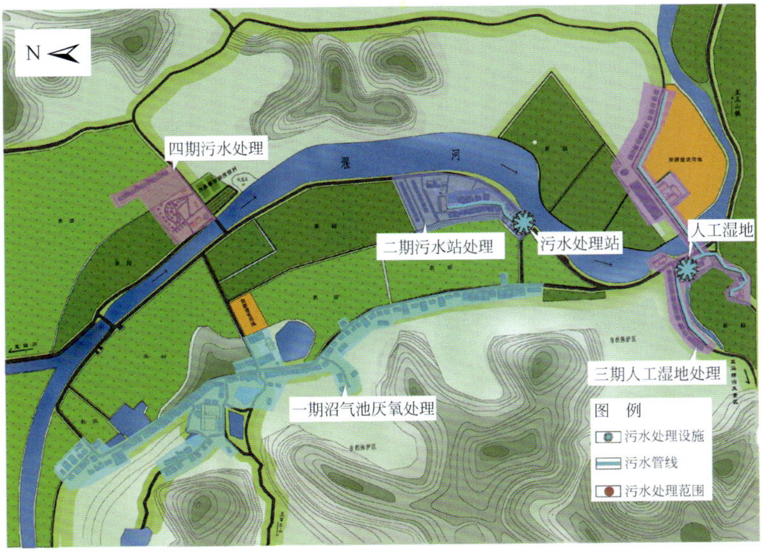

图 5.15　堰河村污水处理规划图

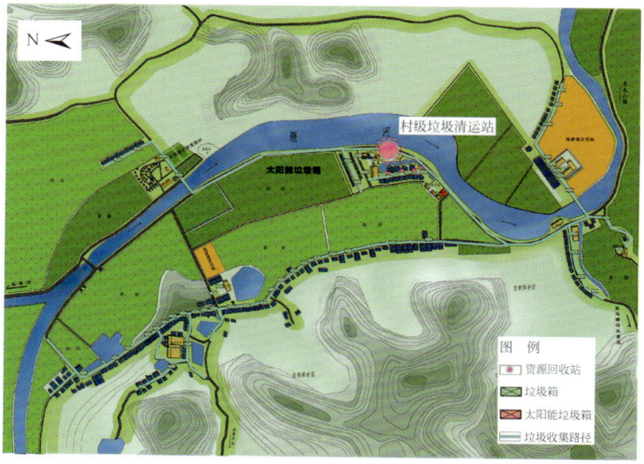

图 5.16　堰河村垃圾集运与路径规划图

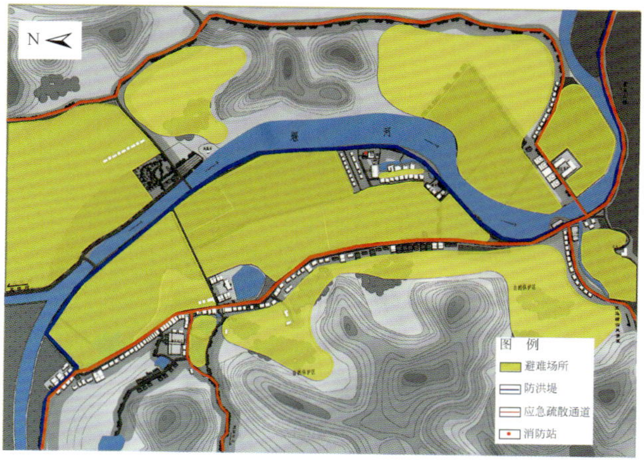

图 5.17　堰河村防灾与应急系统规划图

图 5.18　堰河村生态旅游规划图

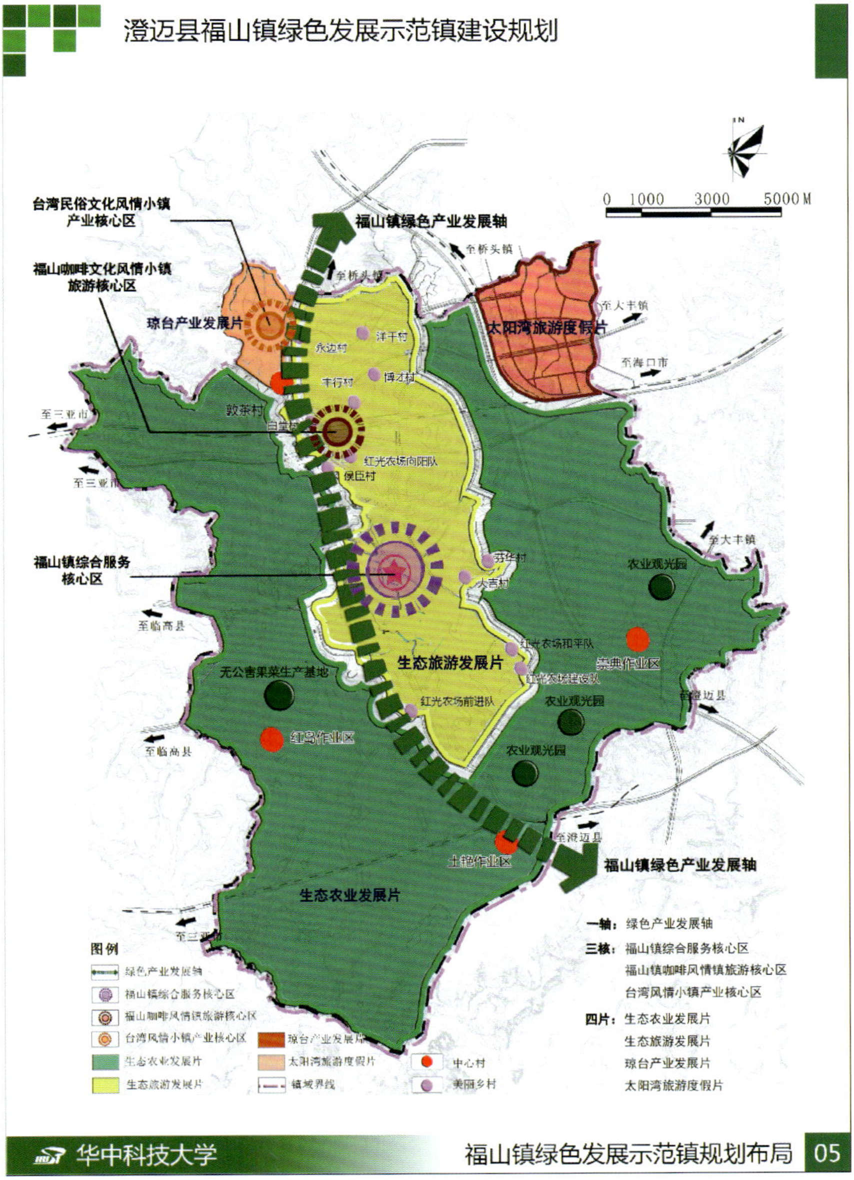

图 5.19　福山镇绿色发展建设示范镇规划布局

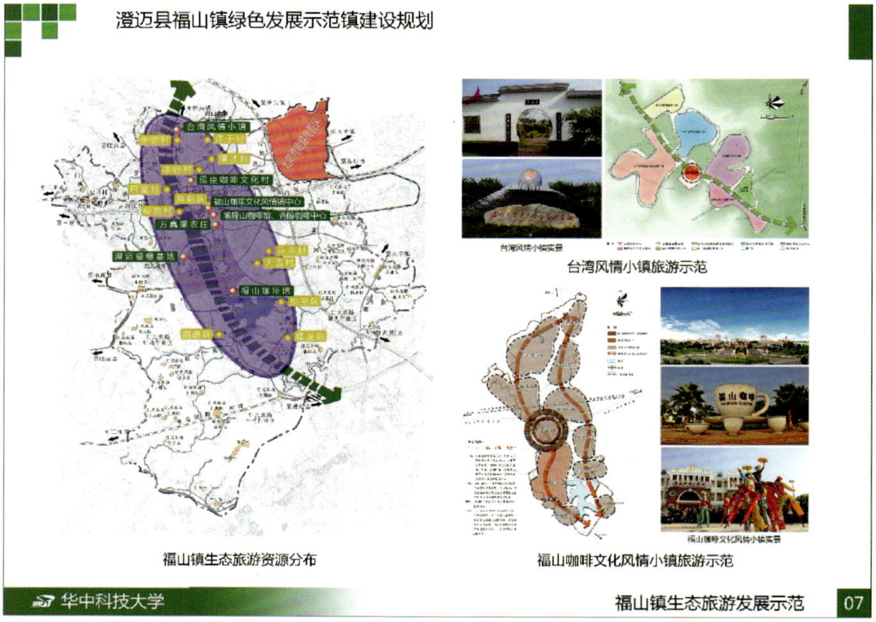

图 5.20　福山镇生态旅游建设示范规划

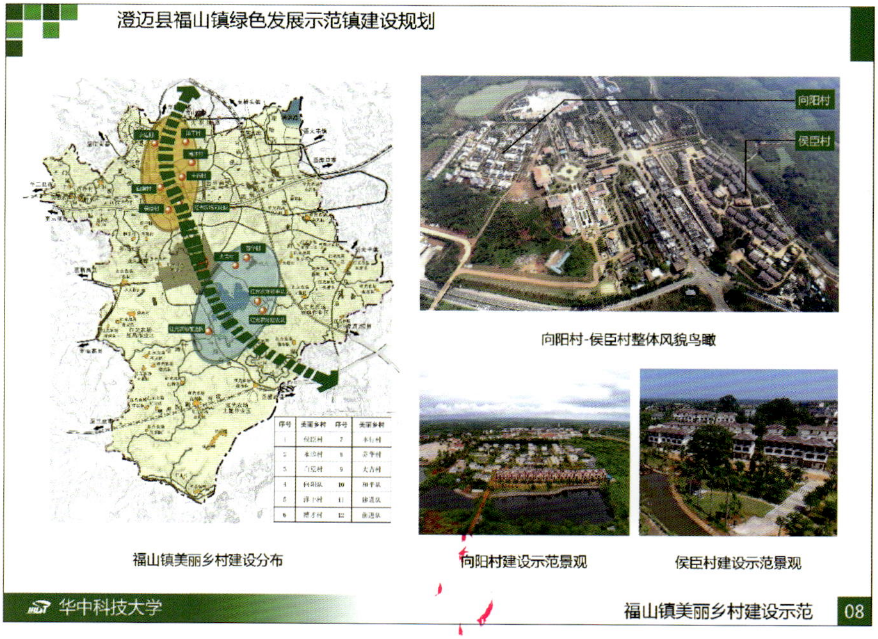

图 5.21　福山镇美丽乡村建设示范规划

图 6.1　村镇组合型分户式污水处理装置

图 6.7　堰河村污水处理设施建造实况

2007年　　2008年　　2009年　　20010年

图 6.8　堰河村的生活垃圾分类收集和演变

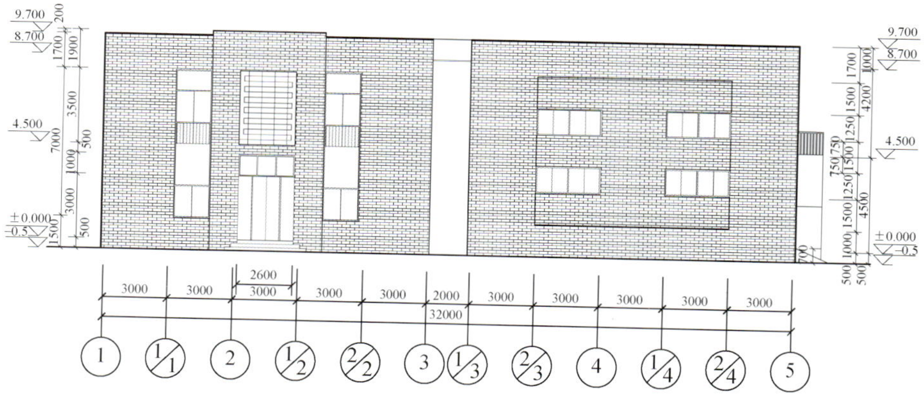

(a) 接待中心建筑设计图(单位：mm)

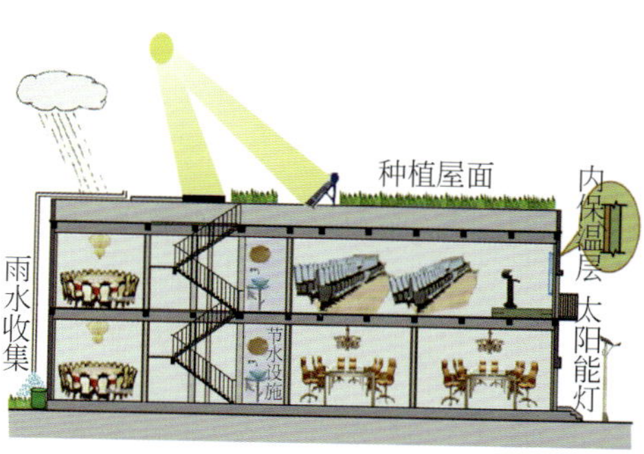

(b) 接待中心建筑节能概念设计

(c) 接待中心建成实景

图 7.4　接待中心节能建筑设计图和建成实景

图 7.8　吉林省白山市上甸子村鸟瞰图

(a) 农房S_{31}的室外实景

(b) 农房S_{32}的室外实景

图 7.9　上甸子村农房室内空气环境质量监测点室外实景

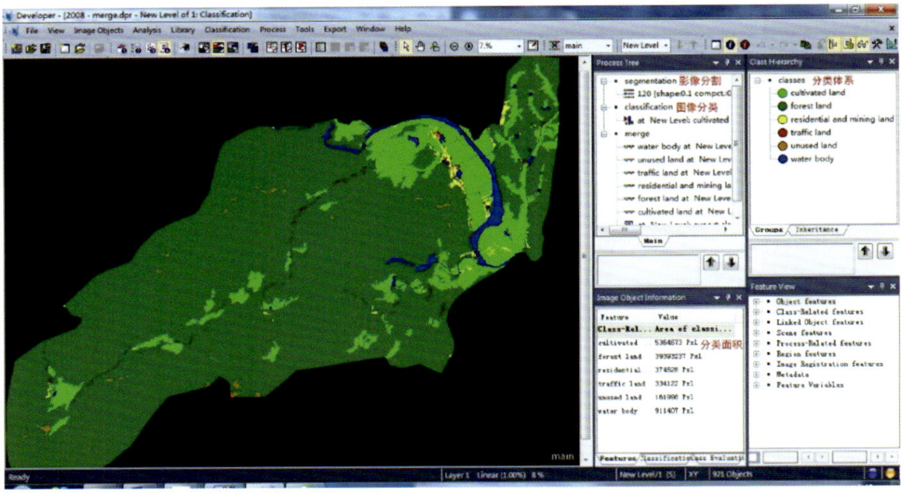

图 8.5　遥感影像处理过程示意

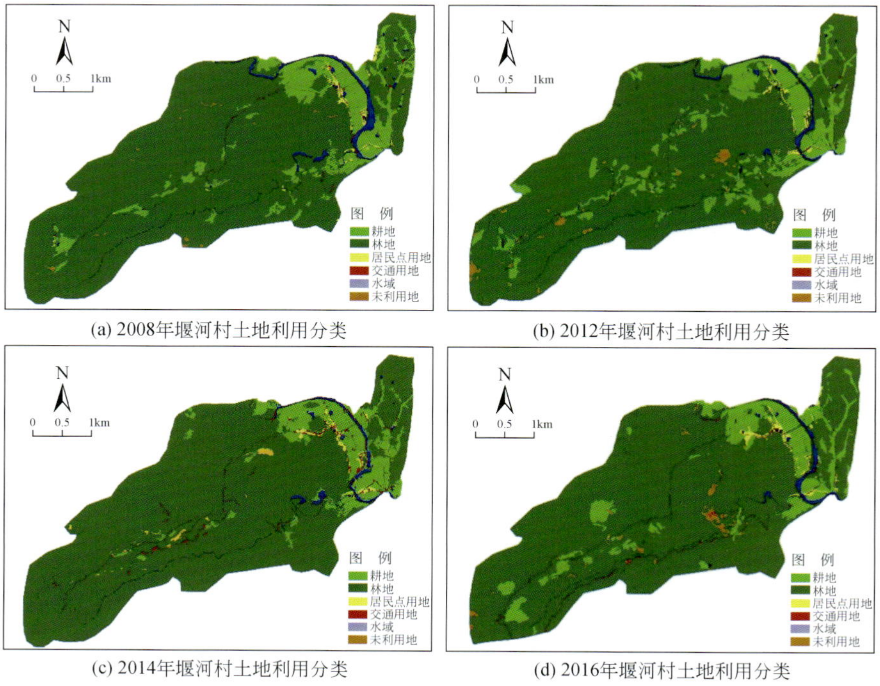

(a) 2008年堰河村土地利用分类　(b) 2012年堰河村土地利用分类

(c) 2014年堰河村土地利用分类　(d) 2016年堰河村土地利用分类

图 8.7　4 组年份堰河村土地利用分类比较

(a) 新村居住功能区　(b) 百日山景区

(c) 堰河水域　(d) 茶园生产区

图 8.9　堰河村功能分区现状无人机航拍分析

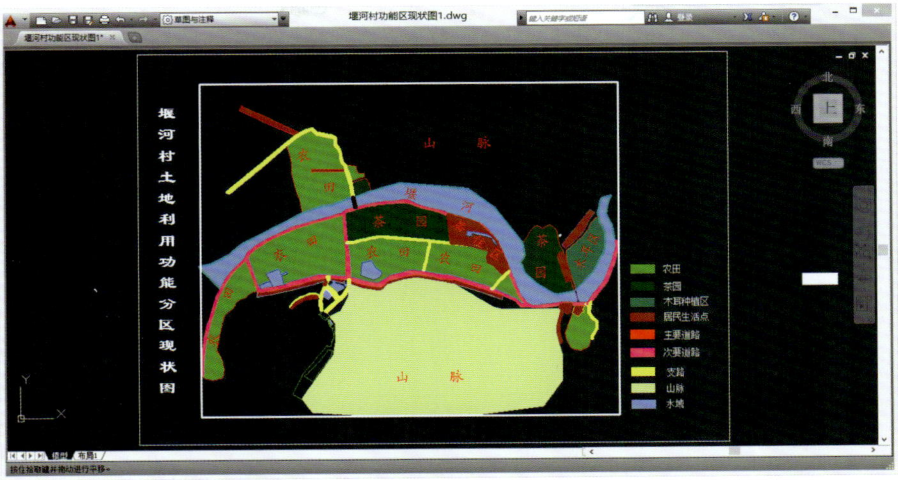

图 8.10　堰河村功能分区现状数据分析

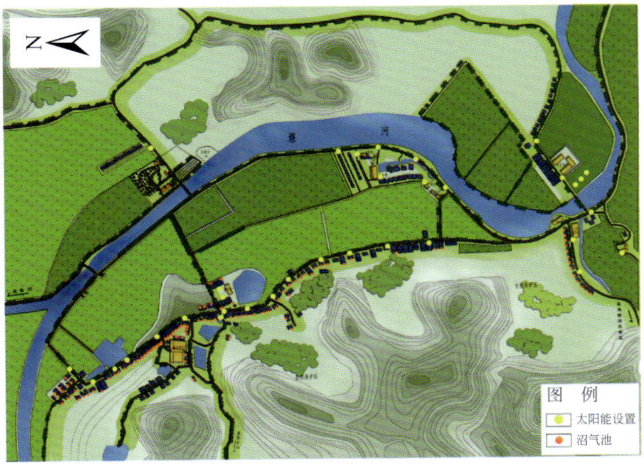

图 8.18　堰河村清洁能源布局规划

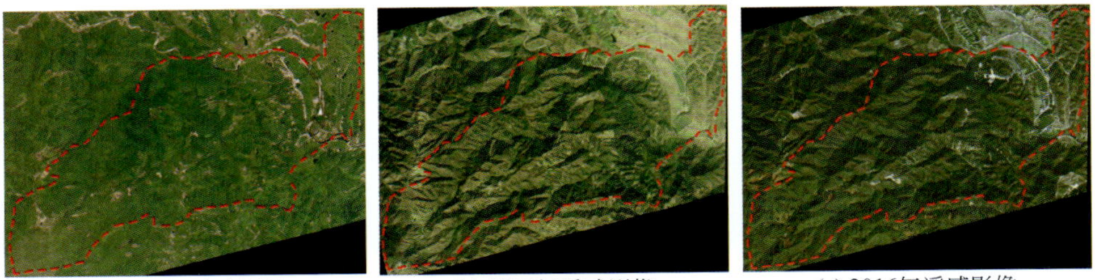

(a) 2005年遥感影像　　(b) 2011年遥感影像　　(c) 2016年遥感影像

图 8.21　2005 年、2011 年和 2016 年堰河村遥感影像比较图

表 8.50　堰河村村域景观分类体系

景观类型	内容描述	部分典型样本
林地	指成片的天然林、次生林和人工林覆盖的土地	
耕地	指种植农作物的土地，包括旱地、水田及田坎等	
水体	指区域内的河流、堰塘和沟渠等	
建设用地	指乡村建造建筑物、构筑物的土地	
道路	包括县道、乡道和村道等，供行人及各种交通运输工具通行	
裸地	指基本没有植物生长的裸露地面	

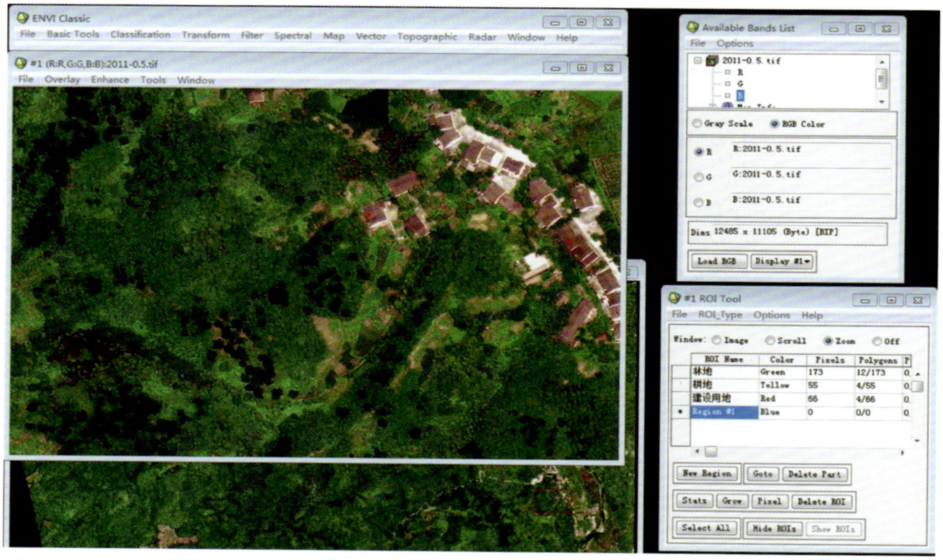

图 8.23　ENVI5.1 软件监督分类操作界面

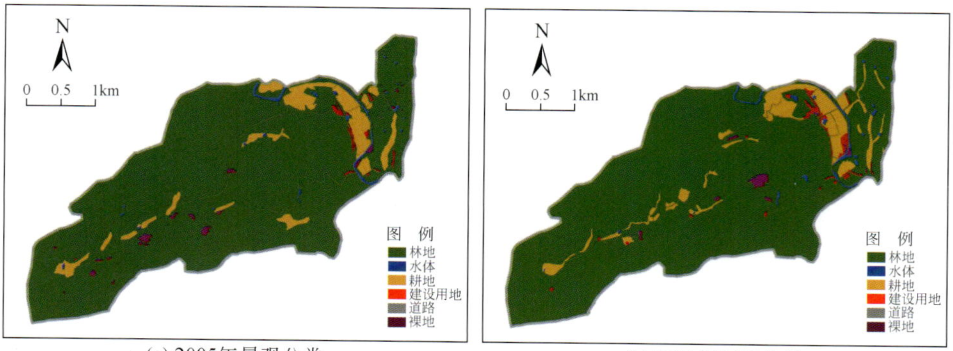

(a) 2005年景观分类　　(b) 2011年景观分类

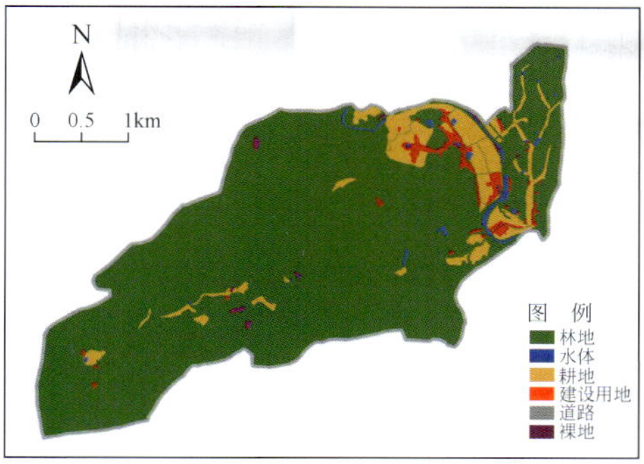

(c) 2016年景观分类

图 8.24　2005 年、2011 年和 2016 年堰河村景观分类图

图 9.2　堰河村农户水井施工实况

图 9.3　堰河村生活用水高位水箱实景

(a) 农民住宅绿化

(b) 土坯房改造及室外景观

(c) 天艺茶庄室外立体绿化

(d) 农村生态长廊

图 9.7　堰河村绿化与景观设施建设实况

(a) 村庄道路符合消防要求

(b) 村庄河岸整治工程

(c) 村庄安全应急广场

(d) 村庄气象信息服务站

图 9.9　堰河村防灾减灾及预警设施建设实况

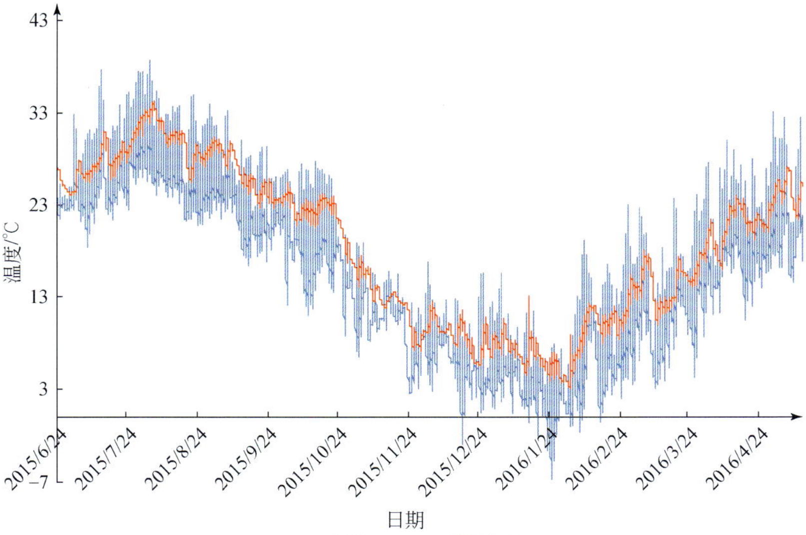

图 10.7　接待中心 2015—2016 年室内外温度变化及温差比较

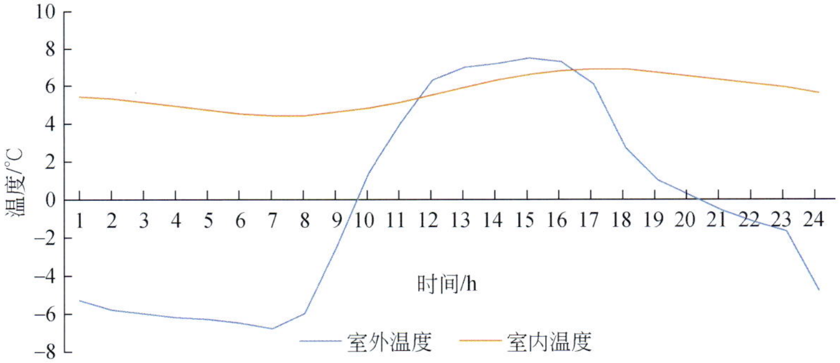

图 10.8　接待中心 2015—2016 年低温典型日室内外温度变化及温差比较(2016/1/25)

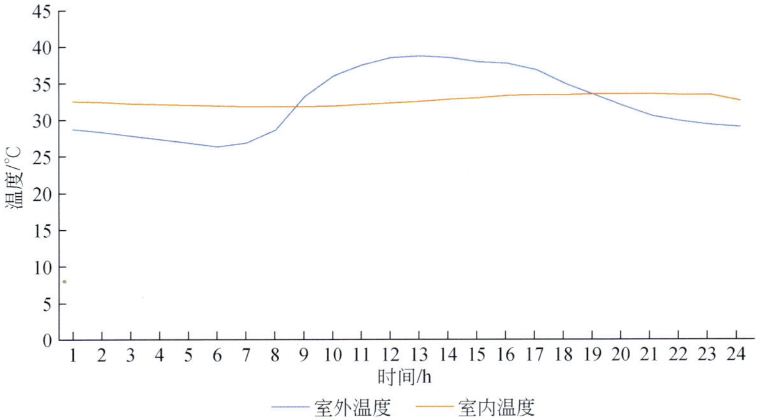

图 10.9　接待中心 2015—2016 年高温典型日室内外温度变化及温差比较(2015/8/3)

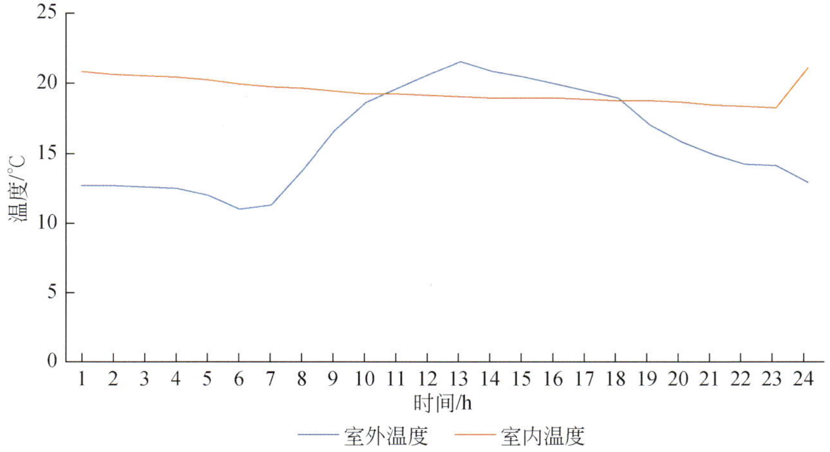

图 10.10　接待中心 2015—2016 年最大温差典型日室内外温度变化及温差比较(2016/4/4)

图 10.11　农民住宅示范建筑外墙保温节能施工实况

图 10.12　接待中心公共示范建筑内墙保温节能施工实况